Veröffentlichungen
der Europäischen Märchengesellschaft
Band 28

Im Auftrag der Europäischen Märchengesellschaft
herausgegeben von
Barbara Gobrecht, Harlinda Lox
und Thomas Bücksteeg

Der Wunsch im Märchen

Heimat und Fremde im Märchen

Forschungsberichte aus der
Welt der Märchen

Diederichs

Veröffentlichungen der Europäischen Märchengesellschaft; Bd. 88

Bibliografische Information Der Deutschen Bibliothek
Die Deutsche Bibliothek verzeichnet diese Publikation
in der Deutschen Nationalbibliografie; detaillierte bibliografische
Daten sind im Internet über http://dnb.ddb.de abrufbar.

© Heinrich Hugendubel Verlag, Kreuzlingen/München 2003
Alle Rechte vorbehalten

Umschlaggestaltung: Ute Dissmann, München
Produktion: Ortrud Müller
Satz und Repro: EDV-Fotosatz Huber/Verlagsservice G. Pfeifer, Germering
Druck und Bindung: Druckerei Huber, Garching-Hochbrück
Printed in Germany

ISBN 3-7205-2468-X

Inhalt

BARBARA GOBRECHT
Vorwort 7

TEIL 1: DER WUNSCH IM MÄRCHEN 11

URSULA HEINDRICHS
Märchen als Wunschdichtung 12

INES KÖHLER-ZÜLCH
Zur imperativen Verwünschung im Märchen 26

BRIGITTE BOOTHE
Der Wunsch im Märchen – der Wunsch als Märchen 42

CHRISTINE ALTMANN-GLASER
Wunschkinder im Märchen aus psychologischer Sicht 56

PIA TODOROVIĆ REDAELLI
Der Wunsch im Tessiner Märchen 72

BARBARA GOBRECHT
Wünsche, die in Erfüllung gehen
Von Patenfeen und Wunschbäumen 85

WILHELM SOLMS
Wozu drei Wünsche? 106

KATALIN HORN
Der menschliche Wunsch nach Freiheit im Spiegel der Märchen 118

LUTZ RÖHRICH
Wunschlos (un-)glücklich 130

MAJAN MULLA
Der Wunsch in den Märchen aus Karnataka in Südindien
(Kurzbeitrag) 144

TEIL 2: HEIMAT UND FREMDE IM MÄRCHEN 149

HILDEGARD VON CAMPE
Die Hugenottenstadt Bad Karlshafen
Hugenottentraditionen bei den Brüdern Grimm 150

HEINRICH DICKERHOFF
Fremde Heimat – Heimat Fremde
Was Märchen von der Sehnsucht des Menschen nach Heimat erzählen 167

ANGELIKA-BENEDICTA HIRSCH
»Gebt mir Wegzehrung und neue Schuhe«
Helden in der Fremde 181

LINDE KNOCH
»Brotworte«
Sprache als Heimat 194

MARGARETE MÖCKEL
Der Märchenerzähler als Vermittler zwischen Heimat und Fremde 210

WILHELM SOLMS
Daheim fremd
Märchen über und Erzählungen von Sinti und Roma 224

CHRISTOPH DAXELMÜLLER
Heimat und Fremde in jüdischen Erzähltraditionen 237

MICEAL ROSS
Zwischen drei Welten
»Heimat« und »Fremde« in irischen Geschichten 257

FRANZ VONESSEN
Die Heimat am Ende der Welt 296

Abkürzungen und Literaturangaben 312

Zu den Autoren und Herausgebern 313

Barbara Gobrecht
Vorwort

»In den alten Zeiten, wo das Wünschen noch geholfen hat [...]«: So beginnt das Märchen vom »Froschkönig«, Nr. 1 in Grimms weltweit bekannter Sammlung. Das Wünschen ist im Märchen eine wesentliche Triebkraft, ja vielen gilt das Zaubermärchen als »Wunscherfüllungsdichtung« schlechthin. Allein schon in den »Kinder- und Hausmärchen« der Brüder Grimm sind das Wünschen und Verwünschen ein wichtiges Thema. Man denke an die Wünsche der zwölf weisen Frauen in »Dornröschen«, an ihre Wundergaben wie Tugend und Schönheit, welche sämtlich an der Königstochter in Erfüllung gehen, aber auch an den verhängnisvollen Spruch der 13., die nicht zum Tauffest geladen war. Die böse Stiefmutter von »Brüderchen und Schwesterchen« hat alle Brunnen im Wald verwünscht; wer von dem Wasser trinkt, wird ein Tiger, ein Wolf oder im günstigsten Fall ein Reh. Kinderlose Ehepaare wünschen sich nichts sehnlicher als ein Baby, und wenn es auch ganz klein wäre, »nur daumensgroß«; die Märchen berichten davon, wie derart verwünschte Wunschkinder zu »richtigen« Menschen werden. Der Prinz in »Die Nelke« wird gar mit der Gabe »wünschlicher« Gedanken geboren, das heißt jeder seiner Wünsche, einmal ausgesprochen, muss in Erfüllung gehen.

Gott selbst gewährt der Heldin in »Die weiße und die schwarze Braut« zum Dank für ihre Hilfsbereitschaft drei Wünsche und rät ihr zudem, was sie zu guter Letzt wünschen solle: das ewige Himmelreich nämlich. Wer drei Wünsche frei hat, sollte klug wählen; das zeigt beispielhaft die Schwanklegende »Der Arme und der Reiche«. Wohin völlig maßloses Wünschen führen kann, sehen wir in Grimms Vorzeigemärchen »Von dem Fischer un syner Fru«: Die Frau, welche zu schlechter Letzt Gott gleich sein wollte, muss nun wieder in ihrer elenden Fischerhütte sitzen.

Im vorliegenden Buch kann endlich eine Forschungslücke geschlossen werden. Das wichtige Thema »Der Wunsch im Märchen« wurde im Mai 2002 im schweizerischen Baden, beim Frühjahrskongress der Europäischen Märchengesellschaft, erstmals umfassend behandelt und gründlich aufgearbeitet. Die Beiträge im ersten Teil des Doppelbandes untersuchen Wünsche in den Märchen europäischer Völker und blicken zum Teil über Europas Grenzen hinaus, oder sie zeichnen psychologische Zugänge zu Wünschen, Verwünschen, Wunschdenken nach.

Im Spiegel der Märchen können wir auch den menschlichen Wunsch nach Freiheit entdecken. So lassen Märchen durchaus politische Lesarten zu – dies in besonderem Maße im zweiten Teil des Bandes, der das so gewichtige wie schwierige Gegensatzpaar »Heimat und Fremde« anpackt. Das ist ein Grundthema der Menschheit, folglich auch der welthaltigen Märchen. Was ist Heimat? Was ist Fremde? Kann die Sprache, kann das Wort Heimat sein? Solche Fragen wurden beim Herbstkongress 2002 der Europäischen Märchengesellschaft im hessischen Bad Karlshafen aufgeworfen. Heimat und Fremde, notierten die Organisatoren in ihrer Einladung, »sind weniger geographische als biographische Begriffe, es sind Grunderfahrungen des Menschen, der lebt zwischen Befremden und Sehnsucht nach Geborgenheit, zwischen Stabilität und Veränderung«.

Daher kann es nicht verwundern, dass einige der Beiträge über die Betrachtung reiner Zaubermärchen weit hinausreichen, etwa, wenn es darum geht, die kulturell-religiöse »Heimat« der Brüder Grimm in hugenottischen Kreisen zu orten. Die Ausgrenzung der »Zigeuner« erfolgte bis in ihre eigenen Erzählungen hinein, welche fast immer von anderen aufgezeichnet, übersetzt, bearbeitet und mit abfälligen Äußerungen über Roma »verfremdet« wurden. Hingegen belegen die Erzähltraditionen der aschkenasischen Juden West- und Osteuropas, dass sie sich in Deutschland, also in der Fremde, sehr wohl geistig beheimatet fühlten.

Das Zaubermärchen lebt von der Spannung zwischen Fremdem und Vertrautem. Grimms Schwesterchen nimmt mit einem »Stühlchen für die Müdigkeit« sozusagen ein Stück Heimat mit auf die Jenseitsreise. Das »Heimweh« selbst wird in den »Kinder- und Hausmärchen« nur einmal beim Namen genannt: Obwohl es der Fleißigen bei Frau Holle vieltausendmal besser geht als bei Mutter und Schwester, kriegt sie »den Jammer nach Haus« und verlangt zurück zu den Ihrigen. Die vielen verbannten, geraubten oder verkauften Königskinder in der Fremde zeigen Märchenfiguren auf ihrem (Lebens-) Weg, denn der Märchenheld – so schrieb der Schweizer Erzählforscher Max Lüthi in »Das europäische Volksmärchen« – »muss wandern, um mit dem Wesentlichen zusammenzutreffen«. Wenn Helden oder Heldinnen am Ende des Märchens heimkehren, so sind sie, mit Ausnahme vielleicht von »Hans im Glück«, innerlich und äußerlich bereichert.

Bereichernd möge auch die Lektüre des vorliegenden Doppelbandes mit seinen aktuellen Forschungsberichten aus der Welt der Märchen sein. Das Buch sei mit guten Wünschen für die Leserinnen und Leser auf den Weg geschickt.

Teil 1
Der Wunsch im Märchen
(betreut von Barbara Gobrecht)

Ursula Heindrichs

Märchen als Wunschdichtung?

»Ach, wenn wir doch ein Kind hätten!«, spricht das Königspaar im Dornröschen-Märchen (KHM 50) »jeden Tag«, und diese Seufzenden sind nicht die einzigen Kinderlosen, von denen in den Märchen erzählt wird: »Ich bin wie ein Acker, auf dem nichts wächst«, klagt die reiche Königin, die dann ein »Eselein« (KHM 144) gebiert, sogar »Tag und Nacht«, und der reiche Bauer zwingt gar mit seinem fluchenden Kinderwunsch »Hans mein Igel« (KHM 108) ins Leben: »Ich will ein Kind haben, und sollt's ein Igel sein«, während die armen, kinderlosen Bauersleute, die sagen: »Wenn uns Gott doch ein Kind bescherte, und wäre es auch so rauh und borstig wie ein Schwein«, das »Borstenkind«, das zu ihnen gelaufen kommt, dankbar und liebevoll annehmen und es als ihr Kind aufziehen. Wie unterschiedlich zeigt sich die Wunscherfüllung allein in diesen genannten Märchenanfängen!

Dornröschens Mutter wird von einem Frosch, der »aus dem Wasser ans Land kroch«, als sie »einmal im Bade saß«, geweissagt: »Dein Wunsch wird erfüllt werden, ehe ein Jahr vergeht, wirst du eine Tochter zur Welt bringen.« Alle Wassernumen, alle Wasserwesen, haben prophetische Kraft, und so kann es nicht verwundern, wenn es im Text weiter heißt: »Was der Frosch gesagt hatte, das geschah, und die Königin gebar ein Mädchen.«

Nun wissen wir, dass dieser Kinderwunsch aufs Schönste erfüllt worden ist, anders als in den eben genannten Märchen, denn das Mädchen »war so schön, daß der König vor Freude sich nicht zu lassen wußte und ein großes Fest anstellte«. Ebenso positiv erfüllt sich der Wunsch von »Sneewittchens« königlicher Mutter (KHM 53): »Hätt ich ein Kind so weiß wie Schnee, so rot wie Blut und so schwarz wie das Holz an dem (Fenster-)Rahmen«; als aber »das Kind geboren war, starb die Königin«, ähnlich wie die »schöne frame Fru« im Märchen »Von dem Machandelboom« (KHM 47), die sich ein Kind gewünscht hatte, »so rood as Blood un so witt as Snee«.

Der Wunsch nach einem Kind wird mit dem Leben bezahlt; welch eine teure Wunscherfüllung! Im »Dornröschen« bezahlt indessen die Mutter die Geburt des ersehnten Kindes nicht mit ihrem Leben, aber – wie so oft – das »Wunschkind« selbst ist gefährdet. Von den zwölf geladenen weisen Frauen beschenken elf »das Kind mit ihren Wundergaben«; das will heißen, sie wünschen ihm »Tugend, Schönheit, Reichtum«, und so alles, »was auf der Welt zu wünschen ist«. Die Dreizehnte, die ungeladene Tödin, verwünscht indessen das Neugeborene: »Die Königstochter soll sich in ihrem funfzehnten Jahr an einer Spindel stechen und tot hinfallen«, aber »da trat die zwölfte hervor, die ihren Wunsch noch übrig hatte, und weil sie den bösen Spruch nicht aufheben, sondern nur ihn mildern konnte, so sagte sie: ›es soll aber kein Tod sein, sondern ein hundertjähriger tiefer Schlaf, in den die Königstochter fällt‹.«

Wir wissen es, die guten Wünsche und der böse Wunsch erfüllen sich an dem Königskind, und es ist erstaunlich, dass der Wunsch der zwölften weisen Frau sich sogar übergreifend erfüllt an König, Königin und Hofstaat, an den Pferden, den Hunden, Tauben und Fliegen im Schloss, am Feuer, dem Koch und der Magd, ja am Wind und »den Bäumen vor dem Schloss«.

Der Todeswunsch der Dreizehnten, der nur aufgeschoben ist, denn irgendwann muss auch das Königskind sterben, erfüllt sich nicht im »funfzehnten Jahr« des Mädchens, aber dessen Milderung durch die Zwölfte erfüllt sich für alles Leben im Schloss, von dem wir hören. Folglich »erwacht« auch alles aus dem todesähnlichen Schlaf, als der furchtlose Königssohn, dem sich die hundertjährige Dornenhecke öffnet, zum rechten Zeitpunkt kommt und das schlafende Dornröschen mit seinem liebenden Kuss erweckt und erlöst. Er weiß nichts von der Bedingung, aber ihn führt der »Kairos«, und so erfüllt er den Wunsch, den die zwölfte weise Frau getan hatte, für alles Leben.

Die Zeit steht still in diesem Märchen, nicht nur für das fünfzehnjährige Königskind; und man ist versucht, an die schöne Erzählung »Einstein überquert die Elbe bei Hamburg« zu denken, die 1969 entstanden ist und die Siegfried Lenz uns erzählt. Der Schriftsteller nennt sie im Untertitel »Geschichte in drei Sätzen«: In tatsächlich drei riesig langen Schachtelsätzen, die sich über dreizehn Seiten erstrecken, setzt Siegfried Lenz die Zeit außer Kraft, ähnlich wie es im Dornröschen-Märchen geschieht. Wenn Einstein, »der selbst bestimmt, was eine Tatsache ist«, wie der Autor formuliert, durch seine Anwesenheit eine Hafenszene seltsam relativiert und die Zeit stillsteht, danach aber Menschen und Fährschiff wieder in die Realität und in die gewohnte Zeit entlässt, so findet sich in unseren Tagen in dieser Erzählung eine dem Zeitstillstand im Dornröschenschloss vergleichbare Situation. Die Welt außerhalb des Schlosses wird davon ja ebensowenig erfasst wie die Stadt Hamburg außerhalb des Flusses.

Ursula Heindrichs

Das Märchen vom Dornröschen, so lange wir es kennen und lieben, müsste uns immer neu staunen lassen über die Kette von Wünschen, Verwünschen, Wunscherfüllen und Wunschaufhebung durch Erlösung. Und doch beginnt die Sammlung Grimm mit dem Satz, der eine Wunscherfüllung in ferne Vergangenheit entrückt: »In den alten Zeiten, wo das Wünschen noch geholfen hat, lebte ein König, dessen Töchter waren alle schön, aber die jüngste war so schön, daß die Sonne selber, die doch so vieles gesehen hat, sich verwunderte, sooft sie ihr ins Gesicht schien« (KHM 1). Sind diese »alten Zeiten« vorbei?

Der Religionsphilosoph Leopold Ziegler (1881–1958) spricht in seinem Buch »Überlieferung«, das 1949 erschienen ist, über diesen Satz. »Eine solche Wendung«, sagt er, »mochte ursprünglich dazu dienen, gleich eingangs einen schier unendlich großen Abstand zwischen die erzählten Begebenheiten und den Zuhörer zu legen und diesen wie mit dem Zauberstabe einer isländischen Völva (Erzählerin) flugs in eine andere Welt zu bannen.« Ziegler folgert: »Es gab eine Zeit, wo im Unterschied zu der jeweiligen Gegenwart der jeweiligen Märchenerzählerin der Mensch vor allem ein wünschendes Wesen war.« Und er folgert weiter: »Es gab eine Zeit, wo ... dieses vorwiegend wünschende Menschenwesen seine Wünsche auch zu verwirklichen vermochte – oder etwas strenger und abhebender ausgedrückt: wo der Wunsch als solcher schon ein Mittel der Verwirklichung war.« Der Mensch habe sich früher »in der Hauptsache wünschend verhalten«, der »gegenwärtige Mensch« dagegen verhalte sich vorwiegend »wollend«. Das Wollen aber ist der Gegensatz, ist »reines Widerspiel alles Wünschens, so dass die Aussage des Märchens im Grunde den Wunschmenschen der Vorzeit dem Willensmenschen der geschichtlichen Gegenwart, unserer Gegenwart, gegenüberstellt. Damals, zur Zeit des erzählten Märchens, pflegte der Mensch am nachhaltigsten durch seine Wünsche in seine Umwelt einzugreifen und derart auch die Voraussetzungen selbst zu schaffen, unter denen sich Märchen ereignen ... Heute steht das Wünschen bei weitem nicht mehr so hoch im Kurse, weil der geschichtliche Mensch inzwischen der wollende Mensch schlechthin geworden ist.« Früher hatte »der Mensch ein größeres Zutrauen in sein Wünschen als in sein Wollen«. In Bezug auf den ersten Satz im Froschkönig-Märchen fragt Ziegler: »Eine Kunst scheint das Wünschen vordem gewesen zu sein, und wohl nicht einmal eine ganz leichte? ... Der Name dieser Kunst lautet: Magie«, sagt er, »der Mensch als Wunschwesen, das ist der homo magus, das ist der Magier, vom Willensmenschen« abgegrenzt.

Märchen als Wunschdichtung?

Und was ist das eigentlich, das Wünschen? Das Grimm'sche Wörterbuch antwortet: »Wünschen bezeichnet diejenige geistige Tätigkeit, die etwas (noch) nicht Wirkliches, aber zu Erwartendes oder zu Erstrebendes voraussehen oder realisieren soll und die sich in einer objektivierenden Form vollzieht, etwa als ein Bitten, Verkünden, Aussprechen. In neuhochdeutscher Sprache bedeutet Wünschen vorwiegend das subjektive Begehren, Verlangen, Ersehnen einer Sache.« Der Wunsch ist ein »sehnsüchtiges Verlangen, das sich vom Wollen dadurch unterscheidet, dass Ziel und Realisationsgegebenheiten nicht in Verhältnis gesetzt sind und kein Plan einer Verwirklichung vorliegt. Unerfüllte Wünsche schlagen sich im Traum nieder und werden von der psychoanalytischen Traumdeutung einbezogen«, sagt der Große Brockhaus.

Bedenken wir, wie oft vom Wünschen und von der Realisierung der Wünsche durch die vielfältigsten Gaben von Jenseitigen zum Beispiel die Rede ist, dann dürfen wir wohl die »Märchen als Wunschdichtung« verstehen. Wir hören, dass der »liebe Gott« im Märchen drei Wünsche gewährt und erfüllt, mögen sie nun klug und bescheiden oder dumm und egoistisch sein. »Ach, wäre ich doch auf dem Schloß der goldenen Sonne!«, seufzt der Jüngling, der die verwünschte Königstochter erlösen will, »und kaum waren die Worte über seine Lippen, so stand er auf einem hohen Berg vor dem Tor des Schlosses« (KHM 197). Die so plötzliche Wunscherfüllung verdankt er dem Wünschhut: »Wer den aufsetzt, der kann sich hinwünschen, wohin er will, und im Augenblick ist er dort«, hatten ihm die streitenden Riesen im Märchen »Die Kristallkugel« gesagt. Während er, diese vergessend, nur an seinen Erlösungswunsch denkt, listet dagegen »Der Trommler« (KHM 193) den beiden Männern den Sattel ab, um den sie streiten; »wer darauf sitzt und wünscht sich irgendwohin, und wär's am Ende der Welt, der ist im Augenblick angelangt, wie er den Wunsch ausgesprochen hat«, und so kommt der Listige, »ehe man die Hand umdrehte«, auf den Glasberg. Die von ihm Erlöste besitzt einen Wunschring, der die Kraft des Sattels noch übersteigt, und dem Kaufmannssohn, der »König vom goldenen Berge« (KHM 92) geworden ist, gibt seine Gemahlin auch »einen Wünschring«, der ihn »dahin versetzen kann, wohin er sich wünscht«; den drei streitenden Riesen listet auch er die drei Wundergaben, Mantel, Schwert und Stiefel ab; die Stiefel aber, »wenn man die angezogen hatte und sich wohin wünschte, so war man im Augenblick da«. Wie freuen wir uns mit dem »Bruder Lustig« (KHM 81), wenn er in der Hölle keinen Platz bekommt, im heiligen Petrus, dem »Torwächter« des Himmels, aber »einen alten

Freund« erkennt, der ihn jedoch auch nicht einlassen will, den er aber dennoch überlistet: Er wünscht sich selbst in seinen Ranzen hinein, der bereits im Himmel ist, und dem der heilige Petrus selber ehemals die Kraft verliehen hatte, dass alles, was der Bruder Lustig hineinwünschte, auch darin sein sollte. Wundervoll im Wortverstand ist die Wunscherfüllung im »Aschenputtel«-Märchen (KHM 21): Im Gegensatz zu den eitlen Stiefschwestern hatte Aschenputtel einen bescheidenen Wunsch geäußert: »Vater, das erste Reis, das Euch auf Eurem Heimweg an den Hut stößt, das brecht für mich ab.« Wir wissen es: Das Reis vom Haselbusch pflanzt die Erniedrigte auf ihrer Mutter Grab »und weinte so sehr, daß die Tränen darauf niederfielen und es begossen. Es wuchs aber und ward ein schöner Baum. Aschenputtel ging alle Tage dreimal darunter, weinte und betete, und allemal kam ein weißes Vöglein auf den Baum, und wenn es einen Wunsch aussprach, so warf ihm das Vöglein herab, was es sich gewünscht hatte.« In Baum und Vogel dürfen wir eine Metamorphose der Mutter sehen, die über das Grab hinaus für ihr Kind sorgt und ihm seine Wünsche erfüllt, die das karge Alltagsleben ihm versagt. Und Aschenputtel wird die wahre Königsbraut, der »alle Vögel unter dem Himmel« helfen, die Linsen aus der Asche zu lesen; und als es ruft:

»Bäumchen, rüttel dich und schüttel dich,
wirf Gold und Silber über mich«,

wirft ihm der Vogel an drei Tagen nacheinander die königlichen Kleider und Pantoffeln herab, die seinen Adel, seine eigentliche Identität offenbaren. Über »das Kleid als Ausdruck der Persönlichkeit« hat Katalin Horn in der Zeitschrift »Fabula« 1977 einen wichtigen Aufsatz geschrieben, auf den ich hier leider nur verweisen kann, dessen Lektüre ich indessen sehr empfehle, ebenso den Artikel »Kleidung« in der EM, Band 7, den sie verfasst hat. Aschenputtels Wünsche erfüllt der Vogel wohl, weil es in seiner Treue zur toten Mutter lebt, die ihm sterbend zugesagt hatte: »ich will vom Himmel auf dich herabblicken und will um dich sein.« Aschenputtel lebt aber offenbar auch aus dem Glauben, dass seine Wünsche erfüllt werden, und die Konsequenz dieses Glaubens ist erstaunlich. Und welche Wünsche erfüllt »Siwka Burka«, die graubunte Stute, wenn der »dumme Iwan« ihr zum rechten Ohr hineinschlüpft? Als strahlender, starker Held kommt er zum linken Ohr wieder heraus und gewinnt als solcher mit dem Zauberpferd die Zarewna, die unvergleichliche Schönheit.

Voller Wünsche, die sich erfüllen, sind unsere Märchen, und es ist müßig, sie alle danach zu befragen; eines aber darf, wie ich denke, nicht unbeachtet bleiben; es ist das Märchen »Die drei Federn« (KHM 63). In der Tiefe der Erde wohnt die »große dicke Itsche« mit ihren vielen kleinen Itschen, die dem dritten Königssohn, der nur »der Dummling« hieß, die Gaben schenkt, die er wünscht. »Ich hätte gerne den schönsten und feinsten Teppich.« Sein Wunsch wird erfüllt, und die dicke Itsche gibt »dem Dummling einen Teppich, so schön und so fein, wie oben auf der Erde keiner konnte gewebt werden«. Auch den gewünschten »Ring« gibt sie ihm »aus ihrer großen Schachtel«, der »glänzte von Edelsteinen und war so schön, daß ihn kein Goldschmied auf der Erde hätte machen können«. Schließlich wünscht er »die schönste Frau«, und auch dieser Wunsch wird ihm von der Erdmutter auf wunderbare Weise gewährt. Seine Wünsche werden erfüllt durch Gaben, die nicht von dieser Welt sind; stammen sie aus dem Paradies?

Haben die Märchen das Wunschdenken der Dummen, der Listigen, der Erniedrigten und der armen Leute eingefangen, und ist die vielfältige Wunscherfüllung, von der sie erzählen, ein billiger Trost für die in der Alltagswirklichkeit zu kurz Gekommenen? Dem Romantiker Jean Paul verdanken wir eine besonders originelle Gestalt, an die ich hier erinnern möchte. Wir alle lieben, seit wir es kennen, das »Leben des vergnügten Schulmeisterlein Maria Wutz in Auenthal«. Diesem Schulmeisterlein widmet Jean Paul »eine Art Idylle«, und sie findet sich in der »Unsichtbaren Loge«. Maria Wutz ist fast eine Märchengestalt, und man kann ihn vielleicht mit »Hans im Glück« vergleichen, denn das Schulmeisterlein versteht es, Zustände, die nicht zufriedenstellend sind, so zu erleben, dass es glücklich ist. Jean Paul beweist, dass schon der Junge Maria Wutz im Alumneum glücklich war, obwohl es dort um herkulische Arbeit ging. Das Knabenkloster nennt Jean Paul ein Präservations-Zuchthaus, und doch gelingt es Wutz, sich an jedem Tag »auf oder über etwas zu freuen. ›Vor dem Aufstehen‹, sagt' er, ›freu' ich mich auf das Frühstück, den ganzen Vormittag aufs Mittagessen, zur Vesperzeit aufs Vesperbrot und abends aufs Nachtbrot.‹ Ein anderer Paragraph aus der Wutzischen Kunst, stets fröhlich zu sein, war sein zweiter Pfiff, stets fröhlich aufzuwachen – und um dies zu können, bedient' er sich eines dritten und hob immer vom Tage vorher etwas Angenehmes für den Morgen auf, entweder gebackene Klöße oder ebensoviel äußerst gefährliche Blätter aus dem Robinson, der ihm lieber war als Homer.« Maria Wutz wünscht sich über die Schwierigkeiten eines armseligen Lebens bis zu seinem Tod hinweg, indem er sich in der Qual des Alltags künftige Erfüllungen vorstellt, die ihm Freude schenken; er unterwandert so eigentlich das »Unangenehme«!

Und »Hans im Glück« (KHM 83)? Wird er »so glücklich« genannt, weil er von sich selber sagt: »Ich muß in einer Glückshaut geboren sein, alles, was ich wünsche, trifft mir ein«, obwohl »immer das Nicht-Wünschenswerte in Erfüllung geht, nämlich der Verlust des Besitzes«, wie Lutz Röhrich sagt? Sollen mit dieser »schwankhaften Parodie eines Wunschmärchens« (Röhrich) die Armen und Mittellosen beschwichtigt werden in ihrem Streben nach Gold und sich doch gefälligst glücklich fühlen, wenn und weil sie »frei von aller Last« durch Reichtum sind? In dem Schwank- und Legendenmärchen »Der Arme und der Reiche« (KHM 87) ist es der Arme, der nahezu wunschlos glücklich ist und dem lieben Gott, der ihm drei Wünsche erfüllen will, zwar »die ewige Seligkeit« und »Gesundheit« nennt, dann aber sagt: »Fürs dritte weiß ich mir nichts zu wünschen.« Dieser Arme könnte an Diogenes erinnern, dem der gewaltige Weltherrscher Alexander der Große – so wird erzählt – gesagt haben soll: »Du darfst dir von mir etwas wünschen.« Und Diogenes soll geantwortet haben: »Alexander, geh mir aus der Sonne!« Es gibt ein altes griechisches Sprichwort, das lautet: »Der ist den Göttern am nächsten, der am wenigsten zum Leben bedarf.«

Oft sind die Märchen »Wunschdichtungen« genannt worden, weil sie so viel von Wunscherfüllungen erzählen, oder eben weil sie die zu kurz Gekommenen trösten, beschwichtigen sollen mit einer Utopie, mit Vorstellungen, die sich in der Realität nicht finden. Lutz Röhrich wehrt sich, wie ich denke, zu Recht gegen solche Auffassung, wenn er sagt: »Man versteht das Wesen des Märchens noch nicht, wenn man dieses nur als ›Wunschdichtung‹ zu interpretieren sucht: Menschliche Wünsche und ihre Befriedigung sind keineswegs das alleinige ›Thema‹ des Märchens. Vielmehr kennt fast jedes Märchen sogar sehr ernsthafte Konfliktsituationen, und sie gehören ebenso wie der glückliche Ausgang zu den Gesetzmäßigkeiten des Märchenablaufs.«

Dieter Richter dagegen sieht im Märchen »populäre Utopiemodelle«, und er beruft sich auf Walter Benjamin und den »Philosophen des utopischen Denkens«, Ernst Bloch, ehe er in seinem Aufsatz »Märchen und Utopie« selber »historisch und strukturell den Zusammenhängen zwischen Märchenphantasien und populären Utopiemodellen« nachspürt. »Die Grundstruktur vieler europäischer Zaubermärchen« ist »die utopische Reise«, in der sich zeigt, dass »die Kleinen über die Großen« siegen und »alle, die im ›wirklichen‹ Leben sich nur placken müssen – im Märchen Glück haben«. Richter findet in dem »popularutopischen Erzählmuster von der Erhöhung der Niedrigen«, wie das Märchen es zeigt, »eine lange Tradition« auch außer-

Märchen als Wunschdichtung?

halb dieser Gattung, und er erinnert an »Blochs Lobrede auf den Märchenhelden, der sich ›seines Verstandes zu bedienen‹ weiß«, wie »Das tapfere Schneiderlein« (KHM 20), dessen List siegt. »Die magischen Helfer sind oft nichts anderes als die Gestalt gewordenen Wünsche der kleinen Leute«, sagt Richter. »Tischlein-deck-dich, Goldesel-streck-dich und Knüppel-aus-dem-Sack« (KHM 36, anderer Titel als bei Grimm), das klassische Wunschmärchen, entpuppt diese Wünsche gleichsam in ihrer ›reinen‹ Form: den Wunsch, immer reichlich und gut zu essen zu haben, reich zu sein, es den Betrügern und großen Herren einmal tüchtig zu zeigen.« Viele europäische Märchen erzählen vom Aufbruch und der Reise in die Anderswelt, in das Wunderland »Cucania«, das »Kuchen- oder das süße Land«, das eigentliche »Schlaraffenland«, dem Dieter Richter sein Buch über die »Geschichte einer populären Phantasie« widmet. Es ist »die Utopie vom Land des Wohllebens«; es ist auch »das Land, wo im Überfluss Gleichheit herrscht, jeder ein Graf ist, wo die Ländereien nicht geteilt sind, kein Mein und Dein gilt.« Richter sieht darin »Bilder von der Wiederkehr des Irdischen Paradieses«, und nach der Entdeckung der »Neuen« Welt wird, wie er sagt, »Amerika, als Schlaraffia politica, jahrhundertelang das klassische Utopia der Alten Welt«. Richter grenzt also den »Wunsch« auf das Wohlleben und den sozialen Ausgleich ein, von dem solche »populartopischen Erzählungen« sprechen. Ich denke, das ist eine mögliche Sicht, die das Märchen als Wunscherzählung an soziale Träume bzw. Missstände bindet, aber der Tiefe des Wunsches, von dem das Märchen weiß, wird Richter damit wohl kaum gerecht; er verkürzt vielmehr die Wunschvorstellungen im Märchen, indem er sie auf »den vollen Bauch« und das Leben ohne Arbeit reduziert. Heinz-Albert Heindrichs hingegen spricht dem Märchen eine andere utopische Kraft zu, wenn er in seinem Aufsatz »Zauber Märchen Utopie« die Vision einer Weltversöhnung entwickelt. Diesen utopischen Wunsch sieht er in den Märchen vorgezeichnet; sie sind, sagt er, auf dem Weg dahin, »in der Tat eine interkulturelle Basis – und zwar deshalb, weil sie unterhalb aller Rassen, Kulturen und Religionen eine gemeinsame Bildersprache haben, auf die sich alle Menschen verstehen«.

Dieter Richter ist auch zu entgegnen, dass das Märchen oft vom »Ver-Wünschen« erzählt, vom »Schadenzauber«, der durch den »bösen Wunsch« bewirkt wird, so dass sieben Söhne in Raben, ein kleines Kind in ein Schweinchen oder ein Königssohn in einen Frosch verwünscht werden; und wenn die böse Stiefmutter »alle Brunnen im Walde verwünscht« (KHM 11), dann erkennen wir in ebensolchen Ver-Wünschungen die Konfliktsituationen, von denen Lutz Röhrich spricht und die den Märchenmenschen immer zur Erlösung, zur Auflösung herausfordern.

In diesem Zusammenhang möchte ich daran erinnern, dass wir in dem schönen Buch »Redensarten des Volks, auf die ich immer horche«, das Heinz Rölleke in Verbindung mit Lothar Bluhm herausgegeben hat, auf etwas Wichtiges hingewiesen werden, und zwar durch Beatrix Burghoff in ihrem Aufsatz über die KHM 1–25. Die Wissenschaftlerin stellt fest: Die »Eingangsformel (von KHM 1: ›In den alten Zeiten, wo das Wünschen noch geholfen hat‹) stimmt durch ihre Stellung am Beginn des ersten Märchens in den Klang der gesamten Märchensammlung ein. Wilhelm Grimm übernahm sie aus KHM 127.«

Das ist aber das Märchen »Der Eisenofen«, und wir tun gut daran, beide Eingangsformeln wörtlich miteinander zu vergleichen. Wir alle kennen die Formel: »In den alten Zeiten, wo das Wünschen noch geholfen hat, lebte ein König, dessen Töchter waren alle schön, aber die jüngste war so schön, daß die Sonne selber, die doch so vieles gesehen hat, sich verwunderte, sooft sie ihr ins Gesicht schien« (KHM 1). Weniger bekannt ist der Satz, mit dem KHM 127 beginnt: »Zur Zeit, wo das Wünschen noch geholfen hat, ward ein Königssohn von einer alten Hexe verwünscht, daß er im Walde in einem großen Eisenofen sitzen sollte.« Der zweite Satz lautet: »Da brachte er viele Jahre zu, und konnte ihn niemand erlösen.« Während im Märchen vom Froschkönig der Königssohn erst nach seiner Erlösung der Weltschönsten sagt, »er wäre von einer bösen Hexe verwünscht worden, und niemand hätte ihn aus dem Brunnen erlösen können als sie allein«, und so erst spät von der »Ver-Wünschung« die Rede ist, wird im Eisenofen bereits im ersten Satz »Wünschen« und »Verwünschen« in einem Atemzug genannt: Das Wünschen dient also auch dem Verwünschen. – Das sich selbst Ver-Wünschen, das maßlose Wünschen, treibt im Märchen »Von dem Fischer un syner Fru« (KHM 1) die Wünsche in gotteslästerliche Höhe und lässt Mann und Frau am Ende ins Unglück des Anfangs zurückstürzen, wenn sie wieder im »Pißputt« sitzen, »bet up hüüt un düssen Dag«.

An ein schreckliches Märchen vom »Sich-Selber-Verwünschen« erinnert Franz Vonessen in seinem Buch »Das kleine Welttheater, das Märchen und die Philosophie«. Der spätrömische Dichter Avian erzählt »von dem Geizigen und dem Neidischen«. Zeus gewährte diesen beiden »Erfüllung für einen, aber gemeinsamen Wunsch. Jedoch unter einer Bedingung: Wer den Wunsch ausspricht, soll wissen, dass der andere das Doppelte kriegt. Darum bringt der Gei-

Märchen als Wunschdichtung?

zige es nicht über sich, einen Wunsch auszusprechen; denn dann bekäme er ja weniger als der andere. Also überlässt er dem andern das Wünschen, in der Hoffnung, dass dann er selbst den Löwenanteil einstecken wird. Aber der andere, Neidische, kann es ebensowenig über sich bringen, dem Partner mehr zu gönnen als sich. Darum wünscht er sich selbst etwas Schlechtes, um so dem Geizigen, der ihn benachteiligen möchte, einen Denkzettel zu verpassen: So wünschte er des eigenen Leibes Schaden: Zeus solle ihm das eine Auge nehmen, damit der andre – beide Augen verlierend – ganz in Blindheit falle.«

Wir sehen, viele Beispiele zeigen uns, dass wir die Märchen nicht als »bloße Wunschdichtung« verstehen dürfen, die uns wirklichkeitsfern konfliktfreie Idealzustände vorgaukeln. Wer aber gewährt die Wünsche der Menschen? Oft ist es im Märchen der Teufel (»Das Mädchen ohne Hände«: KHM 31; »Der König vom goldenen Berge«: KHM 92) oder eine böse Nixe (»Die Nixe im Teich«: KHM 181), aber auch Sankt Petrus (»Bruder Lustig«: KHM 81) oder »der liebe Gott« (»Der Arme und der Reiche«: KHM 87) können es sein, also höchst unterschiedliche Instanzen, und schon das zeigt uns etwas über die mögliche Gefährlichkeit des Wünschens und der Wunscherfüllung.

Schön ist aber die Erzählung des Ovid in seinem achten Buch der »Metamorphosen« von »Philemon und Baucis«, denen Jupiter und Merkur als Dank für die Gastfreundschaft, die die beiden Alten ihnen gewährt hatten, *einen* Wunsch gönnten. Die Gatten wünschen sich, Priester zu sein im Tempel der Götter; und Philemon fügt hinzu: »Wie wir die Jahre in Eintracht verlebten, nehme die gleiche Stunde uns fort, daß niemals der Gattin Grab ich schaue und nie sie mich beerdigen möge.«

Wir wissen, wie wunderbar die Götter den Wunsch der Liebenden, der Alten, erfüllen. Und im Buch der Weisheit im Alten Testament (1 Könige, 3,9–13) lesen wir, dass König Salomo von Gott *einen* Wunsch frei bekommen hatte, und er wünschte sich »ein hörendes Herz«; Gott lobte Salomo für diesen Wunsch und hob hervor, dass der König sich nicht Reichtum gewünscht habe; also bekam er den Reichtum noch hinzu.

Um den *einen* Wunsch geht es Franz Vonessen in seinem Aufsatz »Als das Wünschen noch geholfen hat«, der sich auch in seinem Buch »Das kleine Welttheater« findet. Vonessen macht deutlich, dass der Mensch »aus vollem Herzen nur eines zu wünschen« vermag, »nicht vieles, das dann miteinander streitet und sich bekämpft«. Wenn der

· Ursula Heindrichs

Wunsch mit »Wunschgewalt« gesprochen werde, gehe er auch in Erfüllung, wirke und verwirkliche sich. Darin sieht Vonessen »das Märchen ganz einig mit der ernsten Lehre der Religionen«. Er erinnert daran, dass das Wort »Wunsch« ehedem kaum im Plural gebraucht worden ist, und es also in Wahrheit nur »den Wunsch, nicht die Wünsche gibt«. Er spricht sogar vom »Wunsch als Gewährer«, der Wunsch »war die Erfüllung, er hatte selber Gewalt«. Das Grimm'sche Wörterbuch hat dem für uns vielleicht merkwürdig klingenden Wort »Wunschgewalt« einen eigenen Artikel gewidmet; danach verstand das Mittelalter unter Wunschgewalt die »Fülle des Vollkommenen, Außerordentlichen« und »die Fähigkeit, eine Wunschäußerung wirksam werden zu lassen«. Vonessen erinnert an das bekannte schöne Liebeslied »All mein gedencken dy ich hab« aus dem Lochamer Liederbuch von 1452, dessen erste Strophe mit den Worten endet: »het ich aller wunsch gewalt, von dir wolt ich nit wencken.« »Vielwünscherei ist vom Übel, nur im großen, ungeteilten Wünschen liegt das Heil«, sagt Vonessen, und er beschließt seinen Aufsatz mit den Worten: »Schwer und beinahe unmöglich ist das Eine: daß wir es lernen, richtig zu wünschen.«

Philemon und Baucis hatten diesen einen Wunsch, König Salomo ebenso, und ich denke, auch die jüngste Tochter jenes alten Mannes aus einem russischen Märchen wünscht richtig, die sich inständig »die Feder von Finist, dem lichten Falken« wünscht: Wenn der Vater ihr zweimal sagen muss, dass er für sie das gewünschte Geschenk in der Stadt nicht gefunden hat, so antwortet sie ihm jeweils: »Auch gut, vielleicht hast du ein andermal mehr Glück.« Sie bleibt – trotz der zweimaligen Vergeblichkeit – beharrlich bei ihrem einen Wunsch, und als der Vater von der dritten Reise heimkommt, hat er die Feder einem Alten für einen Tausender abgekauft und gibt seiner Jüngsten das ersehnte Geschenk.

Auch Goethes Faust hat einen Wunsch: »Werd ich zum Augenblicke sagen: / Verweile doch! Du bist so schön! / Dann magst du mich in Fesseln schlagen, / dann will ich gern zugrunde gehn!« Faust richtet seinen Wunsch an Mephisto, den Teufel, der versucht, diesen Wunsch zu erfüllen; wie oft ist der Teufel im Märchen ebenfalls gefährlicher Wunscherfüller!

Offenbar wirkt in den Märchen der Welt eine tiefe Weisheit, wenn sie vom rechten Wünschen erzählen. Michael Ende, einer der wenigen Dichter in unserer Zeit, dem es gelungen ist, Märchen zu erzählen, hat ein schönes Gedicht geschrieben, das er »Die Geschichte vom Wunsch aller Wünsche« nennt. Ich verdanke es einer Teilnehmerin

Märchen als Wunschdichtung?

aus der Märchengesellschaft, und ich kann leider die Quelle des Textes nicht angeben. Michael Ende erzählt, dass »in die fröhliche Stadt der Kinder« einst drei Zauberer kamen, die ihnen, Abschied nehmend, »eines einzigen Wunsches Gewährung« schenken. Die Kinder wünschen sich als einzigen Wunsch: »Wir möchten gern, daß jeder Wunsch, den wir sagen, sofort sich erfüllt.« Sie erleben dann aber, dass »alles kriegen unausstehlich ist«, und werden furchtbar unglücklich. In ihrer Verzweiflung wünschen sie schließlich (auf den Rat eines der kleinsten Kinder): »Wenn sich all unsere Wünsche erfüllen, dann wünschen wir einfach mit Willen die Wünsche-Erfüllung fort!« Daraufhin war ihr Leben wieder spannend und heiter: »Die Kinder warn froh wie vor Tag und Jahr und vielleicht gar ein wenig gescheiter.« Friedrich Rückert hat die bezaubernde Verserzählung »Vom Bäumlein, das andere Blätter hat gewollt« geschrieben. Sie gehört zu den »Fünf Mährlein zum Einschläfern für mein Schwesterlein«, die Rückert dem Nesthäkchen der Familie 1813 gewidmet hat. Auch Rückerts Tannenbäumlein wird durch die Wunscherfüllung, anders sein zu wollen, nicht glücklich; erst als es alle seine Nadeln zurück hat, lacht es und ist zufrieden und wieder glücklich.

Müssen wir aber nicht auch fragen: »Warum wünschen die Märchenmenschen sich eigentlich etwas – oder gar vieles, warum wünschen wir selber Liebe, Glück, Frieden, Gesundheit, Kraft?« Ich denke, jeder Wunsch ist Eingeständnis eines Mangels; was fehlt, wird gewünscht, und man mag sagen, im Märchen wird das gewünscht, was in der Realität fehlt. Am Anfang jedes Märchens steht ein Mangel, eine Konfliktsituation, und aus welchen Gründen auch immer – ob er »das Wasser des Lebens« oder den »goldenen Vogel« sucht, oder ob er gar aus bloßer Neugier geschickt wird – der Held zieht aus, um den Mangel zu beheben; das Ende des Märchens belohnt seinen mühsamen Weg mit der Fülle, mit der Erfüllung des Ersehnten, des Gewünschten, mit der Erlösung.

Zeigt sich in den Wünschen die Sehnsucht nach dem verlorenen Paradies, aus dem wir stammen, in dem es keinen Mangel gab? Novalis sagt: »Alle Märchen sind nur Träume von jener heimatlichen Welt«, und wenn er in einem anderen Fragment fragt: »Wo gehen wir hin?«, so antwortet er: »Immer nach Hause.« Dürfen wir dann folgern, dass das Märchen selber paradiesentsprungen ist und dass seine Wünsche allesamt eigentlich darauf zielen, die Sehnsucht nach dem verlorenen Paradies zu erfüllen, die Fülle paradiesischen Glücks zu gewähren? Um solcher Utopie willen dürfen wir die Märchen dann doch wohl als »Wunschdichtungen« verstehen, ob sie nun vom

Ursula Heindrichs

»Schlaraffenland« erzählen, jener sozialen Utopie, jenem kollektiven Wunschtraum vom »Schlemmer-Paradies« – oder ob sie tatsächlich davon erzählen, dass der Himmel auf die Erde kommt. Darum möchte ich abschließend an ein Märchen erinnern, das um diesen eigentlichen Wunsch weiß, der letztlich allen Märchen innewohnt; es ist »Das Brokatbild«, ein Märchen der Zhuang in China; ich verdanke es Felicitas Betz.

Eine alte Witwe, Mutter von drei Söhnen und Brokatweberin, webt aus dem Wunsch nach einer Paradieslandschaft ein Brokatbild, das eine himmlische Landschaft zeigt. Als es nach drei Jahren unter Schmerzen vollendet worden ist, reißt es ein Westwind fort und führt es nach Osten. Nur ihr jüngster Sohn ist bereit, die ungeheuren Opfer zu bringen, die verlangt werden, um das Brokatbild seiner Mutter von den »Himmelsjungfrauen« auf dem Sonnenberg zurückzuholen. Als er es seiner dem Sterben nahen Mutter zurückbringt, zeigt sich, dass der Himmel auf die Erde gekommen ist: eine Himmelsjungfrau ist in dem Brokatbild eingewebt zu den Menschen herabgestiegen; das Bild breitet sich auf der Erde aus, wird Realität und verdrängt alles Alte. Die Menschen leben in einer »neuen Welt«, einer neuen Schöpfung, im Paradies! – Ja, auch das ein Wunschtraum, eine Utopie, aber sie ist von anderer Qualität als die vom »vollen Bauch« und dem »Glück, nicht arbeiten zu müssen«.

Warum wünschen wir? Die Märchen sagen uns, dass wir das verlorene Paradies zurücksehnen, sie machen uns allesamt auf den grundsätzlichen Mangel unserer Existenz aufmerksam, der den Wunsch nach dauerhaftem, nach ewigem Glück provoziert!

Literatur

Brüder Grimm: *Kinder und Hausmärchen.* Ausgabe letzter Hand. Hrsg. von Heinz Rölleke. Stuttgart. Band 1, 1995; Band 2, 1991; Band 3, 1994.
Das goldmähnige Pferd. Russische Zaubermärchen aus der Sammlung von Alexander Afanasjew. Leipzig 1988. Hier: »Finist der lichte Falke«, S. 241–248.
Tibetische Märchen. Märchen, Mythen und Legenden aus Tibet und anderen Ländern des fernen Ostens. D. und M. Stovickova (Hrsg.). Hanau 1974. Hier: »Das Brokatbild«, S. 9–17.
Die Bibel. Augsburg 1990. Hier: »Das Buch der Weisheit«, 1 Könige, 3,9–13.
Alter und Weisheit im Märchen. Forschungsberichte aus der Welt der Märchen. Hrsg. von Ursula und Heinz-Albert Heindrichs. München 2000.
Christ in der Welt. Freiburg i.Br. 43. 25.10.1997. Hier: Hans-Karl Seeger: »Drei Wünsche hast du offen«, S. 357 ff.

Märchen als Wunschdichtung?

Der Große Brockhaus. Band 20.
Jacob und Wilhelm Grimm: *Deutsches Wörterbuch*. München 1984. Band 30.
Ende, Michael: *Die Geschichte vom Wunsch aller Wünsche*. Unbekannte Herkunft.
Enzyklopädie des Märchens. Handwörterbuch zur historischen und vergleichenden Erzählforschung. Berlin / New York 1999, Band 2.
Goethe, Johann Wolfgang von: *Werke*. Hamburger Ausgabe. München 1982. Band 3. Hier: »Faust«, Vers 1699–1702.
Handwörterbuch des deutschen Aberglaubens. Hrsg. von Hanns Bächtold-Stäubli. Berlin / New York 1987. Band II, V, VI, IX.
Heindrichs, Heinz-Albert: »Zauber Märchen Utopie«. In: *Zauber Märchen. Forschungsberichte aus der Welt der Märchen*. Hrsg. von Ursula und Heinz-Albert Heindrichs. München 1998, S. 19–29.
Horn, Katalin: »Das Kleid als Ausdruck der Persönlichkeit: Ein Beitrag zum Identitätsproblem im Volksmärchen.« In: *Fabula* 18, Heft 1/2 1977, S. 75–104.
Horn, Katalin: *Enzyklopädie des Märchens*. Band 7 1993, Spalten 1432–1441 (Artikel »Kleidung«).
Lenz, Siegfried: *Einstein überquert die Elbe bei Hamburg*. Hamburg 1975, S. 125–139.
Lüthi, Max: *Das Volksmärchen als Dichtung*. Düsseldorf / Köln 1975.
Lüthi, Max: *Das europäische Volksmärchen*. Tübingen / Basel 1979.
Lüthi, Max: *Märchen*. Stuttgart 1986.
Ovid: *Metamorphosen*. Stuttgart 1994.
Novalis: *Werke, Tagebücher und Briefe Friedrich von Hardenbergs*. Hrsg. von Hans-Joachim Mähl und Richard Samuel. 2 Bände. München / Wien 1978.
Paul, Jean: *Sämtliche Werke*. München 1996. Band 1. Hier: »Die unsichtbare Loge, Leben des vergnügten Schulmeisterlein Maria Wutz in Auenthal, eine Art Idylle.« S. 422–462.
Propp, Vladimir: *Die historischen Wurzeln des Zaubermärchens*. München / Wien 1987.
Richter, Dieter: *Schlaraffenland, Geschichte einer populären Phantasie*. Frankfurt a. M. 1989.
Richter, Dieter: »Märchen und Utopie.« In: *Neue Rundschau*. 104. Jahrgang. 1993. Heft 3, S. 131–144.
Röhrich, Lutz: *Märchen und Wirklichkeit*. Baltmannsweiler 2001.
Rölleke, Heinz (Hrsg.): *»Redensarten des Volks, auf die ich immer horche.« Das Sprichwort in den Kinder- und Hausmärchen der Brüder Grimm*. Bern / Frankfurt a. M. / New York / Paris 1988. Hier: S. 27 und S. 144.
Röth, Diether: *Kleines Typenverzeichnis der europäischen Zauber- und Novellenmärchen*. Baltmannsweiler 1998.
Rückert, Friedrich: *Vom Bäumlein, das andere Blätter hat gewollt*. Fünf Mährlein, illustriert von Peter Wörfel. Schweinfurt 1999.
Scherf, Walter: *Das Märchenlexikon*. München 1995. Band 1 und 2.
Vonessen, Franz: *Das kleine Welttheater. Das Märchen und die Philosophie*. Zug/Schweiz 1998. Hier: »Als das Wünschen noch geholfen hat«, S. 27–50. »Die Stiefmutter«, S. 152.
Ziegler, Leopold: *Überlieferung*. Sankt Augustin 1999. Hier: »Buch des Ritus, Wunsch und Ahmung«, S. 13–23.

INES KÖHLER-ZÜLCH

Zur imperativen Verwünschung im Märchen

In prägnanter Kürze verweist der Anfangssatz eines Grimm'schen Märchens auf die Ambivalenz des Wünschens, auf seine auch existenziell bedrohliche Seite: »Zur Zeit, wo das Wünschen noch geholfen hat, ward ein Königssohn von einer alten Hexe verwünscht« (KHM 127: »Der Eisenofen«). Verwünschungen sind Unheilswünsche; es wird jemandem etwas Böses angewünscht oder ein Zauber über ihn verhängt. Sie stellen einen großen Teil der Zauber- und Wundermotive im Märchen dar und scheinen in einer nahezu unüberschaubaren Vielfalt präsent zu sein.

Zunächst ein Überblick[1]: Auf der strukturellen Ebene herrschen zwei Prinzipien vor. Einerseits findet eine Verwünschung oft am Anfang des Märchens statt und löst dann die eigentliche Märchenhandlung aus. Sie bildet das narrative Strukturschema: Es wird eine Mangelsituation geschaffen, die im Laufe des Märchens aufgehoben wird, der Verwünschung folgt die Erlösung. Dabei ist der Weg zur Erlösung erzählenswerter als die Verwünschung selbst: Der König verwünscht z. B. jeden hundert Klafter unter die Erde, der von seinem Lieblingsbaum einen Apfel pflückt. Seine jüngste Tochter tut es, lässt ihre beiden Schwestern vom Apfel kosten, und schon sind alle drei spurlos verschwunden; das eigentliche Märchen handelt nun von den Abenteuern des Erlösers (KHM 91:»Dat Erdmänneken«). Die Verwünschten sind prinzipiell und hier in besonderem Maße auf Erlöser angewiesen, die zu den eigentlichen Hauptakteuren werden. Man weiß von Anfang an, dass es Verwünschte gibt, die erlöst werden müssen. Andererseits findet sich eine zweite Art von Verwünschten, die inkognito als Helfer des Helden beim Lösen schwerer Aufgaben und Bestehen von Abenteuern in Aktion treten und erst am Schluss des Märchens ihre Identität enthüllen: Der helfende Fuchs z. B. war ein verwünschter Königssohn (KHM 57: »Der goldene Vogel«). Da auch sie meist auf einen Erlöser angewiesen sind, verpflichten sie den Helden zu Dank: Er muss dem Fuchs den Kopf abschlagen, damit dieser aus der Tiergestalt erlöst wird.

Für den Inhalt der Verwünschungen vieler europäischer Märchen, wie z. B. der Grimm'schen Texte, sind im Wesentlichen zwei Arten charakteristisch: Verwünschte erleiden eine Metamorphose – Menschen werden zu Tieren, Jungfrauen in schwarze Gestalten usw. verwandelt –, oder sie werden entrückt: an einen unbekannten Ort oder in einen todesähnlichen Schlaf versetzt. Bezeichnend ist dabei, dass über den Vorgang der Verwünschung wenig zu erfahren ist. Nur in seltenen Fällen handelt es sich um eine verbale, eine ausgesprochene Verwünschung wie beim Ausruf des Vaters: »Ich wollte, daß die Jungen alle zu Raben würden« (KHM 25: »Die sieben Raben«) oder beim Zauberspruch der dreizehnten weisen Frau: »Die Königstochter soll sich in ihrem funfzehnten Jahr an einer Spindel stechen und tot hinfallen« (KHM 50: »Dornröschen«). Verwünschung scheint so fest und selbstverständlich zum Märchen zu gehören, dass oft weder Urheber noch Ursache genannt werden, sondern allein der Tatbestand der Verwünschung mitgeteilt wird, wie in der lapidaren Erklärung des Fischs: »ik bün keen rechten Butt, ik bün'n verwünschten Prins« (KHM 19: »Von dem Fischer un syner Frau«) oder mit der einfachen Feststellung, dass der Held in einem Schloss auf eine in eine Schlange verwünschte Jungfrau trifft (KHM 92: »Der König vom goldenen Berge«). Manchmal werden die Verursacher, oft sind es Hexen, genannt, aber darüber hinaus wird nichts gesagt. Es heißt nur: »Er war von einer alten Hexe verwünscht« (»Der Eisenofen«; »Der Froschkönig«: KHM 1). Die Hexe als Prinzip des Bösen scheint als Erklärung für eine Verwünschung ausreichend zu sein. Nur in Ausnahmen sind magische Mittel für die Verwünschung nötig, z. B. verwünschte Brunnen (KHM 11: »Brüderchen und Schwesterchen«), Zauberhemden (KHM 49: »Die sechs Schwäne«) oder eine Rute (KHM 60: »Die zwei Brüder«). Und trotz der vielen verwünschten Wälder, Schlösser, Mühlen, Häuschen ist von einem ausgesprochenen Machtraum einer Hexe oder Zauberin, der eine Verwünschung impliziert, eher singulär, wie in »Jorinde und Joringel« (KHM 69), die Rede.

Der Vorgang des Verwünschens ist unterschiedlich konnotiert. Max Lüthi unterschied scharf zwischen den beiden Phänomenen Verwünschung und Fluch: Charakteristisch für das Märchen sei die Verwünschung, für die Sage hingegen der Fluch. Die Verwünschung des Märchens verwandle oder entrücke den Betroffenen nur für eine gewisse Zeit, der Fluch in der Sage werfe aber den Menschen unerbittlich in eine andere Dimension und lasse ihn Teil jener anderen Welt werden. Und die Verwünschung treffe im Märchen positiv bewertete Personen, der Fluch in der Sage hingegen die Frevler[2]. Nicht als Gegenpol, sondern als untergeordnete, märchenspezifische

Ausprägung des Fluchs sah Michael Belgrader die Verwünschung an und verwies auf Motive von Fluch und Verfluchtsein in Märchen[3]. Auch auf der sprachlichen Ebene ist eine strikte Trennung nicht durchzuführen. Einerseits ist der Sprachgebrauch von Sagen- und Märchenerzählern nicht eindeutig festgelegt[4], andererseits gibt es für das deutsche Wort *Verwünschung* und seine Derivate in vielen Sprachen keine direkte Entsprechung. In diesen finden sich u. a. Entsprechungen zu *verfluchen* und *verzaubern*. Ins Deutsche übersetzte Märchen zeigen zum Teil ein unterschiedliches Bild.

Dem Grimm'schen »Deutschen Wörterbuch« zufolge ist Verwünschung und Verwünschen erst seit dem späten 16. Jahrhundert in verschiedenen Bedeutungsnuancen literarisch belegt, unter anderem positiv, z. B. schlesisch, als eine Verstärkungsform von *wünschen*. Erst in neuerer Zeit, der erste angeführte Beleg stammt von 1678, ist Verwünschen mit resultativer Bedeutung üblich: jemanden verwünschen bedeutet, ihm mit Erfolg etwas Böses anwünschen, einen Zauber über ihn verhängen. Seit dem 18. Jahrhundert überwiegt die Form *verwünscht* in der Bedeutung von *verzaubert*, und die meisten angegebenen Belege sind Märchenzitate oder Anspielungen auf Märchen. Mit der Form *verwünscht* wurde parallel die Form *verwunschen* gebraucht, z. B. von Theodor Fontane: »Ich werde hier [in London] verwunschen bleiben, bis eine deutsche prinzessin [...] mich aus diesem zauberschlaf weckt.« Dagegen dient heute verwunschen eher zur Charakterisierung eines romantisch verträumten Winkels, einer Idylle[5].

Verwünschen, schrieb Jacob Grimm in seiner »Deutschen Mythologie«, bedeute »einen fluch oder bann aussprechen«. Er unterschied Verwünschungen von Verwandlungen, »wiewol der sprachgebrauch auch das verwandelte verwünscht nennt« und ordnete Verwünschung dem Phänomen Entrückung zu[6]. Aufschlussreich ist der variable Sprachgebrauch der Grimms in den »Kinder- und Hausmärchen«. So kommt im Märchen »Dornröschen« das Wort Verwünschung gar nicht vor, sondern es ist die Rede von *bösem Spruch* und *Zauberspruch*. In »Die weiße und die schwarze Braut« (KHM 135) *verwünscht* der liebe Gott auf Erdenwanderung die Stiefmutter und deren Tochter dazu, schwarz wie die Nacht und hässlich wie die Sünde zu werden. In »Die drei Männlein im Walde« (KHM 13) hingegen *schenken* die drei Haulemännchen dem bösen Mädchen, dass es jeden Tag hässlicher wird, ihm Kröten aus dem Mund springen und es eines unglücklichen Todes stirbt. Bei dem feinen Sprachgefühl der Grimms und der intensiven Überarbeitung durch Wilhelm Grimm ist nicht nur ein Bemühen um sprachliche Varianz zu vermuten, sondern auch die Absicht zu semantischer Unterscheidung. In »Dornröschen« z. B. steht in der Ausgabe letzter Hand, dass die beleidigte weise Frau ihren Spruch mit lauter Stimme rief, in der handschriftlichen Urfassung hingegen hieß es »ich verkündige euch, daß [...]«[7]. In der den Grimms gut bekannten und benutzten Fassung von Charles Perrault finden sich neben dem Begriff *le don*, die Gabe der Feen, die Ausdrücke *le malheur annoncé* und *la prédiction des Fées*[8], in der Version Giambattista Basiles (»Pentamerone« 5,5) ist interessanterweise nur von Weisen und Wahrsagern die Rede, die das Schicksal der neugeborenen Königstochter prophezeien. Sollte in den »Kinder- und Hausmärchen« der Kontext von Weissagung und Prophezeiung zurückgedrängt werden, da die weisen Frauen nicht nur Verkünderinnen, sondern eben schicksalsbestimmende Wesen sind?

Es zeigt sich eine semantische Breite des Wortes Verwünschung. Mit ihm stehen in Zusammenhang: Wunsch, Fluch und Beschwörung, Zauber und Zauberbann, Verzauberung, Prophezeiung und Schicksal.

Die enge Beziehung von verfluchen und verwünschen in Märchen, die Konnexität der beiden Phänomene, zeigen Märchenbeispiele, in denen es sich stets um verbale Verwünschungen handelt, welche die Opfer nicht verwandeln oder entrücken, sondern zu bestimmten Aktivitäten zwingen. Das erste Beispiel stammt aus der Rahmenerzählung in Basiles »Pentamerone«:

Weil seine Tochter Zoza niemals lacht, lässt der König einen Springbrunnen, aus dem Öl sprudelt, vor dem Palast errichten, in der Hoffnung, dass sich irgend etwas ereignet, das sie zum Lachen bringt. Als eine alte Frau mühsam mit einem Schwamm das Öl aufsaugt und in einen Topf füllt, zerbricht ein Hofpage mit einem gezielten Steinwurf diesen Topf. Es beginnt ein Wechsel deftiger Schimpfreden zwischen der Frau und dem Pagen, und die alte Frau hebt schließlich – in der Übersetzung Felix Liebrechts – den Vorhang der Hinterbühne auf, zeigt also ihren Hintern. Zoza bekommt einen Lachanfall, und die Frau ruft ihr zornig zu: »So wünsche ich denn, daß dir nimmer auch nur das geringste Stückchen von einem Ehemann zuteil werde, es sei denn, daß du den Prinzen von Rundfeld bekommst.«[9] Zoza ist sich nun unsicher darüber, ob die gekränkte alte Frau sie nur beleidigt oder aber verwünscht hat und wird von dieser aufgeklärt: Letzteres ist der Fall, da es unmöglich sei, den verwünschten Prinzen von Rundfeld zu erlösen. Darauf macht sich Zoza auf den Weg.

Die Verwünschung, einen unbekannten Ehepartner zu finden und zu gewinnen, erscheint nicht nur bei Basile, sondern auch in Märchen, die im 19. Jahrhundert aufgezeichnet wurden. »So mögest du denn so lange laufen, bis du den König Chicchereddu gefunden hast«, heißt es z.B. in einem sizilianischen Märchen aus der Sammlung von Laura Gonzenbach (Nr. 12). Eine typische Einleitung stellt sie im Erzähltyp »Die drei Orangen« (AaTh 408) dar, in dem ein junger Mann, oft ein von Melancholie geplagter Prinz, über eine alte Frau lacht, mutwillig ihren Krug zerstört und von ihr zugerufen bekommt, er sollte keine Ruhe mehr haben, bis er die drei Orangen fände. Nach vielen Abenteuern gelingt ihm dies und er öffnet die Früchte. Ihnen entsteigen wunderschöne junge Frauen; die ersten beiden sterben, da er ihnen kein Wasser gibt, oder verschwinden. Erst das dritte Orangenmädchen, die Schönste, bleibt am Leben. Der Held verliebt sich in das wunderbare Wesen.

Von dem Erzählforscher Walter Anderson, dem Programmatiker der geographisch-historischen Methode, ist eine unveröffentlicht gebliebene handschriftliche Untersuchung dieses Märchentyps erhalten[10], in der er akribisch die einzelnen Motive von fast 500 Varianten analysierte und auch eine Liste der Verwünschungen (bei Anderson: Flüche, auch Segenssprüche, Versprechen, Befehle, Ratschläge) erstellte. Sie lauten: du sollst keine Ruhe haben bis ...; du sollst verwelken bis ...; du sollst nicht lachen bis ...; du sollst träumen von ...; du sollst erst gesund werden, wenn ... usw. Das Märchen von den drei Orangen ist vor allem im Vorderen Orient und im Mittelmeerraum verbreitet[11]. Von der Beliebtheit dieser Einleitung zeugen auch andere Erzählungen wie z. B. Varianten von AaTh 437: »Nadelprinz«[12].

Solche Arten der Verwünschung, die generell »Du sollst dich verlieben in...« bedeuten, stehen dem Motiv der Fernliebe nahe. Der Aktivierung des Protagonisten durch die Verwünschung entspricht hier die aktivierende Faszination, die den Helden sich zwanghaft in eine ihm unbekannte Frau verlieben lässt: durch Hörensagen, durch Gegenstände wie Schuhe, Haare (die als pars pro toto gedeutet werden können) oder durch den Anblick eines Bildes. Anstelle der Macht des Bildes tritt bei der Verwünschung die Macht der Worte. Als einen möglichen, ehemals kulturellen und sozialen Hintergrund des Motivs der Fernliebe sah Elisabeth Frenzel das bei vielen Völkern gültig gewesene Exogamie-Gebot, das heiratsfähigen Männern früher Kulturen weite und gefährliche Brautfahrten auferlegte. Sie machte in diesem Zusammenhang auf die besonders strengen Heiratsgebote in Indien als dem Herkunftsland vieler Dichtungen über Fernliebe aufmerksam[13]. So gesehen, könnte auch das Motiv der Verwünschung als narrative Ausgestaltung ursprünglicher Normen der Realität betrachtet werden.

Indische, dem Märchen von den drei Orangen zugerechnete Varianten zeigen zum Teil eine spielerisch-ironische Tendenz. Schon im »Kathāsaritsāgara«, dem »Ozean der Märchenströme«, des indischen Dichters Somadeva aus dem 11. Jahrhundert hat eine Geschichte folgende Einleitung: Mutwillig wirft ein Prinz seinen Ball auf eine Asketin, die übernatürliche Kräfte besitzt. Erst zornig, doch dann lächelnd ruft diese: »Wenn neben deinen guten Eigenschaften deine Ausgelassenheit und dein Übermut schon während deiner Jugend so ausgeprägt sind, wie werden sie erst beschaffen sein, wenn du Mrgānkalekhā, die ›Gazellenäugige‹, zur Gattin erlangst?«[14] Analogien zu Einleitungen mit dem mutwillig zerstörten Krug der alten Frau und ihrem Fluch sind offensichtlich. Doch die Erzählung steht in einem anderen kulturellen Kontext. Der Prinz in dieser Erzählung war in seinem vorherigen Leben ein Halbgott (Vidyadhara), der zu einer Wiedergeburt als Sterblicher verflucht worden war. Die ihm unbekannte Schöne war im vorherigen Leben seine Frau gewesen, und die Asketin und eine Göttin sorgen für seine erneute Vereinigung mit ihr. Die Verwünschung ist ein von vornherein beabsichtigter Segen. Die Geschichte schließt mit der Sentenz: »So ist das also: Was einem Menschen durch seine Werke in früheren Geburten als das, was in der Welt geschehen muß, vorherbestimmt ist, das fällt ihm ohne Mühe vor die Füße, und er gewinnt unausführbar und unerreichbar Erscheinendes.«[15] Die Geschichte ist in den Glauben von der Unabwendbarkeit des Schicksals eingebunden und erscheint als ein Stück hinduistischer Lehrverkündigung.

Die Verwünschungen in den angeführten Beispielen, die zum Themenkreis Brautsuche bzw. Gewinnung eines Ehepartners gehören, sind gekennzeichnet durch ihre stets verbale Form, durch die bereits in ihr enthaltene Erlösungsbedingung und durch ihren den Adressaten zum Handeln zwingenden Charakter. Sie haben einen zukunftsweisenden Aspekt, auf den die amerikanische Folkloristin Christine Goldberg in ihrer dem Märchen von den drei Orangen gewidmeten Monographie durch die Begriffe *prophetic curse* und *prophetic challenge* aufmerksam machte[16]. Das auffallende Merkmal dieser Kategorie im Vergleich zu anderen Verwünschungsformen im Märchen ist sein auffordernder, befehlender Charakter. Ich nenne sie daher im folgenden *imperative Verwünschung*. Sprachwissenschaftlich gesehen, gehört diese Kategorie zu einem historischen Sprechakttyp, der auf einem magischen Funktionieren der Sprache beruht: Etwas Gesagtes bewirkt Veränderung. Einbezogen werden könnten auch von John L. Austin angestoßene Forschungen über performative

Äußerungen, welche die Beziehung von Sprechakten in der Ich-Form und ihrer Umsetzung in Handlungen untersuchen[17].

Die bisherigen Beispiele stammten aus dem orientalischen Bereich und dem europäischen Mittelmeerraum. Doch wie sieht es im nördlicheren Europa aus? Wir finden in Struktur und Form verblüffend übereinstimmende Verwünschungsprinzipien.

Eine keltische Prosaerzählung aus dem unter dem Titel »Mabinogion« bekannten walisischen Erzählkorpus, die Erzählung von Culhwch und Olwen, die aus dem 13. Jahrhundert schriftlich fixiert vorliegt und vermutlich um 1100 entstanden war, gilt als eine der ältesten Erzählungen des Sagenkreises um König Arthur[18]. Sie beginnt mit der Geburt des Königssohns Culhwch, dem Tod seiner Mutter und der Neuverheiratung des Vaters. Kurz darauf schlägt ihm die Stiefmutter vor, ihre Tochter aus erster Ehe zu heiraten. Culhwch entzieht sich diplomatisch dieser Aufforderung mit der auch in ähnlichen Fällen oft benutzten Ausrede, er sei noch zu jung zum Heiraten. Die Stiefmutter versteht die Absage und antwortet: »Ich schwöre auf dich das Schicksal herab, dass deine Seite keine Frau berühre, bis du Olwen, die Tochter von Ysbaddaden Pennkawr, gewinnst.«[19] Die Frau scheint unerreichbar zu sein, da ihr Vater nicht nur der Oberste der Riesen ist, sondern einer Weissagung zufolge nur so lange leben wird, wie seine Tochter unverheiratet ist, und alles daransetzen wird, dass sie es bleibt. Der Junge verliebt sich sofort, obwohl er sie niemals gesehen hat, zieht umgehend, unterstützt von seinem Cousin König Arthur und dessen Rittern, los und gewinnt natürlich Olwen zur Frau. Es ist wie im Zaubermärchen, in dem die böse Stiefmutter ihr Stiefkind ins Verderben, in den Tod schicken will. Anstelle einer fremden dritten Person, die in den orientalischen und südeuropäischen Beispielen die Verwünschung ausspricht, wird hier die Geschichte zum Familienkonflikt. Die Keltistin Doris Edel sah einen realen machtpolitischen Hintergrund: Die Stiefmutter will ihrer Tochter aus erster Ehe einen Platz in der Dynastie ihres jetzigen Mannes sichern, und zwar durch die Heirat mit dessen Sohn. Da dieser nicht darauf eingeht, will sie nun erreichen, dass ihr Stiefsohn niemals heiratet und keine eigenen Nachkommen hat, um seine Linie auszulöschen und um die Stellung zukünftiger gemeinsamer Kinder mit dem jetzigen Ehemann zu sichern. Die Auferlegung einer schicksalhaften Verpflichtung wird mit einer heroischen Vorstellungswelt verbunden und in einen dynastischen Kontext gestellt[20].

Auffallende Parallelen finden sich in der isländischen Überlieferung[21]. Dass es sehr früh Erzählungen gab, in denen Stiefmütter

Zur imperativen Verwünschung im Märchen

Königskinder verwünschen, ist von dem isländischen Abt Karl Jónsson, einem Benediktiner, in der um 1185 begonnenen Saga über den norwegischen König Sverrir bezeugt: Er verglich die Widerwärtigkeiten, die der König auf einer Reise erleiden musste, mit dem, »was in alten Geschichten von Königskindern erzählt wird, auf die der Fluch der Stiefmutter gefallen ist«[22]. Speziell von Verwünschungen, eine anscheinend unerreichbare Frau zu gewinnen, erzählen verschiedene isländische Texte. So berichtet der Held in den eddischen »Svipdagsmál« (vermutlich 13. Jahrhundert)[23] über seine Stiefmutter: »sie wies mich, zu wandern den Weg zu Menglöd, der als ungehbar gilt«[24]. In einer Abenteuersaga aus dem 15. Jahrhundert sagt die Stiefmutter zu ihrem Stiefsohn: »Ich lege nun auf dich, daß du nirgends, weder Tag noch Nacht, Ruhe haben sollst, bis du Hervör Hundingstochter siehst – nur auf deinem Schiff oder im Zelt.«[25] In der »Himinbjargar saga«, einem um 1700 nach mündlicher Erzählung aufgezeichneten Märchen, ist es die tote Mutter, die ihrem Sohn auferlegt, dass er keine Ruhe mehr finden solle, bis er eine in eine Riesin verzauberte Königstochter gefunden hat[26]. Die Motivation der Verwünschung ist jeweils unterschiedlich: Im eddischen Lied ist sie die Folge eines Schachspiels von Stiefmutter und Stiefsohn oder wie in der Abenteuersaga die Rache der Stiefmutter, deren Liebe der Stiefsohn verschmähte, im Märchen hingegen verflucht die tote Mutter den Sohn wegen gestörter Grabesruhe.

Die stereotype isländische Formel lautet in wörtlicher Übersetzung: »Ich beschließe dies und lege auf, daß du ...«[27] Für diese Verzauberung durch Worte gibt es einen eigenen isländischen Terminus: *álög* (Auferlegungen)[28], und er gilt für alle Arten von Verwünschungen: magische Verwandlungen der äußeren Gestalt – Menschen werden zu Tieren, Trollen, Steinen usw. verwünscht[29] – und den mit einem Zauber behafteten Befehl, den der Betroffene wie unter Zwang stehend ausführt.

Die folgenden Beispiele einer imperativen Verwünschung, die dem Helden unterschiedliche Aktivitäten auferlegt, stammen aus im 19. und 20. Jahrhundert aufgezeichneten Märchen: »Gesprochen sei's und dir auferlegt, daß du weder Ruhe noch Freude haben sollst, bis du das Pferd Goldhuf, das von zwölf Riesen bewacht wird, gefunden und es dem König, deinem Vater, gebracht hast.« Dies wird z. B. dem Helden von der Mutter seiner Stiefmutter, einer hässlichen Riesin, aus Wut auferlegt, weil er über sie gelacht hat[30]. Ein Fluch kann die Heldin auch wider Willen zu Mord, Brandstiftung und dazu, unverheiratet ein Kind zur Welt zu bringen, zwingen[31]. Die *álög*-Form ist so populär, dass sie im Märchen auch zu ätiologischen Zwecken genutzt wird: Nach Schlachtung und Wiederbelebung des helfenden Pferdes, einer verwünschten Königstochter, fehlen die Klauen, das Pferd spricht: »Gesprochen sei's und auferlegt, daß von nun an kein Pferd mehr Klauen haben soll, sondern Hufe!«[32] Ebenso können Handlungen wie die Tötungsversuche der Stiefmutter in »Schneewittchen« in die *álög*-Form gekleidet werden: Die Stiefmutter steckt der Heldin einen Ring an und spricht dazu: »Ich bestimme und wirke den Zauber, daß der Ring dich immer fester und fester umschließe, so daß du davon den Tod erleiden mußt, wenn sich nicht ein Gold von gleicher Art findet, was wohl so bald nicht der Fall sein wird.«[33] Verwünschungen gehen in isländischen Märchen sehr häufig von wunderschönen Stiefmüttern aus, die in Wirklichkeit meist hässliche mit Zauberkräften begabte Unholde, Troll- und Riesenfrauen sind. Allerdings treten auch gute Stiefmütter auf, die den Stiefkindern bei der Befreiung von einem auferlegten Zauber die entscheidende Hilfe geben.

Der Akt der Verwünschung weitet sich oft zu einem dramatischen Szenarium aus: Der Verwünschte erhält im Moment der Verwünschung magische Kräfte[34] und spricht einen Gegenzauber aus; das daraufhin erfolgende Angebot, jeder solle seine Verwünschung zurückziehen, lehnt er ab. Ein Beispiel: Eine Trollfrau, die gegen den Helden beim Schachspiel verliert, erlegt ihm auf, sein Vaterhaus zu verlassen und, falls er verschiedene Gefahren überlebe, zu ihren zwölf Schwestern zu gelangen, die sich schon um ihn kümmern würden. Er antwortet: »Gesprochen sei's und dir auferlegt, daß du mit einem Bein auf dem Hügel stehen mußt und mit dem anderen auf dem Berge da, [...] und dann sollen die Henker kommen und ein Feuer unter dir anzünden, so daß du von unten brennst und oben frierst; aber wenn ich sterbe oder von deinem Fluch erlöst werde, dann sollst du hinunterstürzen ins Feuer und verbrennen.« Da sagt sie »Lassen wir's beide sein.« Aber er sagt: »Es gehe nun, wie's gehen mag!«[35] Der Gegenzauber wird benutzt, um weitere Verwünschungen zu verhindern, Milderungen auszuhandeln oder die verwünschende Person zu strafen.

Eine der isländischen *álög*-Form analoge Verwünschungsformel, die *geasa* (Singular *geis*), finden sich in gälischen Märchen aus Irland und Schottland, die vor allem im 19. Jahrhundert gesammelt wurden. Die Gemeinsamkeiten betreffen die Form, den Befehlscharakter der Verwünschung und auch den fast wie ein Ritual ablaufenden Austausch von Verwünschung und Gegenverwünschung samt dem

Wortwechsel über eine Rücknahme[36]. Dabei finden sich direkte Motivübereinstimmungen: Der Anlass der Verwünschung durch Schach- oder Kartenspiel ist nach Rosemary Power geradezu ein Gemeinplatz gälischer Erzählungen, und die häufigste Strafe des Gegenzaubers besteht darin, den Gegner zum Spagat zu verwünschen[37].

Schottische Märchen zeichnen sich durch oft ausführliche Verwünschungen aus, z. B.: »Ich lege dir auf als Kreuze und Verwünschungen und als das Welken und Siechen des Jahres, daß du nie ohne eine Wasserlache in deinem Schuh seiest und daß du naß, kalt und lehmbeschmiert seiest, bis du mir den Vogel bringst, von dem die Feder stammt.« Und er sagte zu seiner Stiefmutter: »Und ich lege dir auf als Kreuze und Verwünschungen und als das Welken und Siechen des Jahres, daß du mit dem einen Fuß auf der Halle und mit dem anderen auf dem Turm stehen sollst und daß dein Gesicht dem Sturm zugewendet sei, woher der Wind auch bläst, bis ich zurückkehre.«[38] Wie in isländischen wird in schottischen Märchen auch für gefährliche Aufträge und schwierige Aufgaben, die in anderen europäischen Märchen meist ein König dem Helden erteilt, das Prinzip der Verzauberung durch Worte benutzt. Verwünscht werden kann zu fast allem: dazu, dass die eigene Ehefrau des Helden ihm den Kopf abschlägt, wenn nicht ein Zauberschwert geholt wird[39], oder dass der Held keine Ruhe finden soll, bis er der Ehemann von der Frau des Baumlöwen (Tree Lion) geworden ist[40]. Auch die selbstreferentielle Anwendung kommt vor, wenn der Held sich zu einer großen Aufgabe verpflichtet und die Formel benutzt: »I lay it on myself as spells and as crosses, that stopping by night, and staying by day, is not for me, till I find the woman.[41]«

Konsens in der Forschung ist, dass die isländische Überlieferung Einflüsse inselkeltischer Traditionen zeigt[42]. Schon seit dem 19. Jahrhundert wurde auf die frühen Parallelen in den isländischen »Svipdagsmál« und der walisischen Erzählung von Culhwch und Olwen hingewiesen[43]. Auch für die isländische *álög*-Form wird angenommen, dass sie auf die irischen *geasa* zurückgeht. Mit diesen waren Isländer – vermutet wird durch mündliche Überlieferung – bereits bei der um 870 von Norwegen aus erfolgten Besiedlung Islands bekannt geworden, an der auch Iren beteiligt waren, oder später durch die intensiven Kontakte der Isländer mit keltischen Traditionen in der Wikingerzeit[44]. Die Überlieferung der Verwünschungsformen in gälischen und isländischen Märchen beruht auf einer spezifischen Tradierung unter ähnlichen historischen Gegebenheiten.

Sowohl Iren wie Isländer haben eigene Sprachen, die jahrhundertelang keine Staatssprachen waren und in denen kaum Bücher gedruckt wurden. Beide verfügten jedoch seit dem Mittelalter über eine reiche Literatur, die in eigener Sprache bewahrt und weiterentwickelt wurde und als Allgemeingut über die Jahrhunderte lebendig blieb. In Island gab es seit dem 13. Jahrhundert eine reiche Sagaliteratur, die wieder und wieder in Handschriften weiterverbreitet, vorgelesen, umerzählt und umgedichtet wurde, darunter die Vorzeitsagas und die sehr populären Lügen- oder Märchensagas mit vielen Märchenelementen. Vor allem in letzteren kommen häufig Verwünschungsformen wie in den später aufgezeichneten Märchen vor[45]. So entstand eine komplexe mündlich-schriftliche Wechselbeziehung.

Der irische Terminus *geis* für die Verwünschungsform hat eine noch nicht restlos geklärte Entwicklung hinter sich[46]. In der altirischen Literatur wurde der Terminus fast inflationär gebraucht, und zwar in einer Bedeutung, die dem Begriff *Tabu* nahe kommt. In der Ulster-Sage und im auch als Ossianischer Sagenkreis bekannten Finnzyklus dürfen die Helden z. B. nicht zu bestimmten Zeiten in einem bestimmten Fluss schwimmen, nicht einen bestimmten Gegenstand weggeben, nicht in einem Haus sein, das von außen einsehbar ist, oder nicht eine Frau nach Sonnenuntergang ins Haus führen. Jedes Verbot gilt individuell für eine Person. Manchmal bestimmt eine Person es für eine andere, doch meist wird es einfach als bestehend angenommen, wie vom Schicksal bestimmt. Vermutlich eine spätere und spezifisch irische oder zum mindesten keltische Entwicklung ist nach Power die positive Konzeption, dass eine Person einer anderen einen Befehl auferlegt, etwas tun zu müssen. Dabei konnte negativ formuliert werden: Es war ein *geis*, ein Tabu, für den Helden, nicht etwas zu tun, das heißt: Der Held muss etwas tun[47]. In gälischen Märchen hat dann ein Bedeutungswandel zu allgemein verzaubern stattgefunden[48]. Dass so häufig Verbote und Gebote in der altirischen Literatur menschliches Handeln bestimmten, führte vermutlich über die üblichen Verwünschungen im Märchen hinaus – der Metamorphose und der Entrückung – zur Popularisierung des Verwünschens zur Handlung.

Die Beispiele für die Kategorie der imperativen Verwünschung zeigen verschiedene Kontexte und historisch unterschiedlich gewachsene Begrifflichkeiten. Das Spektrum von Handlungen, zu denen der Held verwünscht wird, umfasst auch solche, die in anderen Märchen sozialen Konventionen unterliegen, so z. B. wenn der König schwere Aufgaben erteilt. Europäische Geschichten, in denen allein durch die Macht der Worte Handlungen oktroyiert werden, scheinen eine besondere erzählerische Form menschlichen Umgangs mit dem Schicksal darzustellen. Einerseits ist das Prinzip der Verzauberung durch Worte, das menschlichen Willen manipuliert, eine sehr subtile Form des Phänomens *Verwünschung* im Märchen. Die Suggestion durch den mit einem Zauber behafteten Befehl lässt an das psychologische Phänomen der *self-fulfilling prophecy* denken. Andererseits bleibt hier das Schicksal nicht diffus und unerklärlich, sondern wird durch die Verwünschung konkretisiert: Der Mensch weiß, von wem er wozu verwünscht wurde, und kann durch sein Handeln die negativ intendierte Verwünschung in für ihn Positives wenden.

Anmerkungen

1 Vergleiche Malthaner, S. 28–44; Anacker; Lüthi 1992, Register unter *Verwünschung*; Brunner Ungricht.
2 Lüthi 1943, S. 71, S. 80–83.
3 Belgrader 1984, Spalte 1316, 1325 f.
4 Vergleiche auch den Titel Boesebeck 1927: *Verwünschung und Erlösung in der deutschen Volkssage der Gegenwart*.
5 Grimm 1956, besonders Sp. 2386–2388.
6 Grimm 1968, S. 794.
7 Rölleke, S. 106.
8 Perrault, S. 190 f.
9 Liebrecht-Übersetzung, Basile 1973, 4; Schenda-Übersetzung: »Na warte! Du sollst wahrhaftig kein Sprößlein von einem Mann zu Gesicht kriegen, außer du nimmst den Prinzen von Camporotondo!« (Basile 2000, S. 16).
10 Das unvollständige Manuskript befindet sich in der Arbeitsstelle der *Enzyklopädie des Märchens*, Göttingen, S. 82–132 (Kapitel: Die Fluchformel; S. 83–100 fehlt).
11 Anderson; Goldberg; Shojaei Kawan.
12 Vergleiche Goldberg, S. 112–120.
13 Frenzel, S. 1021.
14 Somadeva 1, 1076, vgl. auch 590; Penzer 5, 171, und 3, 259.
15 Somadeva 1, 1079; Penzer 5, 174.
16 Goldberg, S. 112, 116.
17 Austin; Searle.
18 Roberts; Bromwich / Evans.
19 Übersetzung nach Edel, S. 73.
20 Edel, S. 73–75; Edel (S. 74 f.) verwies auf die Verwendung der Formel ›Tyngaf tynged‹ (ich erlege eine schicksalhafte Bedeutung auf) auch im vierten Zweig des »Mabinogi« (um eine Heldenkarriere unmöglich zu machen, soll der Held keinen Namen, keine Waffe und keine Frau erhalten) und machte auf die von der kontinentalen unterschiedliche inselkeltische Rezeption des Arthurstoffes aufmerksam, die im Fall von Culhwch Arthur als den Verteidiger der dynastischen Rechte eines nahen Verwandten sieht. Vergleiche auch Reinhard, S. 53 (Arthur in der Rolle als britischer Führer).

21 Eine imperative Verwünschung durch eine Stiefmutter findet sich auch in dem späthöfischen Ritter- und Minneroman »Friedrich von Schwaben« (14. Jahrhundert), die sich durch eine lange Aufzählung von Erlösungsbedingungen auszeichnet; vergleiche Jellinek 1904, S. 8–10.
22 Sveinsson 1929, S. XVII; Schier, S. 244; Lagerholm, S. XII; Buchholz, S. 91.
23 Nach dem Helden Svipdagr nannten Schröder (S. 21) und Lincke (S. 92) die Textgruppe, in der die Stiefmutter ihren Stiefsohn dazu verwünscht, ohne Rast und Ruhe eine Frau zu suchen, Svipdagtypus, einschließlich der dänischen Ballade »Ungen Svendal«, vergleiche Sveinsson 1929, S. XXXII.
24 Genzmer 1941, S. 178.
25 »Hjálmþérs saga ok Ölvés«, wiedergegeben nach der Übersetzung bei Buchholz, S. 94; vergleiche Lincke, S. 94 (Inhaltsangabe).
26 Maurer, S. 312–314 (nach einem Manuskript aus der Arnamagnaeana, Kopenhagen); Rittershaus, Nr. 4.
27 Vergleiche Schier, S. 260 (»Mœli ég um og legg ég á ...«; in der Ausgabe als »Gesprochen sei's und auferlegt ...« wiedergegeben).
28 Sveinsson 1929, S. XXX-XXXII; Schlauch, S. 125–134; Schier, S. 260 f.; Buchholz, S. 91–95.
29 In Tiere (Trolle usw.) verwünschte Helfer geben sich wie in den Grimm-Texten häufig erst am Ende des Märchens zu erkennen, erklären hier jedoch, von wem, warum und wozu sie verwünscht worden waren. Bemerkenswert bei der Erlösung ist häufig folgendes Motiv: Erlöst werden Verwünschte, wenn es ihnen gelingt, im Zimmer des Helden oder der Heldin mit deren Einverständnis zu schlafen (z. T. in der Hochzeitsnacht beim Brautpaar). Sie legen die Tierhaut ab, die verbrannt wird, und werden bewusstlos. Held oder Heldin erwecken die zu schönen Königstöchtern oder -söhnen Rückverwandelten, indem sie Wasser oder Wein auf sie träufeln (Schier, Nr. 7, 8, 10, 22, 25, 26).
30 Schier, Nr. 1.
31 »Das sei dir besprochen und auferlegt, daß du niemals ohne Weinen und Kummer sein sollst, bis du einen Mann erschlagen, ein Haus verbrannt und ein Kind ohne Heirat bekommen hast!«, verflucht eine sterbende Mutter ihre eigene Tochter; vergleiche Schier, Nr. 19. In Varianten heißt es, dass die Mutter zum tödlichen Hass gegen ihre Tochter verwünscht gewesen sei (Naumann, Nr. 21), oder sie bekommt den Fluch auferlegt, als sie sich eine Tochter in den Farben von Blut und Schnee wünscht (Rittershaus, Nr. 34).
32 Schier, Nr. 25.
33 Lincke, S. 138–140; Rittershaus, Nr. 28.
34 Auch in Grimm-Texten können Verwünschte über magische Kräfte verfügen, z. B. der Königssohn als Fisch erfüllt alle Wünsche (KHM 19), die Jungfrau kann den durch Qualnächte gemarterten Helden wieder heilen (KHM 92), der wilde Mann besitzt den magischen Goldbrunnen und wunderbare Ausrüstungen (KHM 136).
35 Schier, Nr. 24, vergleiche auch Nr. 8 (Naumann, Nr. 6 nach Maurer, S. 317–319, Nr. 11; Rittershaus, Nr. 11).
36 z. B. Campbell 2, Nr. 51, S. 434 (englischer und gälischer Text).
37 Power, S. 69, 81; vergleiche Sveinsson 1957, S. 22 f.
38 Aitken / Michaelis-Jena, Nr. 7 (= Campbell 2, Nr. 46, S. 344 f.).
39 Ebenda., Nr. 8 (= Campbell 1, Nr. 1).
40 Campbell 2, S. 434; vergleiche auch S. 424.

Zur imperativen Verwünschung im Märchen

41 Campbell 3, S. 228 (Selbstverpflichtung durch Eid als übliche Praxis in altisländischer und irischer Überlieferung); vergleiche auch Glauser, S. 199; Reinhard, S. 316–324.
42 z. B. Christiansen, 17–20.
43 Vergleiche Sveinsson 1975; ders. 1929, S. XXXI; Talbot; Power, Anmerkung 2.
44 Lagerholm, S. XXXVIII, LXI f.; Sveinsson 1957, bes. S. 19–24; Power, S. 84.
45 Lagerholm, S. LVIII–LXVI (zahlreiche Belege); vergleiche auch Glauser / Kreutzer, siehe Register unter *Verwünschung*.
46 Vergleiche Reinhard, S. 21–218; Schlauch, S. 126 f.; Power, besonders S. 73–75.
47 Schlauch, S. 126.
48 Power (S. 74) führte für *geis, geasa* vier Hauptbedeutungen auf: »*tabu* or prohibition; positive injunction or demand; something unlawful or forbidden; and a spell, an incantation.« Power (S. 83 f.) benutzte die Belege für *álög* in der altisländischen Literatur, um Entwicklungsstufen der irischen *geasa* zu datieren.

Literatur

Aitken, Hannah / Michaelis-Jena, Ruth: *Schottische Volksmärchen*. Düsseldorf–Köln 1965.
Anacker, Traut: *Verzauberung und Erlösung im deutschen Volksmärchen*. Königsberg–Berlin 1941.
Austin, John L.: *How to Do Things With Words* (hrsg. von J. O. Urmson) Oxford 1962.
Basile, Giambattista: *Der Pentamerone oder Das Märchen aller Märchen*. Übersetzt von Felix Liebrecht. (Breslau 1846) Nachdruck Hildesheim–New York 1973.
Basile, Giambattista: *Das Märchen der Märchen. Das Pentamerone* (hrsg. von Rudolf Schenda). München 2000.
Belgrader, Michael: »Fluch, Fluchen, Flucher.« In: *Enzyklopädie des Märchens* 4 (hrsg. von Kurt Ranke u. a.). Berlin–New York 1984, Spalten 1315–1328.
Boesebeck, Hilde: »Verwünschung und Erlösung des Menschen in der deutschen Volkssage der Gegenwart«. In: *Niederdeutsche Zeitschrift für Volkskunde* 5 (1927), S. 89–119, 134–164, 216–237; Band 6 (1928), S. 15–29, 90–111, 159–178.
Bromwich, Rachel / Evans, D. Simon: *Culhwch and Olwen. An Edition and Study of the Oldest Arthurian Tale*. Cardiff 1992.
Brunner Ungricht, Gabriela: *Die Mensch-Tier-Verwandlung. Eine Motivgeschichte unter besonderer Berücksichtigung des deutschen Märchens in der ersten Hälfte des 19. Jahrhunderts*. Bern u. a. 1998.
Buchholz, Peter: *Vorzeitkunde. Mündliches Erzählen und Überliefern im mittelalterlichen Skandinavien nach dem Zeugnis von Fornaldarsaga und eddischer Dichtung*. Neumünster 1980.
Campbell, John Francis: *Popular Tales of the West Highlands* 1–2. Edinburgh (1860), 3–4 (1862). London 1890/92.
Christiansen, Reidar T.: *Studies in Irish and Scandinavian Folktales*. Kopenhagen 1959.
Edel, Doris: *Helden auf Freiersfüssen. ›Tochmarc Emire‹ und ›Mal y kavas Kulhwch Olwen‹. Studien zur frühen inselkeltischen Erzähltradition*. Amsterdam–Oxford–New York 1980.

Ines Köhler-Zülch

Frenzel, E.: »Fernliebe«. In: *Enzyklopädie des Märchens* 4 (hrsg. von Kurt Ranke). Berlin–New York 1984, Spalten 1021–1025.
Genzmer, Felix (Übersetzer): *Edda* 2. Jena 1941 (3. Auflage).
Glauser, Jürg: *Isländische Märchensagas. Studien zur Prosaliteratur im spätmittelalterlichen Island.* Basel–Frankfurt am Main 1983.
Glauser, Jürg / Kreutzer, Gert (Hrsg.): *Isländische Märchensagas* 1. München 1998.
Goldberg, Christine: *The Tale of the Three Oranges.* (FFC 263). Helsinki 1997.
Gonzenbach, Laura: *Sicilianische Märchen.* Leipzig 1870 (Reprint Hildesheim–New York 1976).
Grimm, Jacob: *Deutsche Mythologie* 2. (Nachdruck der 4. Auflage). Graz 1968.
Grimm, Jacob und Wilhelm: *Deutsches Wörterbuch* 12. 1. Abteilung. Leipzig 1956, S. 2381–2387 (Verwünschen), 2387–2390 (Verwünschung).
Jellinek, Max Hermann: *Friedrich von Schwaben.* Berlin 1904.
Lagerholm, Åke (Hrsg.): *Drei lygisǫgur.* Halle 1927.
Lincke, Werner: *Das Stiefmuttermotiv im Märchen der germanischen Völker.* Berlin 1933.
Lüthi, Max: *Die Gabe im Märchen und in der Sage.* Diss. Bern 1943.
Lüthi, Max: *Das europäische Volksmärchen.* Tübingen 1992 (9. Auflage).
Malthaner, Johannes: *Die Erlösung im Märchen.* Diss. Heidelberg 1934.
Maurer, Konrad: *Isländische Volkssagen der Gegenwart.* Leipzig 1860.
Naumann, Hans und Ida: *Isländische Volksmärchen.* Jena 1923.
Penzer, Norman Mosley: *The Ocean of Story. Being C. H. Tawney's Translation of Somadeva's Kathāsaritsāgara* 1–10. (Delhi 1923) Nachdruck Delhi u. a. 1984.
Perrault, Charles: *Contes de ma mère l'Oye.* Paris 1948.
Power, Rosemary: »*Geasa* and *Álög*: Magic Formulae and Perilous Quests in Gaelic and Norse«. In: *Scottish Studies* 28 (1987), S. 69–89.
Reinhard, John Revell: *The Survival of Geis in Mediaeval Romance.* Halle 1933.
Rittershaus, Adeline: *Die neuisländischen Volksmärchen. Ein Beitrag zur vergleichenden Märchenforschung.* Halle 1902.
Roberts, Brunley F.: »Culhwch ac Olwen, The Triads, Saints' Lives«. In: *The Arthur of the Welsh.* (Hrsg. von Rachel Bromwich, A. O. H. Jarman, Brunley F. Roberts). Cardiff 1991, S. 73–95.
Rölleke, Heinz: *Die älteste Märchensammlung der Brüder Grimm.* Cologny–Genève 1975.
Schlauch, Margaret: *Romance in Iceland.* London 1934.
Schier, Kurt: *Märchen aus Island.* Köln 1983.
Schröder, Franz Rolf: *Hálfdanar Saga Eysteinssonar.* Halle 1917.
Searle, John R.: »How Performatives Work.« In: *Essays in Speech Act Theory.* (Hrsg. von Daniel Vanderveken). Amsterdam–Philadelphia 2002, S. 85–107.
Shojaei Kawan, Christine: »Orangen: Die drei O. (AaTh 408)«. In: *Enzyklopädie des Märchens* 10 (hrsg. von Rolf Wilhelm Brednich u. a.). Berlin–New York 2002, Spalten 346–355.
Somadeva: *Der Ozean der Erzählungsströme* 1–2. (Hrsg. von Johannes Mehlig). Leipzig–Weimar 1991.
Sveinsson, Einar Ól.: *Verzeichnis isländischer Märchenvarianten.* (FFC 83). Helsinki 1929.

Sveinsson, Einar Ól.: »Celtic Elements in Icelandic Tradition«. In: *Béaloideas* 25 (1957), S. 3–24.
Sveinsson, Einar Ól.: »Svipdag's Long Journey«. In: *Hereditas*. Dublin 1975.
Talbot, Annelise: *The Search for the Otherworld Maiden, a Mythic Theme in Early Norse and Celtic Literature with Special Reference to Svipdagsmál.* Diss. Lancaster 1977.

Brigitte Boothe

Der Wunsch im Märchen – der Wunsch als Märchen

Märchenfiguren haben Wünsche

Märchenfiguren haben Wünsche und äußern sie auch. Märchenfiguren haben Wünsche und setzen alles daran, sie zu erfüllen. Und oft haben sie Mittel, die Wunscherfüllung wirksam auf den Weg zu bringen: Ränzlein, Hütlein, Wunschring, wünschliche Gedanken. Dass Aschenputtel die drei wunderbaren Kleider bekommt und das arme Kind die Sterntaler, mitten im Wald, vom Himmel herunter, dass der hässliche Hans Dumm zum schönen Prinzen und Dornröschen nach 100 Jahren wachgeküsst wird, das gehört zur Logik des Wunderbaren im Märchen, das ist sein unwiderstehlicher Charme.

Wenn Figuren im Märchen Wünsche haben, den Wunsch zum Beispiel, ein Kind zu bekommen, den Wunsch, die schöne Prinzessin zu heiraten, die man auf einem Bild gesehen hat, oder die Sprache der Tiere zu verstehen, dann treiben diese Wünsche die Märchenhandlung vorwärts. Ein Verlangen kann am Anfang des Märchens stehen, das Verlangen nach Rapunzeln zum Beispiel, das Verlangen nach einem Kind, das Verlangen, König oder Papst zu werden. Oder ein zielorientiertes Sehnsuchtsprojekt drängt am Anfang des Märchens zum Aufbruch in die Welt, etwa die Sehnsucht nach der fernen Prinzessin oder die Sehnsucht, die verzauberten Brüder zu finden und sie zu erlösen.

Die Märchenhandlung ist oft getragen von Verlangen und Begehren, Sehnsucht und Wunschzielen der Märchenhelden. Die Märchenhelden wie auch ihre Freunde und Feinde sind mit den Wünschen vertraut.

Wunschmittel

Da gibt es Zaubermittel. Da gibt es das Verzaubern und Verwünschen. Da gibt es die wünschlichen Gedanken. Zaubermittel stärken und vermehren die Kompetenz, den Bewegungsradius und die Einflussmacht einer Märchenfigur. Das Gleiche gilt für die Fähigkeit zu verzaubern, zu verwünschen und die Macht herbeizuwünschen, Fähigkeiten, die ich als energetische Dispositionen bezeichnen will.

Für die Zaubermittel und die energetischen Dispositionen gilt: Sie ermöglichen eine Lageveränderung ohne Energieinvestition und die unmittelbare Überwindung trennender Hindernisse. Das Verzaubern führt beim Objekt, den der Zauber trifft, gewöhnlich in den Zustand des Verwunschenseins. Das ist eine höchst unerfreuliche Lage. Nicht umsonst ist gerade die Versteinerung ein charakteristischer Zustand des Verwunschenseins. Oder man ist in eine Tierhaut gehüllt und darf sie nur zu festgesetzter Stunde einmal ablegen. Verwunschensein: das ist das Verharren in einer Lage der Selbstentfremdung in verwehrter Freiheit, verwehrter Entwicklung.

Gewöhnlich sind es Hexen, Zauberer und böse Zwerge, die solche Verwandlungen, solche Entwicklungsstillstände in Selbstfremdheit herbeizuführen vermögen. Man muss sie unschädlich machen, sonst hört der Spuk nicht auf. Kommen wir nun zum Verwünschen und zu den wünschlichen Gedanken. Das Verwünschen ist dem Fluch sehr ähnlich. Es gilt einem Objekt, dem man, erfüllt von Zorn oder Hass, einen Schaden wünscht. Im Märchen erfüllt sich dieser Schädigungswunsch unmittelbar, manchmal zum Schrecken des Verwünschenden. Gewöhnlich ist das Verwünschen im Märchen nur ein einmaliger Akt, keine Disposition, über die ein Einzelner bei Bedarf und ständig verfügt. Und das muss nicht erstaunen. Die Verwünschung kommt aus der Hitze, der Erregung, dem Aufwallen der Empörung.

Das ist bei der Fähigkeit bestimmter Märchenfiguren, Wunschgedanken unmittelbar in die Erfüllung zu überführen, anders. Sie handhaben dieses Mittel strategisch und heben gezielt, in bestimmten Konstellationen der Handlungsentwicklung, durch Einsatz ihrer Wunschkompetenz einen negativen Spannungszustand auf. Wie das im Einzelnen aussehen kann, zeigt die Besprechung des Märchens »Hans Dumm«.

Das Wünschen schafft im Märchen neue Tatsachen

Fassen wir zusammen: Im Märchen wird gewünscht. Im Märchen hilft das Wünschen. Das Märchen schafft unmittelbar neue Tatsachen. Im Märchen, so könnte man schließen, gelten die Menschenrechte nicht. Da gibt es keine Unantastbarkeit der Person, keine Kontinuität eines Einzelnen, der für sich einsteht. Vielmehr werden, wunderbarerweise, Energien des Seelenlebens im Handlungsraum des Märchens wirksam, Tatschen schaffend, verwandelnd, anverwandelnd. Diese Energien des Wünschens, Verwünschens, Verzauberns, Verhexens, Beschwörens und Bannens fallen nicht wie im wirklichen

Lebens zurück auf den Einzelnen, ins bloß Psychische, sondern werden zwischen Protagonisten und Antagonisten, Liebenden und Hassenden handfest greifbar.

Wünsche sind im Märchen Taten. Sie haben Konsequenzen. Im Alltagsleben gelten Wünsche nicht als Taten, haben keine Konsequenzen. Die Gebote und Verbote, nach denen der menschliche Verkehr sich richtet, gelten in der Hauptsache für das Handeln und die Vermeidung schädigender Handlungen. Im Leben handelt richtig, wer Gutes bewirkt und Schaden vermeidet. Im Märchen hat Recht, wer glücklich wird und die Widersacher ausschaltet[1]. Dabei kommt es viel weniger auf handelnde Tüchtigkeit als vielmehr auf gebündelte Wunschenergie an, die den rechten Berg zur rechten Zeit versetzt.

Wünschen zur rechten Zeit

Da ist nun etwas Entscheidendes: der rechte Berg zur rechten Zeit. Auch im Märchen werden Energien nicht vergeudet, die Kräfte zum Wünschen nicht wahllos verbraucht. Wir werden das sehen am Beispiel des Märchens »Hans Dumm«.

Die Aufmerksamkeit soll jetzt einem neuen Interesse gelten, nicht mehr dem Wunsch im Märchen, sondern dem Märchen als Wunsch. Die Form und Struktur des Märchens selbst, soll das heißen, ist Wünschen in Sprache gefasst. Das Märchen lockt im Leser das Wünschen heraus, macht seine tätige wünschende Fantasie lebendig. Es gestaltet, ausgehend von einem Mangel, wie Propp[2] formuliert, die Bewegung des Wünschens hin zu einem Wunscherfüllungsgipfel, der als festliches Happy End die Glücklichen auszeichnet[3]. Diese Bewegung des Wunschprozesses, der das Märchen sprachliche Gestalt gibt, ist alles andere als trivial. Das Märchen ist Wunschdichtung, das Märchen ist optimistisch, das Märchen ist – vielleicht – Opium für die Armen, die Kleinen und die Schwachen, aber es ist bekanntlich weder illusionär noch kitschig. Denn das Märchen als sprachliche Bewegung des Wünschens hin zum wunscherfüllenden Gipfel folgt einem sehr strengen und klaren dramaturgischen Regelwerk. Und es geht aus von der Tiefe der menschlichen Mangelexistenz.

Das Märchen und das Zermalmende

Einen Ausdruck des Autors Ernst Weiß aufgreifend, den er an Schlüsselstellen seines Romans »Der Augenzeuge« verwendet[4], spreche ich vom *Zermalmenden* als einem Durchdrungensein von

Schmerz und Not, einem Erleben, das mein Zerbrechen, meine Fragilität überwältigend offenbart und dem ich nicht entkomme. Das Zermalmende ist die Mangelexistenz, und sie hat im Märchen ihren Ort. Wir können jetzt sagen, dass die vitale Not die Basis der Märchendichtung bildet und dass sie als das Zermalmende in einer großartigen Bewegung der Transzendenz des Leidens überwunden wird, und zwar so, dass der Märchenheld jeweils mit beiden Beinen fest im Diesseits des Glücks einer vollen, saftigen Selbstbejahung steht und keineswegs in einem Jenseits losgelöster Selbstüberwindung (wie oft bei Hans Christian Andersen) schwebt.

Die Macht des Wünschens

Die Psychoanalyse hat von Beginn an die Macht des Wünschens betont, so sehr, dass sie diese in den Mittelpunkt ihrer Theorie des psychischen Lebens stellte und zum Kern ihrer Krankheitslehre ausbaute. Liebeswünsche und Erfolgswünsche sind so beherrschend, dass sie die Lebensführung und das Lebensschicksal einer Person bestimmen, und zwar gleichsam hinter deren Rücken, als unbewusste mächtige Determinanten des Denkens und Handelns.

Zweierlei Vorstellungen gehörten lange vor der Psychoanalyse zu den Allgemeinplätzen der Anthropologie: Das Wunschdenken unterwandert die Vernunft, und der Mensch ist Knecht seiner Gelüste.

Die neue Idee der Psychoanalyse ist, dass wir ohne Wunschdenken im psychischen Haushalt nicht zurechtkommen. Wunscherfüllende Vorstellungen entspannen und sind Quellen der Lebenslust. Wir brauchen das. Technisch formuliert: Schon der Säugling überwindet die ›Not des Lebens‹ durch einen mentalen Akt, der für momentane kurzfristige Entspannung, Erholung, Aufhellung sorgt. Dieser mentale Akt ist die Evokation eines angenehmen Zustands, gedacht als Wiederholung eines positiven Erlebens in der Vergangenheit. Es handelt sich also um eine primitive Kunst der Selbstsuggestion, die sich nicht in den Dienst zielgerichteten Handelns stellt, sondern in den Dienst des Glücks und des Genusses. Diese Kunst bezeichnet Freud als die Fähigkeit zur Evokation wunscherfüllender Vorstellungen. Es sind Werke der Freiheit, wenn man das Positive daran begrüßt, und zugleich Bastionen der Verweigerung, sich Forderungen und Herausforderungen zu stellen, wenn man an negative Konsequenzen denkt[5].

Wünsche kommen, unwillkürlich, ungeplant, ungefragt, in unsere Köpfe, während man müßig ist oder in einer Weise beschäftigt, die Raum lässt für schweifende Gedanken. Man ist nicht ausgefüllt, nicht engagiert und in Anspruch genommen, es fehlt einem etwas, und man äußert, vielleicht mit einem Seufzer: »Ach, wär' doch ...!«, »Ach, wenn doch ...!«, »Wie schön wäre es, wenn ...!« Vielleicht geht die Vorstellung über ins Träumen und Tagträumen; man bleibt, wo man ist, bleibt sitzen oder liegen, rührt sich nicht von der Stelle oder rekelt sich träge, schaut versonnen aus dem Fenster. Das »Ach wenn doch!« sagt, dass es zwar schön wäre, wenn der Wunsch Wirklichkeit würde, aber damit bedauerlicherweise nicht zu rechnen ist. Und man schüttelt die träumerische Versonnenheit ab und wendet sich einer Beschäftigung zu. Wünschen hilft einfach nicht, die Märchenzeiten, »als das Wünschen noch geholfen hat«, sind ins Nie und Nimmermehr verwiesen. Für das praktische Leben ist mit dem Wünschen nichts gewonnen. Die Wunschbilder können, um mit Kant zu sprechen, ins Leere, Belanglose, Beliebige gehen; und doch hat Kant andererseits darauf hingewiesen, wie das Wünschen Objekte hervorbringt – in unserem Kopf – »ganz ohne Kraftanwendung«.

Alice hat es ins Wunderland verschlagen, und dort sitzt sie einstweilen allein und ratlos und hätt so gern ihre Katze Suse bei sich: »Ach, meine liebe Suse! Ob ich dich wohl jemals wiedersehe?«, klagt sie. »Und darauf begann sie wieder zu schluchzen, weil sie gar so einsam und niedergeschlagen war.«[6] Die Diskrepanz zwischen Wunsch und Wirklichkeit ist traurig, und doch ist es immerhin tröstlich, »ohne Kraftanstrengung« ein geliebtes »Objekt« evokativ »erzeugen« zu können. Das Wünschen ist eine Produktivität eigener Art: Die Möglichkeit, auf den Flügeln der Fantasie einen Zustand des Wohlseins, des Glücks zu imaginieren, frei vom Anspruch der Machbarkeit, ist selbst beglückend, sei dieses Glück auch nur flüchtig und illusionär. Das Geliebte ist abwesend, aber es stellt sich im Wunschbild als Ersatz ein, nicht durch absichtsvolles Handeln, nicht durch eine Anstrengung des Geistes, sondern zwanglos, wie von selbst, unwillkürlich. Ein Liebender könnte der Geliebten schreiben: »Dein Bild ist mir immer im Sinn«; und wenn er ergänzt: »was ich auch tue«, dann stimmt es nicht so ganz, denn beim Handeln muss er sich konzentrieren und engagieren und kann den Wunschtraum nicht brauchen. Alice fasst einen Plan: »Der Plan war zweifellos vortrefflich und außerdem klar und übersichtlich dargelegt; die Schwierigkeit war nur die, dass sie keine Ahnung hatte, wie er sich ausführen ließ ... [7]« Das Planen ist eine Sache im Kopf, und auch beim Planen kann man durchaus still in der Ecke sitzen; aber ganz anders als beim Wünschen und bei Wunschbildern kommt hier der Bezug zur Realität ins Spiel. Pläne müssen, wenn sie nichts taugen, korrigiert und verworfen werden; das gilt für Wünsche und Wunschbilder keineswegs; sie mögen lästig werden und störend sein, und drängen sie sich auf, wird man sie nicht los: Das Bild der Geliebten, die einen verlassen hat, geht einem nicht aus dem Sinn.

Tätiges Leben und Wunschleben folgen unterschiedlichen Gesetzen. Dem entspricht der bereits bei Kant formulierte Gedanke, »dass der Wunsch und seine Erfüllung außerhalb des wünschenden Subjekts verschieden sind«. Die Traumfrau, das Traumhaus, die Traumreise bleiben traumhaft nur so lange, als die Person, der das fragliche Glück widerfährt, geneigt ist, das Vorfindliche mit den Mitteln der Verklärung und Verzauberung zu wunscherfüllenden Erscheinungen zu machen, sie als solche zu behandeln.

Nur im Märchen hilft das Wünschen im praktischen Alltag, aber auch dort nicht umweglos. Wer Instrumente hat, die wunscherfüllende Dienste leisten wie Tischleindeckdich, Wunschhütlein, -ränzlein, -ringlein, setzt sie trotzdem nicht wahllos ein und nie zur Ersparnis von Beziehungskonflikten. Das zeigt das Märchen »Hans Dumm« (Brüder Grimm, aus dem Anhang, Nr. 8) sehr konsequent. Der scheinbar Dumme kann jederzeit durch bloßes Wünschen bewirken, dass das Gewünschte geschieht. Und doch bedient er sich dieser Gabe nur in bestimmten Schlüsselsituationen. Wir kommen darauf zurück.

Entwicklungsspezifische Wunscherfüllungsthemen

Die Not, der Mangel, das Zermalmende machen sich im Laufe der frühen kindlichen Entwicklung in ganz charakteristischer Weise kenntlich. Die Erfahrungen des Kinds sind prägend, denn es ist primär ganz abhängig, ganz hilflos, ganz offen.

Die erste Not sind der Hunger, das Ausgesetztsein, die Schutzlosigkeit, die Ungeborgenheit. Ihr gegenüber steht als menschliches wunscherfüllendes Paradies die Fülle, die Geborgenheit, das freundliche Willkommen, die Zugehörigkeit. Die zweite charakteristische Not als Erfahrung beim Erproben der eigenen Kräfte sind das Bedrohtsein, die Fremdbemächtigung, das Urmisstrauen. Dem gegenüber steht das wunscherfüllende Reich der Sicherheit, des Vertrauens, des Wohlwollens.

Die Not-Erfahrung des Kindes, das nach Lob, Anerkennung, Beachtung und Applaus sucht, ist die Gewalt der Beschämung, der Verhöhnung, der Desintegration, der Inkompetenz. Dem gegenüber stehen Anerkennung, Ehre und Auszeichnung, Geliebtwerden als Person in ihrer Individualität.

Die ersten Erfahrungen im Versuch, sich einen Platz in der Welt zu verschaffen, eine eigene Position zu erobern, gehen einher mit dem Schrecken der Marginalisierung, des Abgeschobenseins, der sozialen Vernichtung. Demgegenüber erscheint das Wunschreich von Status und Etablierung, von *Home* und *Castle*, dem selbstgeschaffenen Zuhause, der glücklichen Paarbildung.

Schließlich gibt es die Not der Leere und des verzweifelten Stillstandes. Zurückgeworfen auf die eigene Begrenzt- und Borniertheit herrschen Dürre und Trostlosigkeit. Nichts bewegt sich, nichts geht weiter. Demgegenüber glänzt das Reich der Selbsttranszendenz, der Überschreitung, des neuen Lebens, das sich selbst aus alten Gestalten hervortreibt wie Phönix aus der Asche.

Diese Kreise der Fülle und der Not, der Glücksvisionen und des Zermalmenden sind für die Entwicklung der menschlichen Erfahrung zentral und finden sich in prototypischen Formen im Märchen gestaltet.

Die Tiefe des Märchens: das erfüllende Fest – die Tiefe des Märchens: der Abgrund

Alle Märchen gehen aus von dieser Welt, alle Märchen führen in diese Welt. Die Tiefe des Märchens in seiner Glücksvision ist, jenes erfüllende Fest, das ja notorisch die gewöhnliche alltägliche Fassungskraft übersteigt, nicht zu verkürzen. Und die Tiefe des Märchens ist in seiner abgründigen Basis menschlicher Not: das Zermalmende anzunehmen und nicht zu verkleinern.

Das Märchen operiert mit der radikalen Gebrochenheit menschlicher Existenz als basale Erfahrung bei der Herstellung einer Innenwelt. Es macht das grundsätzliche Nicht-Erfüllte menschlicher Existenz hier zum tragischen und komischen Thema. Es besteht auf einem radikalen Glücksanspruch, der aus der radikalen Unerfülltheit, aus dem Zermalmenden selbst sich hervortreibt. Und es artikuliert die Geschichte die klare und zwingende Logik dieses Glücksanspruchs.

Die Glückslogik bei »Hans Dumm«

Was soll das heißen? Wessen Thema die Dürre und die Wüste ist, der wird nicht mit Heiratsplänen glücklich, sondern mit der Oase und dem Paradies. Wessen Thema die Verletzlichkeit und Schwachheit des eigenen Leibes ist, der wird nicht glücklich durch Geborgenheit in der Familie, der muss vielmehr beim Bäume-Ausreißen der Erste sein.

Der Wunsch im Märchen – der Wunsch als Märchen

Die Glückslogik ist streng, genau und präzise auf die Gesetzmäßigkeiten menschlichen Innenlebens zugeschnitten. Sie wird im dynamischen Prozess erkennbar, im Weg vom Mangel zur Aufhebung des Mangels. Betrachten wir dazu als ein ausdrucksvolles Beispiel das Märchen von »Hans Dumm«.

»Hans Dumm« ist ein Märchen aus den Zeiten, da das Wünschen noch geholfen hat. Ein Wunsch, den einer getan hat, sorgt hier für Aufruhr – dass einer von wünschlichen Gedanken geschickt Gebrauch macht, sorgt hier für Glück.

Stellen wir zunächst die einfache Kinderfrage: Wenn Hans Dumm wünschen kann, was immer ihm in den Sinn kommt, dann wäre ihm doch jederzeit alles zugänglich und möglich. Warum wünscht er dann nicht drauflos, nach Lust und Laune? Dann hätten wir keine Geschichte, nicht wahr? Aber das ist kein gutes Argument. Er wünscht sich nicht gleich am Anfang, dass er ein schöner Prinz ist, und auch nicht, dass die Prinzessin ihn sofort unwiderstehlich findet (ob hübsch oder hässlich). Wir lesen auch nicht von einer Liebesnacht mit Empfängnis eines Kindes. Hans bringt vielmehr mit dem ersten Wunsch, den er tut, Ordnung, Harmonie, Einverständnis und Moral zum Einsturz. Die späteren Wünsche folgen einem sinnfälligen strategischen Modell. Zunächst macht er sich der Prinzessin gegenüber bekannt als einer, der ein Gewünschtes unmittelbar herbeiführen kann, und sorgt dann auf Aufforderung der Prinzessin für das Dringlichste, nämlich Nahrung. Wie die Prinzessin im Märchen von »König Drosselbart« muss die junge Frau, die Gutes und Feines gewohnt ist, mit dem Derben und Geringen vorlieb nehmen.

Dann aber nimmt Hans Dumm sein Glück selbst in die Hand und sorgt für Komfort und Stattlichkeit, Ansehen, sozialen Aufstieg und männliche Attraktivität. Da gefiel er »der Prinzessin gut und ward ihr Gemahl«. Bewundernswert ist durchaus, dass sie dem Hans ihr Herz aus freien Stücken schenkt, dass also Hans ihr weder die Liebe zu ihm anwünscht noch eine Bindung an ihn im Zustand des *Underdog*.

Was soll aber die ganze Geschichte mit dem Kinderkriegen? Sollte uns da nicht zuerst mal eine Idee kommen? Wie ist das zwischen König und Tochter? Die leben vergnügt miteinander. Vielleicht ein wenig zu vergnügt?

Das Inzestmotiv ist in den »Kinder- und Hausmärchen« der Brüder Grimm durchaus präsent, am bekanntesten vielleicht bei »Allerleirauh«, aber auch hier ist es außerordentlich deutlich. Die Mangelsituation dieses Märchens vom dummen Hans ist nicht allein die Anfangssituation des Marginalisierten, es ist die Drangsal, das Zermalmende

49

eines Liebesverhältnisses, das – in der Sicht der Psychoanalyse – dem Schicksal des Königs Ödipus entspricht. Ödipus hatte seine Mutter geheiratet und seinen Vater beseitigt. Hier wird das Mädchen zur Frau des Vaters. Das ist kein Liebesglück, es ist ein Liebesverhängnis, es geht über die Kraft des Mädchens, und ein Fluch liegt auf ihr.

Warum aber ist es nicht gut, als Tochter und Mädchen zur Frau des Vaters zu werden? Aus drei Gründen:

- Die Position der Geliebten ist inferior, nicht gleichberechtigt. Statt Ebenbürtigkeit gibt es ein Statusgefälle.
- Die Position der Tochter ist präautonom. Es erfolgt keine Liebeswahl in Freiheit.
- Die Verbindung hat kein Entwicklungspotenzial. Die Integrität der werdenden Person ist verletzt. Einzige Aussicht ist das Absterben.

Diesem Desaster, diesem Zermalmenden setzt sich die zwingende Glückslogik des Märchens entgegen.

- Es geht – wie bei »Allerleirauh« – um die Trennung vom Vater.
- Der Vater ist zu ersetzen durch ein neues Gegenüber, das ambivalent, zwiespältig, widersprüchlich und irritierend erlebt werden kann, ein Gegenüber, das – wie der Froschkönig oder König Drosselbart – als antagonistischer Streit- und Verhandlungspartner erfahren wird.
- Es geht um Weckung des Verlangens nach dem anderen, dem neuen, fremden Gegenüber.
- Es geht für die Tochter darum, eine aktive Liebeswahl zu treffen und sich unabhängig von den Elternpositionen zu etablieren.
- Es geht darum, den Vater in seinem Macht- und Einflussbereich zu marginalisieren.
- Es geht für Vater und Tochter darum, dass sie für ihn zur Fremden wird.

Alle diese Schritte der Loslösung aus der Intimität einer Vater-Tochter-Gemeinschaft werden im Märchen schlüssig vorgeführt.

Die Glückslogik des Märchens

Diese Schlüssigkeit in den Bewegungen vom Mangel zur Erfüllung findet sich im Werk der Brüder Grimm sinnfällig und durchgängig. Die Sicht der Texte liefert eindrucksvolle Befunde. Inspizieren wir

Der Wunsch im Märchen – der Wunsch als Märchen

das Werk der Brüder Grimm, so finden wir 200 nummerierte Texte unter dem Titel ›Märchen‹. Untersucht man sie im Einzelnen auf ihre Bauformen, so entsprechen mehr als 80 Texte nicht dem, was man gemeinhin als Exemplar der Gattung Grimm versteht. Ein Exemplar der Gattung Grimm entwickelt a) eine Spielsequenz, b) im Sinne des Wunderbaren, die c) ein Ergebnis hat, das im Kontext der Erzähldynamik als Erfolg, Auszeichnung oder Glück profiliert werden kann, das d) einem Sympathieträger oder einer Imponiergestalt zuteil wird. Die Texte, auf welche solche Merkmale nicht oder nur bedingt passen, haben zwar Züge des Märchenhaften, setzen aber andere Schwerpunkte, als das Märchen sie setzt, teilweise in Richtung Schwank oder Fabel.

I. ›**Das ewige Kind**‹: Die Däumlingsfigur, die durch die Welt kommt, List und Überlegenheit beweist und zu den Eltern zurückkehrt (z. B. »Daumesdick«, KHM 37).

II. ›**Die phallische Imponiergestalt**‹: Junge Männer, die Welt beeindruckend, sie unversehrt im Siegeszug durcheilend; gegebenenfalls zu den Eltern oder dem Vater einzeln oder in Gruppen zurückkehrend (z. B. »Der junge Riese«, KHM 90).

III. ›**Weibliche Selbstgenügsamkeit**‹: Mädchen in einer Situation, in der es nahe liegend wäre, die eigene Haut zu retten, verzichten darauf zugunsten der Abwendung größerer Not. Sie beginnen ihren Schicksalsweg allein, auf sich gestellt, schutzlos und vertrauensvoll und werden so belohnt, dass sie ihre Unabhängigkeit wahren können (z. B. »Die Sterntaler«, KHM 153).

IV. ›**Weibliches Gemeinschaftsglück**‹: Ein bedrohlicher Eindringling in eine glückliche Frauengemeinschaft oder Gemeinschaft von Frau und Kindern sorgt für Tumult und Aufregung, kann aber unter Hohn und Spott liquidiert werden (z. B. »Rotkäppchen«, KHM 26).

Va. ›**Loyale Genossen**‹: Junge Männer auf der Reise durch die Welt, einander brüderlich verschworen, daher in der Not – die durch weiblichen Kontakt entsteht – verfügbar. Im Anschluss an die glückliche Heirat eines Genossen bleibt der andere Dritter im ehelichen Bund (z. B. »Die zwei Brüder«, KHM 60).

Vb. ›**Loyale Genossen**‹: Bruder und Schwester nach Verstoßung aus dem Elternhaus als Schicksalsgenossen im Waldexil verschworen. Insbesondere schwesterliche Bereitschaft zur rettenden Tat. Kommt es zur Heirat der Schwester, bleibt der Bruder Dritter im ehelichen Bunde (z. B. »Hänsel und Gretel«, KHM 15; »Brüderchen und Schwesterchen«, KHM 11).

Vc. ›Loyale Genossen‹: Junges Mädchen beim Erlösungswerk der durch die Eltern verzauberten Brüder, zur Selbstgefährdung bereit, auch im Rahmen einer Verehelichung (z. B. »Die zwölf Brüder«, KHM 9).

VI. ›Weiblicher Triumph über weibliche Dominanz – das Mädchen als Ziel der Wünsche des Mannes‹: Das Mädchen, von weiblicher Umgebung in irgendeiner Weise dominiert und kontrolliert, gewinnt, unterstützt von diversem Helferpersonal, das Interesse und die Ergebenheit des ehewilligen Mannes (z. B. »Aschenputtel«, KHM 21).

VII. ›Die gefahrbringende Frau wird für den Mann zur loyalen Liebespartnerin‹: Der junge Mann, von Bedrohungen unterschiedlicher Art umstellt, die direkt oder indirekt mit der Frau zusammenhängen, mit der er sich verbinden will, erreicht nach bestandenen Bewährungsproben die Sicherheit ihrer Zuneigung und Treue (z. B. »König Drosselbart«, KHM 52).

Alle Märchen lassen sich diesen thematischen Gesichtspunkten zuordnen, wobei häufig neben dem im Märchen gestalteten Hauptanliegen, insbesondere wenn es sich um die männlichen und weiblichen Liebesthemen (VI, VII) handelt, der Gesichtspunkt der Loyalität als nachrangiger und dennoch wesentlicher im Sinne eines Begleitmotivs eine Rolle spielt. Auch wenn an dieser Stelle keine systematisierte Auswertung präsentiert werden kann, fällt doch bereits aufgrund des Themenspektrums auf, dass in Grimms Märchen keineswegs so häufig geheiratet wird, wie man meinen könnte, auch, dass die Heirat nicht immer das glückliche Ende darstellt[8]. Beispielsweise endet das Märchen – und zwar zwingend und regulär – dann nicht mit der Verehelichung der Partner, wenn entweder die Frau weiterhin als gefährlich fungiert (das ist prototypisch bei »König Drosselbart«) oder wenn die Frau zwar einen Ehepartner gewonnen, dieser aber noch keine volle Gattenstatur erreicht hat (wie etwa bei »Rapunzel«, KHM 12: ihm fehlt noch das Augenlicht – oder generell beim Erzähltyp vom Tierbräutigam[9]). Auch ist ein Hochzeitspaar sich nicht immer selbst genug, in wohlumschriebenen Fällen bleibt ein Freund, ein Diener, ein Bruder, eine Bruderhorde in den gemeinsamen Haushalt einbezogen, und zwar genau dann, wenn einer der Partner weiterhin Schutz und Unterstützung braucht, aber die eigenen Verteidigungs- und Kontrollressourcen nicht ausreichen. So gewinnt im zweiten Teil des »Froschkönigs« der Diener Heinrich große Aufmerksamkeit, und zwar seiner unverbrüchlichen Treue wegen. Warum? Weil auf die Gewogenheit der Prinzessin ihrem Gatten gegenüber kein Verlass ist. Zwar ist sie ihrem Bräutigam in Menschengestalt gewogener als dem Frosch, aber Vorsicht ist geboten; sie hat ja gezeigt, wie leicht es ihr fällt, wortbrüchig zu werden. Wo Stärke, Intaktheit, Unversehrtheit das Märchenglück ausmachen, sind Ehefrauen fehl am Platze. Hier wäre das erotische Moment geradezu *aversiv*, wie das »Märchen von einem, der auszog, das Fürchten zu lernen«, ein Grenzfall zum Schwank, also kein exemplarischer Text trotz des Titels, belegt. Hier erhält der Furchtlose zwar als Belohnung eine Königstochter, murmelt aber weiterhin nur: »Wenn's mir nur gruselte.« Schließlich grusel es ihn im Bett, und das Märchen senkt den Vorhang über die Angelegenheit. Ein Ehemann ist fehl am Platz beim »Sterntaler«-Mädchen, denn es hat »genug für sein Lebtag«, genug nämlich an jener Ressource, die Autonomie gewährt, so lange man will: am Geld. Dass die Frauengemeinschaft des »Rotkäppchen«-Märchens den Wolf liquidiert, wird besonders plausibel, wenn man den Auftritt des tückischen Verführers mit jenem des großen schwarzen Bären in »Schneeweißchen und Rosenrot« vergleicht. Dort ist der Gast willkommen, aber er benimmt sich auch ungemein gesittet und zahm. Auf diese Weise verdeutlicht sich u. a. in »Schneeweißchen und Rosenrot«, wie im Märchen zur weiblichen Liebesdramaturgie die Zähmung des männlichen Partners gehört. Die Ergebenheit des Heiratskandidaten oder eine Entwicklung hin zu seiner Ergebenheit ist in allen Märchen ein Thema, in denen weibliche Märchenheldinnen ihr Liebesglück suchen. Umgekehrt lassen sich männliche Märchenhelden nur dann vertrauensvoll auf ihre Partnerinnen ein, wenn diese ihnen nicht oder nicht mehr am Zeuge flicken (siehe König Drosselbart, der die stolze Spötterin einem ganzen pädagogischen Zähmungsprogramm unterzieht).

Das Wünschen ist nicht ernst, aber lebenswichtig

Wenn der Leser dieses Spiel mitspielt, so spielt er ein Spiel der Sympathie, indem er in voller Parteilichkeit den Genuss der Wunscherfüllung will, und er lässt sich empathisch auf die Dramaturgie ein, indem er die Nicht-Beliebigkeit der Abläufe und Konstellationen erspürt und anerkennt[10]. So ist es im Märchen vom »König Drosselbart« beispielsweise klar, dass dieser Mann keinen Helfer benötigt. Er arbeitet mit List und Verstand. Darüber hinaus ist es klar, dass Drosselbart sich erst dann seiner Frau zu erkennen geben kann, wenn sie ausreichend intensiv, im Zustand der Entbehrung, bedauert hat, nicht ihn geheiratet zu haben. Das Märchen gibt uns auf diese Weise den für die Psychoanalyse wertvollen Hinweis, dass Wünschen, obgleich es sich im Reich des Wunderbaren abspielt, kein beliebiges Fantasieren darstellt. Wenn dem ehelichen Glück von König und Königin am Ende des Märchens nichts mehr im Wege steht, so ist das auf der Ebene des Märchens vollkommen glaubhaft. Denn die Bedingungen, die Liebe schaffen, sind in diesem spezifischen Spielszenario gegeben: Anerkennung der Frau als ebenbürtig (die Bettlertäuschung wird aufgehoben, die Frau wird vor großem Publikum als Königin inthronisiert), Anerkennung des Mannes als begehrenswerter Partner, Aussicht, beim hochgeschätzten Objekt privilegierten Status zu genießen.

Im Märchen von König Drosselbart geschieht nichts Übernatürliches. Daher zeigt sich hier mit besonderer Evidenz, wie das Wunderbare nicht vom Eingriff der Wundermächte abhängt. Es ist vielmehr das immer neu sich ereignende Beziehungswunder – hier: eine Stolze und ein Kluger finden zusammen –, das zum Ereignis wird, weil das Richtige in Gang gesetzt wird. Das ist nicht illusionär; es ist wunderbar. Und kommt im Leben nicht vor. Es bedarf der Empathie des Lesers, diese Logik erfüllender Beziehungen – dazu gehört natürlich auch das erfüllende Glück der Selbstbehauptung und des Selbstgenügens – im Handlungsaufbau zu erspüren, um sich daran mitzufreuen und den Witz des Wünschens kennen zu lernen. Eine voll entwickelte Wunschdramaturgie ist stimmig; nicht als Stimmigkeit der Lebenspraxis und des Realitätssinns, denn das Märchen verwendet Welt nur, um sie sich der eigenen Gesetzlichkeit anzuverwandeln[11]; die Wunschdramaturgie kennt die Stimmigkeit erfüllender Beziehungen. Diese Gesetzlichkeit ist diejenige erfüllender Selbst- und Objektbeziehungen, und das Märchen richtet seine Dramaturgie danach aus. Wenn man den schwierigen und vielleicht sogar problematischen Ausdruck *psychische Wahrheit* hier anführen will, könnte man die Nicht-Beliebigkeit der Wunschdramaturgie in diesem Zusammenhang sehen. Das würde zu der Feststellung führen, dass psychische Wahrheit als dramaturgischer Zusammenhang verständlich gemacht werden könnte und dass sie niemals ernst ist, so wenig ernst wie das Märchen.

Erfüllende Beziehungen sind so wenig ernst wie das Märchen: Erfüllungen sind luftig, treten als Augenblicke der Fülle aus der Zeit heraus, lösen für diesen Moment aus der Schwere des Verhaftetseins an die physische Existenz. Das Wunderbare lässt sich eben nicht einfangen, es lässt sich nur erblicken – wenn wir bereit sind, auf die Din-

Der Wunsch im Märchen – der Wunsch als Märchen

ge der Welt so zu blicken: »... es ist das Erlebnis, die Welt als ein Wunder zu sehen«[12]. Dass es eine Intelligenz des Wünschens gibt, zeigt das Märchen.

Literatur

1 Jolles, André.: *Einfache Formen.* Tübingen 1930.
2 Propp, Vladimir.: *Morphologie des Märchens.* Frankfurt 1975.
3 Gülich, Elisabeth / Raible, Wolfgang: *Linguistische Textmodelle.* München 1977.
4 Weiß, Ernst: *Der Augenzeuge.* Frankfurt 1999.
5 Boothe, Brigitte (Hrsg.): *Verlangen, Begehren, Wünschen. Einstieg ins aktive Schaffen oder in die Lethargie.* Göttingen 1999; Boothe, Brigitte, Wepfer, Res, und von Wyl, Agnes (Hrsg.): *Über das Wünschen. Ein seelisches und poetisches Phänomen wird erkundet.* Göttingen 1998.
6 Carroll, Lewis: *Alice im Wunderland.* Frankfurt 1973, S. 35.
7 Carroll, Lewis. S. 44.
8 Dazu auch Boothe, Brigitte: »Feste der Freuden – Feste am Abgrund. Liebesgeschichten im Märchen.« In: Kristin Wardetzky und Helga Zitzlsperger (Hrsg.): *Märchen in Erziehung und Unterricht heute.* Hohengehren 1997. Band 2.
9 Siehe auch Boothe, Brigitte: »Der Mann in Fell und Froschhaut – ein Rohling?« In: *Tierbräutigam und Tierbraut im Märchen.* 3. Interdisziplinäres Symposion der Schweizerischen Märchengesellschaft. Hrsg. von Barbara Gobrecht. Winterthur 2001, S. 82–95.
10 Lunin, Lorenz: *Zürcher Kinder fantasieren Märchen.* Unveröffentlichte Lizenziatsarbeit. Universität Zürich 1996; Wardetzky, Kristin: *Märchen-Lesarten von Kindern. Eine empirische Studie.* Bern 1992.
11 Freud, Sigmund: *Der Dichter und das Phantasieren.* In: Gesammelte Werke. Band 5. London 1908, S. 213–226.
12 Wittgenstein, L.: *Geheime Tagebücher. 1914–1916.* Wien 1991, S. 81.

Christine Altmann-Glaser

Wunschkinder im Märchen aus psychologischer Sicht

Überblick über die Wunschkind-Märchen

»Es war einmal ein Ehepaar, das hatte keine Kinder.« Das ist ein sehr verbreiteter Märchenanfang. Das Ehepaar ist manchmal arm, es kann aber auch ein Königspaar sein. Oft ist es ein älteres Paar, das sich doch noch ein Kind wünscht. Diese Märchenanfänge gehören keinem einheitlichen Märchentypus an. Oft sind sie mit Tierbräutigam- oder Tierbrautgeschichten verbunden, aber es kommen noch viele weitere Märchentypen vor.

Allen diesen Erzählungen, die mit Kinderlosigkeit als Mangel beginnen, ist eines gemeinsam: Der Kinderwunsch wird schließlich erfüllt, aber das Kind ist kein gewöhnliches Kind. Meistens wird es als Tier geboren (häufig sind Schwein, Igel, Frosch, Schlange), aber auch in Gestalt von Früchten (Kürbis und Apfel am häufigsten) und Pflanzen, vor allem Würzkräuter wie Lorbeer, Basilikum und Rosmarin. In Letzteren verbergen sich fast ausschließlich Mädchen.

Oder das Kind wächst sehr schnell, in einer Stunde wie normale in einem Jahr. Es entpuppt sich als Vampir oder hat Zauberkräfte, besonders, wenn es von den Eltern selber hergestellt wurde aus Holz, Baumwolle, Kalk, Teig oder Schnee. Oder es ist so klein wie ein Daumen. Das Kind entspricht oft einem besonderen Wunsch der Mutter oder des Vaters. Es soll so weiß wie Schnee, so rot wie Blut sein (Machandelboom, Sneewittchen) oder es ist mit einer Schuld der Eltern behaftet (Rapunzel, Dornröschen).

Tier- und Pflanzenkinder

Wenn in der Hochzeitsnacht der Tierbräutigam seine Haut auszieht und sie verbrannt wird, ist der Zauber manchmal gebrochen, aber nicht immer; oft muss der Verwunschene dann seine Braut verlassen und wird weit weg entrückt. Erst nach langer Suchwanderung und drei von einer falschen Braut erkauften Nächten kann die wahre Braut ihren Bräutigam in menschlicher Gestalt zurückgewinnen.

Während Tiermänner ihre wahre Gestalt kaum vor der Hochzeitsnacht zeigen, ziehen verwunschene Mädchen oft schon vorher ihr

Tier- oder Fruchtkleid aus oder treten aus der Pflanze hervor, wenn sie sich unbeobachtet glauben oder einer Tätigkeit nachgehen, die sie nur in Menschengestalt verrichten können, z. B. Wäsche waschen, ihr Fell lausen, sich kämmen und waschen oder Erdbeeren pflücken. Dabei werden sie vom zukünftigen Bräutigam heimlich beobachtet. Oft gehen diese Mädchen wie Aschenputtel oder Allerleirauh in Menschengestalt auf einen Ball und bringen so den Prinzen auf ihre Spur. Hier braucht es keine Suchwanderung mehr. Das Verbrennen der Tierhaut oder die Aufforderung, das hässliche Kleid abzuwerfen, genügen. Pflanzenmädchen treten oft nachts aus ihrer Pflanze hervor und essen von den übrig gebliebenen Speisen. Dadurch werden sie schließlich entdeckt. Oder der Prinz kann sie mit Flötenspiel aus ihrem Busch hervorlocken. Diese Pflanzenmädchen werden jedoch oft noch von einer Nebenbuhlerin oder von bösen Schwestern des Prinzen verfolgt.

Pflanzen- oder fruchtgestaltige Wunschkinder kommen seltener vor als tiergestaltige. Aber auch sie scheinen einer archetypischen Vorstellung zu entsprechen. Die Psychologin Regine Abt untersucht im Buch »Traum und Schwangerschaft«[1] Träume von Schwangeren. Sie schreibt dazu: »In der Schwangerschaft, so dachte der mit der Natur verbundene Mensch vergangener Zeiten, gehen die Dinge wie in der Pflanzenwelt ... Der Leib der Frau war wie ein Feld, ein Acker, der sich öffnete, um den Keim des Kindes zu empfangen« (S. 119).

Abt erwähnt dann folgenden Traum einer 26-jährigen Frau während ihrer ersten Schwangerschaft: »Ich ziehe Kartoffelpflanzen auf einem Feld. Eine alte unbekannte Frau kommt zu mir. Dann sehe ich, dass die Kartoffeln kleine, hübsche Puppen in der Erde sind. Die Frau sagt zu mir, dass diese Puppen mein Fetus sind. Ich bin erstaunt und erfüllt mit gemischten Gefühlen. Ich wache sehr verwirrt auf« (S. 127).

Die Vorstellung eines Kindes als Pflanze bzw. Frucht ist offenbar auch in der Psyche heutiger Frauen noch lebendig.

Gerade wie in diesem modernen Traum wachsen in einem afrikanischen Märchen die zukünftigen Kinder einer Frau als Kürbisse auf ihrem Acker heran.[2] Meistens werden im Märchen die Wunschkinder in Tier- oder Pflanzengestalt jedoch geboren. Es gibt aber auch Findelkinder bzw. Adoptivkinder. So läuft das von der eigenen königlichen Mutter in ein Schweinchen verwünschte Kind zu einem kinderlosen Bauernpaar und wird von ihm aufgezogen (»Das Borstenkind«[3]). Oder im persischen Märchen »Die Kürbisfrucht« rollt das Wunschkind in Form eines Kürbis der Mutter mit der Morgensonne vor die Füsse.[4]

Christine Altmann-Glaser

Aus Drohungen oder Tabubrüchen entstandene Kinder

In einem rumänischen Zigeunermärchen[5] sagt der Kaiser zur Kaiserin: »Schau, Kaiserin, ich gehe jetzt fort und lasse dich zurück. Wenn ich bei der Rückkehr kein Kind von dir vorfinden werde, so wisse, dass ich dich mit eigener Hand töte oder dich aus dem Haus jage und nicht mehr mit dir lebe.«

Kinderlosigkeit war früher ein Scheidungsgrund und ist es noch in vielen Kulturen. Drohungen der Ehemänner bewirken zwar in den Märchen, dass ihre Frauen schwanger werden, aber nicht auf natürliche Weise, sondern durch Trinken einer Medizin, durch Essen eines durch Jenseitige geschenkten Apfels oder Fisches. Und manchmal gehen sie schlecht aus. So bekommt zwar die Kaiserin im obigen Märchen einen Sohn. Als aber der Vater heimkommt, betrinkt er sich zu Tode, und der Sohn stirbt an Verzauberung.

Ein Tabu missachtet die Königin im dänischen Märchen »König Lindwurm«.[6] Eine Alte rät ihr, bei Sonnenuntergang in der Nordwestecke des Gartens einen umgestülpten irdenen Krug hinzustellen. Wenn sie ihn bei Sonnenaufgang aufhebe, finde sie darunter eine weiße und eine rote Rose. Esse sie die rote, werde sie einem Knaben das Leben schenken, esse sie die weiße, einem Mädchen, aber sie dürfe ja nicht beide essen. Gerade das tut sie aber und bekommt nicht etwa Zwillinge, wie sie gehofft hatte, sondern einen Lindwurm, einen Drachen also, der zwei Bräute auffrisst, bevor er von einer Schäferstochter erlöst werden kann.

Bei »Dornröschen« (KHM 50) wird *eine Fee vertäubt*, weil sie nicht zum Tauffest eingeladen wurde. Im Zigeunermärchen[7] »Die Katze« verflucht sogar die Mutter Gottes das Wunschkind, dass es in seinem 17. Lebensjahr zur Katze werde, weil seine Mutter, die Königin, einen Apfel von ihrem Baum gestohlen hat. Auch Rapunzel hat wegen eines Diebstahls der Eltern zu leiden.

Psychologische Deutungsebenen

Bei der Vielfalt dieser Wunschkind-Märchen muss ich mich für psychologische Deutungen auf wenige Beispiele beschränken. In der Jung'schen Psychologie unterscheidet man verschiedene Deutungsebenen.

Die zwischenmenschliche Ebene (Objektstufe)

Die Märchenfiguren werden da als verschiedene Personen betrachtet. Wenn in »Borstenkind« die Mutter zu ihrem Jungen, der die Apfelschalen vom Boden aufliest und isst, sagt: »Ich wollte, du wärst ein Schweinchen!«, so kann man das so interpretieren, dass sie eher ausruft: »Du Schweinchen!«, und damit, wenn solches öfter geschieht, das Kind in die Rolle eines Schweinchens drängt. Einem solchen Kind bleibt nichts anderes übrig, als sich auch wie ein Schweinchen zu benehmen. Es glaubt schließlich selber, es sei ein Schwein, weil alle Leute es so sehen. Erst eine liebende Frau kann in ihm einen liebenswürdigen Menschen erkennen. Aber die Rolle, die man in der Kindheitsfamilie spielen musste, kann nur mit großer Mühe abgestreift werden. Es braucht von beiden Seiten große Anstrengung. In diesem Märchen kommt das Paar erst nach einer mühseligen Suchwanderung auf Dauer zusammen.

Wünsche und Erwartungen der Eltern können ein Kind einerseits tragen und beflügeln, wenn sie seinen Fähigkeiten entsprechen, so dass selbst ein Froschmädchen wunderschön zu singen beginnt oder ein Schneckenjunge imstande ist, mit Pferd und Wagen die Reissäcke beim Gutsherrn abzuliefern. Wenn es aber eher egoistische Wünsche sind, z. B. die Erwartung, das Kind sollte das nachholen, was den Eltern versagt blieb, oder einmal das Geschäft weiterführen, kann das ein Kind lähmen, es zum dummen Esel machen oder sogar zum unersättlichen, nach Liebe und eigenem Leben hungernden Drachen (wie in »König Lindwurm«) und die Entfaltung seiner wahren Gestalt verhindern.

Die innerpsychische Ebene (Subjektstufe)

Wie schon Max Lüthi[8] festgestellt hat, sind die Menschen im Märchen nicht wie wirkliche Menschen aus Fleisch und Blut dargestellt mit ihren Stärken und Schwächen, sondern sie sind entweder böse oder gut, schön oder hässlich. Er sprach von Flächenhaftigkeit der Figuren, weil sie keine Tiefe, keine Innenwelt aufweisen.

C. G. Jung fand solche Figuren auch in Träumen seiner Patienten und begann sich darum auch für Märchen zu interessieren. Und wie er die Traumfiguren als personifizierte Eigenschaften oder abwechselnd gespielte Rollen des Träumers interpretierte, so auch die Märchenfiguren. Die Märchenfiguren sind nicht wirkliche Menschen. Sie sind Typen, Archetypen. Kein Mensch ist nur gut und schön, nur

Goldmarie. Er trägt auch die Pechmarie in sich. Nur projizieren wir diese lieber auf andere Menschen und tun uns schwer, sie auch als Teile von uns selber wahrzunehmen. Darum ist die Interpretation von Träumen und Märchen auf der Subjektstufe für die *Selbsterkenntnis* so fruchtbar.

Auf der Subjektstufe fassen wir das Märchengeschehen als ein innerseelisches Drama auf, in welchem wir verschiedene Rollen spielen, aber auch Requisiten, Bühne und zugleich Zuschauer sind. Vielen fällt es schwer, sich in diese innerpsychische Ebene einzufühlen. Wir sind nicht mehr gewohnt, in der archaischen Bildersprache zu denken, uns Eigenschaften als Personen, Tiere oder Pflanzen vorzustellen, obschon unsere Sprache von solchen bildlichen Ausdrücken wimmelt: Wir bezeichnen jemanden als Klassenkalb, als Schmeichelkätzchen, Fels in der Brandung, als Nuss oder Flasche. Die Sprache gibt wie das Märchen auch Gefühle in Bildern wieder: z. B. ist bei jemandem schnell *das Feuer im Dach*.

Wenn wir Märchen hören, identifizieren wir uns gewöhnlich mit dem Helden oder der Heldin. Diese verkörpern aber nicht einfach unser Ich, sondern bloß eine Möglichkeit, nämlich diejenige Verhaltensweise unseres Ichs, die es richtig macht und ans Ziel gelangt, der es gelingt, den Mangel des Märchenanfangs zu beheben. Dass aber auch die anderen Märchenfiguren, die Eltern, die Braut oder der Bräutigam, die neidischen Schwestern, die schönen Kleider, die Hexe, die Spindel, das wissende Pferd oder das alte Männchen Komponenten unserer eigenen Seele sind, die uns nützen oder schaden, weiterhelfen oder hindern können, braucht ein bisschen Umdenken.

Bevor wir uns auf dieser Ebene einem einzelnen Wunschkind zuwenden, möchte ich auf das Symbol des Kindes noch näher eingehen. Wir müssen uns ja zuerst fragen, was für Eigenschaften denn ein Kind personifizieren könnte.

Das Kind als Symbol

Was für Eigenschaften hat ein Kind?

Es ist kindlich, zutraulich, unschuldig, unvoreingenommen, neugierig, wiss- und lernbegierig und unternehmungslustig, aber auch unerfahren, naiv, unreif, kindisch. Innerpsychisch kann das Kind u. a. diese Eigenschaften und Fähigkeiten von uns repräsentieren, je nachdem, in welchem Kontext es vorkommt.

Was bedeutet die Geburt eines Kindes für die Eltern?

Ein neues Leben nimmt seinen Anfang. Etwas Neues wächst, entfaltet sich und braucht die Pflege und Zuwendung der Eltern. Eine neue Aufgabe ist dem Paar gestellt. Sie tragen gemeinsam Verantwortung für diese neue Entwicklung. Ein Kind kann nicht ausgewählt werden. Es ist so zu akzeptieren, wie es zur Welt gekommen ist, mit erwünschten und auch weniger erwünschten Eigenschaften. Es bedeutet aber auch die Hoffnung und die Zukunft der Eltern. Das Kind erbt dereinst nicht nur Materielles, Haus und Hof, einen Betrieb, sondern trägt auch Erbanlagen der Eltern weiter.

Auf der Subjektstufe bedeutet die Geburt eines Kindes also auch, dass eine neue Entwicklung in unserem Leben beginnt, die unsere Aufmerksamkeit und Zuwendung erfordert. Wir spüren Neugier und Unternehmungslust. Wir können eine solche neue Entwicklung fördern, z. B. eine entsprechende Schule besuchen (einige der Wunschkinder gehen ja auch zur Schule[9]), aber wir müssen auch unsere Erbanlagen, unsere inneren und äußeren Möglichkeiten und Schwächen dabei berücksichtigen.

Wenn in einem Traum z. B. ein fünfjähriges Kind auftaucht, fragen wir den Träumer: »Was hat vor fünf Jahren begonnen?«, und bekommen vielleicht zur Antwort: »Da habe ich meine Stelle gewechselt« oder: »Da hat meine Krankheit angefangen«. Dann bezieht sich das Kind im Traum vermutlich auf diese Entwicklung, die vor fünf Jahren ihren Anfang genommen hat. Oder wir können auch fragen: »Was haben Sie mit fünf Jahren Besonderes erlebt?« Vielleicht heißt die Antwort dann: »Da habe ich einen Malkasten geschenkt bekommen.« Vielleicht will das Traumkind dann darauf hinweisen, dass man sich malend weiterentwickeln könnte. Natürlich muss in der Traumdeutung dann auch noch der übrige Kontext, in dem das Kind auftritt, berücksichtigt werden.

Im Märchen gibt es nun keine Träumer, die man befragen könnte. Es sind eine Art Menschheitsträume. Wir können für die Märcheninterpretation die Bedeutung eines Symbols nur in Äußerungen der Menschheit dazu herausfinden, d. h. im Vergleich mit anderen Märchen, mit Mythen, Bräuchen, Kulten, dem Sprachgebrauch, der Kunst usw.

Christine Altmann-Glaser

Die Elternwünsche in den Märchenanfängen

Wir wollen uns nun einige Wünsche von Eltern solcher Wunschkinder ansehen und uns fragen, was sie sich mit einem Kind eigentlich wünschen.

Frauenwünsche

1. »Und da sie keine Kinder hatte, sah sie mit Bangen einem unversorgten Alter entgegen«, heißt es in dem oben erwähnten afrikanischen Märchen »Die Kürbiskinder«.
In früheren Zeiten waren Kinder eine Art *Altersvorsorge*. Man erwartete von ihnen nicht nur Mithilfe in Haus und Hof, sondern auch Aufnahme und Betreuung im Alter. – Im obigen Märchen erfüllt der große Geist den Wunsch der Frau und lässt ihre Kürbiskinder als eine Art Heinzelmännchen wirken. Das könnte innerpsychisch heißen, dass einem in schwierigen Lebenssituationen plötzlich ungeahnte neue Kräfte zuwachsen können. Aber im Alter kann man nicht mehr dieselben erwarten wie früher und soll dankbar sein für die, welche man noch hat und mit sich selber etwas mehr Geduld haben. Das hat die Frau im Märchen nicht und beschimpft eines Tages das plumpeste der Kürbiskinder. Da verschwinden sie alle.

2. Im norwegischen Märchen »Zottelhaube« heißt es von der Königin: »... Beständig klagte sie, dass es so einsam und still im Schloss sei: ›Wenn wir nur Kinder hätten, so gäbe es Leben genug da.‹ ... wo sie hinkam, da hörte sie die Hausfrau auf ihre Kinder schelten, sie hätten wieder das und jenes angestellt; das fand die Königin vergnüglich und wollte es auch so haben.«[10] Diese Königin wünscht sich vor allem *Lebendigkeit*.

3. »Es lebte einmal ein König und eine Königin, die waren reich und hatten alles, was sie sich wünschten, nur keine Kinder. Darüber klagte sie Tag und Nacht und sprach: ›Ich bin wie ein Acker, auf dem nichts wächst‹« (KHM 144: »Das Eselein«).
Oder: »... Eines Tages ging die Königin hinunter in ihren Blumengarten und sah eine Rosmarinpflanze, die viele neue Sprösslinge hatte. Sie sagte: ›Schau her! Diese Rosmarinpflanze hat Kinderchen, und ich, die ich eine Königin bin, habe kein Kind‹«[11].
Oder: Im ungarischen Märchen »Das rote Ferkel« klagt die Frau: »Selbst wenn ihr Gott nur ein Hündchen bescherte, sie wollte es aufziehen.[12]«

Diese Frauen wünschen sich *Wachstum, Entwicklung*. Sie möchten etwas aufziehen, hegen und pflegen, *eine Aufgabe erfüllen*, etwas von sich weitergeben in Sprösslingen, einen *Sinn im Leben* finden.

4. In einem persischen Märchen jammert eine kinderlose alte Frau: »Selbst wenn es wie ein Kürbis aussähe, würde ich es hätscheln und liebkosen wie jede Mutter ihr Kind.«[13] Von einer kinderlosen Königin in dem kroatischen Märchen »Der Schlangenbräutigam« heißt es: »...; sie aber hatte Kinder sehr gern.«[14] Diese Frauen wünschen sich ganz einfach *zu lieben und geliebt zu werden*.

Männerwünsche

Männer wünschen eher aus anderen Gründen ein Kind. Die japanischen Bauersleute bitten die Wassergöttin um ein Kind: »... Schenke uns doch ein Kind, dass der Name unseres Hauses nicht verloren gehe ...«[15] In einem Märchen aus Mexiko macht der Mann der Frau Vorwürfe und sagt: »Wozu arbeite ich und plage ich mich, wenn wir keine Kinder haben, die einmal alles erben können, was wir erworben haben.«[16] Diese Männer wünschen sich *Weitergabe von Ererbtem und Erarbeitetem, Kontinuität, eine Art »Unsterblichkeit«*. Von dem Bauern in »Hans mein Igel« heißt es: »Öfters, wenn er mit den andern Bauern in die Stadt ging, spotteten sie und fragten, warum er keine Kinder hätte. Da ward er endlich zornig, und als er nach Haus kam, sprach er: ›Ich will ein Kind haben, und sollt's ein Igel sein‹« (KHM 108). Hier ist das Kind eine *Prestigesache, Selbstbestätigung*. Es soll seine Potenz beweisen.

Die selber hergestellten Kinder

Hier nehmen die unfruchtbaren Eltern die Sache selber in die Hand und formen sich ein Kind. Sie werden zu Schöpfern eines Werkes, eines geistigen Kindes. Auch die Alchemisten brauchten das Bild des Kindes für ihr philosophisches Werk. Ihr Schmelzofen und die Retorte galten als *Uterus des filius philosophorum*, als Gebärmutter für den Sohn der Philosophen. Die schlaueren unter ihnen wussten nämlich, dass nicht der chemische Prozess die Hauptsache war, sondern der psychische, der durch ihr *opus* in ihnen bewirkt wurde. Ihr Ziel war nicht, gewöhnliches Gold herzustellen, sondern philosophisches Gold, den Stein der Weisen zu finden, die alles heilende Tinktur oder eben den filius philosophorum. Dieses Ziel der Alchemisten weist deutlich darauf hin, dass es hier nicht um einen äußerlichen Wert, sondern um einen inneren, um einen *höchsten psychischen Wert* ging. Und dafür brauchten sie u. a. das Bild des Kindes.

Dazu passt auch der Traum einer Frau, die an einer schöpferischen Arbeit schrieb. Sie träumte, sie spiele tagsüber mit Kindern. Abends brachte sie diese zu Bett. Sie schliefen aber nicht in einem Bett, sondern in einem glühenden Ofen.

Diese Traumkinder sind *schöpferische Ideen*, mit denen spielerisch umgegangen werden soll, die aber noch nicht »ganz gebacken«, noch nicht ganz reif sind, sie brauchen noch ein Umschmelzen in der Hitze des Ofens. Das *opus* braucht noch viel Energie.

Bei den selbst geformten Kindern geht es wohl um die Verwirklichung einer schöpferischen Idee, um geistige Kinder, was immer eine Belebung mit sich bringt. Wir sprechen beim Entstehen eines Werkes der Kultur ja auch von *schwanger gehen* mit einer Idee.

Das Motiv der alten Eltern

In vielen Wunschkindmärchen sind die Eltern schon alt und können eigentlich gar keine Kinder mehr bekommen. Dieses Motiv finden wir auch in der Bibel und in anderen mythologischen Texten. Bei der Geburt von Isaak ist Sara 90- und Abraham 100-jährig. Alt sind auch Elisabeth und Zacharias bei der Geburt von Johannes, dem Täufer. Anna empfängt der Legende nach Maria durch einen Kuss von Joachim am goldenen Tor, so wie auch in vielen Märchen die Empfängnis des Wunschkindes keine natürliche ist. Auch diese biblischen Wunschkinder sind besondere Kinder. Sie werden Stammvater eines Volkes, gottgeweihte Propheten oder Gottesgebärerin.

Es handelt sich hier jedenfalls nicht um natürliche Kinder. Sie verkörpern eher eine *neue Idee, eine neue Weltanschauung, eine neue geistige Strömung*.

Das göttliche Kind

Auch viele Märchenhelden und -heldinnen tragen Merkmale des Göttlichen an sich. Sie sind schöner als die Sonne, haben goldene Haare oder sind so weiß wie Schnee, so rot wie Blut und so schwarz wie Ebenholz. In einigen Wunschkind-Märchen treten sie eine Reise zu Sonne, Mond und Sternen an oder gehen dreimal in einem immer schöneren Kleid auf den Ball wie Allerleirauh. Das Rabenkind in einem griechischen Märchen zieht sein Federkleid aus und geht auf der ersten

Hochzeit im Kleid *Die Fische mit dem Meere,* auf der zweiten im Kleid *Die Wiese mit den Blumen* und an der dritten Hochzeit im Kleid *Der Mond mit den Sternen* zum Tanze.[17] Es sind die Kleider der dreifaltigen Göttin, welche Herrin über die drei Reiche des Makrokosmos *Meer, Erde, Himmel,* aber auch des Mikrokosmos in der Seele des Menschen *Unterwelt, Menschenwelt, geistige Welt* ist. Es ist zu vermuten, dass es früher Einweihungsriten gab, bei denen diese Kleider eine Rolle spielten und in die drei Reiche der Göttin einführten. Auch die Farben Weiß, Rot, Schwarz sind die Farben der Göttin, die Jungfrau, Mutter und Todesgöttin in einem war und Herrin über *Jugend, Reife* und *Tod.* Psychologisch können wir das so verstehen, dass die Märchenheldinnen und -helden ein dem Göttlichen geweihtes Ich darstellen, das sich von einer inneren Notwendigkeit leiten lässt. Sie verkörpern eine inspirierte Seite von uns, die um den rechten Weg weiß.

Das *Lorbeersamenkorn*[18], eine Deutung auf der Subjektstufe

Wir kehren nun zum Anfangsproblem der Wunschkind-Märchen zurück, zur Kinderlosigkeit. Auf welcher Ebene wir ein Märchen auch deuten, auf der Objektstufe für zwischenmenschliche Beziehungen oder auf der Subjektstufe als innerseelisches Geschehen, Kinderlosigkeit bedeutet immer Unfruchtbarkeit, Stillstand: in menschlichen Beziehungen oder im Leben eines einzelnen Menschen.

Noch ein Wort zu den Begriffen *männlich* und *weiblich.* Damit ist das weibliche und das männliche Prinzip gemeint, dasselbe, was die Chinesen mit Yin und Yang bezeichnen, nicht eine individuelle Frau oder ein Mann. Jeder Mensch, ob Mann oder Frau, trägt Männliches *und* Weibliches in sich, entsprechend den Genen, die er oder sie von Vater und Mutter geerbt haben. Beginnt ein Märchen mit einer Einseitigkeit, z. B. »Ein alter König hatte drei Söhne«, können wir sicher sein, dass es hier darum geht, das Weibliche zu finden, die Prinzessin. Das Ziel ist die Ergänzung, die Ganzwerdung, symbolisch als Vereinigung der Gegensätze Mann und Frau in der Hochzeit dargestellt.

Der Mangel am Anfang und der Kinderwunsch der Eltern

In den Wunschkind-Märchen ist am Anfang Männliches und Weibliches ausgeglichen, wohl *zu* ausgeglichen, zur Routine erstarrt. »Sie hatten alles, was sie sich wünschten, nur keine Kinder«, heißt es oft. Es könnte sich hier um eine Lebenssituation in unserer Wohlstandsgesellschaft handeln. Man ist übersättigt, nichts macht einem mehr Freude. Die Arbeit ist zur Routine geworden, Freundschaften zu konventionell, man wird vom Gefühl der Sinnlosigkeit, Aussichtslosigkeit und des Nicht-mehr-Lebendigseins übermannt.

Ein Mensch in einer solchen depressiven Lage wünscht sich schließlich, dass einfach etwas geschieht, was es auch sei, was seinem Leben wieder etwas Würze gibt. Um aber zu solcher Bescheidenheit zu kommen, sich nicht einen Prinzen zu erhoffen, sondern sich mit einem Lorbeersamen zufrieden zu geben wie im kretischen Märchen »Das Lorbeersamenkorn«, muss man schon einen Tiefpunkt erreicht haben. Das aber ist gerade die Voraussetzung, dass etwas Neues beginnen kann. Denn Neues kann nur von unerwarteter Seite kommen.

Eine weibliche, mehr gefühlsmäßige Einstellung von uns hat vielleicht die Demut wie die Mutter in unserem Märchen, von Gott etwas Unerwartetes vorurteilslos anzunehmen, auch wenn es nur eine winzige Möglichkeit ist wie eine Lorbeere. Wenn diese sich dann aber zeigt, kommt der männliche Verstand – personifiziert im Vater – dazu, meint, das könne es ja nicht sein, und vergräbt sie, will sie vergessen. Ein Beispiel: Vielleicht spricht uns jemand auf unsere Erfahrung in einem bestimmten Lebensbereich an, und wir antworten: »Ja, darüber könnte ich Bücher schreiben!« Aber wir schreiben kein einziges Buch. Dieses Lorbeersamenkorn ist vergraben. Aber unbewusst schlägt es vielleicht doch Wurzeln und wächst zu einem Baum heran.

Keimt da nach einem Tiefstpunkt im Leben im Unbewussten wieder neue Hoffnung und Lebenskraft, noch geschützt vor allzu raschem Zugriff durch die Außenwelt? Man kann das etwa bei Depressionen beobachten: Äußerlich ist die Trostlosigkeit, das Gefühl der Leblosigkeit noch nicht gewichen, aber in den Träumen tut sich etwas. Da zeigt sich bereits neues Leben.

Das Lorbeermädchen

Der Lorbeer ist wie der Rosmarin oder das Basilikum anderer Varianten[19] dieses Märchens ein belebendes Würzkraut. Man schrieb ihm auch Geister vertreibende und reinigende Wirkung zu. Der griechischen Sage nach entstand der Lorbeerbaum zum Schutz der Nymphe Daphne, die vor Apollo flüchtete. Sie wollte nichts von einem Mann wissen und eine jungfräuliche Jägerin bleiben wie Artemis. In ihrer Not rief sie ihre Mutter Gaia, die Erde an, die den Lorbeerbaum sprießen ließ, der sie in seinen Stamm aufnahm. Apollo musste schließlich aufgeben. Aber seither war ihm der Lorbeer heilig und schmückt Sänger, Dichter und andere Sieger.[20] Das Wunschkind in diesem Märchen ist also eine Baumnymphe, der Geist des belebenden Lorbeers. Aber im Gegensatz zur Sage hat die Keuschheit hier keinen Bestand. Das Wunschkind hält sich nicht weiter im Lorbeerbaum versteckt, sondern kommt aus seinem vegetativen Zustand heraus, denn es hat Hunger beim Anblick der köstlichen Speisen. Lebenshunger kann man wohl sagen. Wenn das Mädchen aus dem Baum hervorkommt, ist es wie eine zweite Geburt, diesmal nicht als Lorbeersamen, sondern als Mensch, der die Essenz dieses Lebensbaumes verkörpert. Das ist wie ein zaghaftes Hervortreten eines neuen Lebensgefühls nach einer Zeit im Leben, da man nur noch vegetierte.

Der Königssohn

Den Prinzen können wir deuten als den zukünftigen Herrscher in unserem Bewusstsein, als ein neues Lebens*prinzip*. Wenn beides zusammenkommt – ein neues Lebensgefühl und neue Wertvorstellungen –, wenn Männliches und Weibliches sich ergänzen, ist der Übergang in einen neuen Lebensabschnitt geschafft, ist eine erneuerte innere Harmonie und Ganzheit erreicht. Das Leben kann wieder fruchtbar werden.

Das Hindernis

Aber ganz so schnell und glatt geht es weder im Leben noch in diesem Märchen. Der Königssohn traut der schönen Nymphe nicht ganz, weil sie nicht den Vorstellungen der Eltern und des Zwölferrates entspricht, und lässt sie feige im Stich.

Das ist oft so an der Schwelle zu einem neuen Lebensabschnitt. Wenn gerade wieder die ersten Lebensgeister erwachen und sich neue Perspektiven zeigen, fühlt man sich doch noch den altgewohnten Ansichten und Erwartungen verpflichtet und traut sich nicht, die neue Entwicklungsmöglichkeit zu ergreifen. Wir trauen dem Verstand mehr als dem Gefühl und betäuben letzteres. Die Szene, in welcher der Prinz die Geliebte betrunken macht und dann mit duftenden Blumen schmückt, stellt dies dar. Psychologisch könnte man sagen: Die anfängliche Begeisterung wird durch Vorurteile wieder zunichte gemacht, das Gefühl wird durch die Vernunft betäubt und fällt erneut in Verzweiflung.

Das Wunschkind fühlt sich betrogen. Es muss nun die Initiative ergreifen und beginnt den Geliebten zu suchen. Mit einer List versucht es, sich Zugang zu dessen Eltern zu verschaffen, um ihn an seine Liebe zu erinnern. Ähnlich wie Kari Holzrock im norwegischen Märchen oder wie Allerleirauh bei Grimm hüllt es sich in ein Kleid, das es hässlich, unkenntlich und alt macht, und bittet am Königshof um eine Arbeit. Das Mädchen tut so eigentlich dasselbe wie der Königssohn. Es kehrt mit dem Kleid aus Baumrinde in seinen früheren behüteten Zustand im Baum zurück. In psychologischer Sprache könnte diese Bildersequenz Folgendes bedeuten: Das neue Lebensgefühl zeigt sich noch bedeckt. Wir brechen nicht in Jubel aus über den neuen Lebensabschnitt, sondern trauern dem früheren nach und beginnen mit den alten Wertvorstellungen herumzusuchen nach neuen Aufgaben, nach Möglichkeiten unserer Lebensgestaltung.

Der Umschwung und die Hochzeit

Die Königin im Märchen ist bereit, der vermeintlichen Alten eine leichte Arbeit zu geben, d. h wir könnten also in der früheren Haltung verharren; aber das Mädchen aus dem Lorbeerbaum wird vom Königssohn sofort erkannt, mit anderen Worten es wird uns plötzlich bewusst, dass wir das ja gar nicht wollen.

Der Prinz hilft dem Mädchen mit einem scharfen Messer, aus seiner hässlichen Umhüllung herauszutreten, und bittet seine Mutter, ihr ein leichteres Kleid zu geben.

Der zukünftige innere König in unserem Leben wird nun aktiv und erkennt mit scharfem Unterscheidungsvermögen seine Wunschbraut, seine inspirierende weibliche Ergänzung und steht nun auch zu ihr.

Bei jedem Übergang im Leben geht es darum, sich entschlossen aus der Hülle des vorhergehenden Lebensabschnitts, die uns vorher Schutz und Sicherheit gewährte, zu befreien und sich zu den neuen Entfaltungsmöglichkeiten zu bekennen. Nur so werden die veralteten Wertvorstellungen schließlich überwunden und kann wirklich neue Lebensfreude aufkommen. Dieses Bewusstsein innerer Harmonie wird dargestellt in der Hochzeit.

Zusammenfassung

Märchenwunschkinder sind vor allem innere Kinder, Entwicklungsmöglichkeiten, die in Zeiten verlorener Lebensfreude auftreten. Wenn unsere starken Seiten, die Fähigkeiten, auf die wir bisher stolz waren, unfruchtbar geworden und in Routine erstarrt sind, kann neue Inspiration nur von einer bisher nicht gelebten, verachteten Seite kommen. Wir müssen bereit sein, uns mit unseren Schattenseiten auseinander zu setzen und diese auch zu entwickeln. Die meisten Wunschkinder im Märchen haben daher eine unansehnliche Gestalt, wie ja auch das Christkind, der erhoffte Messias, in einem Stall geboren wurde. Ob wir diese Kinder willkommen heißen als unser neues Schicksal oder sie verfluchen, hat Einfluss darauf, wie sie sich entwickeln. Zur menschlichen Ganzheit gehören nicht nur unsere positiven, gut entwickelten Seiten. Auch der Schatten will erkannt werden. Jede unserer Schattenseiten birgt auch Positives und wirkt sich nur negativ aus, weil dieses Positive darin nicht gesehen wird. Wer hätte dem Eselein denn zugetraut, dass es so gut die Laute schlagen, oder dem Dohlenkind, dass es die Wäsche sauber waschen könnte! Wir sind aufgefordert, alles in uns Angelegte zu entwickeln, was oft ein mühsamer und schmerzhafter Weg ist, aber schließlich zur Vereinigung der Gegensätze in uns führt, zur Hochzeit im Märchen.

Anmerkungen

1 Abt, Regine, Bosch, Irmgard, und MacKrell, Vivienne: *Traum und Schwangerschaft.* Einsiedeln 1996.
2 Arnott, Kathleen (Hrsg): *Die Kürbiskinder, Afrikanische Märchen.* Freiburg i. Br. 1966 (»Die Kürbiskinder«).
3 Zaunert, Paul (Hrsg.): *Deutsche Märchen seit Grimm.* Düsseldorf / Köln 1964 (»Das Borstenkind«).
4 Tichy, Jaroslav: *Persische Märchen.* Hanau 1977 (»Die Kürbisfrucht«).
5 Aichele, Walther, und Block, Martin (Hrsg.): *Zigeunermärchen.* Düsseldorf / Köln 1962 (»Der Apfel, der guter Hoffnung macht«).
6 Bødker, Laurits (Hrsg.): *Dänische Volksmärchen.* Düsseldorf / Köln 1964.
7 Nr. 41: »Die Katze« (wie Anmerkung 5).
8 Lüthi, Max: *Das europäische Volksmärchen.* Bern 1947.
9 z. B. »Der Kalberlkönig«. In: Reiffenstein, Ingo (Hrsg.): *Österreichische Märchen,* »Das rote Ferkel«. In: *Ungarische Volksmärchen,* »Die Kürbisfrucht« in: *Persische Märchen.*
10 Stroebe, Klara, und Christiansen, Reidar Th. (Hrsg.): *Norwegische Volksmärchen.* Düsseldorf / Köln 1967 (»Zottelhaube«).
11 Studer-Frangi, Silvia: (Hrsg.): *Märchen aus Sizilien.* Frankfurt a. M. 1998 (»Rosamarina«, von Pitrè).
12 Kovács, Agnes (Hrsg.): *Ungarische Volksmärchen.* Düsseldorf / Köln 1966.
13 wie Anmerkung 4.
14 Bošković-Stulli, Maja (Hrsg.): *Kroatische Volksmärchen.* Düsseldorf / Köln 1975 (Nr. 12).
15 Hammitzsch, Horst (Hrsg.): *Japanische Volksmärchen.* Düsseldorf / Köln 1964 (Nr. 28: »Der Schneckenmann«).
16 Karlinger, Felix, und Espadinha, Maria Antonia (Hrsg.): *Märchen aus Mexiko.* Düsseldorf / Köln 1978.

17 Klaar, Marianne (Hrsg.): *Die Reise im goldenen Schiff. Märchen von ägäischen Inseln*. Kassel 1977 (Nr. 7. »Das Räbchen«). Hahn, J. G. von (Hrsg.): *Griechische und albanesische Märchen*. Leipzig 1864 (Nr. 14: »Das Ziegenkind«) und *Griechische Märchen*. (Nr. 57: »Das Dohlenkind«).

18 Doundoulaki-Oustamanolaki, Eleni: *Märchen von Mund zu Mund, wie sie auf Kreta die Alten den Jungen erzählen*. Athen, 1996.

Das kretische Märchen »Das Lorbeersamenkorn« wurde am Kongress von Inge von der Crone erzählt.

Zusammenfassung:
Ein armes Ehepaar hat keine Kinder und bittet Gott, ihnen ein Kind zu schenken *und wenn es auch nur ein Lorbeersamenkorn* wäre, meint die Frau. Sie wird schwanger und bringt ein Lorbeersamenkorn zur Welt. Der Vater ist enttäuscht, nimmt den Lorbeersamen mit in den Wald und vergräbt ihn. Daraus wächst ein Lorbeerbaum.

Der Königssohn geht mit seinem Zwölferrat in dieser Gegend auf die Jagd, sieht den schönen blühenden Baum und befiehlt, hier das Lager aufzuschlagen. Nachdem die Köche das Essen zubereitet haben, lassen sie eine Wache zurück und gehen auch jagen. Während die Wache schläft, kommt aus dem Baum ein schönes Mädchen heraus, isst von allen Speisen ein wenig und nippt aus allen Gläsern ein Schlückchen Wein. Dann steigt es wieder in den Baum.

Als der Königssohn mit seinem Gefolge zurückkommt, kann sich niemand den jämmerlichen Zustand der Speisen erklären. Die Köche bereiten neues Essen zu und verstecken sich dann im Gebüsch, um zu sehen, wer von ihren Speisen nasche. Da tut sich der Baumstamm auf, und ein schönes Mädchen kommt heraus. Als es die Hände nach dem Essen ausstrecken will, packen sie es. Während es sich losreißen will, küsst der eine Koch das Mädchen. Wie es sich nun in den Baum flüchten will, weist dieser es zurück mit den Worten: »Geküsst und angeknabbert ..., in den Lorbeerbaum kannst du nicht mehr!«

Der Königssohn verliebt sich in das Mädchen, und es erwidert die Liebe, kann aber nichts über seine Herkunft sagen. Als die Jagd zu Ende geht, wagt er nicht, das Mädchen mitzunehmen, denn weder der Zwölferrat noch seine Mutter würden einer Heirat mit einer völlig Unbekannten zustimmen. So macht er sie betrunken, bis sie einschläft, bettet sie auf ein weiches Plätzchen, schmückt sie mit duftenden Blumen und lässt sie allein im Wald zurück.

Groß ist ihr Wehklagen, als sie erwacht und begreift, dass ihr Geliebter sie verlassen hat. Als sie erschöpft ist vom langen Weinen, macht sie sich aus Baumrinde ein Kleid und färbt ihr Gesicht, dass sie wie eine alte Frau aussieht. So sucht sie den Königshof auf und bittet die Königin, ihr eine leichte Arbeit zu geben, damit sie ihr Essen verdienen könne. Das erlaubt die Königin. Der Königssohn ist aber hinter ihr hergegangen und hat gehört, wie sie vor sich herflüsterte: »Meine weißen Blümchen und Hyazinthchen, ihr habt mich schlafen lassen, und ich habe meine Liebe verloren ...«

Der Königssohn lässt sich ein scharfes Messer bringen und schneidet damit das Rindenkleid auf. Da kommt ein schönes Mädchen heraus und fällt dem Prinzen in die Arme. Die Königin, verzaubert von der Schönheit des Mädchens und der Liebe der beiden, gibt dem Brautpaar den Segen.

»Die Hochzeit wurde mit großer Freude und vielen Festlichkeiten gefeiert, und sie lebten gut und wir noch besser.«

19 Megas, Georgios A. (Hrsg.): *Griechische Volksmärchen*. Köln 1965. (Nr. 45: »Der Basilikumtopf«) und wie Anmerkung 11.

20 Grant, Michael, und Hazel, John: *Lexikon der antiken Mythen und Gestalten*. München 1980. Karlinger, Felix (Hrsg.): *Rumänische Märchen außerhalb Rumäniens*. Kassel 1982 (»Daphne I, II, III«).

Literatur

Beuchert, Marianne: *Symbolik der Pflanzen*. Frankfurt a. M. 1995.
Fey, Hilde (Hrsg.): *Das Mädchen aus Kalk*. Frankfurt a. M. 1986.
Franz, Marie-Louise von: *Der Schatten und das Böse im Märchen*. München 1985.
Franz, Marie-Louise von: *Die Suche nach dem Selbst*. München 1985.
Franz, Marie-Louise von: *Psychologische Märcheninterpretation. Eine Einführung*. München 1986.
Kast, Verena: *Familienkonflikte im Märchen*. Olten 1984 (»Vom Kalberlkönig«).
Ranke, Kurt (Hrsg.): *Enzyklopädie des Märchens*. Berlin 1975 ff.
Riedel, Ingrid: *Hans mein Igel*. Zürich 1984.
Röth, Diether: *Kleines Typenverzeichnis der europäischen Zauber- und Novellenmärchen*. Hohengehren 1998.
Scherf, Walter: *Das Märchenlexikon*. München 1995.
Seifert, Theodor: *Schneewittchen*. Zürich 1983.

PIA TODOROVIĆ REDAELLI
Der Wunsch im Tessiner Märchen

Der Held eines beliebten Tessiner Märchens heißt Moro Pipetta.[1] Moro Pipetta hat eine braun gebrannte Haut wie ein Mohr und schmaucht den lieben langen Tag seine Pfeife. Er hat alle seine Güter an die Armen verteilt. Deshalb will ihn der liebe Gott belohnen und schickt ihm den heiligen Petrus. Dieser überrascht Moro Pipetta mit der Nachricht, dass er sich drei Wünsche erfüllen kann. Moro Pipetta denkt ein wenig nach und antwortet dann: »Ich wünsche mir erstens, dass meine Pfeife niemals ausgeht, dass zweitens alles, was ich in meinen Sack wünsche, dort drin bleiben muss und dass drittens alles, was unter meinem Hut ist, mir gehört und es mir niemand wegnehmen kann.«[2] Der heilige Petrus wundert sich, dass Moro Pipetta sich nicht das ewige Seelenheil wünscht, das schließlich das höchste aller Güter ist. Aber Moro Pipeta antwortet ihm, dass er sich das selber verdienen will. Eines Tages trifft Pipeta unterwegs zwei kleine Teufel, die auf Seelenfang aus sind. Er wünscht sie in seinen Sack und schlägt sie mit einem Knüppel windelweich. Erst, als sie versprechen, nie mehr Menschen zu verführen, lässt er sie laufen. Als auch für Moro Pipeta die Stunde schlägt, geht er direkt ins Paradies, überzeugt, gleich eingelassen zu werden. Doch der heilige Petrus erinnert ihn daran, dass er sich nicht das Paradies gewünscht hat und deshalb nicht eintreten kann. Also klopft Moro Pipeta in der Hölle an, wo ihm die beiden Teufelchen öffnen, die er so übel zugerichtet hatte. Sie schlagen ihm die Türe vor der Nase zu. Moro Pipeta kehrt wieder zu Petrus zurück und sagt, er möchte wenigstens einen kurzen Blick ins Paradies werfen. Petrus öffnet die Türe leicht, Moro Pipeta wirft seinen Hut hinein, stellt sich darauf und befindet sich somit auf seinem eigenen Grund und Boden. Niemand kann ihn mehr wegweisen, und von da an teilt er sich mit dem heilige Petrus die Aufgabe als Pförtner.

Dieses schwankhafte Märchen hat als Thema die Gewinnung des Paradieses nicht mit göttlicher Hilfe, sondern durch einen listigen Wunsch. Es gehört zum Typ AaTh 330 und entspricht den KHM 81 (»Bruder Lustig«) und 82 (»De Spielhansl«).

Es ist in ganz Europa verbreitet. In Italien gibt es dazu zahlreiche Varianten vom Piemont bis nach Sardinien.[3] Die erste literarische

72

Der Wunsch im Tessiner Märchen

Fassung geht, wie Rudolf Schenda in den »Märchen aus der Toskana« anmerkt[4], auf Aloise Cinzio delle Fabrizi zurück, einen Venezianer der ersten Hälfte des 16. Jahrhunderts: Er erzählt in seinem Sprichwörter-Traktat »Libro della origine delli volgari proverbi« (1526) von Invidia, welcher Jupiter, den sie bewirtet hat, die Gabe verleiht, dass ihr Apfelbaum alle diejenigen, die ihn besteigen, also auch den Tod, festzuhalten vermag. In den italienischen Varianten ist der Held ein Schmied, ein Holzfäller, ein armer Bauer, ein Schafhirt, ein Schuhmacher oder ein entlassener Soldat. Er wünscht sich, wie in unserer Tessiner Variante, nicht das Paradies, sondern eine Pfeife, die nie ausgeht, einen Sack, in den er alles hineinwünschen kann, dass alle, die auf einen Feigen-, Apfel- oder Orangenbaum klettern, darauf gefangen bleiben, ein Musikinstrument, bei dessen Spiel alle tanzen müssen, oder Spielkarten, die immer gewinnen. Mit den magischen Dingen gelingt es dem Helden, den Teufel zu überlisten oder den Tod Hunderte von Jahren zu bannen. Als er dann schließlich doch stirbt, gewinnt er das Paradies mit dem Huttrick oder auch mit dem Sack, in den er sich hineinwünscht.

Der Held entscheidet in allen diesen Varianten immer in Freiheit und mit großer List. Es herrscht ein Klima der Herausforderung gegenüber dem Tod, dem Teufel und sogar Gott. Ein scherzhafter, fast entheiligender Ton prägt die italienischen Varianten dieses Typus.

Auf einen Wunsch, nämlich den magischen Hut, soll hier kurz eingegangen werden. Wie Gabriella Schubert schreibt[5], kommt dem Hut eine wichtige Bedeutung zu. Er bedeckt den Kopf als Sitz der Hauptsinnesorgane, d. h. der Lebens- und Seelenkräfte. Daher wird er oft mit dem Kopf gleichgesetzt, der seinerseits als Pars pro toto mit der Person identifiziert wird. In der griechischen Antike war der Hut ebenso wie die Krone zunächst ein Attribut von Göttern, dann von Priestern. Als Gerichtssymbol verkörpert er Rechtshoheit. Und diese Reflexe alter Rechtsvorstellungen finden eben auch in unserem Märchen ihren Niederschlag, in dem der Trickster durch seinen Hut Einlass in den Himmel erhält. In Zusammenhang damit steht zudem die populäre Vorstellung, dass besonders Hüte und Kappen von Zwergen Wünsche erfüllen und zaubern können.

Zum Motivkreis der Erdenwanderung Gottes und des Wunsches, den Tod auf einen Baum zu bannen, gehört auch ein Märchen aus Menzonio (im Val Lavizzara, oberes Seitental des Maggiatals), das erklärt, warum die Armut auf der Welt nicht ausgestorben ist[6]: Einmal wanderten Christus und Paulus durch das Tal. Überall fragten sie die Leute, denen sie begegneten: »Wovon lebt ihr denn?« Die Leute antworteten: »Einer betrügt den andern!« Als es Abend wurde, baten sie eine mausarme Frau, die in einem kleinen Häuschen wohnte, um Unterkunft. Sie sagte zu ihnen: »Wenn euch mein bescheidenes Haus genug ist, will ich euch gerne meinen Platz überlassen!« Sie waren einverstanden. Am folgenden Morgen fragte Christus die Frau: »Was verlangt Ihr für die Übernachtung?« Und sie: »Wollt Ihr mir einen Wunsch erfüllen?« Und er: »Auch zwei, wenn es sein muss.« Die Alte fuhr fort: »Draußen vor meinem Haus steht ein schöner Apfelbaum. Ich kann aber nie auch nur einen Apfel pflücken, weil sie gestohlen werden. Erfüllt mir doch den Wunsch, dass, wer auf den Baum klettert, ohne meine Erlaubnis nicht wieder hinuntersteigen kann.« Christus fragte die Frau, wie sie heiße, und sie antwortete ihm: »Miseria (Armut).«

Am Morgen saß ein Mann auf dem Baum und bat Miseria um die Erlaubnis hinunterzusteigen. Miseria sagte zu ihm: »Wer bist du?« Und er: »Ich bin der Tod!« Und er fügte bei: »Lass mich hinunter. Ich muss doch die Menschen sterben lassen.« »Wenn du mir versprichst, dass ich nie sterben werde, lass ich dich hinuntersteigen.« Der Tod willigte ein und stieg sogleich hinunter. Und deshalb ist die Armut bis heute noch nicht ausgestorben.

Welche weiteren Wünsche begegnen uns im Erzählgut des Tessins? Ich möchte dazu einige Beispiele geben und gehe dabei von dem Band »Märchen aus dem Tessin« aus, den ich 1984 in der Reihe »Märchen der Weltliteratur« im Diederichs Verlag herausgeben durfte. Darin sind zu einem guten Teil noch mündlich aufgenommene Märchen versammelt, die mir die damals 63-jährige Jolanda Bianchi-Poli aus Brusino, einem kleinen Dorf am Luganersee, erzählt hat.

Einen wichtigen Platz nimmt in diesen Märchen der bestrafte Hochmut ein. Ein gutes Beispiel dafür ist das »Märchen vom blauen Schleier mit den goldenen Sternen«[7], in dem es um einen hochmütigen Wunsch geht und das zu AaTh 900 (»König Drosselbart«) gehört. Der Anfang des Märchens lautet so:

Es war einmal eine Prinzessin, sie hieß Flora und war überaus hochmütig. Ihre armen Diener zwang sie dazu, die Teller zu waschen, auch wenn sie sauber waren, und im Garten zu arbeiten, wenn es schon Nacht war. Kurz, sie schikanierte sie von früh bis spät.

Eines Tages – sie war schon über zweiundzwanzig – hat der Vater zu ihr gesagt: »Es ist Zeit, dass du heiratest.« Aber sie hatte keine Lust dazu. Alle Bewerber, die gekommen waren, hat sie davongejagt, weil

Der Wunsch im Tessiner Märchen

sie keinesfalls heiraten wollte. Da waren tüchtige Könige und Prinzen und alle waren reich. Aber sie wollte keinen. Sie hat ausgelesen und ausgelesen, bis nur noch drei Bewerber übrig waren. Einer war Prinz Guglielmo d'Altamura, der zweite Giordano da Torre Fiorita und der dritte Alfredo dei Forti. Der Vater hat alle drei rufen lassen und zu seiner Tochter gesagt:»Hier hast du drei Helden, such den aus, der dir gefällt.«[8]

Flora wählt alle drei, stellt ihnen aber als Bedingung, ihr den blauen Schleier mit den goldenen Sternen zu besorgen. Zwei der Bewerber heiraten nach verschiedenen Abenteuern andere Frauen. Das macht Flora wütend, und sie beschließt, selbst nach ihrem Wunsch-Schleier zu suchen. Vater und Mutter, so erzählt Jolanda, hatten kein Mitleid mit ihr, weil sie ihre Diener in die dunkelsten Gefängnisse gesteckt hatte, die voller Skorpione und anderem Getier waren.»Geh nur, geh nur«, haben sie gesagt,»mach, was du willst!« Sie hat sich Pferde genommen, fünfzehn Dienerinnen und drei Diener, die bucklig waren und lahm. Wenn etwas passieren sollte, war es nicht schade um sie.

Sie sind gegangen und gegangen bis zu einem Wald. Da hat sie eine Stimme gehört, die auf Italienisch sagte:»Um Mitternacht, Prinzessin, wirst du ganz alleine in den Wald eintreten. Du wirst sieben Bäume sehen, sieben Treppen hinuntersteigen und sieben Türen vor dir haben.« Sie ist erschrocken und hat zu ihren Begleitdamen gesagt:»Kommt auch mit, ich habe Angst!« Man hörte uitt uitt – die Eulen, – ulu uluuu – die Käuze –, die im Wald herumgeisterten. Sie hatte große Angst, in diesen Wald zu gehen. Mitternacht ist schließlich nicht heller Tag. Aber trotzdem hat sie sich mit den Pferden vorgewagt. Da hört sie wieder die Stimme:»Genau um Mitternacht wirst du eintreten, Prinzessin, nur du allein, wenn du den blauen Schleier mit den goldenen Sternen haben willst. Nur durch deine Tränen wirst du ihn bekommen.«[9]

Nun beginnt sie zu bereuen, aber ihr Leidensweg ist lang. Hinter der siebten Tür erwartet sie eine furchterregende Alte mit krummer Nase, Doppelkinn, Falten im Gesicht und langen Fingernägeln. Sie führt sie über sieben Treppen in einen Keller: Es gab ein Steinbett zum Schlafen, die Leintücher waren ganz grob. Als es Nacht wurde, hat die Alte gesagt:»Prinzessin, du wirst sicher gut schlafen. Die Ratten, Mäuse, Skorpione, Schlangen und das Meer werden dir Gesellschaft leisten. Alles, was du deinen Dienern angetan hast, kommt jetzt auf dich zurück. Aber fürchte dich nicht!« Die Prinzessin hat sich in ihrem Bett hin- und hergewälzt.

Die Nacht war schrecklich. Die Mäuse sind ihr über die Füße gelaufen, die Läuse im Haar herumgekrochen. Sie hat die Strafe bekommen, die sie verdiente. Die ganze Nacht sprangen Kröten und Schlangen umher und das Meer rauschte, ciuff, ciuff. Sie war verzweifelt. Sie drehte sich von einer Seite auf die andere und rief: »Vater, Mutter, helft mir!«[10]

Nach dieser schlimmen Nacht ist die Prinzessin ganz klein geworden. Sie bittet die Alte um Arbeit und beginnt, an ihrem Schleier zu arbeiten: Sie hat gesponnen und gesponnen, viele, viele Meter Seide. Als sie die Arbeit beendet hatte, war der Schleier zwanzig Meter lang. Aber sie hat gesagt: »Jetzt, wo ich den Schleier habe, werde ich sicher nicht mehr heiraten. Ich bin ja hier gefangen.« Sie hat geweint, und je mehr sie weinte, desto mehr Sterne sind auf den Schleier gefallen. Es ist ein wunderbarer Schleier geworden, voller leuchtender Sterne. Die Prinzessin hat geseufzt: »Was hab ich nur alles angestellt mit meinem Hochmut!« Und sie hat den Schleier zusammengefaltet und in eine Ecke gelegt. Da ist die Alte gekommen und hat gesagt: »Ich habe eine Überraschung für dich!« »Eine Überraschung für mich? Jetzt habe ich meinen Schleier, aber sonst kann ich nichts mehr erwarten.« Da ist die Türe aufgegangen und Prinz Guglielmo d'Altamura ist erschienen. Er hatte die Prinzessin gesucht und war ihr als Einziger treu geblieben. In einem Wald hatte er die Alte getroffen und sie hatte ihm weitergeholfen.

Nun hat die Alte mit ihrem Zauberstab einen Palast gezaubert. Sie haben ein schönes Fest gefeiert und haben die Alte dazu eingeladen. Flora hat all ihre Diener befreit und von dem Tag an war ihr Hochmut verschwunden und sie ist eine brave Frau geworden.[11]

Die Prinzessin muss sich also in diesem Märchen ihren hochmütigen, unmöglichen Wunsch selbst erfüllen. Die Demütigung wird ihr nicht wie im Märchen vom König Drosselbart durch den Ehemann, sondern durch eine grässliche Alte zugefügt.

Der bestrafte Hochmut ist in ganz Europa ein beliebtes Thema. Wir kennen es schon aus Basiles zehnter Unterhaltung des vierten Tages (»Der bestrafte Hochmut«). Es handelt sich um einen Stoff, der sich bis in die Schwank- und Märenliteratur des Spätmittelalters zurückverfolgen lässt und bereits bei Straparola (I,4) »Tebaldo di Salerno« und IX, I »Galafro, re di Spagna« Verwandte hat.[12]

Hochmut, um gleich noch beim Thema zu bleiben, zieht in einem anderen Tessiner Märchen eine Verwünschung nach sich. Es trägt den Titel »Der Vogel mit dem goldenen Schweif«[13] und gehört zum Typ AaTh 425 (»Amor und Psyche«): Es war einmal eine hochmütige und

Der Wunsch im Tessiner Märchen

böse Königin, die einen schönen Sohn hatte. Ganz in der Nähe wohnte eine arme Frau mit ihrem buckligen, verkrüppelten Sohn. Die hochmütige Königin lachte den armen Krüppel aus und rief ihm immer »Buckliger« nach. Der arme Junge lief weinend nach Hause und sagte zu seiner Mutter: »Mamma, ich hab doch nichts Unrechtes getan, warum lacht mich die Königin denn aus?«

»Mach dir nichts draus. Ich gehe zur Fee und die wird schon sehen, dass alles in Ordnung kommt.« Und sie ist zur Fee gegangen und hat zu ihr gesagt: »Die hochmütige Königin hat meinen Sohn ausgelacht, und er verdient das doch gar nicht!« Da hat die Fee gesagt: »Mach dir keine Sorgen, ich werde die Königin bestrafen!« Die Fee war nämlich die Patin des jungen Prinzen, der eine so hochmütige Mutter hatte.[14]

Interessant ist aber nun, dass nicht die Hochmütige selbst, sondern ihr Sohn bestraft wird. Er wird nämlich in ein Schwein verwandelt und kann seine menschliche Gestalt erst wieder zurückerlangen, wenn ihn ein Mädchen küsst, obwohl er ein Schwein ist. Nach vielen Wochen findet er am Dorfbrunnen ein Mädchen, das sich nicht vor ihm ekelt und ihn küsst. Er behält aber tagsüber seine Schweinegestalt und ist nur nachts ein Mensch. Diese nächtliche Verwandlung darf, außer seiner Erlöserin, niemand bemerken. Und noch einmal verschuldet die hochmütige Mutter sein Verderben. Sie spioniert ihm nach und überrascht ihn eines Nachts mit seiner Braut. In diesem Augenblick wird er zu einem Vogel mit einem goldenen Schweif, und für Giüstina, seine Braut, beginnt ein langer Weg voller Abenteuer, bis sich zu guter Letzt alles zum Guten wendet und die beiden endlich heiraten können.

Um den Gegensatz zwischen einem bescheidenen und einem unbescheidenen Wunsch geht es im »Märchen von den Katzen und der Seife«, das ebenfalls Jolanda Bianchi-Poli erzählt hat.[15] Es gehört zu AaTh 480 (»Das gute und das schlechte Mädchen«) und hat sein Vorbild in Basiles zehnter Unterhaltung des dritten Tages (»Die drei Feen«). Florinda, das gute Mädchen, wird von ihrer Stiefmutter zum Waschen an den Fluss geschickt. Dabei entgleitet ihr die Seife, und sie beginnt zu weinen, weil sie schon eine Tracht Prügel voraussieht. Da erscheint ihr ein Zwerg mit einer roten Kappe. Er sagt ihr, sie solle den Fluss hinaufgehen und an einen Baum klopfen. Ein Kätzchen öffnet ihr. Florinda macht sich nützlich, hilft den Kätzchen beim Treppenputzen, Tellerwaschen und Bettenmachen. Nach getaner Arbeit führen die Kätzchen Florinda zu ihrem König. Der will sie belohnen und führt sie zu einem Schrank voller Kleider und bittet sie, eines davon auszuwählen. Bescheiden, wie sie ist, wünscht sie sich das einfachste, ein richtiges Bauernkleid. Der König schenkt ihr aber ein prächtiges Kleid und sagt zu ihr: »Geh jetzt nach Hause und habe keine Angst mehr. Unterwegs wirst du den Hahn krähen hören: Kikeriki, kikeriki! Dann dreh dich um.«

Wirklich, unterwegs hat der Hahn gekräht: Kikeriki, kikeriki! Sie hat sich umgedreht und da ist ihr ein Stern auf die Stirn gefallen, es war eine Pracht. An den Füßen hatte sie plötzlich ein Paar wunderschöne Schuhe. Die alten, ausgetretenen waren verschwunden. Sie hat gesagt: Ist das alles für mich? Wirklich für mich? Und kaum hat sie den Mund geöffnet, sind lauter Edelsteine herausgefallen.«[16]

Als sie nach Hause kommt, sind die Stiefmutter und die Stiefschwester natürlich eifersüchtig. Die Stiefmutter schickt ihre Tochter ebenfalls aus; sie benimmt sich aber sehr schlecht und bekommt zur Belohnung ein Sackkleid, das nach Katzendreck stinkt, und ein Eselsschwanz fällt ihr auf die Stirn. Sobald sie den Mund öffnet, kriechen Schlangen und Kröten heraus. Und seither, endet das Märchen, ist die Welt voller Schlangen und Kröten.

Dieses Märchen, im dem bescheidene Wünsche belohnt und unbescheidene Wünsche bestraft werden, ist im italienischen Sprachraum bis heute überaus beliebt.

Um eine Wunschfrau geht es im »Märchen von den drei goldenen Äpfeln«, das der Romanist Walter Keller in den dreißiger Jahren im Tessin aufgezeichnet hat.[17] Ein Prinz hatte sich in den Kopf gesetzt, die Fee mit den drei goldenen Äpfeln zu heiraten. Er bat seinen Vater um die Erlaubnis, weggehen zu dürfen, und machte sich auf die Suche. Unterwegs trifft er eine alte Frau, die ihm rät, einen Sack Hirse, einen Sack Brot, eine Stange und einen Besen zu kaufen. Mit der Hirse und dem Brot hält er sich Adler und Hunde vom Leibe. Die Stange schenkt er drei Männern, die mit den Schultern Steine heben. Den Besen gibt er einem Bäcker, damit er seinen Ofen scheuern kann, und das Seil dient einer Frau, die mit einem Kessel Wasser aus einem Sodbrunnen schöpft. Endlich kommt der Prinz zu einem Haus, sieht dort die drei goldenen Äpfel und macht sich mit ihnen aus dem Staube. Die alte Hexe, der das Haus gehört, verfolgt ihn. Doch die Tiere und Menschen, denen der Prinz etwas geschenkt hat, lassen ihn springen. Als er der alten Hexe endgültig entwischt ist, öffnet er den ersten Apfel. Ein schönes Mädchen kommt heraus und bittet ihn um Wasser. Der Prinz kann ihr den Wunsch nicht erfüllen, und sie stirbt. Mit dem zweiten Apfel ergeht es ihm ebenso. Den dritten Apfel öffnet er aber erst bei einem großen Brunnen, und so kann die Schöne leben. Der Prinz bittet sie, auf ihn zu warten. Er wolle in den Palast gehen und sie abholen lassen, wie es sich für eine Prinzessin gehört. Während der Abwesenheit des Prinzen kommt eine alte Hexe zum Brunnen, um Wasser zu holen. Sie gibt vor, die Schöne kämmen zu wollen, und sticht sie mit einer Haarnadel. Darauf verwandelt sich die Schöne in eine Taube und fliegt fort. Als der Prinz zurückkommt, ist er erstaunt, eine hässliche, alte Frau zu finden, aber Versprechen ist Versprechen, die Heirat wird gefeiert. Doch während des Festessens fliegt die Taube über den Speisen hin und her, der Prinz fängt sie ein, zieht ihr die Haarnadel aus dem Kopf, und sie erlangt wieder ihre menschliche Gestalt. Der Betrug wird aufgedeckt, und die alte Hexe macht sich schleunigst aus dem Staube.

In diesem Märchen erkennt man unschwer das Vorbild, nämlich »Die drei Zitronen« aus Basiles »Pentamerone« (neunte Unterhaltung des fünften Tages): Basile selbst fasst das Märchen mit folgenden Worten zusammen: Der Held dieses Märchens ist Cenzullo, der keine Frau will; nachdem er sich aber einmal über einem Ricottakäse in den Finger geschnitten hat, wünscht er sich eine mit einer Haut so weiß und so rot wie das, was er aus Ricotta und Blut gemacht hat. Er pilgert daher durch die Welt und erhält auf der Insel der drei Feen drei Zitronen, und als er eine von ihnen aufschneidet, erwirbt er eine schöne Fee, die ganz seinem Verlangen entspricht. Sie wird von einer Sklavin getötet, und er nimmt die schwarze Frau an Stelle der weißen. Als nun aber der Betrug herauskommt, wird die Sklavin zu Tode gebracht und die Fee, wieder ins Leben zurückgekehrt, wird Königin.[18]

Dieses Basile-Märchen hat eine überaus reiche Wirkungsgeschichte gehabt. 1676 geht es in versifizierter Form in Lorenzo Lippis komisches Heldenepos »Il Malmantile Racquistato« ein. Carlo Gozzi (1720–1806) macht es mit seiner dramatischen Bearbeitung »L'amore delle tre melarance« (Venedig 1761) populär; mit der deutschen Übersetzung der Werke Gozzis erreicht 1777 der »Auszug aus dem Mährchen Die Liebe zu den drey Pomeranzen« als eine der ersten Basile-Nacherzählungen auch den deutschen Sprachraum. Auch Prokofjews Oper »Die Liebe zu den drei Orangen« (Uraufführung Chicago 1921) liegt der Stoff zugrunde. Das Märchen wird bis in unsere Tage in Italien erzählt.[19]

Und um gleich noch ein wenig bei Basile zu bleiben, soll von seinem Märchen »La mortella« (»Die kleine Myrte«) die Rede sein. Es ist die zweite Unterhaltung des ersten Tages und beginnt so: Es lebten in dem Weiler Miano ein Mann und eine Frau; die hatten auch nicht den Keim einer Nachkommenschaft und wünschten sich doch aus ganzem Herzen einen Erben, und so sagte die Frau die ganze Zeit: »O Gott, wenn ich nur irgend etwas zur Welt bringen würde, meinetwegen könnte es gar ein Myrtenbusch sein!«[20] Dieser unbedachte Wunsch geht wirklich in Erfüllung. Die Frau bringt eine Myrte zur Welt. Ein Prinz verliebt sich in diese, und sie verwandelt sich in eine wunderschöne Fee. Er muss fortziehen und lässt sie, mit einem Glöckchen verbunden, in der Myrte zurück. In das Schlafzimmer des Prinzen dringen ein paar üble Weiber, die seinetwegen eifersüchtig sind, und sie berühren die Myrte: Die Fee kommt heraus und wird von ihnen hingemacht. Der Prinz kommt zurück, entdeckt die Mordtat und möchte vor Schmerz sterben. Aber durch ein seltsames Wunderwerk erholt sich die Fee. Er lässt die Kurtisanen hinrichten und nimmt sich die Fee zur Frau.[21]

Dieses Märchen, an dessen Anfang ein unbedachter Wunsch steht, gehört zu AaTh 652 A und ist in ganz Europa verbreitet. In Italien gibt es dazu Varianten aus Sizilien, der Toskana und Venedig. Im sizilianischen Pitrè-Märchen »Rosmarina«[22] bringt die Frau einen Rosmarinstrauch zur Welt, in der Toskana steigt das schöne Mädchen aus einem Apfel[23], und in Venedig wünscht sich die kinderlose Frau eine Majoranpflanze.[24]

Doch nach diesem kurzen Abstecher nach Italien wieder zurück ins Tessin. Zahlreich sind dort die Märchen, die sich um ein Wunschobjekt drehen. Ich will hier nur ein Beispiel anführen, nämlich das Märchen mit dem Titel »Eine ungelöste Frage«[25]. Darin wünscht sich eine Prinzessin das sonderbarste und kostbarste Ding der Welt und verspricht, den zu heiraten, der es ihr bringt. Die drei Neffen des Königs, die alle in die Prinzessin verliebt sind und sie heiraten möchten, machen sich auf den Weg. Einer gelangt bis nach Madras in Indien und kauft auf dem Markt eine Lupe, in der man alles sieht, woran man denkt. Der zweite erwirbt in Delhi einen Teppich, mit dem man jemanden, an den man denkt, auf der Stelle erreichen kann. Der dritte kauft in einer anderen indischen Stadt einen Apfel, mit dem man Todgeweihte gesund machen kann. Nach vielen Monaten treffen sich die drei Helden wieder an einer Kreuzung und behaupten alle drei, das sonderbarste und kostbarste Ding der Welt zu besitzen und deshalb ein Anrecht auf die Prinzessin zu haben. Sie geraten in Streit. Doch da schaut der erste Held in seine Lupe und sieht die Prinzessin todkrank in ihrem Bett liegen. Ein Priester ist gerade dabei, ihr die Letzte Ölung zu spenden. Was tun? Der zweite Held holt seinen Teppich

Der Wunsch im Tessiner Märchen

hervor, und so gelangen alle drei im Handumdrehen in den Palast. Der dritte Held gibt der Prinzessin von seinem wundertätigen Apfel zu essen, und sie wird auf der Stelle gesund. Nun wollen sie natürlich alle drei heiraten und das Mädchen endet mit einer ungelösten Frage, genau wie es angefangen hat.

Schöne Kleider, Edelsteine, ein prächtiges Leben am Königshof sind im Tessiner Märchen aber nicht immer der höchste aller Wünsche. Im Märchen von den beiden Kesselflickern haben wir dafür ein gutes Beispiel.[26] Zwei Kesselflickern aus dem Val Colla gelingt es, mit ihren tanzenden Mäusen eine Prinzessin zum Lachen zu bringen (AaTh 571 III). Der König ist außer sich vor Freude und will dem einen Kesselflicker als Belohnung seine Tochter zur Frau geben.

Der Jüngling hatte aber schon eine schöne Verlobte zu Hause im Dorf. Es war wie versteinert und wusste nicht, wie er es anstellen sollte, die Prinzessin zurückzuweisen, ohne den König zu beleidigen. Auf keinen Fall wollte er in einem dunklen Gefängnis enden. Und so stand er auf einmal, ohne es überhaupt zu merken, inmitten von Luxus und Ehren vor dem Traualtar.

Am Abend jedoch, als das Bankett zu Ende war, dachte er voller Wehmut an seine Verlobte, die im Dorf auf ihn wartete und die viel schöner war als seine Braut. Die war inzwischen ins Schlafzimmer gegangen und ins Ehebett geschlüpft. Der Kesselflicker war unten im Saal geblieben, hatte die Mäuschen aus dem Sack geholt und schaute sie traurig an: »Ich habe eine andere Belohnung erwartet. Wegen euch sitz ich ganz schön in der Tinte!«

Die beiden Mäuschen schlüpften schnell davon und liefen im ganzen Palast hin und her. Schließlich gingen sie in den Stall und sprangen hierhin und dorthin, bis sie voller Pferdemist waren. Dann liefen die beiden verrückten Viecher ins Schlafzimmer der Prinzessin, krochen unter die Decke und kitzelten die Prinzessin. Die lachte aus vollem Hals, so dass der König, der nebenan schlief, erwachte und schmunzelte. Inzwischen war auch der Kesselflicker ins Schlafzimmer gekommen. Er zog das Leintuch zurück und sah, dass alles verdreckt war.

Er lief schnell zum König und sagte zu ihm: »Schwiegervater, kommt schnell und seht euch unser Ehebett an. Ich kann nicht bei einer Frau bleiben, die noch ins Bett macht. Bitte befreit mich von meiner Verpflichtung als Ehemann. Die Prinzessin ist noch zu jung.«

Der König war natürlich erstaunt, als er die Bescherung sah. Aber er bereute schon ein wenig, dass er seine Tochter einem gewöhnlichen Kesselflicker zur Frau gegeben hatte, anstatt einem Prinzen.

Der Kesselflicker hatte begriffen, wie die ganze Sache passiert war und nützte nun die Situation aus. Der König war ja schon überglücklich, dass seine Tochter überhaupt gelacht hatte, und befreite den Bräutigam von seinen Verpflichtungen. Dann legte er ihm noch ans Herz, niemandem von dem schmutzigen Bett zu erzählen. Schließlich gab er dem Kesselflicker einen Sack voll Geld, damit es ihm leichter falle, das Versprechen zu halten.

So kehrten die Kesselflicker mit einem schönen Scherflein Geld nach Hause zurück.[27]

Zum Schluss möchte ich noch ein kurzes Beispiel für einen letzten Wunsch anfügen. Es handelt sich nicht um ein Märchen, sondern um ein pädagogisches Exempel, das bei AaTh die Nummer 838 (»Sohn am Galgen«) trägt.

Es war einmal ein Junge, er hieß Battista Scorlín. Eines Tages hatte er fünf Rappen gestohlen, und als er nach Hause kam, hat er das seiner Mutter gesagt. Aber sie hat es nicht ernst genommen und ihn nicht zurechtgewiesen.

Nach einiger Zeit ist Batista nach Frankreich arbeiten gegangen. Er hatte aber immer noch die üble Gewohnheit zu stehlen. Eines Tages hat er dabei sogar einen Menschen umgebracht, und man hat ihn zum Tode durch das Schafott verurteilt.

Als er schon bereit stand, um sich den Kopf abhauen zu lassen, hat man ihn gefragt, ob er einen Wunsch habe.

Und er hat geantwortet, dass er seine Mutter sehen möchte.

Man hat sie kommen lassen, und sie ist zum Schafott gegangen, um ihren Sohn zu umarmen. Er aber hat ihr die Nase abgebissen und gesagt: »Wenn du mir so richtig die Leviten gelesen hättest, als ich die fünf Rappen nach Hause brachte, würde ich jetzt nicht unter dem Schafott liegen.«[28]

Diese Geschichte findet sich zuerst in der »De Disciplina Scholarium« des römischen Staatsmannes und Philosophen Boethius (ca. 480–524). Sie hat in zahlreiche lateinische Sammlungen und später auch in die mittelalterliche Schwankliteratur Eingang gefunden.[29] Im Tessin wird die Geschichte Battista Scorlino zugeschrieben, der im 16. Jahrhundert die Gegend von Mailand unsicher machte und zusammen mit Giacomo Legorini hingerichtet wurde. Noch heute sagt man im Tessiner Dialekt far la fin dal Batista Scorlín, »ein schlechtes Ende nehmen«.[30]

Anmerkungen

1 Keller, Walter: »Fiabe popolari ticinesi.« In: *Schweizerisches Archiv für Volkskunde*, Band 34, Basel 1935, S. 151–152.
2 Ebenda, S. 151.
3 Aprile, Renato: *Indice delle fiabe popolari italiane di magia*, Berlin 1995, S. 380–411.
4 Schenda, Rudolf: *Märchen aus der Toskana. Übersetzt und erläutert von Rudolf Schenda.* München 1966, S. 359.
5 *Enzyklopädie des Märchens. Handwörterbuch zur historischen und vergleichenden Erzählforschung.* Berlin–New York 1999. Band 6, Spalten 1412–1415.
6 *Märchen aus dem Tessin.* Herausgegeben und übersetzt von Pia Todorović-Strähl und Ottavio Lurati. Köln 1984, S. 154–155.
7 Ebenda, S. 141–151.
8 Ebenda, S. 141.
9 Ebenda, S. 146.
10 Ebenda, S. 149–150.
11 Ebenda, S. 151.
12 Basile, Giambattista: *Das Märchen der Märchen: das Pentamerone.* Nach dem neapolitanischen Text von 1634/36 vollständig neu übersetzt und erläutert von Hanno Helbling, Alfred Messerli, Johann Pögl, Dieter Richter, Luisa Rubini, Rudolf Schenda und Doris Senn. Herausgegeben von Rudolf Schenda, München 2000, S. 610.
13 *Märchen aus dem Tessin.* Herausgegeben und übersetzt von Pia Todorović-Strähl und Ottavio Lurati. Köln 1984, S.41–52.
14 Ebenda, S. 41.
15 Ebenda, S. 55–62.
16 Ebenda, S. 58.
17 Keller, Walter: »Fiabe popolari ticinesi.« In: *Schweizerisches Archiv für Volkskunde.* Band 33. Basel 1934, S. 83–84.
18 Basile, Giambattista: *Das Märchen der Märchen: das Pentamerone.* Nach dem neapolitanischen Text von 1634/36 vollständig neu übersetzt und erläutert von Hanno Helbling, Alfred Messerli, Johann Pögl, Dieter Richter, Luisa Rubini, Rudolf Schenda und Doris Senn. Herausgegeben von Rudolf Schenda, München 2000, S. 464.
19 Ebenda, S. 616.
20 Ebenda, S. 34.
21 Ebenda, S. 33.
22 Pitrè, Giuseppe: *Fiabe, novelle e racconti popolari siciliani, raccolti e illustrati da Giuseppe Pitrè.* Palermo 1875, Nr. 37, zitiert nach Calvino, Italo: *Fiabe italiane.* Milano: Arnoldo Mondadori Editore, 2. Auflage, Band III, S. 792–795.
23 Pitrè, Giuseppe: *Novelle popolari toscane.* Rom 1941, Teil 1, Nr. 6, zitiert nach: Calvino, Italo: *Fiabe italiane*, Milano: Arnoldo Mondadori Editore, 2. Auflage, Band II, S. 413–415.
24 Nalin, Giuseppe: *Fiabe veneziane.* Traduzione di Daniela Zamburlin. Introduzione di Carlo Sgorlon. Venedig 1995, S. 38–47.
25 Keller, Walter: »Fiabe popolari ticinesi.« In: *Schweizerisches Archiv für Volkskunde.* Band 34. Basel 1935, S. 147–150.
26 *Märchen aus dem Tessin.* Herausgegeben und übersetzt von Pia Todorović-Strähl und Ottavio Lurati. Köln 1984, S. 109–113.

27 Ebenda, S. 111–112.
28 Ebenda, S. 172–173.
29 Röhrich, Lutz: *Erzählungen des späten Mittelalters und ihr Weiterleben in Literatur und Volksdichtung bis zur Gegenwart.* München 1967. Band 2, S. 472–473.
30 *Märchen aus dem Tessin.* Herausgegeben und übersetzt von Pia Todorović-Strähl und Ottavio Lurati. Köln 1984, S. 266.

BARBARA GOBRECHT
Wünsche, die in Erfüllung gehen
Von Patenfeen und Wunschbäumen

Wünsche, die in Erfüllung gehen... Wer denkt da nicht an die einschlägigen Witze von einer schönen Fee, die unverhofft auftaucht und dreimal ihren Zauberstab schwingt? Im Nu hat sie ihrem Günstling – meist einem jungen Mann – die geheimsten Wünsche erfüllt. Die Frage ist nur, ob der so Beschenkte klug zu wünschen weiß. Dieser hier zum Beispiel:

Eine Fee erscheint einem Bauern. Drei Wünsche habe er frei. Der Bauer ist glücklich: »Ich will ein Prinz sein!« Zack, steht er in einer Galauniform da. Zweiter Wunsch: »Ich will ein Schloss haben!« Zack, steht er im reich geschmückten Saal seines neuen Schlosses. Dritter Wunsch: »Ich möchte eine schöne Frau an meiner Seite!« Da geht die Tür auf; eine Prinzessin kommt in den Saal und sagt: »Komm, Franz Ferdinand, wir müssen los, sonst sind wir zu spät in Sarajewo...«

Wenn man, wie Erzählforschende das in neuester Zeit vermehrt tun, im Internet per Suchmaschine nach Witzen fahndet und die Stichwörterfolge »Witz – Fee – drei Wünsche« eingibt, kommt man auf knapp 1000 Einträge[1]. Das Schema freilich ist fast immer das Gleiche. Einige nicht ganz jugendfreie Witze abgerechnet, zeigt sich, dass die Fee mit großer Vorliebe denjenigen drei Wünsche gewährt bzw. erfüllt, die nach schlechter alter (und neuerer) Witztradition bereits stigmatisiert sind, nämlich Beamten, alten Jungfern, Mantafahrern, Ostfriesen und Blondinen. Dieser Typ Witze spielt geradezu mit unserer Erwartung, dass das Wünschen für die Betroffenen »schief« geht, ja schief gehen muss.

Wünsche, die in Erfüllung gehen ... Läuft da auch im Märchen etwas falsch? Vom buckeligen »Hans Dumm«, welcher einer Königstochter ohne weiteres ein Kind anwünschen kann, und von heiß ersehnten Wunschkindern, die dann verwünscht zur Welt kommen, war in den Beiträgen von Brigitte Boothe und Christine Altmann schon die Rede. Wie ist es im Märchen »Die Nelke«, Nr. 76 der Grimm'schen Sammlung?

»Es war eine Königin, die hatte unser Herrgott verschlossen, daß sie keine Kinder gebar. Da ging sie alle Morgen in den Garten und bat

85

zu Gott im Himmel, er möchte ihr einen Sohn oder eine Tochter bescheren. Da kam ein Engel vom Himmel und sprach: ›Gib dich zufrieden, du sollst einen Sohn haben mit wünschlichen Gedanken, denn was er sich wünscht auf der Welt, das wird er erhalten.‹«

Die Königin bekommt dieses Kind tatsächlich, aber nicht zu ihrem Heil. Ein böser Koch raubt den kleinen Prinzen wegen seiner wünschlichen Gedanken von ihrem Schoß, tropft der Schlafenden Hühnerblut auf die Schürze und klagt sie an, »sie habe ihr Kind von den wilden Tieren rauben lassen. Und als der König das Blut an der Schürze sah, glaubte er es und geriet in einen solchen Zorn, daß er einen tiefen Turm bauen ließ, in den weder Sonne noch Mond schien, und ließ seine Gemahlin hineinsetzen und vermauern; da sollte sie sieben Jahre sitzen, ohne Essen und Trinken, und sollte verschmachten.«[2]

Inzwischen lässt der Koch den Jungen wünschen, was er, der Koch, gern für sich selbst hätte. Dann aber – das gehört zum Erzähltyp AaTh 652: »Der Prinz, dessen Wünsche in Erfüllung gingen«[3] –, dann bekommt er plötzlich Angst, er könnte ihm schaden, und verlangt von dessen Gespielin, einer schönen Jungfrau, sie solle den Knaben töten. Die jungen Leute halten natürlich zusammen, und zur Strafe verwünscht der Prinz seinen bösen Ziehvater in einen schwarzen Pudelhund, der glühende Kohlen fressen muss, seine menschenscheue Freundin aber in eine schöne Nelke – daher der Name des Märchens. Er steckt die Nelke »bei sich« und zieht mitsamt dem Pudel in sein Vaterland.

Alle weiteren Wünsche dienen einzig dem Bestreben des Sohnes, seine »herzliebste« Mutter, welche inzwischen von zwei Engeln in Gestalt weißer Tauben ernährt worden ist, zu rehabilitieren. Er wünscht sie nicht etwa – was ihm ja ein Leichtes wäre! – aus dem Turm heraus, sondern sorgt dafür, dass sie ihn auf rechtmäßigem Wege verlassen darf, von allen Anklagen und Verleumdungen freigesprochen. Aber nach ihrer Rückkehr ins Schloss nimmt sie nichts mehr zu sich und lebt nur noch drei Tage. Der alte König lässt den Koch alias Pudel in Stücke reißen und stirbt dann seiner Frau nach – vor Gram.

Von den fünf Hauptpersonen des Märchens sind am Ende also drei tot. Der Thron wird zwar frei für den jungen Mann mit den wünschlichen Gedanken und der blumigen Braut, doch ein wirklich beglückendes, märchenhaftes Ende nimmt die Erzählung dadurch nicht. Das mag ein Grund sein, warum dieses Märchen kaum bekannt und bei Kindern nicht sonderlich beliebt ist[4]. Uns Erwachsene stört an

Wünsche, die in Erfüllung gehen

der Geschichte vielleicht der von vornherein ausgestellte »Freipass« für Wünsche jeglicher Art, der seinen Besitzer aller Mühen und Anstrengungen zu entheben scheint, und zudem die Beobachtung, dass der Königssohn seine Fähigkeit zu wünschen nicht sinnvoll (in der Bedeutung von »nachhaltig«) einsetzt. *Nicht* jedenfalls in der vorliegenden Fassung, welche die Witwe Dorothea Viehmann den Brüdern Grimm erzählte. In den überaus selten überlieferten Varianten dieses Märchentyps verleihen jenseitige Wesen, Heilige oder Gott selbst die eigenartige Gabe der Wunscherfüllung als Patengeschenk[5] bei der Taufe, gelegentlich auch als Dank für den Bau einer Brücke oder für erwiesene Gastfreundschaft.

Eine Erzählung, sei es ein Märchen oder eine Kinderbuchgeschichte[6], erhält ihren besonderen Reiz nicht dadurch, dass jeder vom Helden ausgesprochene Wunsch automatisch erfüllt wird. Wenn aber nur *drei* Wünsche frei sind wie in den einschlägigen Witzen oder in Märchen vom Typ AaTh 750 A: »Die Wünsche«, dann gilt es klug zu wählen. Hier sind wir schon mitten drin im Thema, bei den Wünschen, die dreimal hintereinander in Erfüllung gehen, bei Patenfeen und Wunschbäumen. Geschichten aus dem weltweit verbreiteten und überaus beliebten »Cinderella«-Zyklus enden niemals so traurig wie Grimms »Die Nelke«; einen ernsten Kern haben sie aber doch. In chronologischer Reihenfolge und möglichst nah an den Märchentexten möchte ich zunächst Aschenputtels Schwestern aus Italien, Frankreich und Deutschland vorstellen und in einem zweiten Teil eine Reihe schöner Cousinen vom Typ »Allerleirauh«.

Teil 1: »Aschenputtel« (AaTh 510 A)

Beginnen wir im Jahr 1636, mit der ältesten europäischen Aschenputtel-Variante[7]. In der sechsten Geschichte des ersten Tages seines »Pentamerone« lässt der italienische Märchendichter Giambattista Basile die »geifernde« Antonella[8] das Märchen von »La gatta cenerentola«, der »Aschenkatze«, erzählen. Die Titelheldin, die Fürstentochter Zezolla, leidet unter ihrer Stiefmutter und hofft, in Hofmeisterin Carmosina eine bessere zweite Mama zu finden. Ohne Skrupel bringen beide die missliebige Frau um die Ecke und ebnen der Hofmeisterin den Weg zur Fürstengattin. Am Tag der dritten Hochzeit ihres inzwischen zum zweiten Mal verwitweten Vaters fliegt eine Taube zu Zezolla und sagt: »Wenn dir das Gelüsten nach irgend etwas kommt, so schicke zu der Taube der Feen von der Insel Sardinien. Und du sollst es sofort bekommen!«

Es vergeht eine Woche, da zeigt die zweite Stiefmutter ihr wahres Gesicht. Sie holt sechs eigene Töchter, »die sie bis dahin verborgen gehalten hatte«[9], aus der Versenkung und bringt es bald dahin, dass Zezolla in der Küche landet und nur noch »Aschenkatze« gerufen wird. Als der Fürst nach Sardinien reisen muss, fragt er reihum seine nunmehr sieben Töchter, was er ihnen mitbringen solle. Zezolla bittet ihn um ein Geschenk von der Feentaube. Sie erhält von ihr eine Dattel zum Einpflanzen und alles, was man braucht, um sie »zu hegen und zu pflegen«. In nur vier Tagen ist der Dattelbaum im Topf zur Größe einer Frau herangewachsen. Heraus tritt eine Fee und lehrt die Heldin Verse, die sie sagen solle, wenn sie einen Wunsch habe. Beim nächsten Festtag spricht Zezolla diese Worte zu ihrem Bäumchen und sitzt auf der Stelle da, »geschniegelt und gebügelt«, ein Anblick, der auch den beim Fest anwesenden König verzaubert. Sein Diener soll ihr folgen, doch der lässt sich von den Goldstücken ablenken, die sie hinter sich wirft. Sie springt ins Haus zurück und legt ihre Kleider ab, »wie die Fee sie gelehrt«.

Beim zweiten Fest strengt sich die Fee im Dattelbaum noch viel mehr an[10]. »[...] hervor stürzte ein Schar von Kammerjungfern, die mit einem Spiegel, jene mit einem Fläschchen Riechwasser, die eine mit der Brennschere, die andere mit einem Büchschen Schminke, diese mit Kämmen, jene mit Nadeln, eine mit den Kleidern, die andere mit Halsketten und Ohrringen. Und alle bemühten sich um sie und putzten sie heraus, schön wie die Sonne. Dann setzten sie sie in ein sechsspännige Kutsche.«[11] Die so geschmückte Heldin entzündet »Staunen im Herzen der Schwestern und Gluten in der Brust des Königs«. Beim dritten Festtag aber ist der ganze Aufzug so prächtig, dass unsere Märchenheldin »einer Kurtisane glich, die auf öffentlicher Spazierfahrt verhaftet und von den Häschern abgeführt wird«[12]. Wenigstens eines ihrer niedlichen Schuhe wird der Diener des Königs bei wilder Verfolgungsjagd habhaft, und nun folgt der wohlbekannte Schuhproben-Marathon. Endlich wird man auch auf die Aschenkatze aufmerksam. Kaum hat der König das Schühchen an Zezollas Fuß gehalten, da schiebt es sich von selbst darüber, »wie das Eisen an den Magneten fliegt«[13]. Der König setzt ihr die Krone aufs Haupt und befiehlt allen, sich vor ihr zu verbeugen *»wie vor ihrer Königin«*. Gelb vor Neid, schleichen die sechs Stiefschwestern zur Mutter zurück.

Wer hat der »Aschenkatze« in ihrer Not geholfen und ihre Kleiderwünsche erfüllt? Eine Taube, eine Fee, ein Dattelbaum. Diese drei sind im Märchen kaum voneinander zu unterscheiden. Sie putzen Zezolla, sobald sie bestimmte Verse spricht, so heraus, dass selbst ein König sich in sie verlieben muss. Ansonsten finden wir schon bei Basile alle einschlägigen Motive des Erzähltyps AaTh 510 A, des eigentlichen »Aschenputtel«-Märchens: böse Stiefmutter und neidische Schwestern, Erniedrigung der Heldin, magische Hilfe in Form schöner Kleider für dreimaligen Festbesuch, dort Begegnungen mit ihrem Märchenprinzen, schließlich die Schuhprobe und das glückliche Ende. Oder hat der König die parfümierte, geschminkte und mit Schmuck behängte »Kurtisane« am Ende gar nicht geheiratet? Dient sie ihm nur als Mätresse? Darüber lässt der Barockdichter uns absichtlich etwas im Unklaren. Zezolla, wie die Heldin im neapolitanischen Original heißt, ist eine familiäre Verkleinerungsform von Lucrezia[14]. Der Name Lucrezia aber galt zu Basiles Zeit als »besonders modisch für Prostituierte«[15]. Ein frommes und gutes Mädchen wie das deutsche »Aschenputtel« scheint diese italienische Schöne mit dem ausgeprägten Sex-Appeal nicht zu sein; immerhin bringt sie zu Beginn der Geschichte eigenhändig ihre erste Stiefmutter um.

Eine schockierende Vorstellung? Dann blicken wir lieber nach Frankreich, wo im ausgehenden 17. Jahrhundert eine wohltuende »bienséance« – Anstand, Schicklichkeit – wenn nicht am Königshof gelebt, so doch in der Dichtung propagiert wurde[16]. Charles Perraults Märchen »Cendrillon« ist zwar von Basile beeinflusst[17], die Heldin selbst aber ein Muster an Tugend, »d'une douceur et d'une bonté sans exemple«[18]. Als der Königssohn seinen ersten Ball gibt, hilft sie ihren garstigen Schwestern geradezu rührend beim Putzen, Frisieren und Schnüren. Sobald diese aber ihren Blicken entschwunden sind, fängt sie an zu weinen. (Ich übersetze wörtlich:) »Ihre Patin, welche sie ganz in Tränen sah, fragte sie, was ihr fehle. ›Ich möchte... ich möchte...‹ Sie schluchzte so sehr, dass sie nicht weitersprechen konnte. Ihre Patin, die eine Fee war, sagte zu ihr: ›Du möchtest zum Ball gehen, nicht wahr?‹ ›Ach ja‹, seufzte Cendrillon«[19]. Na gut, meint die Patenfee und erfüllt ihren Herzenswunsch. Wie?

Wer das oft illustrierte Märchen von Perrault nicht vor Augen haben sollte, kennt aber sicherlich die trickreichen Bilder aus dem Walt-Disney-Film »Cinderella«. Mittels ihres Zauberstabs und ein paar Requisiten zaubert diese Fee alles, was eine Ballschönheit für den großen Auftritt bei Hof braucht: eine goldene Karosse mit sechs Pferden, Kutscher und Lakaien, ein silbern-goldenes Kleid, vor Edelsteinen strotzend, dazu die berühmten Glaspantoffeln. Aber, so warnt sie ihre entzückte Patentochter, bis Mitternacht müsse sie den

Ball verlassen haben. Sonst würde die Kutsche wieder zum Kürbis, die Apfelschimmel zu grauen Mäusen, der dicke Kutscher mit dem schönen Schnurrbart zur Ratte, die sechs mit Tressen behängten Lakaien zu Eidechsen, und auch die kostbare Ballrobe würde sich in Cendrillons altes Kleid zurückverwandeln.

Cendrillon ist brav. Obwohl sie beim Ball Furore macht, verlässt sie ihn bereits um Viertel vor zwölf, bedankt sich gleich bei der Patin und sagt ihr im Konjunktiv, sie würde sich wünschen, auch am nächsten Abend auf den Ball gehen zu dürfen, »weil der Königssohn sie darum gebeten habe«[20]. Diesen zweiten Wunsch erfüllt ihr die Fee auch. Der junge Mann sagt der Schönen am anderen Abend allerhand Schmeicheleien, so dass sie sich »überhaupt nicht langweilt« und beinahe vergisst, was die Patin ihr eingeschärft hatte: auf die Zeit zu achten. Beim ersten Schlag der Mitternacht aber flieht sie – der Prinz sofort hinterher, und natürlich verliert sie dabei einen ihrer Glaspantoffel, den er »sehr sorgsam« aufhebt. Ganz atemlos, schlecht gekleidet und ohne Kutsche kommt Cendrillon heim. Nichts ist ihr von all der Pracht geblieben – außer dem Zwillingspantoffel, der sich demnach nicht zurückverwandelt hat.

Klar, dass bei Hof nun die Suche nach der Trägerin losgeht: bei Prinzessinnen, Herzoginnen, dann allen Hofdamen. Obwohl man sie auslacht, muss auch das schmutzige Aschenmädchen den Schuh anprobieren, der ganz genau an ihren kleinen Fuß passt. Cendrillon weist das Gegenstück vor, und gleich darauf betritt die hilfreiche und anscheinend nicht nachtragende Patenfee erneut die Märchenbühne. Sie berührt ihre Kleider mit dem Zauberstab, auf dass sie noch prächtiger werden als die ersten beiden. Kaum mit dem Königssohn getraut, holt unsere gute Heldin ihre Stiefschwestern zu sich aufs Schloss und verheiratet sie mit Edelmännern. In einer abschließenden Moralité kann sich der französische Märchendichter die Bemerkung nicht verkneifen, ohne die Hilfe von Feenpatinnen kämen alle noch so ansprechenden Eigenschaften junger Mädchen nicht zum Tragen[21].

Perraults Beobachtung trifft auf seine Fassung in besonderem Maße zu. Dass Cendrillon eigene Wünsche kaum selbst zu formulieren vermag und sich ihre Handlungen und zeitliche Vorschriften von der Patin vorgeben lässt, hat bei französischen und amerikanischen Märchenforscherinnen Kritik hervorgerufen. Cendrillon setze sich, anders als das deutsche »Aschenputtel«, freiwillig in die Asche; ihren Stiefschwestern helfe sie ungefragt und nicht etwa gezwungenermaßen. Nicht die Stiefmutter habe ihr den Ballbesuch verboten, sondern sie verzichte von selbst darauf[22]. Anders als ihre ehrgeizigen Schwestern, verberge sie – für Kay F. Stone ein erschreckender Aspekt – ihre Zukunftshoffnungen und -wünsche hinter passivem »Herumsitzen und Warten«[23]. Die Journalistin Colette Dowling ging noch weiter und legte mit ihrem populärwissenschaftlichen Buch »Der Cinderella-Komplex« eine kritische Analyse weiblicher »Unbeweglichkeit« vor, einer regelrecht antrainierten Angst der Frauen vor der Unabhängigkeit[24].

Diese Kritik hat für viele der Fassungen, die heute auf dem amerikanischen Massenmarkt kursieren, ihre Berechtigung. Was das literarische Vorbild, Perraults »Cendrillon«, wenigstens im Geheimen noch an Witz und minimaler Eigeninitiative entwickelt hatte, wurde der Märchenheldin spätestens 1949 von Walt Disney, dem »master candy-maker«, gänzlich aberkannt. Cinderella mutierte in Amerika zur hilflosen Träumerin, zum »netten Mädchen«, das seine Rettung mit Geduld und einem Liedchen auf den Lippen erwartet[25]. Noch weniger als die weinende und stotternde französische Cendrillon, der ihre Patenfee auf die Sprünge helfen muss, traut eine wahre Flut von jüngeren amerikanischen Cinderellas ihren eigenen Wünschen. Welchen Schluss aber sollten wir daraus ziehen? Frau muss wünschen können und, wenn nötig, auch einmal aktiv werden – so wie es das Grimm'sche Aschenputtel tut, das magische Hilfe selbst anfordert und den Ball aus eigenem Antrieb verlässt.

Bei den Brüdern Grimm finden wir keine Patenfeen, nicht einmal im »Dornröschen«, wo statt der sieben Perrault'schen Feenpatinnen zwölf »weise Frauen« das Mädchen mit allem begaben, »was auf der Welt zu wünschen ist«[26]. Feen waren den deutschen Märchenbrüdern zu französisch, daher suspekt[27]. Sie lassen ihre Heldin das erste Reis, das dem Vater auf dem Heimweg an den Hut stößt[28], auf der Mutter Grab pflanzen und mit ihren Tränen begießen. Aus dem Haselreis wächst – ähnlich wie bei Basile aus der Dattel – ein schöner Baum. Wenn sie darunter stehend weint – was an Perrault erinnert[29] – und betet (Frömmigkeit ist neu im Erzähltyp und sehr »grimm'sch«-deutsch), dann kommt »allemal« ein weißes Vöglein auf den Baum und wirft dem Aschenputtel herab, »was es sich gewünscht hatte«. Im späteren Verlauf fliegen zwei weiße Täubchen, danach Turteltäubchen und alle Vöglein unter dem Himmel, dann wieder ein Vogel auf dem Haselbaum mannigfaltige Einsätze für die bedrängte Heldin. Auch hier, im frühen 19. Jahrhundert, finden wir also eine Kombination, ja Vermischung von Vogel und Baum[30], wobei Letzterer eng mit einem mütterlichen Wesen verbunden scheint, wie schon bei Basile.

Die Patin oder Patenfee mag durchaus als Co-Mutter[31] bzw. »Deckgestalt« für die tote Mutter verstanden werden. Als Beleg aus volkstümlicher Überlieferung sei eine katalanische Variante des »Aschenputtel«-Märchens angeführt, in der die »Fee des Meeres« (so heißt die Mutter der Heldin nach ihrem Tod im Wasser) der Tochter schöne Ballkleider liefert[32].

Denn *das* sind die Wünsche, welche die in der Asche[33] sitzenden Heldinnen, ob in Italien, in Frankreich oder Deutschland, aussprechen und sich von einer Fee, einem Baum, einem Vogel erfüllen lassen: schöne Kleider, in denen sie zum Fest eilen, wo sie unfehlbar einem Prinzen begegnen, ihn verzaubern, ihn an sich binden, bis sie mit seiner Hilfe in den Rang einer Königin aufrücken. Aschenputtel-Mädchen sind nämlich höchst selten selbst Töchter eines Königs, sondern fast immer soziale Aufsteigerinnen, stammen manchmal explizit aus einem armen Elternhaus[34]. Doch ist sogar Fürstentöchtern unser Mitleid gewiss, weil sie in jungen Jahren die eigene Mutter verloren und seither unter der Herzlosigkeit einer Stiefmutter und der Boshaftigkeit ihrer Stiefschwestern zu leiden haben. Grimms Heldin, obwohl Tochter eines reichen Mannes, muss von morgens an »schwere Arbeit« tun und sich abends, statt in ein Bett, neben den Herd in die Asche legen. Und so ruft sie dreimal ihren Wunschbaum an: »Bäumchen, rüttel dich und schüttel dich, / wirf Gold und Silber über mich.« Keine bescheidenen Wünsche also, sondern bitte alles nur vom Feinsten! Aus solchen Versen spricht nicht unbedingt jene Demut, die man dem Grimm'schen Aschenputtel unterstellt hat, um es von der italienischen Zezolla mit ihrem frech erotischen Auftreten abzugrenzen[35].

Ich möchte ja niemandem sein deutsches »Aschenputtel« vermiesen. Es mag in den Augen des Betrachters so liebreizend, so wenig sexy und so tugendhaft bleiben, wie es der Moralist Wilhelm Solms sieht, der geradezu bestechend einfach die vertragliche Vereinbarung zwischen zwei Generationen herausgearbeitet hat: Die Mutter verpflichte sich, so liest er den Text, der Tochter nach dem Tod Hilfe zu schicken, wenn diese »fromm und gut« bleibe[36]. Aber hinter ihren Wünschen, ja Forderungen nach schönen Kleidern verbirgt sich »Abgründiges«, das erst beim Vergleich internationaler Märchenvarianten offensichtlich wird. Mehr darüber kann man in meinem Aufsatz »Kleid und Schuh im Aschenputtel-Märchen« nachlesen[37].

Wir bleiben jedoch beim Thema »Wunsch«. Zezolla, Cendrillon und Aschenputtel haben Schwestern überall auf der Welt und besonders im romanischen Raum solche, denen Patenfeen bzw. Wunschbäume[38] dreimal den Wunsch nach königlichen Kleidern erfüllen[39]. Oder (siehe Basile) Baum und Fee bilden quasi eine Einheit wie im estnischen Märchen »Die Aschentrine«[40], in dem aus einer Eberesche auf der Mutter Grab (siehe Grimm) eine Elfe steigt, welche verschiedene Requisiten in das Gewünschte umzaubert (siehe Perrault). Es ist immer wieder faszinierend zu erforschen, auf welchen Wegen romanische Märchenmotive sich in anderen Ländern Europas verbreitet haben, und auch, wie ungeniert manche als seriös geltende Märchensammler bei anderen abschrieben.

In Ludwig Bechsteins »Aschenbrödel« (1857), das der Grimm'schen Fassung bis ins Detail hinein verdächtig nahe steht[41], ruft ein Vöglein auf dem Haselbaum: »Mein liebes Kind, o sage mir, / Was du wünschest, schenk ich dir!« Als die Heldin das Bäumchen anfasst und ihre »rüttle dich – schüttle dich«-Verse sagt, fliegt ein schönes Kleid herunter, dazu kostbare Strümpfe und Schuhe[42]. Wer hat ihren Wunsch erfüllt? Der Vogel? Der Baum? Die tote Mutter?

Fest steht: Das Kleid, das ihre neue Persönlichkeit symbolisiert[43], anziehen, zum Ball gehen oder fahren und sich ihren Traummann erobern: das müssen alle Aschenbrödels selbst leisten. Ihre drei Kleiderwünsche sind nicht bescheiden, aber auch nicht anmaßend. Ich denke, gerade für »Aschenputtel«-Märchen gilt, was die Psychologin Brigitte Boothe für den Alltag notiert hat: Wer wünscht, nimmt sich wichtig[44].

Teil 2: »Allerleirauh« (AaTh 510 B)

Wir haben vier bedeutende europäische Märchendichter oder -sammler nach den Wünschen ihrer weiblichen Aschenputtel befragt: Giambattista Basile, Charles Perrault, die Brüder Grimm und Ludwig Bechstein. Dieselben vier zeichnen auch für je eine folgenreiche Variante des »Allerleirauh«-Märchens verantwortlich. AaTh 510 A (»Cinderella«) und B (»Das goldene, das silberne und das Sternenkleid« alias »Allerleirauh«) sind eng miteinander verwandt[45]. Eine unglückliche Heldin, deren Mutter früh gestorben ist, wird in ihrer wahren Schönheit erst bei drei glanzvollen Auftritten in kostbaren, ja kosmischen[46] Kleidern erkannt. Während aber das Aschenputtel-Mädchen, wie gezeigt, sozial aufsteigen kann, ist ihre Cousine vom Typ »Allerleirauh« schon von Anfang an eine Königstochter. Ihr Problem freilich geht wesentlich tiefer, d. h. sie ist in viel höherem Maße auf Hilfe angewiesen. Gerade diese Märchenheldin verdient, sich etwas wünschen zu dürfen.

Wie ernst solche Geschichten im Grunde sind, merkt man Basiles früher Fassung kaum an. Das liegt natürlich am italienischen Barockdichter mit seiner Freude an witzigen Einfällen und Metaphern, mit seiner Vorliebe fürs Spielerische oder auch Kuriose[47]. Der Titel seines Märchens – »Die Bärin« – bezieht sich auf das Tierkleid der Heldin, das wesenhaft zum Erzähltyp gehört[48]. Auf dem Totenbett nimmt Königin Nardella, die »Mutter aller Schönheit«, ihrem Gemahl das Versprechen ab, sich nur dann wieder zu verehelichen, wenn er eine andere Frau fände, die genauso schön sei wie sie. Da er sehr heftig um Nardella klagt, dauert sein Schmerz nicht lang. Der König lässt alsbald sämtliche Schönheiten der ganzen Erde in einer Reihe antreten, schreitet die lange Reihe ab und prüft alle, findet aber an keiner Gefallen: Die Spanierin ist ihm zu blass, die Deutsche zu kalt und frostig, die Französin hat »zuviel Flausen im Kopf«[49]. Da verfällt er auf Preziosa, die eigene Tochter, welche der Mutter wie aus dem Gesicht geschnitten ist. Er verlangt, sie solle ihn noch am gleichen Abend heiraten. Jammernd zieht sich das Mädchen in sein Zimmer zurück, rauft sich die Locken. Ein altes Weiblein kommt, sie zu trösten, und weiß ein gutes Mittel. Wenn sie ein Hölzchen in den Mund nehme, werde sie auf der Stelle in eine Bärin verwandelt. Als der König seine Tochter nach dem Fest auffordert, sich zu ihm zu legen, nimmt sie die »Gestalt einer furchtbaren Bärin«[50] an und geht drohend auf ihn zu. »Entsetzt über dieses Wunder, kroch der König zwischen die Betttücher, und erst am folgenden Morgen wagte er es, den Kopf hervorzustrecken.«[51] Da ist Preziosa längst über alle Berge.

Im Wald begegnet der Sohn des Königs von Acquatorrente der zahm-wilden Bärin und lockt sie mit »kusch-kusch« und »miezmiez« auf sein Schloss, wo sie fortan in einem Garten lebt. Einmal beobachtet der Prinz aus dem Fenster an Stelle der Bärin eine »unerhörte« Schönheit, die sich ihre goldenen Flechten kämmt. Er stürzt hinunter, findet aber nur das Tier, denn Preziosa hat sich das Hölzchen schnell wieder in den Mund gesteckt. Daraufhin ergreift den Prinzen große Schwermut; er jammert immerfort: »Meine Bärin!« Die Mutter meint, diese habe ihm ein Leid getan, und befiehlt, sie töten zu lassen. Doch die mitleidigen Diener bringen das zutrauliche Tier in den Wald. Der Prinz ruht nicht, bis er es gefunden hat, und spricht zu ihm: »O du Liebeskerze, in eine so zottige Laterne eingeschlossen! Warum spielst du mir solche Streiche?« (usw., im köstlichen Basile-Stil)[52]. Da Preziosa-Bärin nicht antwortet, wird er vollends krank. Sein Zustand bessert sich erst, als die Mutter ihm verspricht, dass niemand als die Bärin ihn pflegen solle. Diese erweist

Wünsche, die in Erfüllung gehen

sich als begabte und anmutige Krankenpflegerin, weshalb der Prinz sie zu küssen verlangt. Das erlaubt Mutter Königin endlich. »Die Bärin näherte sich, und der Prinz ergriff sie bei beiden Wangen und konnte sich nicht ersättigen an dem Kusse. Und während sie so Mund an Mund standen, fiel, ich weiß nicht wie, Preziosa das Hölzchen aus dem Munde, und in den Armen des Prinzen lag das herrlichste Mädchen von der Welt.«[53] Er lässt die Heldin nicht mehr los. Errötend sagt sie: »Ich bin nun in deinen Händen, so sei dir meine Ehre empfohlen.«[54] Flugs heiraten beide – mit dem Segen seiner Mutter. Über ihren Vater verliert Basile kein weiteres Wort.

Das Thema *Inzest* geisterte schon lange vor Basile durch die italienische Märchenliteratur[55]. Bereits in Straparolas »Ergötzlichen Nächten«[56], also um 1550, verspricht ein Fürst seiner sterbenden Frau, nur die zur Gemahlin zu nehmen, der ihr Ring genau passe[57]. Er passt einzig der Tochter. Von seinem »ruchlosen Wunsch und von ihrer Schönheit entzündet«[58], verlangt der Fürst, sie zu heiraten. Die tugendhafte Heldin sucht Zuflucht und Rat bei ihrer weisen Amme.

Auch in Frankreich ist das spätere »Allerleirauh«-Märchen seit 1547 wiederholt bezeugt, wird als bekannt und beliebt von verschiedenen Dichtern, u. a. von Scarron und Molière erwähnt[59]. Bei Perrault spielen dann die Kleiderwünsche der Heldin jene wichtige Rolle, welche seine beiden Fassungen des Märchens »Peau d'Asne« (»Eselshaut«)[60] und deren zahlreiche Nachfolger für unser Thema so besonders interessant machen. Diese Wünsche sind nämlich eng mit der Inzestproblematik verbunden.

Ein mächtiger König bezieht großen Reichtum von einem Goldesel. Und so lautet der letzte Wunsch seiner schönen, geliebten Frau, die ihm eine einzige Tochter hinterlässt und ahnt, dass der »Staat« oder »seine Völker« männliche Nachkommen fordern werden: Heiratet nur »eine Prinzessin, die schöner ist als ich und besser gewachsen; schwört es mir, dann kann ich zufrieden sterben«[61]. Perrault weiter: »Man nimmt an, dass die Königin, nicht ohne Eigenliebe, diesen Eid verlangt hatte, weil sie glaubte, es gäbe auf der ganzen Welt keine Frau, die ihr gleichkäme, und sich so zu versichern gedachte, dass der König niemals wieder heiraten würde.« Doch ihre Tochter übertrifft die Verstorbene an Schönheit, körperlich wie geistig, und natürlich an Jugend. Sie wirft sich dem entflammten Vater König zu Füßen und fleht ihn an, sie nicht zum Verbrechen zu zwingen. Er aber holt sich pseudoreligiösen Beistand bei einem ehrgeizigen Druiden, der eine solche Heirat zur frommen Tat erklärt. Verzweifelt eilt die Prinzessin zu ihrer Patin, der Fliederfee. Sie müsse ihren Vater hinhalten, meint diese, und Unmögliches von ihm verlangen. Doch der König macht das vermeintlich Unmögliche möglich. So kommt die Prinzessin zu märchenhaften Kleidern, eines blau wie der Himmel, das andere silbern wie der Mond, das dritte golden wie die Sonne. Als letzten Ausweg rät ihr die Patin, sich auch noch die Haut des vom Vater so sehr geliebten Goldesels zu wünschen. Sogar die schenkt er ihr, und nun flieht die Unglückliche, in die Eselshaut gehüllt, aus dem Palast. Die Fee beschützt sie dabei und schickt ihr die Kleider unterirdisch nach; mit dem Zauberstab wird sie bei Bedarf die Kassette hervorzaubern können.

Als schmutziges »Mädchen für alles« vegetiert Eselshaut lange in einer königlichen Meierei. An Festtagen aber wäscht sie sich, zieht reihum ihre schönen Kleider an, steckt sich Blumen ins Haar und bewundert sich im Spiegel ihres winzigen Zimmers. Ein schöner und junger, aber neugieriger Königssohn schaut durchs Schlüsselloch[62] und sieht die vermeintliche Göttin im Sonnenkleid. Er erkundigt sich nach der Dame, erfährt aber, dort wohne nur ein Schmutzfink namens Peau d'Asne. Prompt packt ihn heftigstes Fieber. Jeden Wunsch würden seine höchst besorgten Eltern ihm erfüllen. Er verlangt schließlich einen Kuchen, von »Eselshaut« gebacken und gebracht. Jetzt erst erfahren wir, dass die Heldin den durchs Schlüsselloch spähenden Prinzen vermutlich bemerkt hatte und danach seinetwegen ein paar Male geseufzt. Jedenfalls kommt sie dieser Aufforderung gern nach, putzt sich und mischt mit feinsten Zutaten auch einen kostbaren Ring in den Kuchenteig, »sei es mit Absicht oder ohne«. Vor Gier wäre der Prinz fast daran erstickt. Aus dessen schmalem Durchmesser schließt er auf den schönsten Finger der Welt. Bei der Ringprobe[63] muss endlich auch Peau d'Asne erscheinen. Er passt ihr, und jetzt lässt sie die Eselshülle fallen. Der Prinz, so schwach er noch ist, geht vor ihr auf die Knie. Es folgt eine wahre Apotheose der Fliederfee: Die Decke des Saals öffnet sich, die Patin steigt in einem Wagen aus Flieder herab und berichtet der Königsfamilie vom schweren Schicksal der Prinzessin. Zur Hochzeit wird auch ihr Vater eingeladen, der »glücklicherweise seine zügellose Liebe vergessen und eine sehr schöne Königinwitwe geheiratet, von ihr aber keine Kinder bekommen hatte«[64]. Zärtliche Versöhnung Tochter–Vater und dann eine fast drei Monate während Hochzeitsfeier.

So wird bei Perrault der unnatürliche Vater nicht oder nur marginal »bestraft«, ein Teil der Last aber auf die Mutter abgewälzt, die ihm jenen verhängnisvollen Schwur abgenommen hatte[65]. Je näher die Fassungen des »Allerleirauh«-Märchens der Gegenwart kommen[66], desto eher wird das heiße Eisen *Inzest* mit einem Tabu belegt[67] und die Geschichte in Richtung auf ein »Mutterproblem« umerzählt[68]. Dabei ist die Flucht des Mädchens (anders als bei Aschenputtel-Fräuleins, die sich männlichen Partnern geradezu spielerisch immer wieder entziehen) wirklich bitter nötig[69] und seine Verstörung ob des väterlichen Begehrens tiefgreifend und mehr als verständlich. Ihm hilft auch keine Mutter aus dem Grab, sondern einzig die Patin, die hier etwas gar pompös auftretende Fliederfee, deren Ratschläge keine Abhilfe, sondern jeweils nur einen Tag Aufschub bewirken. Doch die Ratschläge der Märchenfee, folglich die »Wünsche« bzw. »Bedingungen«, welche die Heldin dem heiratswütigen Vater nennt, haben ihr Gutes: Er lässt die drei kosmischen Kleider anfertigen (oder besorgt sie selbst), die später ihre wahre Schönheit zum Ausdruck bringen.

Es ist freilich typisch für Allerleirauh-Mädchen, denen der Vater-Tochter-Inzest drohte, dass sie den Glauben an die Unschuld verloren haben, dass sie der eigenen Schönheit gründlich misstrauen, ja sie verfluchen und ihre schönen Kleider nur heimlich anprobieren. Dieses heimliche Probieren aber ist wichtig für ihre Weiterentwicklung. In der Symbolsprache der Märchen zeigt es die geprüfte Heldin bei der Suche nach Befreiung[70], nach einer neuen Identität. Sie braucht einen besonders einfühlsamen Partner, einen Prinzen, der vor Liebe »krank« wird, d. h. der sich die Zeit nimmt, hinter die Fassade einer Eselshaut zu schauen[71]. In diesem Sinn scheinen mir die drei kosmischen Kleider und das Tierfell, also die Kleiderwünsche an den Vater, von elementarerer Bedeutung als im »Aschenputtel«-Märchen.

Wie spielerisch und dennoch zutiefst ernst das »Allerleirauh« erprobt, ob der Königssohn nur Sex oder wirklich Liebe meint, wird auch in Fassungen nach Perrault bildhaft deutlich, in denen die Heldin ihrem Verehrer abwechselnd im Tiermantel und als Ballkönigin entgegentritt[72]. Nur selten kann sie ihm, wie in dem schönen baskischen Volksmärchen »Das Mädchen im Tierfell«, mit Worten sagen, dass sie außer göttlicher Schönheit einerseits und verachtetem Schmutzfink andererseits ein drittes, ganz Eigenes ist: »Ich bin weder Esaua [das Küchenmädchen im Pelzflickenmantel] noch Jakobina [so nennt sie sich beim Tanz], sondern eine unglückliche Prinzessin, die von daheim hat fliehen müssen, weil ihr Vater sie heiraten wollte.«[73] In den meisten Fällen muss Allerleirauhs Wunschpartner, neugierig gemacht, selbst herausfinden, wer sich hinter den Verkleidungen verbirgt. Die Brüder Grimm lassen ihre Titelheldin mit den drei gleich aufs Mal vom Vater geforderten Kleidern hintereinander die Schönheit der Sonne, des Mondes und der Sterne entfalten (KHM 65)[74] und dann als Rauhtierchen dem König diverse goldene Objekte in die Brotsuppe legen. Den Märchenanfang mit dem Inzestbegehren des Vaters haben die Grimms, erstaunlich genug, beibehalten.

Anders Ludwig Bechstein, der seinem Publikum einen solchen Vater nicht zumuten wollte und ihn für seine »Allerleirauh«-Fassung umdichtete in einen Mann, der seine Tochter, ein »Wünschelfräulein«, mit Geschenken überschüttet, sein Vermögen und schließlich sogar sein Leben hingibt[75], um auch noch ihren höchsten Wunsch zu erfüllen, nämlich eine Wünschelgerte zu erstehen. Mit deren Hilfe wünscht sie sich, nun zwar Vollwaise, aber reichlich munter, in die Nähe eines zu erobernden Prinzen und versteckt die drei Kleider, während sie im Schloss den Küchenjungen spielt, in einer dicken Eiche, die somit ein wenig »Wunschbaum« spielen darf. Handelte ihr Vater völlig selbstlos, als er auf den »angenehmen Tauschhandel«[76] einging und für kostbare Ballkleider einen Kuss, zwei, drei Küsse von seiner außerordentlich schönen und »über alle Maßen« geliebten Tochter empfing? Für die Wünschelrute musste er gar einem alten Zauberer seine Seele opfern. Wer Bechsteins Märchen »Aschenpüster mit der Wünschelgerte«[77] einmal aufmerksam liest, wird diesen Vater jetzt eher durchschauen und darf zu Recht vermuten, dass er ein Nachfahre des Perrault'schen und des Grimm'schen Vaters ist.

Er hat ihr (sich?) alle Wünsche erfüllt und dafür seine Seele verkauft. In einer sizilianischen Fassung bekommt der Vater die gewünschten Kleider vom Teufel, der ihn »dazu verführt, die Sünde zu begehen«[78]. In einer volkstümlichen Variante aus Mallorca verschreibt der Vater dem Teufel seine Seele und wird auf dem Weg zur Trauung von der Erde verschlungen. Der frommen Tochter aber erscheint die Muttergottes. Sie gibt ihr zwei Fläschchen mit Wasser, das eine, um sich schön wie die Sonne, das andere, um sich hässlich wie die Sünde zu waschen. Dank letzterem ist die immer noch unter Schock stehende Heldin gleich »so hässlich, dass bei ihrem Anblick niemand mehr auf böse Gedanken kommen konnte«[79]. Was an Schmerzhaftem, für die meisten von uns mit einem strengen Tabu Versehenen in den »Allerleirauh«-Märchen steckt: manchmal wird es so deutlich ausgesprochen.

Neuere, besonders deutsche Märchensammler und auch die eigentlichen Volksmärchen neigen dazu, das Vaterproblem zu verdecken oder ins Gegenteil zu verkehren[80]. Da liebt die Tochter den Vater über alles, hat ihn z. B. so lieb wie das Salz[81]. Oder der Anfang wird völlig anders erzählt, wie im Märchen »Aschenpöling« aus den »Mär-

Wünsche, die in Erfüllung gehen

chen und Sagen« der Brüder Colshorn[82], welches die Patin[83], das Wunschkästchen sowie die übliche »Allerleirauh«-Handlung mit ihrer verhaltenen Traurigkeit beibehalten hat, nicht aber das Inzestmotiv.

Ich möchte aber nicht mit diesem schließen, sondern mit einer Heldin, die ihre Wünsche klug einzuteilen weiß. Das Märchen, das ich als Letztes vorstelle, steht der französischen Feenmärchen-Tradition nahe[84], stammt aber aus der Feder eines deutschen Schriftstellers[85]. Johann Karl August Musäus publizierte 1783 im zweiten Band seiner »Volksmährchen der Deutschen« eine novellenhaft lange, zu Herzen gehende Fassung des »Allerleirauh«-Märchens. Die Titelheldin, »die Nymphe des Brunnens«, wird Patin[86] von Mathilde, der dritten Tochter eines wilden Ritters und seines sanften, wenig später verstorbenen Weibes. Einziges, unscheinbar wirkendes Taufgeschenk[87] der Wassernixe: ein Bisamapfel aus Holz[88], der dank eines Sprüchleins unsichtbar machen kann und dem Mädchen einmal drei Wünsche gewähren soll. Mathilde, von der Stiefmutter in eine Ecke verbannt, näht ihn ins Unterfutter ihres Kleides und lernt heimlich von der Patin am Brunnen »alle weiblichen Kunstfertigkeiten«[89].

Als aufgebrachtes Kriegsvolk Vater und Stiefmutter tötet und das Schloss in Brand steckt, kann sie fliehen und verdingt sich, bis zur Unkenntlichkeit verkleidet, als Küchenmagd auf einem Komturhof – und verliebt sich heftig in den jungen Herrn des Hauses[90]. Zu Beginn eines dreitägigen Tanzfestes wünscht sie sich vom Bisamapfel ein prächtiges Kleid mit allem Zubehör[91], und Ritter Konrad bezahlt »den Tanz mit der Freiheit seines Herzens«[92]. Das zweite Kleid und der zweite Abend enden mit seiner Liebeserklärung[93], einem Demantring als Gegenleistung für den ersten Kuss und seiner Bitte, in drei Tagen zur Hochzeit zu erscheinen. Doch Mathilde gefällt »der rasche Gang der Liebe des Ritters nicht«[94]; auch erinnert sie sich der Mahnung ihrer Patin, nicht verschwenderisch mit den Wünschen umzugehen[95]. Schweren Herzens versagt sie sich also den dritten Kleiderwunsch. Konrad wird fieber-, dann todkrank. Küchenmagd Mathilde behauptet, von einem heilsamen Süppchen geträumt zu haben, darf es bereiten und legt den Demantring in die Kraftbrühe. Da nach der Wiedererkennung und Hochzeit weder sie noch er weitere Wünsche zu haben glauben, verliert der Bisamapfel in der Augen »seiner Besitzerin allen Wert«; sie behält ihn nur zum Andenken an die Patin[96].

Den Besuch bei seiner Mutter lehnt Konrad unter allerhand Vorwänden ab. Mathilde wird selbst Mutter, aber in der dritten Nacht verschwindet das Kind aus ihren Armen; man findet nur einige Blutstropfen am Boden. Den zweiten Sohn bindet sie mit einer Kette an sich, fleht die Amme an, wach zu bleiben, doch auch dieses Kind entschwindet. Graf Konrad zückt das Schwert gegen die Amme. Da behauptet diese, Mathilde sei eine Zauberin und töte ihre eigenen Kinder, um aus ihnen ein Mittel zu bereiten, sich seine »Gunst und ihre Schönheit unwandelbar zu erhalten«[97]. Er glaubt ihr und befiehlt, seine Frau in der Badstube ersticken zu lassen. Erst in Lebensgefahr entfällt Mathilde der Bisamapfel; sie ruft ihre Patin um Hilfe an. Aus dem Apfel steigt alsbald kühlender Nebel und aus dem Nebel die Nymphe, im Arm den von ihr geretteten Säugling, an der Hand den Erstgeborenen. Sie lobt Mathilde, dass sie ihren dritten Wunsch »nicht so leichtsinnig wie die beiden ersten verschwendet« habe[98], und entlarvt als Anstifterin allen Unglücks die böse Schwiegermutter, die falsche Amme als deren Komplizin. Dann verabschiedet die Patin sich für immer. Graf Konrad eilt herbei, lässt die Tür des Badegemachs einschlagen und stürzt seiner Frau zu Füßen. Statt Mathilde schwitzt nun die Amme, »das teuflische Weib«, ihre schwarze Seele in der Badstube aus[99].

Und die Moral von der Geschicht'? Wer drei Wünsche frei hat, tut gut daran, sich den letzten Wunsch für eine wirkliche Notlage aufzuheben. Wäre der Bauernprinz im »gute Fee-drei Wünsche«-Witz so klug gewesen wie Musäus' Märchenheldin Mathilde, hätte er nicht nach Sarajewo gemusst und lebte vielleicht heute noch. Womöglich hätte er besonders lange und glücklich gelebt wie die französische »Eselshaut« mit ihrem Prinzen, denn Perraults Märchen endet nach dem oben zitierten, fast dreimonatigen Hochzeitsfest wörtlich so: »Die Liebe dieser beiden Eheleute würde immer noch andauern – so sehr liebten sie sich –, wenn sie nicht hundert Jahre später gestorben wären.«[100]

Anmerkungen

1 973 Einträge bei »Google« (März 2002).
2 KHM 76.
3 Diether Röth (*Kleines Typenverzeichnis der europäischen Zauber- und Novellenmärchen*. Hohengehren 1998, S. 145) hat den Typ umbenannt: »Gabe der Wunscherfüllung«.
4 Weiteres siehe Barbara Gobrecht: *Märchenfrauen. Von starken und von schwachen Frauen im Märchen*. Freiburg–Basel–Wien 1996, S. 143–145; dies.:

Wünsche, die in Erfüllung gehen

Tödliche Bedrohung der jungen Mutter. Geburt und Stillzeit im europäischen Zaubermärchen. In: Neue Zürcher Zeitung 109 (12./13. 5. 1990), S. 66.
5 Siehe z. B. *Zigeunermärchen aus aller Welt*. Hrsg. von Heinz Mode unter Mitarbeit von Milena Hübschmannová. Leipzig 1991, Nr. 60: »Die Königin hat ein Kind ohne Vater« (hier wünscht der Held seine bereits zu Asche verbrannte Mutter wieder lebendig!), oder *Litauische Volksmärchen*. Hrsg. von Bronislava Kerbelytė. Wiesbaden 78, Nr. 73: »Das glückliche Kind.« Zum Thema »Pate, Patin« siehe das Stichwort von Barbara Gobrecht in der *Enzyklopädie des Märchens* 10 (2001), Spalten 612–620.
6 Z. B. »Eine Woche voller Samstage« von Paul Maar, Hamburg 1973 (jedes Mal, wenn Herr Taschenbier sich etwas wünscht, verschwindet ein Wünschpunkt aus dem Gesicht des Sams, weshalb er sich am Ende eine Wunschmaschine wünscht); siehe dazu Ulrich Moser: »Was ist ein Wunsch?« In: *Über das Wünschen. Ein seelisches und poetisches Phänomen wird erkundet*. Hrsg. von Brigitte Boothe, Res Wepfer und Agnes von Wyl. Göttingen 1998, S. 88–109, hier S. 96–98. In der Fortsetzung »Am Samstag kam das Sams zurück« (1980) führt Paul Maar dann eine wahre »Schule des Wünschens« vor.
7 Rainer Wehse: »Cinderella«. In: *EM* (= Enzyklopädie des Märchens) 3, Spalte 43.
8 »Antonella bavosa«: »geifernd« in der Übersetzung von Adolf Potthoff. Essen 1981, S. 16; gleich wiedergegeben in der Neuübersetzung von Hanno Helbling. Hrsg. von Rudolf Schenda. München 2000, S. 21.
9 Gemäß Übersetzung Potthoff, S. 90.
10 Ähnlich in der sizilianischen Variante »Grattelein, schön Dattelein«. In: *Märchen aus Sizilien*. Gesammelt von Giuseppe Pitrè. Übersetzt und hrsg. von Rudolf Schenda und Doris Senn. München 1991 (Nr. 1).
11 Übersetzung Potthoff, S. 96–98.
12 S. 98.
13 S. 101.
14 Beat Mazenauer und Severin Perrig: *Wie Dornröschen seine Unschuld gewann. Archäologie der Märchen*. Leipzig 1995, S. 333, Anmerkung 24.
15 Ebenda, S. 238.
16 Siehe Winfried Engler: *Lexikon der französischen Literatur*. Stuttgart 1974, S. 125.
17 Jack Zipes: »Perrault, Charles«. In: *EM* 10, Spalte 749.
18 Charles Perrault: *Contes de ma mère Loye*. Texte établi, annoté et précédé d'un avant-propos par André Cœuroy. Paris 1948, S. 151.
19 S. 153.
20 S. 155.
21 S. 159, besonders die zweite »Moralité«.
22 In einer Aufzeichnung aus Missouri wird die »Unbeweglichkeit« der Heldin durch mangelndes Schuhwerk ausgedrückt; sie muss barfuß gehen: Nicole Belmont: »Transmission et évolution du conte merveilleux. A propos de ›Cendrillon‹ et de ›Peau d'Ane‹«. In: *Tradition et Histoire dans la culture populaire. Rencontres autour de l'œuvre de Jean-Michel Guilcher*. Grenoble 1990, S. 205–217, hier S. 207.
23 Kay F. Stone: »Missbrauchte Verzauberung. Aschenputtel als Weiblichkeitsideal in Nordamerika.« In: *Über Märchen für Kinder von heute. Essays zu ihrem Wandel und ihrer Funktion*. Hrsg. von Klaus Doderer. Weinheim-Basel 1983, S. 81–82.

24 Colette Dowling: *Der Cinderella-Komplex. Die heimliche Angst der Frauen vor der Unabhängigkeit.* Frankfurt a. M. 1987.
25 Jane Yolen: »America's Cinderella.« In: *Cinderella. A Folklore Casebook.* Hrsg. von Alan Dundes. New York–London 1982, S. 297.
26 KHM 50, siehe Ausgabe letzter Hand. In der handschriftlichen Ur- und der Erstfassung waren es noch Feen: *Die älteste Märchensammlung der Brüder Grimm. Synopse der handschriftlichen Urfassung von 1810 und der Erstdrucke von 1812.* Hrsg. und erläutert von Heinz Rölleke. Cologny–Genève 1975, S. 106–107.
27 Die Brüder Grimm haben die romanischen Feen durch einheimische Namen und Vorstellungen ersetzt: Ulf Diederichs: »Fee, Feenpatin«. In: ders.: *Who's who im Märchen.* München 1995, S. 99; zu den getilgten (französischen) Details siehe *Synopse*, S. 303–309.
28 Aschenputtels Bitte darum haben die Brüder Grimm hinzugefügt: Johannes Bolte und Georg Polívka: *Anmerkungen zu den Kinder- und Hausmärchen der Brüder Grimm.* Hildesheim–Zürich–New York 1994. Band 1, S. 165.
29 Zur Abhängigkeit der Grimm'schen Fassung von Basile und Perrault siehe Walter Scherf: *Das Märchenlexikon.* München 1995, S. 39.
30 Siehe auch Katalin Horn: »Der Baum im Zaubermärchen.« In: *Zauber Märchen. Forschungsberichte aus der Welt der Märchen.* Hrsg. von Ursula und Heinz-Albert Heindrichs. München 1998, S. 105.
31 Marina Warner: *From the Beast to the Blonde. On Fairy Tales and their Tellers.* London 1994, S. 233.
32 Nr. 1. In: *Katalanische Märchen.* Hrsg. von Felix Karlinger und Johannes Pögl. München 1989.
33 Der Name der Heldin steht immer in Verbindung mit Asche. Für Weiteres siehe Stichwort »Asche« von Josef R. Klíma in *EM* 1 und »Cinderella« von Rainer Wehse in *EM* 3, besonders Spalte 51.
34 Z. B. *Märchen aus dem Tessin.* Hrsg. von Pia Todoroviĉ-Strähl und Ottavio Lurati. Köln 1984, Nr. 19: »Aschenputtel«.
35 Siehe Mazenauer / Perrig, S. 252, und Max Lüthi: »Der Aschenputtel-Zyklus«. In: *Vom Menschenbild im Märchen.* Hrsg. von Jürgen Janning, Heino Gehrts und Herbert Ossowski. Kassel 1980, S. 45.
36 Wilhelm Solms: *Die Moral von Grimms Märchen.* Darmstadt 1999, S. 15.
37 In: *Vom Schicksalsfaden zum Sternenkleid. Kleider und Textilien im Märchen.* Im Auftrag der Schweizerischen Märchengesellschaft hrsg. von Barbara Gobrecht. Winterthur 2002, S. 34–48.
38 »Zauberwunschbaum« = Motiv D 1470.1.2.; siehe *Märchen aus Sizilien*, S. 323.
39 Z. B. *Märchen aus Sizilien* Nr. 1 (Wunschbaum/Datteltopf + Feen); interessante französische Volksmärchenfassungen mit einer Patenfee z. B. bei Geneviève Massignon: *Contes de l'Ouest.* Paris 1953, Nr. IX: »La pouillouse«, dies.: *Contes corses.* Paris 1984, Nr. 13: »Genderella«.
40 Friedrich Reinhold Kreutzwald: *Estnische Märchen.* Tallinn 1981, Nr. 14 (S. 125–132).
41 Vergleiche S. 820 in: Ludwig Bechstein: *Sämtliche Märchen.* Hrsg. von Walter Scherf. Zürich 1999.
42 Bechstein Nr. 62 (S. 289–292).
43 Siehe Katalin Horn: »Das Kleid als Ausdruck der Persönlichkeit. Ein Beitrag zum Identitätsproblem im Volksmärchen.« In: dies.: *Unterwegs zum Mär-*

chen. *Aufsätze und Artikel 1974–1994.* Mit einem Geleitwort von Lutz Röhrich. (Basel 1994), S. 21–27; dies.: »Kleidung«. In: *EM* 7, besonders Spalte 1437.
44 Brigitte Boothe: »Einleitung«. In: *Verlangen, Begehren, Wünschen. Einstieg ins aktive Schaffen oder in die Lethargie.* Hrsg. von Brigitte Boothe. Göttingen 1999, S. 16.
45 Maria Tatar: »Tyranny at Home: ›Catskin‹ and ›Cinderella‹.« In: dies.: *Off with their Heads! Fairy Tales and the Culture of Childhood.* Princeton 1992, S. 120–139, hier S. 135. Über die vier Grundtypen des Aschenputtel-Zyklus informiert Lüthi, S. 39–49. Die wichtigsten Unterschiede zwischen AaTh 510 A und B zeigt Belmont, S. 208–209 auf.
46 Horn (»Das Kleid als Ausdruck der Persönlichkeit«), S. 24; zu möglicher Herkunft und Verbreitung »kosmischer« Kleider siehe Anna Birgitta Rooth: *The Cinderella Cycle.* Lund 1951, S. 118.
47 Vergleiche Rudolf Schenda: »Basile, Giambattista«. In *EM* 1, Spalte 1298.
48 Basile: *Das Pentameron* 2,6.
49 S. 226.
50 S. 229.
51 Ebenda.
52 S. 232.
53 S. 234.
54 S. 235.
55 Zum Thema »Inzest« siehe das gleichnamige Stichwort in *EM* 7, Spalten 229–241, und Elisabeth Frenzel: *Motive der Weltliteratur.* Stuttgart 1976, S. 401–421.
56 *Le piacevoli notti* 1,4: »Thebaldo, Fürst von Salerno, will seine einzige Tochter Doralice zum Weibe. Von ihrem Vater verfolgt, flieht diese nach England. Der König Genese heiratet sie und hat von ihr zwei Söhne. Thebaldo tötet diese, und Genese nimmt dafür Rache.«
57 Es kann der Ring der Mutter sein, ihr Kleid oder ihr Schuh wie in: *Märchen aus der Toskana.* Übersetzt und erläutert von Rudolf Schenda. München 1996, Nr. 34: »Das Goldpantöffelchen«.
58 Straparola: *Die Novellen und Mären der Ergötzlichen Nächte.* Deutsch von Hanns Floerke. München 1920. Band 1, S. 43.
59 BP 2, S. 50, Anmerkung 1; siehe ferner *Contes de ma mère Loye,* S. 202–203.
60 Je eine in Versen und in Prosa. Alle folgenden Zitate von mir aus der Prosafassung übersetzt.
61 S. 100.
62 Dieser Zug kommt öfter vor, z. B. in *Contes corses* Nr. 22: »Cughjulina«.
63 Die Schuhprobe hingegen gehört zu AaTh 510 A.
64 S. 113.
65 Siehe Tatar, S. 128–129; auch schon bei Straparola. Laut Ibrahim Muhawi fehlt der Wunsch der sterbenden Mutter in allen arabischen Märchen, aber »a dying wish in folktales is like a curse«, d. h. ein Fluch, eine Verwünschung: »Gender and Disguise in the Arabic ›Cinderella‹: A Study in the Cultural Dynamics of Representation.« In: *Fabula* 42 (2001), S. 263–283, hier S. 267.
66 Laut BP 2, S. 56 wird die Heldin in verschiedenen mittelalterlichen Dichtungen vom Vater zur Ehe begehrt.
67 Vergleiche Warner, S. XXI: »Once widely told, now almost suppressed.«

68 Dabei thematisiert AaTh 510 A einen Tochter-Mutter-Konflikt (Stiefmutter unterdrückt Mädchen), 510 B hingegen den Tochter-Vater-Konflikt (er will »das Mädchen nicht freigeben«): Scherf: *Märchenlexikon*, S. 14.
69 Siehe Lüthi, S. 49–50.
70 Beispiel ihrer »Befreiung« im Volksmärchen könnte z. B. das Kleiderdefilee am Bett des Prinzen sein, etwa in: *Märchen aus Mallorca.* Hrsg. von Felix Karlinger und Ulrike Ehrgott. Düsseldorf–Köln 1968, Nr. 13: »Das Mädchen Espirafocs«, oder in: *Schweizer Volksmärchen*. Hrsg. von Robert Wildhaber und Leza Uffer. Düsseldorf–Köln 1978, Nr. 13: »Der Drächengrudel«.
71 Siehe dazu die Überlegungen der Verfasserin zum brasilianischen Märchen »Holzgesicht« im Beitrag »Das ›Traumpaar‹ im Märchen«. In: *Mann und Frau im Märchen*. Hrsg. von Harlinda Lox, Sigrid Früh und Wolfgang Schultze. München 2002, S. 32–46, hier S. 37–38.
72 Für Horn (»Das Kleid als Ausdruck der Persönlichkeit«), S. 37, sind Zimmermädchen und Prinzessin wesenhaft verschieden, weshalb man sie niemals identifiziere, wenn sie einmal Küchen- und dann wieder Ballkleider tragen.
73 *Baskische Märchen*. Hrsg. von Felix Karlinger und Erentrudis Laserer. Düsseldorf–Köln 1980. Nr. 8, S. 53.
74 Zu den »verworrenen« Stellen in der Grimm'schen Fassung siehe Heinz Rölleke: »Allerleirauh. Eine bisher unbekannte Fassung vor Grimm.« In: *Fabula* 13 (1972), S. 153–159, und ders.: Synopse, S. 52–59. Zu KHM 65 aus psychotherapeutischer Sicht siehe Heinz-Peter Röhr: *Ich traue meiner Wahrnehmung. Sexueller und emotionaler Missbrauch oder Das Allerleirauh-Schicksal.* Zürich–Düsseldorf 1998.
75 Scherf: *Märchenlexikon*, S. 39–41 berichtet auch über Bechsteins Quelle: J. J. N. Mussäus (nicht zu verwechseln mit dem weiter unten genannten J. K. A. Musäus).
76 Bechstein, S. 477.
77 Bechstein, Nr. N 1.
78 Laura Gonzenbach: *Sicilianische Märchen*. Hildesheim–New York 1976, Nr. 38: »Von der Betta Pilusa«, S. 263.
79 *Märchen aus Mallorca* Nr. 13, S. 84.
80 Z. B. in: *Litauische Volksmärchen*. Hrsg. von Jochen D. Range. Düsseldorf–Köln 1981, Nr. 39: »Das Wasser-Handschuh-Peitschen-Schloß«. Statt Inzest gibt es hier drei Wachnächte der Heldin am Grab des Vaters und seine kostbaren Geschenke aus dem Grab; er lehrt sie auch Verse, um eine Eiche als Kleiderversteck gebrauchen zu können. Dass das Inzestthema eher literarisch als mündlich tradiert wird, bekunden Frenzel und Belmont, S. 209.
81 Z. B. in »Cenerentola«. In: *Märchen aus Italien*. Hrsg. von Silvia Studer-Frangi. Frankfurt a. M. 1992, S. 42–47.
82 Hannover 1854. Nachdruck in: *Der Wunderbaum*. Hrsg. von Walter Scherf. Zürich 1986, S. 64–66.
83 Weitere Varianten von AaTh 510 B mit Feenpatin siehe z. B. bei Paul Delarue und Marie-Louise Tenèze: *Le conte populaire français*. Paris 1964, Band 2, S. 256–267, bei Marian Roalfe Cox: *Cinderella. Three Hundred and Forty-five Variants.* London 1893, S. 53–79, auch in: *Folktales of France*. Hrsg. von Geneviève Massignon. Chicago 1968, Nr. 44: »The She Donkey's Skin«. Statt einer Patin hilft die Amme in: *Italienische Volksmärchen*. Hrsg. von Felix Karlinger. Düsseldorf–Köln 1980, Nr. 17: »Die hölzerne Maria«.

84 Günter Dammann: »Conte de(s) fées«. In: *EM* 3, Spalte 141, und Harlinda Lox: »Musäus, Johann Karl August«. In: *EM* 9, Spalte 1027.
85 Weiteres zu Musäus siehe Stichwort von Harlinda Lox. In: *EM* 9, Spalten 1025–1030.
86 Über die Zusammenhänge von »mütterlichen Feen«, Nymphen und Gabenfeen / Patinnen siehe Friedrich Wolfzettel: »Fee, Feenland«. In: *EM* 4, besonders Spalten 947–950.
87 Unscheinbare Patengeschenke erfüllen Wünsche z. B. auch in Kreutzwald Nr. 11: »Das Patenkind der Grottennymphen«, S. 93–101.
88 Musäus: *Volksmärchen der Deutschen.* Hrsg. von Norbert Miller. München 1976. S. 288 steht dazu folgende Erläuterung: ».Bisamapfel und Ambranuß scheint in der Bedeutung übereinzukommen, und beides ein Balsam oder Riechbüchsgen anzuzeigen. Das erste Wort kommt in der Bibel vor Jes. 3. v. 20«.
89 S. 293.
90 Köstlich beschrieben auf S. 299–300.
91 S. 302.
92 S. 304.
93 S. 306; über diesen zweiten Tanzabend mokiert sich zu Recht Scherf: *Märchenlexikon*, S. 921, denn er entbehre »einer gewissen Komik nicht, da tanzt das liebende Paar des deutschen Mittelalters einen seligen Walzer nach dem anderen«.
94 S. 307.
95 S. 294 und 310.
96 S. 316–317.
97 S. 320; etwas, das man Hexen nachsagte. Siehe Barbara Gobrecht: »Hexen im Märchen.« In: *Jahrbuch der Brüder Grimm-Gesellschaft* 8 (1998), S.41–57.
98 S. 323.
99 S. 325.
100 Perrault, S. 113.

WILHELM SOLMS
Wozu drei Wünsche?

»In den alten Zeiten, wo das Wünschen noch geholfen hat«, so lassen die Brüder Grimm das erste Märchen und damit ihre ganze Märchensammlung beginnen. Dazu drei Fragen: 1. Wann waren diese »alten Zeiten«? Darauf antworten die Mythen: »in der Vorzeit«, die Sagen: »im Altertum«, und die Märchen: »Es war einmal«. Und das kann ebenso heißen: »vor langer Zeit« wie »noch heute«. 2. Hilft das Wünschen nur im Märchen, wenn die Helden und Heldinnen in eine ausweglose Situation geraten sind, weil sie durch eine gute Tat einen Anspruch auf wunderbare Hilfe erworben haben, oder auch in Wirklichkeit? 3. Erhöhen sich die Chancen, das Glück zu gewinnen, wenn einem drei Wünsche gewährt werden? Auf diese drei Fragen will ich in den Märchen, vor allem in »Der Arme und der Reiche« (KHM 87), eine Antwort finden.

In dieser Erzählung werden nicht nur drei, sondern ebenso wie in dem Märchen »Von dem Fischer un syner Frau« (KHM 19) sechs Wünsche gewährt. Im Fischer-Märchen ist die Zahl sechs Ausdruck der Maßlosigkeit. Während der Fischer wunschlos zufrieden ist, hat seine Frau, sobald ein Wunsch erfüllt ist, einen neuen und jedes Mal einen größeren Wunsch, bis das für Menschen Zulässige überschritten ist und sie alles wieder verliert. Hier dagegen sind die sechs Wünsche symmetrisch in zweimal drei aufgeteilt, zwei einander entgegengesetzten Personen, einem Armen und einem Reichen, zugeordnet und zugleich einander entgegengesetzt: erst drei besonnene und kluge, dann drei übereilte und törichte Wünsche. Während der Arme mit seinen Wünschen das Glück gewinnt, verscherzt der Reiche das Glück und erleidet sogar Schaden. Der erste, ernsthafte Teil wäre, für sich genommen, ein Legendenmärchen, der zweite, in lustigem Ton erzählte Teil wäre, da das märchenhafte Happy End fehlt, nicht ein Schwankmärchen, sondern ein Schwank; die ganze Erzählung ist eine Schwanklegende. Diese enthält, ungeachtet ihres schwankhaften Charakters, eine Lehre. Sie zeigt uns, wie wir Wünsche, die uns gewährt werden, nutzen und wie wir sie verscherzen können.

Die Erzählung »Der Arme und der Reiche« wurde offenbar auch von den Brüdern Grimm hoch geschätzt. Denn mit ihr haben sie den zweiten Band seit der Erstausgabe von 1815 eröffnet, und zu ihr haben sie, abgesehen vom »Spielhansl«, die meisten Anmerkungen zusammengetragen[1]. Diese enthalten fünf abweichende Erzählungen und Hinweise auf weitere dreizehn Varianten.

Bolte/Polívka[2] haben die 18 Varianten der Brüder Grimm auf hundertsechzig erweitert, die in den Fußnoten erwähnten Varianten zu einzelnen Motiven nicht mitgezählt. In genau der Hälfte dieser Erzählungen werden die Wünsche einer einzigen Person, in der anderen Hälfte werden sie einem oder zwei Ehepaaren gewährt. Die meisten Erzählungen, nämlich 92, enthalten nur die törichten Wünsche, die gewöhnlich von einem Ehepaar ausgesprochen werden. In 63 Erzählungen, von denen nur zwei Eheschwänke sind, werden die klugen und die törichten Wünsche gegenübergestellt. Schließlich gibt es fünf Erzählungen, darunter drei weitere Texte aus den »Kinder- und Hausmärchen«, in denen nur von Wünschen, die zum Vorteil ausschlagen, erzählt wird.

Lutz Röhrich hat in seiner Sammlung »Erzählungen des späten Mittelalters und ihr Weiterleben in Literatur und Volksdichtung bis zur Gegenwart« zwölf Varianten publiziert, die zur Hälfte die Wünsche eines klugen und eines törichten Ehepaars und zur anderen Hälfte nur die Wünsche eines törichten Ehepaars enthalten[3].

Die drei törichten Wünsche

»Besonders häufig ist der Fall«, bemerken Bolte und Polívka, »daß ... einem Ehepaare drei Wünsche gewährt werden, das sich darüber entzweit«.

In dem ältesten deutschen Beispiel, dem Gedicht »Di dri wunsche« aus der ersten Hälfte des 13. Jahrhunderts, das dem Stricker zugeschrieben wurde, erhält ein armer Mann von einem Engel Gottes »drier wunsche gewalt«. Seine Frau verlangt einen Wunsch für sich und sagt: »So wünsch ich, daß ich das beste Gewand an meinem Leib hätte, das je an einer Frau gesehen wurde.« Kaum ausgesprochen, ist ihr Wunsch erfüllt. Ihr Mann empört sich, daß sie nicht ihr Seelenheil gewünscht hat, und ruft: »So wollt ich, daß das Gewand in deinem Leib wäre, so daß du davon satt würdest.« Sofort geht auch dieser Wunsch in Erfüllung. Als die Frau vor Schmerzen schreit, laufen die Nachbarn herbei und drohen dem Mann mit dem Tod, wenn er seine Frau nicht wieder von den Schmerzen befreie, so dass er als drittes wünschen muss, dass sie wieder gesund wäre wie zuvor. So haben alle drei Wünsche »ein schäntlich ende genommen«. Obwohl beide gefehlt haben, wird allein dem Mann die Schuld gegeben. Er wird überall verhöhnt und verspottet, so dass er Gott um den Tod bittet und vor Kummer stirbt.

Die Variante »Gewand im Leib« wurde von Ludwig Bechstein in den »Neuen deutschen Märchen« von 1871 nacherzählt.

In einem Meisterlied von Hans Sachs aus dem Jahr 1551 beherbergt ein Bauer den heiligen Petrus, der ihm zum Dank drei Wünsche gibt. Wiederum schenkt der Mann den ersten Wunsch seiner Frau. Sie wünscht sich

> »iczund in meiner hant
> Die schönsten hechel[4] in dem lant«[5].
> »Ich wolt, das dir die hechel doch
> Zw hinterst steckt in dem arsloch!«

ruft darauf der Bauer in seinem Zorn. Die vor Schmerzen weinende Bäuerin bittet ihren Mann, ihr zu helfen, worauf er als drittes wünscht: »So sey der hechel freye.« So bleibt unter dem Strich nur »Ain peschissene hechel«, ein schmerzender Hintern und vermutlich ein streitendes Ehepaar, was wohl eher als Verlust denn als Gewinn zu werten ist.

In einer weniger derben und auch weniger brutalen Variante, die erstmals in Perraults gereimtem Märchen »Les souhaits ridicules« überliefert ist, wünscht sich die Ehefrau eine Bratwurst, die von ihrem darüber überraschten und empörten Mann mit dem zweiten Wunsch ihr an die Nase und mit dem dritten wieder zurück gewünscht wird.

Die älteste Erzählung, in der dem törichten ein kluges Ehepaar gegenübergestellt wird, bildet den Abschluss des ersten Bandes von Kirchhoffs »Wendunmuth« von 1563. Obwohl sie von zwei Ehepaaren handelt, bezieht sich die Überschrift allein auf die Frau des Reichen: »Von einem geitzigen weib ein fabel.«

Als Sankt Peter und Sankt Paul erneut in das Dorf kommen, in dem sie bei dem Armen übernachtet und ihm dafür drei Wünsche gewährt hatten, eilt die Frau des Reichen zu ihnen, nötigt sie, bei ihr zu essen, fordert dafür eine Belohnung und erhält ebenfalls »dreyer Wünsch gewalt«. Weil das arme Ehepaar als erstes gewünscht hatte, dass ihr armes, altes Häuslein abbrenne, und als zweites, dass ein neues Haus an seiner Stelle stehe, will es die neidische Frau ihnen nachtun und wünscht, »daß ir hauß und alles was sie hett, in grund abbrennen sollte«. Als ihr Mann, der früh ins Holz gefahren war, zurückfährt, sein Haus brennen sieht und es löschen will, wird seine Frau zornig und

Wozu drei Wünsche?

sagt««unbesonnen«: »Ey ruff, daß dir ein brant in arß fahr.« Da kein Mensch ihm den Brand herauszuziehen vermag, muss sie ihn davon mit dem dritten Wunsch wieder befreien. Die Erzählung endet mit der Lehre: »Also ward ir abgunst und teuffelischer geitz gröblichen vergolten ...«

Der Erzähler zielt also nicht allein mit der Überschrift, sondern ebenso mit der Handlung und der angehängten Lehre allein gegen die Frau des Reichen, womit er nicht die Frau trifft, sondern sich selbst als Frauenfeind bloßstellt.

Noch überzeugender ist der erzählerische Einfall, dass der erste der drei Wünsche in beiden Teilen der Erzählung identisch ist, aber gegensätzliche Folgen hat. In diesem Fall wird beiden Ehepaaren wiederum dieselbe Gabe gewährt, nämlich »daß ihr erstes Gelingen gedeihen solle«, wobei man nicht weiß und deshalb rätselt, welche Gabe dies sein könnte. In einer chinesischen Fassung misst eine arme Witwe den ganzen Tag über Leinwand und ist am Abend eine reiche Frau geworden, während ihre geizige Nachbarin, die, nachdem sie das feinste Leinen ausgesucht hat, noch schnell ihrem Schwein zu trinken geben will, deshalb bis zum Sonnenuntergang Wasser gießen muss. In einer Erzählung, die von Dortchen Grimm aufgezeichnet, von den Brüdern Grimm aber wohl nicht für salonfähig gehalten und deshalb in die Anmerkungen verwiesen wurde, eilt die Nachbarin vorher auf ein gewisses Örtchen, muss dort sitzen bleiben und unaufhörlich – Sie wissen schon. Diese Variante »hat bereits Hans Sachs 1548 in seinem Meisterliede ›Die brunzend Bäurin‹ erzählt«[6].

In der Grimm'schen Erzählung »Der Arme und der Reiche«, die ebenfalls von zwei Ehepaaren handelt, sind die törichten Wünsche, die diesmal allein vom Mann ausgesprochen werden, gekonnt aufeinander aufgebaut. Als der Reiche das neue Haus des Armen erblickt, schickt er seine Frau zum Armen, damit sie diesen ausfragt. Auf ihren Rat reitet er dem lieben Gott nach, holt ihn ein, drängt ihn, ihm schon vor seinem nächsten Besuch im Dorf ebenfalls drei Wünsche zu geben, und gibt nicht nach, als Gott ihn warnt, »es wäre aber nicht gut für ihn«. Auf dem Heimritt sinnt der Reiche nach, »was er sich wünschen sollte«, handelt also zunächst keineswegs unbesonnen. Doch als sein unruhiges Pferd immer wieder »Männerchen« macht, d. h. vorne hochsteigt, ruft er schließlich ungeduldig: »so wollt ich, daß du den Hals zerbrächst!« Wie gewünscht, so geschehen. Weil in dieser Variante nicht seine Frau, sondern er selbst »geizig« ist, nimmt er das Sattelzeug auf den Rücken und geht zu Fuß weiter. Zu Mittag, als ihn die Sonne sticht und der Sattel drückt, kommt »ihm so in die

Wilhelm Solms

Gedanken, was es seine Frau jetzt gut hätte ... und ohne daß er's wußte, sprach er so hin: ›ich wollte, die säße daheim auf dem Sattel und könnte nicht herunter‹ ... Wie er aber ankommt..., sitzt da seine Frau mittendrin auf dem Sattel und ... jammert und schreit«, bis er sie mit dem dritten Wunsch wieder herunterholt. Der Erzähler folgert aus der Episode über den Reichen zutreffend: »Also hatte er nichts davon als Ärger, Mühe, Scheltworte und ein verlornes Pferd.«

Bolte/Polívka, denen Lutz Röhrich sich anschließt, beschreiben das Handlungsschema, das den Erzählungen von den drei törichten Wünschen zugrunde liegt, so: »die Frau tut einen ganz törichten Wunsch, worauf ihr der Mann erzürnt den begehrten Gegenstand an oder in den Leib wünscht, um dann endlich mit dem dritten Wunsch den früheren Zustand wieder herzustellen.«[7]

Diese Definition erklärt, warum es in der Regel drei Wünsche sind, wobei manchmal auch der Mann den ersten Wunsch ausspricht und die Frau reagiert. Sie trifft auch auf die ersten beiden Wünsche zu, jedoch nicht auf den dritten. Denn in keiner einzigen Erzählung wird der »frühere Zustand« wieder hergestellt. Auch wenn der Mann nicht sein Pferd, sein Haus oder sogar sein Leben verliert, handeln sich nicht nur er, sondern beide Eheleute »Ärger, Mühe und Scheltworte« ein, womit der Ehefrieden für lange Zeit oder für immer verloren ist.

Dieter Arendt formuliert das Schema der Drei-Wünsche-Märchen noch allgemeiner: »Der erste Wunsch geschieht aus Versehen, der zweite ist der ärgerliche Fluch über das Versehen und der dritte muß den verwünschten Fluch wieder rückgängig machen.«[8] Diese Definition ist nicht falsch, aber unzureichend, weil sie ebenfalls den Schaden übergeht.

Wenn man berücksichtigt, dass es sich um Märchenmotive handelt – im Alltag begegnet uns weder Gott oder ein Heiliger noch eine Fee und wächst weder eine Ehefrau auf einem Pferdesattel noch eine Wurst auf einer Nase an –, kann man den zweiten Wunsch auch als Verzauberung und den dritten als Erlösung auffassen. Nach der Rückverwandlung, so zeigen uns sowohl die Sagen wie die Märchen, ist der Held nicht mehr, was er gewesen, und auch die Welt nicht mehr, was sie gewesen, sondern alles hat sich, in der Sage zum Schlimmen, im Märchen zum Guten, gewendet.

Wozu drei Wünsche? Sieht man sich die törichten Wünsche, die in den ein- und zweidimensionalen Erzählungen überliefert sind, näher an, kann man auf diese Frage nur antworten: dazu nicht. Dann äußert man besser, wie der liebe Gott dem Reichen geraten hat, keine Wünsche.

Wozu drei Wünsche?

Johann Peter Hebel hat in der Geschichte »Drei Wünsche«, die erstmals im »Schatzkästlein des Rheinischen Hausfreunds auf das Jahr 1808« erschienen ist, die Version von der Wurst an der Nase nacherzählt und am Schluss zu der Frage, ob oder was man wünschen soll, Stellung genommen.

Ein junges Ehepaar lebt, so hebt der Erzähler im ersten Satz hervor, »recht vergnügt und glücklich beisammen«. Es hat nur den einzigen Fehler, dass es damit nicht zufrieden ist, sondern sich mehr wünscht. Denn, so Hebel, »Wenn man's gut hat, hätt' man's gerne besser.« Eines Abends kommt eine Fee und gewährt ihnen drei Wünsche. Hebels Fee ist freilich, wie ihr ganz und gar nicht feenhafter Name Anna Fritze verrät, kein wirkliches oder mögliches oder auch nur vorstellbares Wesen, sondern eine bloße Hypothese. Einmal angenommen, es käme eine Fee ...

Als die Frau am nächsten Abend Kartoffeln röstet, sagt sie »in aller Unschuld«: »Wenn wir jetzt nur ein gebratenes Würstlein dazu hätten«, worauf der Mann in seinem Ärger die Wurst ihr erst an die Nase und dann wieder zurück in die Pfanne wünscht. »Merke«, so wendet sich Hebel an seine Leser:

Wenn dir einmal die Bergfee also kommen sollte, so sei nicht geizig, sondern wünsche Numero eins: Verstand, daß du wissen mögest, was du Numero zwei wünschen solltest, um glücklich zu werden. Und weil es leicht möglich wäre, daß du alsdann etwas wähltest, was ein törichter Mensch nicht hoch anschlägt, so bitte noch Numero drei: um beständige Zufriedenheit und keine Reue.

Das erste, Verstand, kann man sich nicht wünschen, sondern muss es sich durch Studium (von lateinisch *studere* = sich bemühen) erwerben. Das zweite, was ein törichter Mensch nicht achtet, ist identisch mit dem dritten, nämlich »beständige Zufriedenheit«, und die bewahrt man sich nur, wie die Geschichte zeigt, wenn man auf Wünsche verzichtet. Wenn du klug bist und es gut hast, so lehrt uns Hebel, dann wirst du nicht wünschen, es besser zu haben, sondern wunschlos zufrieden sein.

Die drei klugen Wünsche

Lässt sich dieses Ergebnis auch auf die zweite Gruppe, die klugen Wünsche, übertragen, oder wird es durch diese, da sie wohl besonnen sind und glücklich ablaufen, widerlegt?

In den von Bolte/Polívka erwähnten und in den von Röhrich publizierten Beispielen kommen die klugen und gelungenen Wünsche nur in den zweiepisodigen Erzählungen als Gegenbeispiele zu den dummen und fruchtlosen Wünschen vor.

In der Erzählung »Der Arme und der Reiche« sagt der liebe Gott, als er sich von dem armen Ehepaar verabschiedet: »Weil ihr so mitleidig und fromm seid, so wünscht euch dreierlei, das will ich euch erfüllen.« Obwohl Gott beiden drei Wünsche gewährt, antwortet allein der Mann, woran der Erzähler aber nicht Anstoß nimmt.

Da sagte der Arme: »was soll ich mir sonst wünschen als die ewige Seligkeit, und daß wir zwei, solang wir leben, gesund dabei bleiben und unser notdürftiges tägliches Brot haben; fürs dritte weiß ich mir nichts zu wünschen.« Der liebe Gott sprach: »willst du dir nicht ein neues Haus für das alte wünschen?« »O ja«, sagte der Mann, »wenn ich das auch noch erhalten kann, so wär' mir's wohl lieb.«

Der Arme ist so fromm, dass er zuerst an die ewige Seligkeit denkt. Für sein irdisches Dasein wünscht er nur, dass seine Frau und er »notdürftig« versorgt sind. Nebenbei bemerkt, wünscht der vom Erzähler bewunderte Arme die ewige Seligkeit nur für sich, Gesundheit und das tägliche Brot dagegen für beide, denn auf Erden braucht er seine Frau, um versorgt zu sein. Den Wunsch nach dem neuen Haus, welches der Erzähler für den Fortgang der Handlung benötigt, muss ihm Gott in den Mund legen. Von selbst hätte er einen so unbescheidenen Wunsch niemals geäußert.

In den meisten Varianten kehren dieselben drei Wünsche, wenn auch in unterschiedlicher Folge, wieder. In einem lothringischen Märchen ist wie bei Grimm der erste Wunsch die ewige Seligkeit, der zweite Gesundheit und das tägliche Brot und der dritte ein neues Haus. In einer plattdeutschen und einer ostpreußischen Erzählung wird zuerst ein neues Haus, dann ein langes, gesundes Leben und zuletzt, wie bei Kirchhoff, die ewige Seligkeit gewünscht[9].

Der Gegensatz zwischen den beiden Männern oder Ehepaaren zeigt sich nicht nur in ihrem Ein- und Auskommen – arm gegen reich –, und in ihren Eigenschaften – mitleidig, freigebig, vergnügt gegen hartherzig, geizig, verärgert –, er zeigt sich auch in dem, *wie* sie wünschen: Bei Kirchhoff ratschlagen der arme Mann und seine Frau miteinander und werden sich einig, was sie wünschen wollen, in den anderen Varianten tragen beide abwechselnd ihre Wünsche vor, ohne darüber in Streit zu geraten – und *was* sie sich wünschen.

Wozu drei Wünsche?

Die armen Eheleute denken vor allem an die ewige Seligkeit und wünschen für ihr irdisches Dasein nur, dass sie weiter so leben wie bisher, obwohl sie in tiefer Armut leben und nur »notdürftig« versorgt sind.

Ist das überzeichnet, oder gibt es solche selbstlosen Menschen auch in Wirklichkeit? Es gibt arme, alte Menschen, die ebensolche Wünsche äußern. Als ich einmal jemandem »Alles Gute zum Neuen Jahr« wünschte, erwiderte er: »Hauptsache, gesund bleiben.« Diese Antwort hat mich beeindruckt, aber nicht, weil sie selbstlos klingt, sondern weil sie seine reale Lage offenbart. Menschen, die arm und alt sind, wissen, dass sie sich ein besseres Leben nicht mehr erwarten können, und sorgen sich, dass sie krank und damit von anderen abhängig werden. Diese realistische Befürchtung wird vom Erzähler zu einem tugendhaften Verhalten verklärt.

Verwandt mit der Erzählung vom Armen ist der Anfang des Zaubermärchens »Die weiße und die schwarze Braut« (KHM 135). Wiederum werden im Titel zwei Figuren einander entgegengesetzt, wobei der Kontrast von »weiß« und »schwarz« wiederum für den Gegensatz von gut und böse steht. Die weiße Braut wirkt allerdings nicht ganz so gut wie der Arme. Als der liebe Gott nach dem Weg zum Dorf fragt, führt sie ihn zwar hin, während ihre Stiefmutter und Stiefschwester ihn abweisen. Doch als Gott ihr zum Dank »drei Sachen« gewährt, möchte sie als erstes »so schön und rein werden wie die Sonne« und als zweites »einen Geldbeutel haben, der nie leer würde«. Erst nachdem Gott sie ermahnt hat: »Vergiß das Beste nicht«, wünscht sie sich als drittes »das ewige Himmelreich«.

Märchenpsychologen werden vermutlich in die ersten beiden Wünsche eine der von ihnen vertretenen Schule entsprechende Bedeutung hineinlegen. Damit werden sie dem Sinn des Märchens aber nicht gerecht. Denn der Erzähler unterscheidet sehr genau zwischen äußeren und inneren Werten, wie die drei Wünsche des Armen und der weißen Braut zeigen. Der Wunsch nach einem immer vollen Geldbeutel mag Märchendeutern als banal erscheinen, für ein armes Stiefkind und die Zuhörerinnen, die sich mit ihm identifizieren, ist er jedoch glaubwürdig.

Wünsche, die zum Glück führen

Betrachtet man die anderen Märchen der Brüder Grimm, auf die sie in den Anmerkungen zu »Der Arme und der Reiche« hinweisen, so entdeckt man eine dritte Gruppe von Wünschen. Es gibt in den

Märchen nicht nur einerseits gute und nützliche, andererseits törichte und schädliche Wünsche; es gibt auch Wünsche, die nicht unbedingt gut, aber äußerst erfolgreich sind und dem Helden zu seinem Glück verhelfen[10]. Bolte/Polívka reihen diese Märchen zusammen mit dem Märchen »Von dem Fischer un syner Fru«, das ganz im Gegenteil schlecht ausgeht, »in den großen Kreis der unüberlegten Wünsche« ein[11], was mich nicht überzeugt. »Unüberlegt« sind die ersten zwei der drei törichten Wünsche. Diese Wünsche sind dagegen der jeweiligen Situation genau angemessen, sie dürften deshalb vom Helden blitzschnell überlegt oder intuitiv gefunden worden sein.

Das Märchen »Hans Dumm« (KHM, Anhang Nr. 8) erwähne ich deshalb nur am Rande. Dieser Dummling gewinnt zwar ebenfalls durch Wünschen das Glück, braucht dabei aber keine Klugheit zu beweisen. Als er mit der Prinzessin und ihrem gemeinsamen Kind in der Tonne auf dem Meer schwimmt und ihr erzählt, dass er die Gabe des Wünschens besitzt, hat sie die rettende Idee: »Wenn das wahr ist, so wünsch uns doch was zu essen hierher.« Darauf ist er von allein nicht gekommen. So wird er sich erst durch sie seiner »Wunschgewalt« bewusst. Danach wünscht er, was sie gerade brauchen, ohne dabei große Originalität zu zeigen: erst ein Schiff, das sie wieder ans Land bringt, dann ein »prächtiges Schloß« und schließlich, dass er »ein junger und kluger Prinz werde«, der natürlich auch schön ist. Nun gefällt er der Prinzessin, darf sie heiraten und wird nach dem Tod ihres Vaters König.

Bedenkenswerter, aber auch bedenklicher sind zwei andere Märchen: »De Spielhansl« (KHM 82), übrigens das Märchen, dem die Brüder Grimm die umfangreichsten Anmerkungen gewidmet haben, und »Der Jude im Dorn« (KHM 110).

Ein Mann, der immer nur gespielt hat und deshalb der »Spielhansl« genannt wurde, lässt ebenso wie der »Arme« den Herrgott und den heiligen Petrus bei sich übernachten. Am nächsten Morgen sagt ihm Gott, »er solle sich drei Gnaden ausbitten«, und denkt, dass er sich den Himmel ausbitten wird. Der Spielhansel bittet jedoch um Karten und Würfel, mit denen er immer gewinnt, und drittens um einen Baum voller Früchte, von dem keiner herabsteigen kann, bis er es ihm befiehlt. Nachdem er schon die halbe Welt gewonnen hat, schickt Gott ihm den Tod, den er jedoch auf den Obstbaum lockt und oben festhält, so dass niemand mehr stirbt. Darauf muss Gott sich selbst herbemühen und ihm befehlen, dass er den Tod vom Baum heruntersteigen lässt, der ihn zum Dank auf der Stelle erwürgt. Nach seinem

Wozu drei Wünsche?

Tod kommt der Spielhansl erst in die Hölle und dann in den Himmel, wo er jeweils weiter spielt und wieder alles gewinnt, bis ihn Gott zurück auf die Erde schickt, wo seine Seele in anderen Spielern bis heute weiterlebt.

Zu dieser Gruppe gehören nach Bolte/Polívka »endlich auch die lustigen drei Wünsche des wandernden Knechtes im Juden im Dorn«[12]. Die drei Wünsche mögen lustig sein, die Erzählung ist es nicht.

Ein Knecht, der für drei Jahre harte Arbeit nur drei Heller erhält, schenkt diese einem Zwerg, der ihm dafür drei Wünsche gewährt. Der Knecht, der uns vom Erzähler als lustig und dumm vorgestellt wird, wünscht sich auf der Stelle ein Vogelrohr, das alles trifft, eine Geige, nach der alles tanzen muss, und dass ihm niemand eine Bitte abschlagen darf. Diese drei Wünsche sind nicht dumm, sondern listig, ja sogar, wie sich zeigen wird, hinterlistig. Als der Knecht einen Juden trifft, lockt er ihn in eine Dornenhecke, indem er einen Vogel schießt, der in die Hecke fällt, fängt dann an zu geigen, so dass der Jude tanzen muss und sich in den Dornen verfängt, und hört erst wieder auf, als der Jude ihm einen Beutel mit Gold verspricht. Der Jude verklagt den Knecht beim Richter, der ihn wegen Raub zum Tod am Galgen verurteilt. Der Knecht bittet, noch einmal geigen zu dürfen, was ihm der Richter dem dritten Wunsch zufolge gewähren muss, und geigt so lange, bis der Jude schreit: »Ich hab's gestohlen ..., du aber hast's redlich verdient«, und an seiner Stelle gehängt wird.

Aus der Erzählung geht nicht hervor, ob der Jude das Geld gestohlen hat oder nicht, wohl aber, dass der Knecht es keineswegs »redlich verdient«, sondern mit Hilfe der Zaubergeige vom Juden erpresst hat. Trotzdem lässt der Erzähler den betrügerischen Knecht das Geld gewinnen und den von ihm betrogenen Juden hängen. Gewinnt der Knecht ebenso wie Hans Dumm und der Sohn im Märchen »Die Nelke« (KHM 76) das Glück dank der Gabe des Wünschens? Er gewinnt es, weil er diese Gabe für Raub, Lug und Betrug benutzt.

»Der Jude im Dorn« ist ohne Zweifel ein antijüdisches Märchen. Weil diese Einstellung heute als politisch nicht korrekt gilt, fordern manche, den Text aus den »Kinder- und Hausmärchen« zu entfernen. Dass der Erzähler verbrecherische Taten, sofern sie vom Helden begangen werden, bewundert oder dass er häufig versteckt oder offen frauenfeindlich ist, wird dagegen nicht moniert. Geht man kritisch an die Märchen heran, was diese wie alle gute Literatur leicht aushalten, braucht man keinen Text auszuschließen.

Wilhelm Solms

Die Helden dieser beiden Märchen und zweier Schwänke aus Freys »Gartengesellschaft« von 1556 und Schumanns »Nachtbüchlein« von 1559 sind, so Bolte/Polívka, Glückskinder, denen »jeder Wunsch zur Wirklichkeit« wird[13]. »Jeder Wunsch«: das sind in allen Beispielen wiederum genau drei Wünsche. Diese Glückskinder äußern im Unterschied zu den törichten und den klugen Ehepaaren weder »unüberlegte« noch geistliche oder immaterielle Wünsche. Sie wünschen sich seltsame Gaben, die unsere Neugier wecken. Wie sie diese Gaben verwenden, finde ich beim »Juden im Dorn« nicht »lustig« wie der Erzähler und Bolte/Polívka, sondern abstoßend, beim »Spielhansl« dagegen wirklich komisch, weil er das Tabu der Allmacht Gottes zwar nicht bricht, aber ankratzt.

Wozu solche Wünsche? Soweit es Zaubergaben sind, stellt sich diese Frage nicht, weil diese zur Märchenwelt, aber nicht zur Alltagswelt gehören. Falls diese Zaubergaben Tricks symbolisieren sollen, wie wenn man mit gezinkten Karten spielt oder den Richter besticht, kann ich von solchen Wünschen nur abraten. Spielen macht Freude, wenn man um des Spielens willen spielt, und nicht um Geld, abgesehen davon, dass man beim Spielen auf die Dauer Geld nicht gewinnt, sondern verliert.

Zum letzten Mal: Wozu drei Wünsche? Das »törichte Ehepaar« gewinnt durch die drei Wünsche nicht mehr als durch einen Wunsch, sondern weniger. Nach dem ersten Wunsch hat die Frau wenigstens einen Hechel oder ein Würstchen erhalten. Um zufrieden zu bleiben, zumal um den Ehefrieden zu bewahren, tut man am besten, wie Hebel rät, auf Wünsche verzichten.

Und was bringen einem die »klugen« Wünsche? Ob dem Armen die »ewige Seligkeit«, die ihm Gott, und hinter dem steht natürlich der Erzähler, als Lohn für seine Tugendhaftigkeit verspricht, wirklich zuteil wird, daran können wir nur glauben; wir wissen es aber nicht. Und ob der Arme noch ein langes, gesundes Leben vor sich hat, bleibt abzuwarten. So ist die einzige sichtbare Gabe das neue Haus. Das ist ein sicher nicht zu verachtendes, aber für viele im Laufe eines Arbeitslebens erreichbares Gut.

Deshalb ziehe ich aus den Wunschmärchen die Lehre: Wünsche dir nur das, was du aus eigener Kraft erreichen kannst. Warte nicht darauf, dass Gott, eine Fee oder der Onkel aus Amerika kommt und dir deine Wünsche erfüllt, sondern suche die Ziele zu erreichen, die du dir selbst gesteckt hast. Man hat mehr Aussicht auf Erfolg, wenn man sich nicht auf eine gute Fee, sondern auf sich selbst verlässt. Außerdem ist die Erfüllung von Wünschen stets mit Erwartungen verbun-

Wozu drei Wünsche?

den, die an einen gestellt werden. Hat man dagegen ein selbst gestecktes Ziel aus eigener Kraft erreicht, dann kann und darf man sich glücklich fühlen. Nicht andere, man selbst ist seines Glückes Schmied.

Anmerkungen

1 Brüder Grimm: »Anmerkungen zu den einzelnen Märchen.« In: *KHM*. Band 3. Göttingen 1856. Wieder abgedruckt in: *KHM*. Hrsg. von Heinz Rölleke. Band 3. Stuttgart 1980. Die Anmerkungen zu »Der Arme und der Reiche« umfassen sechs, die zu »De Spielhansl« sogar zwölf Seiten.
2 *BP*. Band 2, S. 210–229.
3 Lutz Röhrich: *Erzählungen des späten Mittelalters und ihr Weiterleben in Literatur und Volksdichtung bis zur Gegenwart*. Bern–München 1962. Band 1, S. 62–79. In diesen drei Werken (Anmerkungen 1–3) sind die Quellen der hier vorgestellten Erzählungen angegeben oder die Erzählungen selbst abgedruckt.
4 Ein »Hechel« ist ein Brett mit eisernen Zinken zum »Hecheln«, Kämmen oder Glattziehen von Flachs und Hanf.
5 In Christian Lehmann: *Erneuerter politischer Blumengarten* (1640) wünscht sich die Bäuerin an Stelle des Hechels eine Haarbürste.
6 *BP*. Band 2, S. 216.
7 *BP*. Band 2, S. 220; Röhrich, S. 255.
8 Dieter Arendt: »Drei Wünsche und kein Ende. Das Wunschmärchen und seine parodistischen Folgen.« In: *Der Deutschunterricht* 37 (1985). Heft 6, S. 94–109, hier S. 106.
9 Bei Kirchhoff und in dem lothringischen Märchen ist jeweils ein Wunsch des Reichen mit einem Wunsch des Armen identisch, zeigt aber die entgegengesetzte Wirkung.
10 Pia Todorović hat sie in den Märchen aus dem Tessin entdeckt.
11 *BP*. Band 2, S. 212f.
12 *BP*. Band 2, S. 213.
13 *BP*. Band 2, S. 212.

KATALIN HORN

Der menschliche Wunsch nach Freiheit im Spiegel der Märchen

Wenn man die Begriffsbestimmungen, die das Märchen betreffen, überschaut, überrascht es eigentlich, dass in diesen zwar der Begriff Wunsch bzw. Wunschdichtung immer wieder vorkommt, selten aber der der *Freiheit*. Man definiert das Märchen auch als eine »Liebesgeschichte mit Hindernissen«, »eine welthaltige Abenteuererzählung« und »Utopie der Wunscherfüllung« oder schlicht als eine »Glückgeschichte«[1].

Schon nähern wir uns eher dem Begriff der Freiheit durch den der Ethik: Nach Max Lüthi ist nämlich die Ethik des Volksmärchens in erster Linie eine Individualethik, eine Ethik der Selbstentfaltung[2]. Selbstentfaltung ist nun aber erst in innerer und äußerer Freiheit möglich, d. h. nur in der Möglichkeit, »so zu handeln, wie man will«[3]. Vielleicht klingt es überraschend, wenn ich angesichts der vielen passiven Helden und Heldinnen[4], angesichts der zahlreichen unterdrückten und misshandelten Figuren, ferner der zahlreichen Dummlinge über Freiheit rede, und doch möchte ich die Behauptung in den Raum stellen, dass *der menschliche Wunsch nach Freiheit eine zentrale Kategorie der europäischen Zaubermärchen ist*. Ja, ich möchte weiter gehen und mir anmaßen, sogar eine diesbezügliche Theorie des Zaubermärchens zu entwerfen. Denn mir ist nach langer Beschäftigung mit dieser Gattung aufgefallen, dass der unbändige Wunsch, ja der Drang nach Freiheit in jeder dieser Erzählungen zu finden ist. Den bloßen Wunsch zum Aufstieg »from rags to riches« als Grundelement der Dichtung »Märchen« zu bestimmen, ist ein großer Irrtum und heute auch kaum noch vertreten[5].

Bevor ich aber die verschiedenen Wunsch- bzw. Freiheitskategorien skizziere, möchte ich betonen, dass das Streben nach Freiheit und die Utopie, diese wenigstens *erzählend* zu verwirklichen, keineswegs in der Ethik des »Übermenschen« wurzelt: Max Lüthi hat in dem bereits zitierten Artikel über die Ethik im Märchen darauf aufmerksam gemacht, dass die »Ethik der [...] Selbstverwirklichung, die Pflicht gegenüber sich selbst [...] durch die Art der Aufgaben wie von selbst zur Sozialethik [führt]: Es gilt, höchste Werte im Dienste von

Mitmenschen zu finden und herbeizuschaffen [z. B. das Wasser des Lebens]; es gilt zu erlösen, zu retten, Drachen zu bekämpfen. Der Weg zu den Zielen fordert wechselweise Mitleid, Hilfsbereitschaft, Wahrhaftigkeit, Mut, Ausdauer [...]. Wenn Ethik in den Fragen ›Wer bin ich?‹ und ›Wozu bin ich bestimmt?‹ wurzelt, so gibt das Märchen die Antwort: Du bist einer, der sich zu entfalten bestimmt ist, der sich dabei helfen lassen muss und der seinerseits Helfer zu sein berufen ist.«[6]

Nachdem wir den Begriff der Freiheit sehr kurz von der Philosophie bzw. von der Ethik her angetippt haben, müssen wir ihn nun anthropologisch begründen. Denn der Mensch bedarf einer in seiner Intelligenz wurzelnden Freiheit, um seine Schwächen und Mängel auszugleichen. Arnold Gehlen definiert den Menschen als ein Mängelwesen, das »sinnesarm, waffenlos und nackt, das existentiell auf Handlung angewiesen ist, das Werkzeuge erfinden muss, um seine Fähigkeiten zu ergänzen, zu verstärken oder seine Organe gar zu entlasten«. Diese Entlastungstendenz nennt Gehlen eine »fundamentale menschliche Gesetzlichkeit«[7].

Oft bereits in der Praxis, aber auch in seinen Träumen (und eben in seinen Märchen) überschreitet der Mensch seine sozialen, psychischen, ja physikalischen Grenzen. Er setzt sich nicht nur in der Gesellschaft durch, sondern wird Herr über Zeit und Raum. Aber wir wollen nicht vorgreifen, sondern die Schichten dieser Freiheit, die sich in den Märchen verwirklicht, nacheinander abtragen.

Ich möchte diesbezüglich drei Hauptschichten nennen:

erstens den freien Willen, die freie Wahl,
zweitens die teils realutopistische Entlastung und
drittens die im Wunder gründende Entlastung.

Freier Wille, freie Wahl

Ich fange mit einem scheinbaren Widerspruch an, mit der Freiheit des »Aschenputtels« (KHM 21): Diese Märchenfigur gilt im Allgemeinen als eine Verkörperung der Passivität, die, ohne aufzumucken, auf den Märchenprinzen wartet. Ist dem aber so? Verhält es sich nicht vielmehr so, dass sie – kaum, dass die Stiefverwandten aus dem Haus sind – unverzüglich zum Muttergrab und mit den Wunderkleidern auf das Fest eilt? Und veranlasst sie nicht den Königssohn, um sie zu kämpfen bzw. sie zu suchen und zu »erkennen«, statt demütig sofort in seine Arme zu sinken?

Aber das ist nur ein kleines Beispiel. Bevor ich von hier aus weiterfahre, möchte ich Max Lüthi, dessen Werk mich auf den Weg der Märchenforschung geführt hat, in einem einzigen Punkt widersprechen. Er schreibt nämlich, dass es äußere Anregungen seien, welche die Märchenhelden vorwärtstreiben: »Gaben, Funde, Aufgaben, Ratschläge, Verbote, wunderbare Hilfen und Widerstände, Schwierigkeiten und Glücksfälle treiben und lenken sie, *nicht die Strebungen der eigenen Brust*«[8] (von mir hervorgehoben).

Es gibt nun aber viele Motive, Eigenschaften und Handlungen, die zeigen, dass der Held, die Heldin meistens (zumindest auch) nach eigenem Gutdünken und in weiser Voraussicht handeln. Hierzu stehen ihnen u.a. Tapferkeit, Urteilskraft, List und Mut zum Ungehorsam zur Verfügung: Eigenschaften, durch welche sich ihre Freiheit verwirklicht. Ich möchte hier mit einem uralten Motiv, mit dem *Wegwahl*-Motiv anfangen:

Der Held macht von seiner Freiheit gleich am Anfang des Märchens Gebrauch: Meistens trifft er die schicksalhafte Entscheidung, das sichere Zuhause zu verlassen und auf unsichere Wanderschaft zu gehen. Häufig wird er vor eine neue Wahl gestellt: Er gelangt an einen Kreuzweg. Ob alleine oder mit seinen zwei Brüdern, immer wählt er den Weg, der sich als richtig erweist. Den Brüdern fehlt es an Mut: Sie wählen die leichteren Wege; der Held aber, der Jüngste, entschließt sich für den Todesweg, für den Weg des Hungers und der Gefahren. Nur derjenige ist wirklich frei, der sich an der äußersten Grenze der Freiheit dem Tod stellt[9].

Mut braucht es auch, sich einer Aufgabe zu stellen, die einem nicht aufgezwungen wird, sondern bei der man bewusst und frei die Todesgefahr auf sich nimmt. Es gibt ein eindrucksvolles Stilmittel, dies auszudrücken: Es stecken schon 99 Köpfe gescheiterter Jünglinge am Pfahl, es fehlt zur Hundert gerade noch der Kopf des Helden! Trotzdem versucht er sein Glück, wenn auch nicht ohne Ängste. In »Grünpeter« drängt man ihn, bevor er sich überhaupt Gedanken gemacht hat: »Komm, komm, Grünpeter, schon sind 99 Köpfe am Pfahl, deiner wird der hundertste sein! *Da erschrak Grünpeter, doch ging er gleichwohl hin*«[10] (von mir hervorgehoben). Hier wird in zwei Sätzen prägnant ausgedrückt, dass der Held zwar einerseits getrieben wird, andererseits aber doch aus freiem Entschluss ans Werk geht.

List und Ungehorsam (letzterer oft als Folge einer gesunden Urteilskraft) führen auch zu Rettung, Erhöhung und zum Ziel. Verbote sind nur da, um übertreten zu werden[11]. Jede verbotene Tür wird aufgestoßen, jede Hexe, jedes Ungeheuer verbrannt oder zu Tode gebracht[12].

Der menschliche Wunsch nach Freiheit im Spiegel der Märchen

Das gute Mädchen erfüllt unsinnige Wünsche des Dämons nicht und handelt gerade dadurch richtig: Sie kann in Freiheit entscheiden, dass der Alte mit frischem Brunnenwasser und nicht mit Stutenurin (wie er es wünscht oder zu wünschen vorgibt) gewaschen werden soll. Wo aber der Hilferuf vernünftig ist, gehorcht sie ihm: Sie schüttelt die Äpfel vom überfüllten Baum, nimmt die Brote aus dem heißen Ofen[13].

Aber auch der scheinbar egoistische Ungehorsam des Helden ebnet seinen Weg nach oben und zur Heilung: Der jüngste Königssohn bringt nicht nur den goldenen Vogel für seinen sozusagen seelisch kranken Vater, sondern auch die schöne Braut für sich nach Hause[14]. Jeder, der in einer Diktatur gelebt hat, weiß, wie vernünftiger Ungehorsam und Freiheit nicht nur zusammengehören, sondern auch Mut brauchen, je nachdem sogar Todesmut – ganz wie im Märchen.

Gehen wir aber weiter: Die Freiheit des Helden und der Heldin manifestiert sich auch in ihrer *Isoliertheit*. Wiederum nach Max Lüthi zeichnet das Märchen seine Protagonisten als in der Familie und in der Gesellschaft Isolierte[15]. Und so gelten vorderhand Werte, die in der Gesellschaft für wichtig, ja verbindlich gehalten werden, als gleichgültig. Vor allem der männliche Held hat keine echte Beziehung zu Arbeit, Fleiß, zu herkömmlicher Klugheit und Reinheit; er ist oft faul, dumm und schmutzig. Kaum ein Märchenheld wird ein tüchtiger Schuster oder Bäcker – und wenn er einmal ein Schneiderlein ist, geht er lieber auf Fliegenjagd ...[16].

Aber gerade dadurch, dass er vorerst Reichtum und bürgerliche Tugenden verachtet, ist er prädestiniert, die aus den Fugen geratene Welt einzurenken. Nicht die tüchtigen und klugen Brüder befreien die gestohlenen Himmelskörper, holen die Heilmittel, erobern die Königstochter, sondern ihr verachteter, bislang in wörtlich verstandener *Narrenfreiheit* lebender, nicht-verbrauchter jüngster Bruder[17].

Bis jetzt behandelten wir das Thema des freien Willens, der zwar oft in übernatürlichen Bildern aufscheint (es gibt ja im wirklichen Leben weder goldene Vögel noch kannibalische Hexen), die aber ihre Entsprechungen im realen Leben finden. Denn seinen Weg wählen muss jeder Mensch; seine Urteilskraft muss er überheblichen Vorgesetzten gegenüber beweisen; was moralisch und was nützlich ist, muss er oft selber entscheiden; was verboten ist, ist auch nicht immer schlecht – dies sind alles Themen, die uns im Alltagsleben ebenso wie im Märchen begegnen. Und sie berühren oft die Moral einer bestimmten historischen Zeit, ihre Sitten und Bräuche, die vielleicht schon überholt sind. Die meisten Werte jedoch gelten auch für unsere Zeit, unsere »Wunschträume«.

Nun aber haben wir bereits darauf hingewiesen, dass das Mängelwesen Mensch seine Freiheit seinen Grenzen gegenüber geltend macht. Ich komme nun zur zweiten Schicht:

Realutopische Freiheit (Entlastung)

Ich muss hier nicht all die Gegenstände aufzählen, mit denen der Mensch seine *geographischen* Grenzen überwindet und dadurch seine Freiheit dem Raum und der Zeit gegenüber behauptet. Der Märchenheld aber musste nicht warten, bis das Automobil, die Eisenbahn, das Flugzeug, ja leider auch die Weltraumrakete erfunden worden sind. Er erfand in seinen Märchen schon viel früher die Mittel, die ihm wunderbare Bewegungsfreiheit garantierten:

»Er flog und wandte sich einem Land zu, das sieben Jahresreisen weit weg war, die von [Vogel] Simorg in sieben Monaten bewältigt wurden.« Auch für den fliegenden Teppich gibt es kein Hindernis: »Wo immer der Ort, / wie weit immer fort, / Gleich bist du dort.«[18] Vor allem ist es aber sein Zauberross, das den Helden überall hinbringt: »Wie sollen wir reiten, Herr? Wie der Gedanke oder wie der Wind?«[19]

Geister, Tiere, Gegenstände, ja der ganze Kosmos stehen dem Helden zur Verfügung, wenn er einen langen und schwierigen Weg vor sich hat. Auch erkaufen Helden und Heldinnen ihre Freiheit durch große Kraft und Energie, durch immensen Reichtum, die kleinen, unscheinbaren Gegenständen innewohnen – lange, bevor die unheimliche Macht des Kleinen mittels Atomphysik der Menschheit eine fragwürdige Freiheit »schenkte«, lange, bevor die Mikroelektronik alle märchenhaften Wunderdinge in den Schatten gestellt hat: Wunderdinge wie Äpfel, in denen ein Schloss Platz hat, Zauberringe und -stäbe, Tücher, Tischlein, Schwerter, die unheimliche Kraft und unerschöpflichen Reichtum entfalten[20].

Selbst der Märchenheld, der über die *Zeit* Herr wird, erweist sich nicht nur als eine Ausgeburt der Phantasie in unserer Zeit, in der die Raumfahrt neue Zeit-Erfahrungen bringt, in der Naturprozesse beschleunigt werden, etwa, wenn man Obstbäume mit riesigen Scheinwerfern bestrahlt, damit die Früchte schneller reifen[21]. Im Märchen musste der Held aber schon lange davor einen Hügel roden, mit Obstbäumen und Reben bepflanzen, die während einer einzigen Nacht reifen sollten[22].

Indem sie den Helden und die Heldin Herr über Raum und Zeit werden lassen, erweisen sich die Märchenerzähler als wahre Dichter.

Denn auch für diese besteht die Möglichkeit, ohne Technik die Welt zu bereisen. Ich möchte hier aus der »Zeitung am Kaffeetisch« von Johannes Kühn zitieren: »Viel, viel weiter als Australien / flieg ich am Kaffeetisch, / Riesenschmetterling in der Hand, / meine Zeitung ...« Dazu der Kommentar von Ludwig Harig: »Alle Dichter sind Märchenerzähler, sie fliegen gern, und sie ergötzen sich am Fliegen: Auf dem Wasserdampf reitet der Daumerling, im fliegenden Koffer sitzt der Kaufmannssohn. Was bei Andersen die dänischen Schwäne und die ägyptischen Störche sind, ist bei Johannes Kühn der Schmetterling. Die Schmetterlingsflügel, auf denen er reist, erschließen ihm die ganze Welt. [...] Dorfpoeten hat man die Dichter seiner Art mit Vorliebe, aber auch mit Spott genannt. Sie sind kaum aus dem Dorf, [...] geschweige denn aus dem Land hinausgekommen. Sie haben die Welt im Kopf. [...] Johannes Kühn genügt die tägliche Lektüre der Zeitung, um sich vom Dorfpoeten zum Weltbürger aufzuschwingen. [...] *Das gibt ihm eine Idee von Freiheit* [von mir hervorgehoben]. Die Zeitung ist keine Eintagsfliege [...]; sie ist ein Schmetterling, der noch übers Jahr die Gedanken lenkt und die Träume bringt. ›Leben ist nicht genug‹, sagt der Schmetterling in Andersens Märchen, ›Sonnenschein, Freiheit und eine kleine Blume muss man haben.‹«[23]

Zauber und Wunder

Nun müssen wir aber bedenken, dass das »eigentliche« Märchen – und darum geht es ja hier – *Zaubermärchen* heißt. Und hier, beim Zauber, überschreiten wir nun die Grenze realer menschlicher Freiheiten endgültig, denn zaubern kann der Mensch nicht, wenn ihn auch seine heutigen technischen Fähigkeiten sehr nahe an diese Grenze führen. Gegenstände, Tiere, ja sich selbst verwandeln oder sich verwandeln lassen – das gibt dem Märchenhelden, der Märchenheldin die immense Freiheit, über ebendiese ihre menschlichen Grenzen hinauszugelangen.

Der Märchenheld lernt das Zaubern bei einem mächtigen Zauberer und kann sich selber in ein Tier oder in einen Gegenstand verwandeln. Mit dieser Fähigkeit ausgerüstet, tritt er in einen Verwandlungswettkampf mit seinem Lehrmeister. Oder er lernt diese wunderbare Kunst von dankbaren Tieren, von einem dankbaren Alten. Er kann sich etwa in einen Hasen, einen Fisch und in eine Taube verwandeln, wenn er damit einem bedrängten König helfen muss[24].

Obwohl sie vorläufig – oder gerade deshalb – oft in niedriger Gestalt verharren müssen (sie sind meistens ein Tier oder gar bloß ein

Kopf), können die Märchenhelden und -heldinnen durch Zauber die schwersten Aufgaben lösen, um eine Königstochter zu gewinnen, um dem benachteiligten Jüngsten bei seinen Aufgaben zu helfen. Der Schlangensohn muss etwa »machen, dass alle Obstbäume [des Königs] in [dessen] Garten goldene Äpfel und silberne Äpfel und goldene Blätter und silberne Blätter tragen«. Am anderen Tag muss er »alle seine Gartenwege mit Perlen und Edelsteinen auslegen«, schließlich das ganze königliche Schloss vergolden – Aufgaben, die nach seinen Anweisungen der Pflegevater mit Leichtigkeit schafft[25].

Aber auch, wenn Märchenhelden einmal einen alltäglichen Beruf erlernen, sind diese keine gewöhnlichen, vielmehr zauberische Fähigkeiten. Der Sternforscher, der Dieb, der Jäger und der Schneider gucken nicht in den Himmel, stehlen nicht Geld, schießen kein Wild und nähen keine Hose, vielmehr bringen sie etwas fertig, was nicht einmal in dem berühmtesten Zirkus der Welt, von dem berühmtesten Zauberer bewerkstelligt werden kann: Sie erblicken hoch oben in einem mächtigen Baum einen brütenden Goldvogel, stehlen seine Eier unter ihm weg, ohne dass er es merkt, schießen sie mit einem einzigen Schuss entzwei und nähen sie so zusammen, »dass die Vögelchen drin keinen Schaden davontragen«[26].

Man zitiert immer wieder gern den Anfang des Grimm'schen Märchens »Der Froschkönig«: »In alten Zeiten, wo das Wünschen noch geholfen hat« (KHM 1), und tatsächlich gibt es etliche Figuren der Märchenwelt, die sich bloß etwas wünschen müssen – sei es von sich selber, sei es von einem Zaubertier –, und schon haben sie, wonach es ihnen verlangt, wobei hier gleich auch die Gefahren dieses grenzenlosen Wünschenkönnens gezeigt werden: etwa durch Vermessenheit wie im Märchen »Von dem Fischer un syner Frau« (KHM 19, AaTh 555) oder durch unbedachten Leichtsinn, wie in »Der Arme und der Reiche« (KHM 87, AaTh 750A).

Und wenn er nicht gerade zaubern kann oder wünschliche Gedanken hat, so ist der Märchenheld unvorstellbar stark und steht dadurch über den gewöhnlichen Sterblichen: Schon als Kind kann einer z. B. Soldaten hinwerfen, wie wenn diese Spielpuppen wären, oder es ist ihm ein Leichtes, drei Drachen zu töten[27]. Manchmal ist dieser Held sogar so klein wie ein Pfefferkorn. Seine Stärke ist jedoch ungeheuer groß: Er nahm, so heißt es etwa in einem jugoslawischen Märchen, »die Stange [die zwölf Büffel hinter sich herschleiften] auf den Rücken und trug sie auf den Berg. Pfefferling trug das Eisen zu einem Schmied und ließ sich daraus eine Keule machen. Der Schmied machte ihm einen riesigen Morgenstern. Diesen nahm Pfefferling, warf ihn in die Wolken, hielt seinen Rücken hin und wartete den Morgenstern ab. Der Morgenstern schlug ihm auf das Kreuz; doch ihm kam es so vor, als hätte ihn ein Floh gestochen, und er dachte bei sich: ›Das ist aber ein leichtes Ding!‹«[28]

Gelegentlich nimmt die Stärke des Helden das Ausmaß einer antiken Gottheit an. So überrascht es auch nicht, dass er unverletzlich, ja unsterblich sein kann. Er wird zu Tode geprügelt oder versteinert, der Kopf wird ihm abgeschlagen, er wird verbrannt, ja in tausend Stücke gehauen, aber er wird immer auferstehen, und zwar noch auf dieser Welt[29]. Und wenn auch etliche Märchen mit der Formel enden: »Und so leben sie heute noch, wenn sie nicht gestorben sind«, so erleben wir im europäischen Zaubermärchen kaum jemals den Tod des Helden. Das Märchen ist unglaublich konsequent im Entwerfen einer Gegenwelt, in der die absolute Freiheit herrscht. Der stärkste und gefürchtetste Gegner des Menschen, der Tod, wird überlistet, ja besiegt, oder, wie Hans-Jörg Uther an einer Stelle in der »Enzyklopädie des Märchens« schreibt: »Die Endgültigkeit des Todes ist hier aufgehoben.«[30]

Und hier möchte ich einen Sprung in unsere heutige Welt wagen und darauf aufmerksam machen, dass die moderne (oder soll man sagen *postmoderne*) Wissenschaft sogar selber die Grenzen der Sterblichkeit ins Visier nimmt. Aber auch wenn man etwa Bücher mit dem Titel »Forever Young – das Altern besiegen«[31] schreibt, ist diese Hoffnung auf eine irdische Unsterblichkeit vorläufig noch eine (negative) Utopie. Und doch soll es bereits Menschen geben, die ihren toten Körper einfrieren lassen, für den Fall und für die Zeit, wo ihre tödliche Krankheit geheilt werden kann ...

Eine weitere Möglichkeit, wo der Mensch sich heute als Schöpfer gefällt, ist das Klonen. Dazu möchte ich eine Art satirisches Märchen vorstellen, geschrieben vom Zürcher Pfarrer und Dichter Fritz Gafner:

»Es war einmal einer derart vermögend, dass er sich alles leisten konnte, was man sich leisten kann auf dieser Welt. Aber je mehr er sich leistete, desto mehr Angst hatte er vor dem Sterben. Deswegen wollte er sich klonen lassen. Und weil er es bezahlen konnte, fand er auch Leute, die wunschgemäß fünf Kopien von ihm herstellten. Und als die fünf Kopien halbwüchsig waren, starb er.

Ob er jetzt verjüngt in diesen fünf Kopien vorhanden war oder ob er gar diese fünf Kopien selber war, das weiß man nicht so sicher – hatte er doch selber auch nie so sicher gewusst, wer er war – aber das weiß man sicher: Seine fünf Kopien hatten fünf Mal seine Angst vor dem Sterben.«[32]

Nun, nach diesem Überblick über die immer mehr ins Übernatürliche steigende Freiheit, die im Märchen thematisiert wird, müssen wir wiederholen: Das Märchen ist eine »Wunschdichtung«, die auf *Befreiung* zielt. Nicht nur werden Prinzessinnen oder die Himmelskörper von Drachen befreit, nicht nur der wunderbare Bräutigam aus der Tiergestalt; nicht nur wird aus dem Unterdrückten ein König, der weise regiert, aus den Armen eine Königsbraut oder ein Prinzgemahl, vielmehr wird der Held – als Repräsentant des Menschen überhaupt[33] – von seinen sozialen, anthropologischen, biologischen und physikalischen Grenzen befreit.

Nach Goethe sind Märchen »Spiele einer leichtfertigen Einbildungskraft«, die den Menschen »außer sich hinaus ins *unbedingt Freie* (von mir hervorgehoben) führen und tragen«[34]. Wir haben aber auch gesehen, dass vieles, was in der Einbildungskraft geschah, heute überraschend nah an die Grenze unserer Wirklichkeit gekommen ist oder sogar diese Grenze bereits überschritten hat. So ist das Märchen stets auf dem Weg aus einer utopischen in eine reale Welt, deren Wirklichkeit hoffentlich auch nicht vollständig der märchenhaften »Wirklichkeit« entsprechen wird. Denn verwandeln wird sich der Mensch möglicherweise nie können; auch bleibt die Grenze zwischen Tier und Mensch aufrechterhalten. Und ob wir unsterblich sind – diese Frage gehört nicht in die Märchenkunde, sondern ins Gebiet der Religionen.

Kommen wir zur Zusammenfassung: Utopisch oder korrekter *wunschtraummäßig* ist das Märchen schon, und zwar nicht im merkantilen, auch nicht (nur) im psychologischen, sondern in einem tief *humanitären* Sinn. Denn das Menschenbild des Märchens zeigt Männer und Frauen, die – aus eigener Kraft oder mit alltäglicher, ferner mit übernatürlicher Hilfe – alles zuwege bringen. Der Mensch im Märchen hat nicht nur einen freien Willen, sondern er kennt – wie wir gesehen haben – auch keine Grenzen. Was Maria Christa Maennersdoerfer für die Grimm'schen Märchen festgestellt hat, gilt auch ganz allgemein für das europäische Zaubermärchen, nämlich, dass in ihm alles darauf hinläuft, dass Schicksal und Wille des Helden und der Heldin zusammenfallen[35]. Sie setzen aber ihre Freiheiten für gute Dinge ein. Märchenhelden und -heldinnen sind zwar keine Tugendbolde, sie können – wenn es nötig ist – lügen, schwindeln, stehlen und ungehorsam sein, aber sie sind meistens auch Helfer und Erlöser. Sie gebrauchen ihre natürlichen und übernatürlichen Fähigkeiten, ihre magischen Helfer selten für inhumane, ja für mörderische Zwecke wie ihre Gegenspieler.

Der menschliche Wunsch nach Freiheit im Spiegel der Märchen

Da aber die Zaubermärchen, die eigentlichen Märchen, »welthaltig« sind (Lüthi), sparen sie auch das Böse[36] nicht aus, und zwar nicht nur beim Feind und Schädiger. Wenn auch selten und nur als Racheakt, so kommt das Zerstörerische als Kulmination der Märchenerzählung doch vor, gleichsam als möglicher – in unserer Welt leider sehr realer – Missbrauch der Macht in Form von zerstörerischen Waffen. Denken wir beispielsweise an das 54. Grimm'sche Märchen »Der Ranzen, das Hütlein und das Hörnlein«, das so endet:

»Aber noch war ihm das Hörnlein übrig, und in großem Zorne blies er aus allen Kräften hinein. Alsbald fiel alles zusammen, Mauern, Festungswerk, Städte und Dörfer, und schlugen den König und die Königstochter tot. Und wenn er das Hörnlein nicht abgesetzt und nur noch ein wenig länger geblasen hätte, so wäre alles über den Haufen gestürzt und kein Stein auf dem andern geblieben. Da widerstand ihm niemand mehr, und er setzte sich zum König über das ganze Reich.«

Nun, ein solches – unserer Wirklichkeit leider sehr ähnliches – Königwerden ist im Märchen eben selten. Im Allgemeinen besteht das Utopische in ihm in einem Traum, in dem sich der erzählende Mensch einerseits in grenzenloser Freiheit, andererseits aber (und damit im Zusammenhang) als sehr hilfreich und human entwirft. Er imaginiert sich eine Welt, in der Freiheit nicht Macht und Unterdrückung der Mitmenschen bedeutet, sondern gegenseitige Hilfe, wo er, um Max Lüthi zu zitieren, sicher sein kann, dass er im guten Kontakt mit den Wesensmächten, dass er in sinnvollen Zusammenhängen steht[37]. Aber der Märchenheld und die Märchenheldin sind nicht nur die Begnadeten und die Begabten (Lüthi), sondern auch die Gebenden und Helfenden, *die ihre Freiheit selten missbrauchen*. Ein (Wunsch-)Traum, an dem zu arbeiten sich lohnt!

Anmerkungen

1 Lüthi, Max: *Märchen.* Bearbeitet von Heinz Rölleke. Stuttgart 1990 (8. Auflage), S. 1–5.
2 Lüthi, Max: »Ethik«. In: *Enzyklopädie des Märchens (EM).* Band 4, Spalten 499–508.
3 *Philosophisches Wörterbuch.* Begründet von Heinrich Schmidt. Hrsg. von Georgi Schischkoff. Stuttgart 1965 (17. Auflage), S. 175f; vergleiche das Kapitel »Das Streben nach Freiheit als Grundstrebung des Menschen.« In: Horn, András: *Grundlagen der Literaturästhetik.* Würzburg 1993, S. 403–409.

Katalin Horn

4 Horn, Katalin: *Der aktive und der passive Märchenheld*. Basel 1983.
5 Röhrich, Lutz: *Märchen und Wirklichkeit*. Wiesbaden 1974 (3. Auflage), S. 236f.
6 Lüthi (wie Anmerkung 2).
7 Gehlen, Arnold: *Die Seele im technischen Zeitalter*. Hamburg 1970, S. 8, 18; derselbe: *Der Mensch. Seine Natur und seine Stellung in der Welt*. Wiesbaden 1978 (12. Auflage), S. 31–49.
8 Lüthi, Max: *Das europäische Volksmärchen*. München 1978 (6. Auflage), S. 16f.
9 Horn (wie Anmerkung 4), S. 10.
10 Ebenda, S. 11; Gobrecht, Barbara: »Köpfe auf Pfählen.« In: *EM*. Band 8 1996, Spalten 260–264.
11 Röhrich, Lutz: »Tabus in Bräuchen, Sagen und Märchen.« In: Lutz Röhrich: *Sage und Märchen*. Freiburg–Basel–Wien 1976, S. 125–142, hier S. 128.
12 Horn, Katalin: »Symbolische Räume im Märchen«. In: *Symbolik von Ort und Raum*. Hrsg. von Paul Michel. Bern 1997, S. 335–351, hier S. 342; vergleiche Motiv G 526.
13 »Der Lohn der Stieftochter und der Haustochter.« In: *Finnische und estnische Märchen*. Hrsg. von August von Löwis of Menar. Düsseldorf–Köln 1962, S. 192–196.
14 KHM 57.
15 Lüthi (wie Anmerkung 8), S. 37–62.
16 KHM 20.
17 Horn, Katalin: »Jüngste, Jüngster«. In: *EM*. Band 7 1993, Spalten 801–811.
18 *Kurdische Märchen*. Hrsg. von Luise-Charlotte Wentzel. Düsseldorf 1978, S. 124f.
19 *Rumänische Märchen*. Hrsg. von Felix Karlinger und Ovidiu Bîrlea. Düsseldorf–Köln 1969, S. 109.
20 Horn, Katalin: »Das Grosse im Kleinen«. In: *Fabula*. Band 22. 1981 (Heft 3/4), S. 250–271.
21 Ungedruckte Vortragsreihe an der Basler Volkshochschule. 1982.
22 Domokos, Sámuel: *Vasile Gurzau magyar és román nyelvü meséi* (Die ungarischen und rumänischen Märchen des V. G.). Budapest 1968, S. 116–129.
23 Kühn, Johannes: »Zeitung am Kaffeetisch.« In: *1000 deutsche Gedichte*. Hrsg. von Marcel Reich-Ranicki. Band 10: »Von Sarah Kirsch bis heute.« Frankfurt a. M.–Leipzig, S. 75; Kommentar S. 76–78.
24 AaTh 665.
25 *Dänische Volksmärchen*. Hrsg. von Laurits Bødker. Düsseldorf–Köln 1964. Nr. 14, S. 96–103.
26 KHM 129.
27 *Tombácz János meséi* (Die Märchen des János Tombácz. Gesammelt von) Sándor Bálint. Budapest 1975, S. 186f; Domokos (wie Anmerkung 22), S. 79–101.
28 *Volksmärchen aus Jugoslawien*. Hrsg. von Joseph Schütz. Düsseldorf–Köln 1960, S. 136.
29 KHM 92; KHM 60; Banó, István: *Baranyai népmesék* (Volksmärchen aus Baranya). Budapest 1941, S. 52.
30 Uther, Hans-Jörg: »Ertränken, Ertrinken«. In: *EM*. Band 4, Spalten 295–306, hier Spalte 298.
31 Markert, Dieter: *Forever Young – das Altern besiegen*. München 1999.

32 Gafner, Fritz: *Die Kehrseite. Minutengeschichten für eine Stunde*. Frankfurt a. M. 2002, S. 45.
33 Lüthi, Max (wie Anmerkung 8), S. 119.
34 Goethe, Johann Wolfgang: *West-östlicher Divan*. Stuttgart 1819, S. 286.
35 Maennersdoerfer, Maria Christa: *Schicksal und Wille in den Märchen der Brüder Grimm*. Dissertation. Bonn 1965, S. 175–180.
36 Lüthi, Max: »Bosheit, böse«. In: *EM*. Band 2, Spalten 618–634, hier Spalten 623–629.
37 Lüthi, Max (wie Anmerkung 8), S. 175–180.

LUTZ RÖHRICH
Wunschlos (un-)glücklich

»Wunschlos glücklich« ist eine umgangssprachliche Formel für höchstes Glück. Ob sie aus der Welt der Märchen kommt, scheint mir eher fraglich, denn dort sind die Leute am Ende oft »wunschlos *un*glücklich«. Zwar beginnt schon das erste Grimm'sche Märchen bekanntlich mit einer Wunschformel: »In den alten Zeiten, wo das Wünschen noch geholfen hat«; aber es ist schon ein wenig desillusionierend, erfahren zu müssen, dass gerade dieser Satz erst eine nachträgliche Zutat der Brüder Grimm war.

»Am Wünschen scheiden sich Narren und Weise«, sagt ein Sprichwort. Erfüllte Wünsche machen jedenfalls nicht immer glücklich. »Der Fischer un syne Fru« sind am Ende des Runge-Märchens (KHM 19) im wörtlichen Sinne »wunschlos«, d. h. sie sind ihre Wünsche los. Ilsebill wünschte sich, Papst zu werden und schließlich sogar noch der liebe Gott selbst: Glücklich wurde sie in keinem Fall.

Das Märchen von den drei Wünschen hinterlässt auch keine glücklichen Menschen. Nach seiner vielfach variierten Struktur werden zwei von drei gewährten Wünschen vertan, und so muss der dritte und letzte Wunsch dazu dienen, die vorangegangenen Fehlwünsche und ihre meist verheerenden Folgen zu korrigieren, um die Welt wieder in den vormaligen Zustand zu versetzen.

Schon das Altertum kannte Modellfälle, sozusagen Schulbeispiele törichter oder voreiliger Wünsche. Im altindischen Pañcatantra erhält ein armer Weber von einem guten Geist einen Wunsch frei. Von seiner Frau übel beraten, begehrt er noch einen weiteren Kopf und zusätzlich zwei Arme, damit er doppelt so viel weben und verdienen könne. Als er aber heimkehrt, halten ihn die Leute begreiflicherweise für einen bösen Geist und erschlagen ihn (Bolte-Polívka II, S. 213).

Glückspilze leben gefährlich. Man denke an die sagenhafte Figur des antiken Tyrannen Polykrates, der durch sein sprichwörtliches Glück den Neid der Götter erregte, so dass selbst seine Freunde sich mit Grauen von ihm abwandten. Schließlich ist nicht jeder, der Glück hat, auch glücklich: Der phrygische König Midas wünschte sich, dass alles, was er anrührte, sich in Gold verwandelte (Ovid), eine Anspielung auf den Reichtum seines Landes, aber schlechte Voraussetzungen für die Einnahme von Mahlzeiten. Da nun alle seine Speisen und Getränke zu Gold wurden, starb er fast Hungers und bat, wieder von dieser Gabe befreit zu werden.

Dagegen galt der Antike als Exempel eines sinnvoll und glückhaft angelegten Wunsches die Sage von Philemon und Baucis (Ovid): Das arme alte Ehepaar nahm allein von allen Menschen die wandernden Götter Jupiter und Merkur gastlich auf. Die Götter überschwemmten darauf das umliegende Land, die Hütte der beiden Alten aber verwandelten sie in einen prächtigen Tempel. Als Jupiter ihnen eine Bitte freistellte, wünschten sie, als Priester des Tempels zu gleicher Zeit zu sterben. So wurde in hohem Alter Philemon in eine Eiche, Baucis in eine Linde verwandelt. Die Äste beider Bäume verflochten sich.

Der Wunsch eines jeden Menschen nach einem langen Leben führt nicht unbedingt ins Glück. Das führt uns das Grimm'sche Märchen von der »Lebenszeit« (KHM 176) drastisch vor Augen: Der Mensch ist nicht zufrieden mit der ihm von Gott zugedachten Lebenszeit von 30 Jahren. Er wünscht sich stattdessen die von Esel, Hund und Affe zuvor ausgeschlagenen Lebensjahre noch dazu und bekommt von Gott diesen Wunsch auch erfüllt. Aber was hat er davon? Zu seinen schönen, gesunden und aktiven Jahren bekommt er noch die 18 Jahre des Esels aufgebrummt, wo er sich nur für andere abrackern muss und schwere Lasten zu tragen hat, anschließend noch die zwölf Hundejahre, wo er nur zahnlos vor sich hinknurrt, und zum schlechten Ende auch noch die zehn Jahres des alten Affen, in denen er nur noch der Kinderlein Gespött ist und jedermann sich über ihn lustig macht. – Eine negative Wunscherfüllung, denn jeder will zwar alt werden, aber niemand will's sein.

Nach biblischer Auffassung hat Gott den ersten Menschen in ein Paradies gesetzt, in ein Leben ohne Arbeit, ohne Tod. Der Mensch – nach dem Bilde Gottes geschaffen – hätte hier eigentlich wunschlos glücklich sein müssen. Doch der erste Wunsch Adams ist dann der nach einer Gefährtin. Er bekommt sie in Gestalt Evas. Und damit fing sein Unglück an: Evas Wunsch nach der verbotenen Frucht des Lebensbaums ist übermächtig. Sündenfall und Paradiesverlust waren die Folge.

Im Paradies blieben zwar keine Wünsche des Menschen offen. Aber es bedeutete doch Stillstand: keinen Fortschritt, keine Entwicklung, und dies läge auch nicht im Wunschbereich des Menschen. Zwangsläufig bringt dieser Zustand immer neue Wünsche hervor. Die Klassik nennt das später »faustisches Streben«:

Lutz Röhrich

> Werd' ich mich jemals auf ein Faulbett legen,
> so sei es gleich um mich getan.

Rastlos arbeitet der *homo faber*, um sich immer neue Wünsche auszudenken und zu erfüllen. Das Nicht-enden-wollen von Wünschen gehört sozusagen zum Bild des Menschen:

> Je mehr er hat, je mehr er will.
> Nie schweigen seine Wünsche still.

Die Gewährung eines oder dreier Wünsche ist häufig mit dem Märchenmotiv der auf Erden wandernden Götter verbunden, und es handelt sich um moralische Exempel: Wünsche sind Geschenke der Jenseitigen, und diese erwarten auch einen aufs Jenseits gerichteten Wunsch: Man muss erst tot sein, um seine Wünsche erfüllt zu bekommen.

Eine der ältesten und schönsten Fassungen des Märchens von den drei Wünschen steht beim Stricker, einem bürgerlichen Dichter aus der ersten Hälfte des 13. Jahrhunderts. Sie gehört zu seinen so genannten »Ehestandsmaeren«, in denen es um das rechte Verhältnis von Mann und Frau geht: Ein Ehepaar beklagt sich bitter darüber, dass Gott sie so arm belässt, obwohl sie ihn durch ihre inbrünstigen Gebete doch täglich um Wohlstand gebeten hätten. Das geht so weit, dass Gott einen Engel zu ihnen schickt, der ihnen die Erfüllung dreier Wünsche verheißt:

> Habe drîer wuensche gewalt ...
> die werden war alle drî,

aber sieh zu, dass du sie gut anlegst. Denn wenn du trotzdem arm bleibst, bist du selber schuld daran!

Die Frau besteht darauf, dass *ein* Wunsch wenigstens ihr zustünde, da sie Gott genauso gebeten habe wie ihr Mann. Der Mann gesteht ihr den einen Wunsch zu, und sie wünscht sich kurz entschlossen das schönste Gewand, das jemals in der Welt an einer Frau gesehen ward. Der Mann verflucht sie und wünscht ihr in seinem Zorn das Kleid in den Leib, dass sie endlich satt würde. Auch dieser Wunsch erfüllt sich augenblicklich. Das Kleid verursacht der Frau jedoch entsetzliche Leibschmerzen, und sie schreit so lange, bis ihr Mann den dritten Wunsch ausspricht, dass sie von Schmerz erlöst würde. Und so sind alle drei Wünsche vertan.

Mehrere Dinge sind bemerkenswert an dieser ersten mittelhochdeutschen Märchenerzählung: 1. Der Vollzug des Wunders. Es ist ein von Gott gesandter Engel, der die wundersame Wunscherfüllung bewirkt, d. h. die Erzählung ist noch voll in den mittelalterlich-christlichen Glaubensbereich integriert. 2. Im Epilog wird eine doppelte Lehre erteilt. Einmal: Man soll Gott nicht um Reichtum bitten, denn er ist so gnädig, dass er für jeden sorgt. Natürlich ist die Geschichte 3. auch ein Exempel gegen die Todsünden *luxuria* und *superbia*, die sprichwörtliche Eitelkeit und Hoffahrt der Frauen. Wie bei Eva im biblischen Sündenfall ist die voreilige Begierde der Frau nach der Erfüllung ihrer Wünsche der Auslöser des Disasters.

Beide Eheleute haben nach Meinung des Märchendichters Unrecht getan, beide sind sie vor ihren Verwandten und Nachbarn die Blamierten. Aber die Schande des Mannes ist die größere: Niemals hätte er seiner Frau nachgeben dürfen. Er stirbt aus Gram über seine Schande und Blamage. Diese Lehre ist es, was die Erzählung zu einem so genannten »Ehestandsmaere« macht.

In der Mitte des 16. Jahrhunderts gibt es eine weitere deutsche Version, die wahrscheinlich auf einer mündlichen Überlieferung beruht. Hans Sachs hat sie in Reime gebracht. Nun ist es der heilige Petrus, der die Wünsche des Ehepaares erfüllt. Die Erzählung spielt in einer bäuerlichen Umwelt. Bäuerinnen haben keine modischen Kleiderwünsche, dafür aber andere Bedürfnisse. In ihrer Gier nach einem eigenen Wunsch wünscht sich die Bäuerin »die schönste Hechel im ganzen Land«. Und augenblicklich geht dieser Wunsch in Erfüllung. In seinem Zorn über den vertanen Wunsch wünscht der Mann seiner Frau die Hechel in den Allerwertesten, wo sie sich entsprechend auswirkt:

> sie stachen hart die hechel zên,
> kunt darfor weder stên noch gên.

Der unappetitliche Gegenstand war dann aber das einzige bleibende Resultat ihres Wünschens. Die Prüderie des 19. Jahrhunderts und auch die gutbürgerliche Erziehung der Brüder Grimm hätte eine solche Anal- und Fäkalkomik kaum zugelassen, während uns heute die Verletzung dieser Schamgrenze schon eher wieder komisch vorkommt.

Was soll man sich aber denn nun eigentlich wünschen? Die Antwort darauf gibt das Grimm-Märchen »Der Arme und der Reiche« (KHM 87). Schon wie das Märchen anfängt, merkt man, dass da christliche Morallehre Pate gestanden haben muss. Es hört sich nämlich an wie eine katechetische Paraphrase der biblischen Herbergssuche zu Bethlehem: »Vor alten Zeiten, als der liebe Gott noch selber auf Erden unter den Menschen wandelte, trug es sich zu, daß er eines Abends müde war, und ihn die Nacht überfiel, bevor er zu einer Herberge kommen konnte.« Dass der gutherzige Arme sich mit seinem ersten und dringendsten Wunsch die ewige Seligkeit sichert und erst in zweiter Linie an Gesundheit und tägliches Brot und an sein Haus denkt, geht in dieselbe Richtung. Diesen gottesfürchtig und fromm angelegten Wünschen werden die Wünsche des Reichen kontrastiv gegenübergestellt. Obwohl er dem lieben Gott die Gastfreundschaft verweigerte, bekommt nämlich auch der Reiche drei Wünsche freigestellt, und natürlich vergeudet er sie.

Meist sind Menschen unfähig, mit dem ihnen gewährten Glück richtig umzugehen. Die Struktur der Erzählung ist in allen Versionen die Gleiche: Ein Wunsch wird leichtfertig vertan, der Ehepartner ärgert sich darüber und verwünscht seinen Partner; und so bleibt für den dritten Wunsch keine andere Wahl, als den ursprünglichen Zustand wieder zurückzuwünschen.

Vergegenwärtigen wir uns diese Passage in einer anderen, ebenfalls sehr bekannten Version von Johann Peter Hebel aus dem »Schatzkästlein des Rheinischen Hausfreundes«. Dort ist es übrigens nicht der liebe Gott, sondern die »Bergfei Anna Fritze«, die dem Ehepaar die Erfüllung dreier Wünsche gewährt. Bei Hebel wünscht sich die Frau, ohne an die Gabe der Bergfei Anna Fritze zu denken, als sie mit ihrem Mann beim Feuer sitzt, ein gebratenes Würstlein. »Und da lag auf den Kartoffeln auch schon die schönste Bratwurst.« Der Mann wünscht in der Übereilung seines Ärgers, dass ihr die Wurst an der Nase angewachsen wäre. »Kaum war das letzte Wort gesprochen, so saß die Wurst an der Nase des guten Weibes fest, wie angewachsen im Mutterleib, und hing zu beiden Seiten herab wie ein Husarenschnurrbart. Was half nun aller Reichtum und alles Glück zu einer solchen Nasenzierat der Hausfrau. Wollten sie wohl oder übel, so mußten sie die Bergfei bitten, mit unsichtbarer Hand Barbiersdienste zu leisten und Frau Lise wieder von der vermaledeiten Wurst zu befreien. Wie gebeten, so geschehen, und so war der dritte Wunsch auch vorüber, und die armen Eheleute sahen aneinander an, waren der nämliche Hans und die nämliche Lise nachher wie vorher, und die schöne Bergfei kam niemals wieder.«

Die Grimmbrüder empfehlen, vor den irdischen Wünschen immer zuerst an die ewige Seligkeit zu denken. Der protestantische Prälat Johann Peter Hebel hingegen – darin ganz Kind der Aufklärung – empfiehlt, zunächst einmal den Verstand zu schärfen. Die Moral, die der Dichter der Erzählung beigibt, lautet: »Merke: Wenn dir einmal die Bergfei kommen sollte, so sei nicht geizig, sondern wünsche Numero eins: Verstand, daß du wissen mögest, was du Numero zwei wünschen solltest, um glücklich zu werden. Und weil es leicht möglich wäre, daß du alsdann etwas wähltest, was ein törichter Mensch nicht hoch anschlägt, so bitte noch Numero drei: um beständige Zufriedenheit und keine Reue. Oder so: Alle Gelegenheit, glücklich zu werden, hilft nichts, wer den Verstand nicht hat, sie zu benutzen.«

Dass zum Glück auch der Verstand gehört, es sinnvoll zu nutzen, ist ein typischer Gedanke der Aufklärung und des 18. Jahrhunderts. Ihn hat auch Christian Fürchtegott Gellert (1715–1769) in seinem Gedicht zum Ausdruck gebracht:

Der Arme und das Glück

Ein armer Mann, versehn zum Graben,
Wollt itzt ein besser Schicksal haben
Und rief das Glück um Beistand an.
Das Glück erhörte sein Verlangen.
Er fand, indem er grub, zwo starke goldne Stangen;
Allein der ungeschickte Mann
Sah sie für altes Messing an
Und gab für wenig Geld den Reichtum aus den Händen,
Fuhr fort und bat das Glück, doch mehr ihm zuzuwenden.

»O Tor!« rief ihm die Gottheit zu,
»Was quälst du mich, dich zu beglücken?
Wer wäre glücklicher als du,
Wenn du gewußt, dich in dein Glück zu schicken?«

Du wünschest dir mit Angst ein Glück
Und klagst, daß dir noch keins erschienen.
Klag' nicht, es kommt gewiß ein günst'ger Augenblick:
Allein bitt' um Verstand, dich seiner zu bedienen;
Denn dieses ist das größte Glück.

Eine äußerst originelle Gastfreundschaftserzählung haben uns die Brüder Grimm in KHM 82, »De Spielhansl«, überliefert: Bei einem notorischen Spieler kehren der liebe Gott und Petrus ein. Gott beschenkt ihn mit drei Wünschen, in der Meinung, er wolle das ewige Himmelreich. Der Spielhansl allerdings wünscht sich Spielkarten und Würfel, die immer gewinnen, einen Baum, der sämtliche Obstsorten trägt und niemanden herunterlässt, es sei denn, der Hansl erlaube es ihm. Nun gewinnt Hansl immerfort, und Petrus meint, man müsse ihm Einhalt gebieten, da er sonst die ganze Welt gewönne. Darum

Lutz Röhrich

will ihn Gott sterben lassen und schickt den Tod zu ihm. Hansl ahnt, was ihn erwartet, und ersucht den Tod, etwas Obst als Wegzehrung zu pflücken. Nun muss der Tod auf dem Baum oben bleiben, und niemand kann sterben. Der Wunsch der Menschheit nach Unsterblichkeit scheint erfüllt. Aber schon bald gibt es Überbevölkerungsprobleme, und man muss den Tod wieder aus seiner Verbannung befreien.

Mit den Spielhanslvarianten, dem Schmied von Jüterbok oder dem Schmied von Apolda sind wir nun ganz im Bereich des Schwankmärchens. Da geht es weniger um die ewige Seligkeit. Die Wünsche, die in Erfüllung gehen sollen, sind auf die Befriedigung der menschlichen und allzu menschlichen Triebe angelegt.

In einem noch unveröffentlichten, von Marianne Klaar aufgezeichneten neugriechischen Märchen dürfen sich die drei Söhne eines dem Sterben nahen alten Königs eine Gnade erbitten. Der Älteste wünscht sich als Inhalt des väterlichen Segens, dass er im Faustkampf immer der Sieger bleiben möge. Der zweite Sohn will im Ringkampf immer der Erste sein. Der Jüngste will mit seinem Wunsch zuerst nicht herausrücken in der Befürchtung, der Vater könne ihm diese Gnade ohnehin nicht verleihen. Schließlich sagt er: »Ich wünsche mir, dass ich mich 40mal mit einer Frau hinlege und mein Glied steht hinterher noch aufrecht und unversehrt.« Deshalb heißt die Überschrift dieses Märchens auch »Der Vierzig-Bein«. Und der weitere Verlauf der Erzählung schildert dann die Abenteuer und Komplikationen, die dieser superpotente Königssohn mit der entsprechend fünfmalschönen Tochter eines anderen Königs hat – kein Schwank übrigens, sondern ein wirkliches Zaubermärchen, entsprossen der Männerphantasie eines 66-jährigen Erzählers. Dass eine Frau dieses Märchen aufzeichnen konnte, dazu eine Ausländerin in einem konventionell männerorientierten griechischen Dorf, ist höchst beachtlich. Nur sind solche Erzählungen eben sehr selten veröffentlicht worden. So auch diese. Aber es gibt diese sexuellen Märchenwünsche.

In den Märchen von »Tausendundeiner Nacht« wünscht sich eine sexuell frustrierte törichte Frau, dass der Penis ihres Mannes wesentlich größer werde. Als ihr Wunsch sich erfüllt, ergeben sich in ihrem Sexualleben erhebliche Schwierigkeiten. Da nun der Mann wünscht, von dieser Plage befreit zu werden, verschwindet sein Penis völlig, und so bleibt nach zwei töricht vertanen Wünschen nur noch die Bitte an Allah, den Mann wieder in seinen früheren Zustand zu versetzen.

Die vertanen Wünsche und das schadenfrohe Lachen über den törichten Wünscher haben das Thema der drei Wünsche auch für Witz und Parodie geeignet erscheinen lassen. Unzählige Witze han-

Wunschlos (un-)glücklich

deln von dem Mann, dem eine schöne Fee die Erfüllung dreier Wünsche gewährt und der dann sagt: »Eigentlich habe ich nur einen einzigen Wunsch, aber den gleich dreimal hintereinander!«
Wieder eine andere Version: Ein Mädchen geht am Ufer eines Sees spazieren. Da trifft sie auf einen Fisch, den die Wellen ans Land gespült haben. Mitleidig, wie sie ist, wirft sie den Fisch ins Wasser zurück, und da sagt der Fisch mit menschlicher Stimme zu ihr: »Zum Dank, dass du mir das Leben gerettet hast, will ich dir drei Wünsche in Erfüllung gehen lassen«. »Nicht schlecht«, sagt sie, »ich möchte gern das schönste Mädchen von der Welt sein.« Sagt der Fisch: »Du bist es bereits. Nun der zweite Wunsch.« »Ja«, sagt sie, »ich bin auch ein ziemlich armes Mädchen, und so wünsche ich mir, dass sich mein Haus in Gold verwandelt.« »Auch dieser Wunsch ist bereits in Erfüllung gegangen«, sagt der Fisch. Nun hat sie also Schönheit und Reichtum, und es fehlt noch die Liebe, und so sagt sie: »Zum Dritten wünsche ich mir, dass sich mein kleiner Kater zu Hause in einen sympathischen jungen Mann verwandelt, der sich in mich verliebt.« Und da sagt der Fisch: »Geh nach Hause. Du wirst alles so finden, wie du es dir gewünscht hast.« Das Mädchen läuft nach Hause. Schon von weitem sieht sie ihr goldenes Haus, und wie sie an den Fensterscheiben vorübergeht, spiegelt sie sich darin und bemerkt, *wie* schön sie geworden ist. Als sie ins Haus hineingeht, kommt tatsächlich ein sympathischer junger Mann auf sie zu, der mit trauriger Stimme sagt: »Tut's dir nicht doch ein bisschen leid, dass du mich vor zwei Jahren hast kastrieren lassen?«
Der Witz spottet über den Optimismus des Märchens. Er zweifelt an der perfekten Wunscherfüllung und an einem Happy End. Im Witz erlebt das naive Märchengeschehen eine psychologische Reflexion und Brechung.
Mit derselben Märchenstruktur arbeitet auch die industrielle Reklame. In der Werbung für ein Markenbier (Warsteiner) heißt es: »Wenn Sie drei Wünsche frei hätten – was wären dann Ihre anderen zwei?« Die Reklame unterstellt beim Konsumenten, dass das genannte Bier in jedem Fall seine erste Wahl wäre, dass es aber dem Käufer so gut schmeckt, dass er dasselbe Fabrikat auch mit der zweiten und dritten Flasche wählt. Die Frage, ob er sich dann glücklicher fühlt, wenn er immer das gleiche Bier trinken muss, bleibt offen.
Nur das Kunstmärchen durchbricht diese Dreier-Struktur. In Wilhelm Hauffs Märchen »Das kalte Herz« behält der Held noch einen Reservewunsch, der ihn dann später vor dem Untergang rettet. Ähnlich in Erich Kästners »Märchen vom Glück«, das mit den Worten

schließt: »Wünsche sind nur gut, wenn man sie noch vor sich hat.« Jedenfalls scheint der Mensch unfähig zu sein, sinnvoll zu wünschen.

Noch eine andere Variation der drei Wünsche: Christus und Petrus werden auf einer ihrer Erdenwanderungen von einer reichen, aber geizigen Frau abgewiesen, von einer armen gastlich aufgenommen. Sie gewähren ihr zum Dank, dass das erste, was sie am Tage tut, bis zum Abend andauern soll. Sie misst Leinwand und ist abends unermesslich reich. Die Geizige eilt den Heiligen nach, bewegt sie zur Übernachtung und erhält die gleiche Zusage. Da sie Geld zählen und diese Prozedur nicht unterbrechen will, geht sie zuerst einem kleinen Geschäft nach, und dieses dauert nun bis zum Anbruch der Nacht an, ohne dass sie zu etwas anderem kommt.

Kurt Ranke hat den entsprechenden Artikel für die »Enzyklopädie des Märchens« geschrieben, zu finden unter dem Stichwort »Dauerpisser« (AaTh 1293), und er schreibt dazu: »Die vulgäre Freude des homo narrans am allzu Menschlichen hat auch das triviale Bedürfnis des Wasserlassens zu einer lächerlich-permanenten Handlung hyperbolisiert.« So kann man mit einem gelehrten Vokabular Einfaches kompliziert ausdrücken.

Märchenglück bedeutet vielfach, dass alle Wünsche in Erfüllung gehen; aber nicht jedes Ausmaß von Glück ist erlaubt. Wer mit seinen Wünschen nicht Maß hält, kann auch im Märchen nicht damit rechnen, dass ihm am Ende das Glück erhalten bleibt. Der Modellfall dafür ist das Märchen »Von dem Fischer un syner Fru« (KHM 19).

Erfüllte Wünsche machen also auch nicht immer glücklich, im Gegenteil: Viele erfüllte Märchenwünsche führen nur ins Unglück. Das gilt insbesondere für die Kinderwünsche unfruchtbarer Frauen. Das – nicht selten mit magischer Hilfe gezeugte – Wunschkind kommt in Gestalt eines Esels, eines Kalbes, Schweins, eines Igels zur Welt. Es ist ein Winzling, ein Vampir oder gar ein Drache oder Lindwurm. Die Tiergeburt eines Königskindes gilt zumeist als Strafe für einen unziemlichen Kinderwunsch der Eltern. Selten entsprechen Wunschkinder den Wunschvorstellungen ihrer Eltern.

Den schlimmsten Fall schildert die altfranzösische Erzählung von Robert dem Teufel. Geradezu im wörtlichen Sinne »per Teufelsgewalt« wünscht sich die Herzogin ein Kind. Sie hat dann eine sehr beschwerliche Schwangerschaft und eine noch beschwerlichere Geburt: Das Kind war so bösartig, das es sich durchaus nicht zufrieden stellen ließ, sondern in einem fort heulte und schrie und mit den Füßen um sich stieß. Sooft es aber die Amme säugen wollte, biss es sie in die Brust und schrie unaufhörlich, so dass die Ammen sich scheuten, ihm weiter die Brust zu reichen. Später, als junger Erwachsener, kam Robert mit seinem Gesinde in ein Kloster mit 60 Nonnen. Davon tötete er 50 mit eigener Hand.

Eines Tages besinnt sich Robert jedoch eines Besseren. Es kommt ihm der Gedanke, warum *er* denn immer Böses tue. Da fällt ihm ein, dass dieses Übel ihm wohl angeboren sei und die Schuld bei seiner Mutter liegen müsse. Er zwingt seine Mutter zu einer Aussage, und in ihrer Angst erzählt sie ihm den ganzen Hergang seiner Geburt, wie sie lange Zeit umsonst Gott um Hilfe angefleht und endlich den Teufel gebeten habe, dass er ihr zu einem Kind verhelfe. Aufs tiefste zerknirscht, zieht Robert nach Rom zum Papst, der ihn an einen Eremiten verweist. Die letzten Passagen über das reuevolle und bußfertige Leben Roberts sind eine Erbauungsgeschichte mit der Moral, dass selbst der schlimmste Sünder doch noch Vergebung finden kann. Ja, mehr noch: Robert endet schließlich als Heiliger.

Es gibt schließlich erfüllte Märchenwünsche, die *andere* ins Unglück stürzen. Die beleidigte dreizehnte Fee im Dornröschen-Märchen (KHM 50) »wollte sich dafür rächen, dass sie nicht eingeladen war« und spricht einen entsetzlichen Fluch aus: »Die Königstochter soll sich in ihrem 15. Jahr an einer Spindel stechen und tot hinfallen« – ein Schicksalsspruch, der ja dann durch die zwölfte Fee, »die ihren Wunsch noch übrig hatte«, abgemildert wird: »Es soll aber kein Tod sein, sondern ein hundertjähriger, tiefer Schlaf, in welchen die Königstochter fällt« – schlimm genug.

Noch schlimmer sind die besonders leichtfertig ausgesprochenen Wünsche, die aber folgenreiche Verwünschungen sind. In KHM 25 spricht ein Vater, der sich über seine sieben Söhne geärgert hatte, eine Verwünschung aus: »Ich wollte, dass die Jungen alle zu Raben würden«, was sich augenblicklich erfüllt und nicht mehr zurückzunehmen ist. Ganz ähnlich verwünscht die Königin in KHM 93 ihr unartiges Töchterchen: »Ich wollte, du würdest eine Rabe und flögst fort, so hätt ich Ruhe.« Ein nicht geringer Teil aller Märchenabläufe handelt nur davon, wie solche Negativwünsche, Verwünschungen wieder zurechtgerückt und unter großen Opfern zu einem guten Ende gebracht werden.

Erfüllte Wünsche machen also nicht immer glücklich. Ein Musterbeispiel ist Basiles Pervonto-Märchen. Pervonto ist der dümmste, einfältigste und faulste Tölpel, den man sich denken kann. Obwohl er zu nichts zu gebrauchen ist, schickt ihn seine Mutter in den Wald, um Reisig zu sammeln. Er bekommt von einer Fee die Zauberkraft verliehen, dass alles, was er wünsche, erfüllt würde. Und so wünscht er sich, dass er auf seinem schweren Reisigbündel nach Hause reiten kann. Als die Königstochter, die stets nur Trübsal blies, das sah, fing sie an, unbändig zu lachen. Pervonto fühlt sich verhöhnt und verwünscht sie: »Ich wünsche, dass du von mir schwanger werden mögest.« Dieser Wunsch geht prompt in Erfüllung. »Wünschliche Gedanken« nennt das entsprechende Grimm'sche Märchen solche frommen Wünsche. Die angewünschte Schwangerschaft kommt in dem Märchen »Hans Dumm« vor, das nach der ersten Auflage der KHM eliminiert wurde.

Basiles König ist von der außerehelichen Schwangerschaft seiner Tochter zutiefst betroffen, zumal der Kindsvater sich nicht ermitteln lässt (»mater certa – pater incertus«). Der königliche Vater will seine Tochter nicht während ihrer Schwangerschaft töten lassen. Sie gebiert Zwillinge, zwei Söhne. Der König schwört ihr den Tod an, doch wird er von seinen Räten dazu bewogen, mit der Vollstreckung des Urteils noch ein paar Jahre zu warten. Bei einem großen Gastmahl werden die Adligen des Reiches versammelt, und man hofft, dass die beiden Knaben sich zu ihrem Vater gesellen, aber die interessieren sich nicht im Geringsten für die Gäste. Dann werden die einfachen Leute zu einem zweiten Bankett geladen. Da kommen nun alles Gesindel, alle Taugenichtse und Herumtreiber, so auch Pervonto – und siehe da: Die beiden Knaben schmiegen sich an ihn und überhäufen ihn mit Liebkosungen. Nun ist klar, wer der Vater sein muss, und der König will sein Urteil vollstrecken lassen. Die Prinzessin, Pervonto und die beiden Kinder werden in ein Fass gesteckt und ins Meer geworfen. Aber nun kommt doch noch die positive Seite des Wünschens zum Tragen: Pervonto wünscht, dass sich das Fass in ein schönes Schiff verwandelt. An Land gekommen, wünscht er, dass das Schiff sich in ein prächtiges Schloss verwandle, und schließlich wünscht er sich Schönheit. Das wunderhübsch erzählte Märchen ist gespickt mit vielen witzigen Bemerkungen, Seitenhieben und Sprichwörtern und zeigt, dass Wünschen durchaus zwei Seiten haben kann.

Fast alle unsere Märchenfiguren sind am Ende wunschlos unglücklich. Aber – so möchte ich behaupten – schuld daran sind die Inhalte ihrer Wünsche: Reichtum und Gold, gutes Essen und Trinken, ein Tischlein deck dich und Schlaraffenleben, schöne Kleider, steile Karrieren, sexuelle Wünsche, Potenz, Kinder, Unsterblichkeit. Wie steht es nun aber um die wunschlos Glücklichen? Gibt es sie überhaupt im Märchen? Gibt es denn im Märchen *einen* Helden, dessen Wünsche alle in Erfüllung gehen und der dabei wunschlos glücklich ist und bleibt? Ja, es gibt ihn: Es ist »Hans im Glück«.

Wunschlos (un-)glücklich

Nach siebenjährigem Dienst erhält Hans als Lohn einen kopfgroßen Goldklumpen. Geplagt von der schweren Last, tauscht er bei der ersten besten Gelegenheit sein Gold gegen ein Pferd. Als der ungeübte Reiter das Pferd traktiert, wirft es ihn ab. Hans nutzt die Gelegenheit und tauscht es gegen eine Kuh, die Kuh gegen ein Schwein, das Schwein gegen eine Gans, die Gans gegen einen Wetzstein, der ihm durch eigenes Ungeschick in einen Brunnen fällt. Bar jeder Last, jedoch frohen Herzens langt der Heimkehrer bei seiner Mutter an. Die Geschichte von »Hans im Glück« ist kein Zaubermärchen, eher ein Spottmärchen, eine der wenigen ironischen Geschichten der Grimmsammlung. Die durch seine Lektüre vermittelte »Lust« ist im Grunde genommen Schadenfreude, das als Glück porträtierte Schicksal des Hans schieres Unglück, jedenfalls vom Standpunkt des »homo oeconomicus« und des gesunden Menschenverstandes. Hans beherrscht nicht einmal die primitivsten Gesetze des Tauschhandels. Seine Geschichte ist die eines totalen geschäftlichen Misserfolgs.

Der Schriftsteller Janosch hat das Märchen noch ein Stück weiter in diese Richtung fortgeführt. Er zeigt den glücklichen Hans, der selbst harten Schicksalsschlägen Positives abgewinnen kann, nach der Heimkehr noch in den Krieg ziehen muss, ein Bein verliert, eine Faule heiratet, die ihn verlässt, jedoch wieder zurückkommt, der darüber alt wird, aber:

> »Schön war's gewesen. Hab' lange gelebt. Immer war's lustig,
> und Glück hab' ich gehabt – immer nur Glück.«

Hans im Glück hat, wie man zu sagen pflegt, »mehr Glück als Verstand«. Er ist ganz offensichtlich ein Antiheld. Er verliert durch eine Reihe von unglaublich töricht erscheinenden Entscheidungen Stück für Stück seines sauer erworbenen Besitzes, bis er zum Schluss im wahrsten Sinne des Wortes mit leeren Händen dasteht. Das könnte auch eine tragische Entwicklung sein, und in der Wirklichkeit würde ein solcher Abstieg von den meisten Menschen als deprimierend empfunden, von den Betroffenen selbst wie von den Beobachtern. Nicht so Hans, im Gegenteil: Als ihm am Ende der Geschichte die Steine in den Brunnen gefallen sind, dankt er Gott, »daß er ihm auch diese Gnade noch erwiesen und ihn auf eine so gute Art und ohne daß er sich einen Vorwurf zu machen brauchte, von den schweren Steinen befreit hätte, die ihm allein noch hinderlich gewesen wären«.

Hier wird zum einen deutlich, dass ihm im Grunde alle Arten von Besitz lästig gewesen sein müssen, zum anderen, dass Hans den schrittweisen Verlust seiner Habe, den wirtschaftlichen und sozialen

Abstieg, in seinem Bewusstsein als wachsende Gnade Gottes und damit als aufsteigende Glückslinie und Wunscherfüllung erlebt. Hans im Glück ist ein Mensch, der sich *nichts* wünscht, aber doch glaubt, dass das, was ihm von Gott gegeben wird, das Richtige ist, nach dem Motto:

> Genieße, was dir Gott gegeben,
> entbehre gern, was du nicht hast.

Was er nicht hat, das braucht er auch nicht. Bei »Hans im Glück« zeigt sich, dass die innere Einstellung darüber entscheidet, ob materieller Besitz zur Lust oder zur Last wird und ob ein Verlust zugleich ein Unglück sein muss. Inneres Glück ist der höhere, absolut unveräußerliche Wert, wie auch die Erzählung vom »Hemd des Glücklichen« lehrt: Der hilfsbereite Glückliche *besitzt* kein Hemd, das er dem König als Heilmittel geben könnte, das heißt er kann sein Glück nicht ablegen und auch nicht weitergeben.

Ein Sprichwort lautet: »Ein glücklicher Mensch besitzt kein Hemd«, französisch: »L'homme heureux n'a pas de chemise.« Glück gibt es jedenfalls nicht auf Bestellung. Die Geschichte des Glücks, das wusste Sigmund Freud schon vor fast 70 Jahren, ist eine des Scheiterns und der Suche am falschen Ort. »Die Absicht, dass der Mensch glücklich sei, ist im Plan der Schöpfung nicht enthalten«, schrieb er in seinem Essay »Das Unbehagen in der Kultur«. Und zu Recht meint die philosophische Quintessenz eines bekannten Schlager-Evergreens: »Glücklich ist, wer vergisst, was nicht mehr zu ändern ist.«

Literatur

Bausinger, Hermann: »Märchenglück.« In: *Zeitschrift für Literaturwissenschaft und Linguistik* 13 (1983), S. 17–27.
Bräutigam, Kurt: »J. P. Hebels ›Die drei Wünsche‹. Beispiel eines Kunstmärchens.« In: *Deutschunterricht* 8 (1956). Heft 6, S. 72–76.
Bruckner, Pascal: *Verdammt zum Glück. Der Fluch der Moderne.* Berlin 2001.
Hierdeis, Helmwart: »›Hans im Glück.‹ Annäherungsversuch an einen Außenseiter.« In: *Lebendige Volkskultur.* Festgabe für Elisabeth Roth. Bamberg 1985, S. 121–127.
Janosch: *Janosch erzählt Grimms Märchen.* Weinheim–Basel 1971, S. 5–8.
Klintberg, Bengt af: »Die Frau, die keine Kinder wollte. Moralvorstellungen in einem nordischen Volksmärchen.« In: *Fabula* 27 (1986), S. 237–264.
Kooi, Jurjen v. d.: »Hemd des Glücklichen.« In: *Enzyklopädie des Märchens.* Band 4, Spalten 808–812.
Ranke, Kurt: »Dauerpisser«. In: *Enzyklopädie des Märchens.* Band 3, Spalten 347–349.

Wunschlos (un-)glücklich

Rausmaa, Pirkko-Lisa: »Beliebt bei den Frauen.« In: *Enzyklopädie des Märchens*. Band 2, Spalten 86–88.
Röhrich, Lutz: *Erzählungen des späten Mittelalters und ihr Weiterleben in Literatur und Volksdichtung bis zur Gegenwart*. Bern 1962. Band 1, S. 62–79, S. 253–258.
Röhrich, Lutz: »Der Arme und der Reiche. Glück, Geld und Gold im Märchen.« In: *Universitas* 6 (1995), S. 516–532.
Röhrich, Lutz: »*Und wenn sie nicht gestorben sind ...*« Anthropologie, Kulturgeschichte und Deutung von Märchen. Köln 2002.
Tausendundeine Nacht. *Die Erzählungen aus den tausend und ein Nächten*. Übertragen von Enno Littmann. Wiesbaden 1952. Band 4, S. 329 f.
Tuczay, Christa: »Das Märchen von den drei Wünschen.« In: *Märchenspiegel* 9 (1998), S. 108–111.
Uther, Hans-Jörg: »Hans im Glück.« In: *Enzyklopädie des Märchens*. Band 4, Spalten 487–494.
Woeller, Waltraud (Hrsg.): *Deutsche Volksmärchen von Arm und Reich*. Berlin 1970.

Majan Mulla
Der Wunsch in den Märchen aus Karnataka in Südindien

Hasaron khwahishen aisi ke
Har kwahisch pe dam nikale
Bahut nikale mere armaan
Lekin phir bhi kam nikale

Übersetzung:
Tausende von meinen Wünschen sind solcher Art,
Daß ich nach jedem davon das ganze Leben streben muss.
Viele davon sind schon in Erfüllung gegangen,
aber dennoch gibt es noch mehrere, die auf Erfüllung warten.

So hat Mirza Galib (1797–1869), ein berühmter indischer Dichter, in der Urdu-Sprache über den Wunsch geschrieben. Es gibt kein Ende beim Wünschen. Sobald ein Wunsch erfüllt wird, gibt es andere, wonach man strebt.

Der Wunsch ist dem Menschen so selbstverständlich wie das Essen, das Trinken und das Schlafen. Ob man im Steinzeitalter lebte oder in der modernen Welt lebt, ob man in Afrika ist oder in Europa: Wünschen ist allen Lebewesen gemeinsam. Im Märchen, das man als eine Wunschdichtung bezeichnet, spielt der Wunsch eine bedeutende Rolle. Wenn man den Wunsch in den deutschen Märchen und den Wunsch in den Märchen aus Karnataka vergleicht, nimmt man Gemeinsamkeiten sowie Unterschiede wahr. In diesem Beitrag werden wir jedoch den Wunsch in den Märchen aus Karnataka darstellen. Bevor wir in das Thema einsteigen, will ich einige Tatsachen erwähnen.

a) Hier behandeln wir die Märchen aus Karnataka, woher ich komme. Es liegt in Südindien, und seine Sprache heißt Kannada.
b) Märchen in Karnataka sind keine Kindermärchen, sondern eher für die Erwachsenen gedachte Volksmärchen.
c) Obwohl es viele Märchensammlungen in Karnataka gibt, ist die Gattung »Märchen« nicht so beliebt wie das Volkslied. Zwischen den Jahren 1954 und 1998 sind 96 Doktorarbeiten erschienen, von

Der Wunsch in den Märchen aus Karnataka in Südindien

denen nur drei sich mit Märchen beschäftigen; die übrigen behandeln nur die Volkslieder. Es gibt keine regionalen Theorien oder Interpretationen. Dieser Beitrag ist deswegen auf die eigene Betrachtung angewiesen.

d) Hier wird der Wunsch in den Märchen aus Karnataka einfach dargestellt, ohne ihn zu analysieren oder vor dem kulturellen Hintergrund zu interpretieren.

e) Der Name der Märchen, von denen wir hier sprechen, wird weder im Original erwähnt noch übersetzt.

Unter den folgenden Gesichtspunkten betrachten wir den Wunsch:

Wer wünscht, und was wird gewünscht?
Wie und von wem wird der Wunsch erfüllt?

Tiere:
Der Fuchs will eine Pilgerfahrt unternehmen.
Eine Schlange will die Veden hören.
Ein Esel will eine menschliche Sprache lernen.
Aus Dankbarkeit will die Schlange dem Helden einen magischen Edelstein schenken.
Die dankbaren Ameisen wollen dem Helden bei den schwierigen Aufgaben helfen.
Der Büffel will dem Helden sein Horn schenken.
Das Tier will einen Menschen heiraten.

Die Braut oder der Bräutigam
Die Königstochter will nur denjenigen heiraten, der mit dem Pferd über den Palast springt oder über den Fluß springt oder den Tiger tötet.
Ein Bräutigam wünscht sich dagegen eine kluge Frau. Er stellt ihr viele Rätsel. Und nur die, die Rätsel löst, wird seine Frau.
Die Heldin will einen Toten heiraten.
Der Mann will ein Tier heiraten.
Der Mann will nur das Mädchen heiraten, das seine Schläge erträgt.
Die Braut und der Bräutigam stellen sich ihren eigenen Wunsch als Herausforderung. Das Märchen beschreibt dann, wie dieser Wunsch erfüllt wird.

Majan Mulla

Die übernatürlichen Wesen
Die Götter
Der Gott erscheint auf der Erde als Gast, um die Menschen zu prüfen.
Die Götter wollen den Toten lebendig machen.
Die Götter wollen auf der Erde spazieren gehen, um zu sehen, wie es den Menschen hier geht.
Die Göttinnen wollen den Irdischen heiraten. / Der Mondgott will eine Frau aus der Welt heiraten.
Die Hexe / der böse Geist
Eine Hexe verwandelt sich in eine schöne Frau, weil sie den König heiraten will.
Der böse Geist will in vielen Märchen die Königstochter heiraten.
Der böse Geist will warten, bis sein Opfer dick wird, damit es ihm besser schmeckt (Hänsel und Gretel).

Die Verwandten
Die Stiefmutter will ihrer eigenen Tochter helfen. Daher vertauscht sie die Heldin mit ihrer Tochter.
Die Schwägerinnen vertreiben die Heldin aus dem Haus und werden am Ende bestraft.
In der Abwesenheit des Mannes versucht der Schwager die Heldin zu verführen.
Die Schwiegermutter will die Schwiegertochter nicht in Ruhe lassen.

Unmoralische Wünsche
Die Mutter will ihren eigenen Sohn heiraten.
Der Bruder will seine Schwester heiraten. Sie begeht Selbstmord.
Der Herr will die Frau seines Bruders heiraten.

Besondere Wünsche
Ohne zu sterben, will der Held das Jenseits besuchen.
Um Götter zu besuchen, will der Held mit Hilfe eines Seils in den Himmel fahren.
Die Frauen aus dem Jenseits wollen den Menschen in ihr Reich mitnehmen.
Ein armer Mann hat den Wunsch, eine Nacht mit der Königin zu schlafen.
Eine alte Frau will heiraten. Ihr Sohn versucht, einen Bräutigam für sie zu finden.

Der Wunsch in den Märchen aus Karnataka in Südindien

Eine schwangere Frau besteht darauf, dass alle ihre Wünsche erfüllt werden sollen.

Der erwünschte Tod
Als der Bruder seine eigene Schwester heiraten will, begeht das Mädchen Selbstmord. Sie springt ins Wasser und verwandelt sich in einen Fisch.
Die hilflose Heldin will Selbstmord begehen. Sie steckt ihre Hand in den Ameisenhaufen in der Hoffnung, dass die Schlange sie beißt.
Der hilflose Held geht in den Wald und will sich töten. Die Götter erscheinen und retten ihn.
Die Witwe will mit ihrem toten Mann in den Scheiterhaufen springen (Sati).

Erfüllung des Wunsches
In den meisten Märchen wird der Wunsch durch Gott / Götter erfüllt.
Der Wunsch, schwere Aufgaben zu erledigen, wird von den Tieren erfüllt.
Ein Baum erfüllt alle Wünsche des Helden.
Eine Kuh erfüllt die Wünsche.
Der Wunsch eines Mannes, der ein besonderes Gericht essen wollte, wird erst nach seinem Tod erfüllt.

Schließlich ein Wort zum Erzähler. Es gibt eine besondere Schlussformel in den Kannada-Märchen. Sie lautet: »So leben sie glücklich dort, und wir Armen haben nicht mal Knoblauch für die Soße.« Dieser Satz zeigt uns klar, daß das Märchen eine Fluchtstätte der Armen ist, wo alle ihre Wünsche erfüllt werden. Es wird auch erzählt, welche Folgen ein böser Wunsch haben kann. Das Märchen bestätigt den Glauben und die Hoffnung der Menschen, dass mit Hilfe Gottes alle Wünsche erfüllt werden können.

Teil II
Heimat und Fremde
im Märchen
(betreut von Harlinda Lox
und Thomas Bücksteeg)

HILDEGARD VON CAMPE

Die Hugenottenstadt Bad Karlshafen
Hugenottentraditionen bei den Brüdern Grimm

Die Hugenottenstadt Bad Karlshafen

Wer sind die Hugenotten?

In Frankreich bezeichnete man die Anhänger der Lehre Calvins, die französischen Protestanten, vom 16. bis zum 18. Jahrhundert als Hugenotten. Diese Bezeichnung leitet sich aus einer Legende her, die hier kurz skizziert werden soll: Aus der Stadt Tours wird berichtet, der König Hugo Capet habe sich in den Nächten als Schreckgespenst auf den Straßen bewegt und damit die Menschen in Angst und Schrecken versetzt. Die Verbindung zu den Protestanten ergibt sich durch ihre nächtlichen Aktivitäten: aufgrund eines Verbotes, Gottesdienste abzuhalten, trafen sich diese heimlich nachts.

So kam es zur Spottbezeichnung Hugenotten (Kinder des Schreckgespenstes Hugo).

Eine weitere Ableitung ergibt sich aus dem schweizerischen Wort für Eidgenossen.

Zu den Hugenotten zählen auch die Waldenser, welche sich als eigene Gruppe auf die Leitsätze des Lyoner Kaufmannes Waldes (Petrus Waldus) berufen (1174) und sich 1532 der Genfer Reformation Calvins angeschlossen haben. Auch diese wurden verfolgt.

Die gläubigen Protestanten in Frankreich hatten im 16. Jahrhundert ein Jahrhundert der Verfolgung, der Massaker, der Unterdrückung zu erleiden. Ich erinnere an die acht Hugenottenkriege von 1562 bis 1593; an den Meuchelmord an Tausenden von Hugenotten in der Nacht vom 23. auf den 24. August 1572, der so genannten Bartholomäusnacht.

1598 erließ Heinrich IV. das Edikt von Nantes, in welchem die Freiheitsrechte und der Schutz für die französischen Protestanten gesichert wurden. Er selbst war Hugenotte und trat 1593 zum Katholizismus über, um das königliche Amt übernehmen zu können. Als katholischer Herrscher konnte er viel für seine hugenottischen Glaubensgenossen tun.

Nach dem Tode Heinrichs IV. setzten im 17. Jahrhundert, neben religiösen Vorstellungen begründet durch Neid, Verfolgung und Diffamierung der Hugenotten ein. 1685 wurde durch das Edikt von Fontainebleau das Edikt von Nantes aufgehoben, die Führer der Protestanten wurden vertrieben und die protestantischen Gläubigen bis hin zur Todesstrafe, Repressalien unterworfen.

Warum wurden die Hugenotten Anfang des 18. Jahrhunderts in Karlshafen angesiedelt?

Die protestantischen Fürsten des deutschen Reichs boten diesen Glaubensflüchtlingen eine neue Heimat, verbunden mit weitreichenden Privilegien sowie Schutz- und Freiheitskonzessionen an. Der Beweggrund hierfür war neben der Glaubensfrage auch die Notwendigkeit, das durch die Folgen des Dreißigjährigen Krieges ausgeblutete Land zu bevölkern sowie das sowohl handwerkliche, technische und kaufmännische Know-how der tüchtigen Glaubensflüchtlinge für die wirtschaftliche Entwicklung des Fürstentums oder Königsreiches zu gewinnen. Es wurden zahlreiche Neugründungen von Dörfern, Stadterweiterungen und, in besonders seltenen Fällen, Stadtgründungen wie Karlshafen für diese Glaubensflüchtlinge vorgenommen.

Karlshafen ist eine Neugründung des Landgrafen Carl nach dem Muster einer barocken Planstadt. Diese neu gegründete Stadt hieß zunächst Sieburg. Sie wurde als »Ville de Sibourg« bezeichnet und im sumpfigen Flussdelta der Diemel an deren Mündungsstelle in die Weser von 1699 bis 1720 erbaut. Der Name Sieburg deutet auf die bereits zur Zeit der Germanen existente Fliehburg im Reinhardswald hin. Der Name »Carlshafen« wurde erstmals in der Urkunde vom 10. März 1719 verwendet. Parallel mit der Neuansiedlung plante der Landgraf das kühne Kanalprojekt, die Weser mit dem Rhein zu verbinden. Als repräsentative Portalanlage sollte eine Kauf- und Handelsstadt den Eingang für den Weserverkehr in seine Landgrafschaft Hessen-Kassel bilden. Die spartanisch geplante barocke Stadtanlage stellt mit dem bis heute komplett erhaltenen einheitlichen Stadtbild eine einzigartige Sehenswürdigkeit dar.

Die Planstadt Karlshafen wurde nach Auffassung der Bauhistoriker sehr wahrscheinlich nach den Entwürfen des hugenottischen Architekten Paul du Ry errichtet. Die örtliche Baudurchführung sowie Entwürfe einiger Gebäude wurden von dem durch das Festungswesen hoch verdienten Baumeister Ferdinand Conradi durchgeführt. Im Sinne einer Idealstadt-Konzeption wurden sowohl Gebäude als auch die Dimensionen der Plätze und Straßenräume nach den Regeln des goldenen Schnitts ausgeführt. Es entstand somit ein harmonisches Ensemble. Auch die Gebäude selbst trugen der modernen Siedlungspolitik Rechnung. Sie waren flexibel – je nach Bedarf des Siedlers – von maximal 16 Teileigentümern bis zum Kompletteigentum eines einzelnen Hauses unterteilbar. Man könnte sagen, dass es sich um die erste Eigentumswohnanlage Deutschlands handelte.

In Karlshafen siedelten die Glaubensflüchtlinge der zweiten Fluchtwelle ab 1698. Es handelte sich um eine bunt gemischte Truppe, deren Mitglieder vornehmlich aus dem Süden Frankreichs stammten. Die ersten Kolonisten-Familien wurden mit etwa 26 Familien angegeben, in der Literatur spricht man von 38 Familien insgesamt. Diese siedelten zunächst in Barackenunterkünften in der diemelabwärts gelegenen Stadt Helmarshausen und bezogen – je nach Fertigstellung – die einzelnen Stadthäuser in Karlshafen.

Beispielhaft könnten erwähnt werden:

– Pfarrer mit Familie und Kindern, teilweise Kaufleute
– Wollkämmer
– Schneider
– Leineweber
– Strumpfwirker
– Die Witwe eines Pfarrers und ihr Sohn Jacques, Apotheker

Eindeutigere Zuordnungen zur Ansiedlung in Helmarshausen und Bad Karlshafen bleiben aber schwierig, da zum Teil nicht genau zu klären ist, ob es sich um endgültige Ansiedlungen handelte.

Insgesamt waren es um 200 bis 230 Personen in Helmarshausen und an der Diemelmündung.

Dem Landgrafen lag die Förderung und Belebung der neuen Handels- und Produktionsstadt sehr am Herzen. Durch zahlreiche Privilegien und Starthilfen sollte die Existenzgründung der Flüchtlinge erleichtert werden. Schon in der »Freiheitskonzession und Begnadigung«, die als Vertragswerk zwischen dem Landesfürsten und den neu sich ansiedelnden Untertanen konzipiert war, wurden religiöse Freizügigkeit, freier Eintritt in die Zünfte und steuerliche Erleichterungen in Aussicht gestellt. Als Starthilfe wurden kostenlos Grundstücke und Baumaterialien zur Verfügung gestellt.

Gewerbetreibende, die eine Manufaktur errichten wollten, erhielten bis zu 25 Jahre Steuerfreiheit. Handwerker konnten mit einer Steuerbefreiung von sechs bis acht Jahren rechnen.

Die Hugenottenstadt Bad Karlshafen

1699 wurde die französisch-reformierte Kirchengemeinde gegründet. Der Kirchenvorstand legte die Aufgaben des Pfarrers selbst fest. Komplette Freiheit war jedoch nicht zu erreichen, da der Landgraf die Kirchen in seinem Herrschaftsgebiet in enger Abhängigkeit und unter kirchlicher Oberaufsicht seiner Landeskirche hielt. In Hessen-Kassel war die Kirche seit 1605 reformiert. Aufgrund zahlreicher Bemühungen der französisch-reformierten Kirche wurde durch Schaffung einer »Inspektion der französisch-reformierten Kirche Hessens« den Hugenotten ein begrenztes Aufsichtsrecht über ihr kirchliches Leben zugestanden, zugleich die enge Abhängigkeit vom Landgrafen jedoch beibehalten.

Französische Sprache wurde im Kirchenbereich bis in die Jahre 1820/30 fortgesetzt. Strenge Kirchenzucht wurde in der Hugenottengemeinde Karlshafen gehandhabt. Zum Beispiel wurde über die Übeltäter Jean Thessounier und Jean Pierre Teissier, die während des Gottesdienstes auf der Weser Schlittschuh fuhren, die Zahlung eines Geldbetrages in die Armenkasse verfügt.

Zur kirchlichen Entwicklung folgende Daten, die dem Führer des deutschen Hugenottenmuseums entnommen sind, in welchem sich detaillierte Hintergründe finden.[1]

Ab 1704 werden Gottesdienste in der Kapelle des neu gebauten Invalidenhauses gehalten
1708 Gründung der deutsch-reformierten Gemeinde
1717 Gründung der lutherischen Gemeinde
1722 Regelung der Gottesdienstzeiten für die Nutzung der Invaliden-Haus-Kapelle, welche die drei Karlshafener Kirchengemeinden sich teilten. Die Prediger hatten sich streng nach einer Sanduhr zu richten.

Im Rahmen der 300-Jahr-Feier wurden in historischen Trachten die Gottesdienste in den verschiedenen Sprachen dargestellt.

1825 Zusammenschluss der französisch-reformierten und der lutherisch-reformierten Gemeinde
ab 1887 wurde für den Bau einer Kirche gesammelt
1893 wurde der Glockenturm eingeweiht. Die Gelder für den Kirchenbau reichten noch nicht aus
1918 fand die letzte Konfirmation in französischer Sprache statt
1928 Zusammenschluss der reformierten und der lutherischen Gemeinde

Hildegard von Campe

Welche Einflüsse und Anregungen für die Weiterentwicklung des Ortes haben diese Menschen bewirkt?

Wirtschaftlich war die Stadt Karlshafen hinsichtlich Erfolg und Rückgang einer wechselhaften geschichtlichen Entwicklung unterworfen. Anfangs blühten Handel und Gewerbe unter dem Landgrafen Carl. Unter seinen Nachfolgern setzte nach seinem Tode langsam wirtschaftlicher Niedergang ein.

Landgraf Carl wollte Carlshafen mit Hilfe der französischen Textil- und Lederspezialisten zu einem Zentrum der Woll- und Lederverarbeitung ausbauen. Zusammen mit dem Hafen und dem Kanal, welcher die Weser mit dem Rhein verbinden sollte, und zunächst bis Hümme ausgebaut wurde, sollte ein wichtiges Handels- und Warenumschlagszentrum entstehen. In der Zeit des Niedergangs von 1730 bis 1760 haben französische Soldaten im Siebenjährigen Krieg durch Einquartierung und Plünderung die wirtschaftliche Entwicklung negativ beeinträchtigt.

1730 entdeckte der hugenottische Chirurg und Apotheker Galland aus Karlshafen die Solequelle. 1763 wurden drei Gradierwerke zur Salzgewinnung der staatlichen Saline errichtet.

Diese Gradierwerke wurden als große Bauwerke direkt in der Nähe der Solequellen parallel zum Weserfluss (unteres Gradierwerk) und die anderen beiden oberhalb des Hafenbeckens parallel zum Hang des Reinhardswaldes im Bereich der Gallandstraße errichtet. Mit Hilfe eines Pumpwerkes, das durch einen Nebenkanal des Hafens betrieben wurde, wurde die Sole über das Salinenreisig gepumpt, verrieselt und durch die eigene Schwerkraft in die Salzsiedefabrik gegenüber der anderen Kanalseite am Invalidenhaus geleitet.

1763 wurde auch der Hafen nutzbar gemacht und mit neuen Packhäusern der Aufschwung Karlshafens durch den Enkel Landgraf Carls, Friedrich II., eingeleitet. Insbesondere wird auf die Gründung der Handelskompanie im Jahre 1771 hingewiesen, welche den Im- und Export des hessischen Landes mit Niederlassungen in verschiedenen Orten Hessens förderte.

Es wurden große Mengen Leinen produziert, die Tabakindustrie in Carlshafen angesiedelt und dadurch wurde die Weserschifffahrt erheblich aufgebaut.

Eine weitere Stagnation des wirtschaftlichen Aufschwungs trat durch die napoleonische Besetzung ein, in welcher der Bruder Napoleons, Jérôme, als König von Westfalen die Interessen der Bürger so weit vernachlässigte, dass sogar der Hafen verlandete.

Die Hugenottenstadt Bad Karlshafen

Mitte des 19. Jahrhunderts wurde nach den kriegerischen Auseinandersetzungen des Kurfürstentums Hessen-Kassel das Kurfürstentum unter die Herrschaft Preußens eingegliedert. Zum Schutze der preußischen Salinen wurde zwangsweise die Salzproduktion eingestellt. Auch hier haben die Bewohner von Karlshafen nach anfänglichem Niedergang der Wirtschaft den Ausweg und Erfolg in der neuen Anwendung der Sole als Heilquelle gefunden (1870).

Hugenottentraditionen bei den Brüdern Grimm

Wie und warum trafen die Brüder Grimm gleich mehrfach auf Märchenbeiträger und -beiträgerinnen aus dem Kreis von Hugenottennachfahren?

Ich möchte zu dieser Fragestellung den Autor Hinrich Hudde zitieren, der Folgendes schreibt: »Es ist leicht erklärbar, wieso die Brüder Grimm gleich mehrfach an Märchenlieferanten aus dem Kreis oder Umkreis der hessischen Hugenottennachfahren gerieten: Sie waren, – ein von der Forschung relativ wenig beachteter Umstand, – deutsche Kalvinisten. Ihr Urgroßvater, ihr Großvater und ein Onkel wirkten als reformierte Pfarrer. Die Brücke zu den Hugenotten ist also eine konfessionelle. Der katholischen Welt stehen die Brüder Grimm wohl zeitlebens recht fern. Auch zu den Lutheranern erebten und erlebten sie zunächst deutliche Distanz, bevor für sie, als Philologen des Deutschen, Martin Luther zentral wird.« [2]

Ein Punkt – nämlich die Ferne zur katholischen Welt – soll an späterer Stelle aufgegriffen und – so zumindest mein Verständnis – widerlegt werden. Zunächst möchte ich durch das folgende Zitat aus Jacob Grimms Selbstbiographie von 1831 den Inhalt des obigen Zitats unterstützen[3]:

»Wir Geschwister wurden alle, ohne dass viel davon die Rede war, aber durch Tat und Beispiel streng reformiert erzogen, Lutheraner, die in dem kleinen Landstädtchen mitten unter uns, obgleich in geringerer Zahl, wohnten, pflegte ich wie fremde Menschen, mit denen ich nicht recht vertraut umgehen dürfte, anzusehen, und von Katholiken, die aus dem eine Stunde weit entlegenen Salmünster oft durchreisten, gemeinlich aber schon an ihrer bunteren Tracht zu erkennen waren, machte ich wohl mir scheue, seltsame Begriffe. Und noch jetzt ist es mir, als wenn ich nur in einer ganz einfachen, nach reformierter Weise eingerichteten Kirche recht von Grund andächtig sein könnte; so fest hängt sich aller Glaube an die ersten Eindrücke der Kindheit, die Phantasie weiß aber auch leere und schmucklose Räume auszustatten und zu beleben, und größere Andacht ist nie in mir entzündet gewesen, als wie ich an meinem Konfirmationstage nach zuerst empfangenem heiligen Abendmahl auch meine Mutter um den Altar der Kirche gehen sah, in welcher einst mein Großvater auf der Kanzel gestanden hatte.«

Dorothea Viehmann

Die Brüder Grimm lernten Dorothea Viehmann über die Schwestern Ramus kennnen. Die Demoiselles Ramus werden z.B. erwähnt in einem Brief an Paul Wigand in Höxter (28. Mai 1813) und dort neben anderen Sammelhelfern genannt[4]:

Julia (1792–1862) und Charlotte (1793–1858) waren die Töchter des Pfarrers Charles François Ramus, des zweiten Predigers der Oberneustädter französischen Gemeinde in Kassel. Sie gehörten, wie die Hassenpflugs und andere, zu jenem Kreis junger Menschen, welche die Grimms für ihr Werk zu interessieren verstanden hatten. Gerade das französische Pfarrhaus war oft der Treffpunkt dieses geselligen Kreises, dem auch Pensionäre des Ramus'schen Hauses angehörten.

Über die Bekanntschaft der Ramus-Schwestern mit Dorothea Viehmann können Vermutungen angestellt werden, die allerdings sehr wahrscheinlich sind.

Robert Friderici aus Kassel schreibt[5]:

Das französische Pfarrhaus lag in der Nähe des Frankfurter Tores. So mag der Pfarrhaushalt zu den Stammkunden der Viehmännin gehört haben, wenn sie die Erzeugnisse ihrer kleinen Landwirtschaft zum Verkauf in die Stadt brachte; das taten ja noch bis etwa zum Ende des 19. Jahrhunderts die Frauen und Mädchen aus den Dörfern in der Nachbarschaft allgemein. Sie mußten ihre schweren Kötzen oft stundenweit schleppen und waren froh, wenn sie sichere Abnehmer gleich am Tore, am Stadteingang, hatten, bei denen sie einen Teil ihrer Last los werden konnten. Solcherart dürften auch die Beziehungen der Viehmännin zur Familie Ramus ursprünglich gewesen sein. Außerdem mag sich eine gewisse Verbindung aus der gemeinsamen hugenottischen Abstammung ergeben haben. Die Ramus waren »Hugenotten« ... , wie auch die Viehmännin, geb. Pierson, selbst. Sie mag sich dem französischen Prediger und der französischen Oberneustädter Gemeinde in Kassel irgendwie verbunden gefühlt haben, mehr als den Zwehrenern, bei denen ›die Franzosen‹ in geringem Ansehen standen.

Wer war nun Dorothea Viehmann, woher kamen ihre Geschichten, was hat sie zur Sammlung beigetragen?

Sie ist eine geborene Pierson, die Vorfahren väterlicherseits kamen direkt aus Frankreich nach Hofgeismar (Schöneberg), mütterlicherseits gibt es immerhin eine mindestens halb hugenottische Großmutter. Die

Die Hugenottenstadt Bad Karlshafen

Brüder Grimm stellen sie in der bekannten Vorrede 1819 zu den Grimm'schen Märchen als Bäuerin, etwas über fünfzig Jahre alt, vor. Wer diese Frau war, kann größtenteils am Stammbaum nachvollzogen werden[6]. Einige Lücken gibt es in der früheren Zeit, was u.a. wohl auf fehlende Kirchenbuchaufzeichnungen zurückzuführen ist. Dorothea Piersons Urgroßvater (Isaak Pierson aus Metz) hatte sich 1685 in Frankfurt/Main den ersten hugenottischen Einwanderern angeschlossen und kam so nach Nordhessen.

Der Enkel Johann Friedrich Isaak Pierson heiratete mit wenig über 20 Jahren Martha Spangenberg, die Tochter des Gastwirts an der Bauna- Brücke (südlich der Knallhütte an der Frankfurter Landstraße gelegen). Aus dieser Ehe ging Catharina Dorothea Pierson hervor (1755–1815), die 1777 den Schneider Nicolaus Viehmann (1755–1825) heiratete.

Dorothea ging in Rengershausen zur Schule, wurde Ostern 1769 in Kirchbauna konfirmiert.

Wenn man nun die mütterliche Linie zurückverfolgt, trifft man auf Johann Wolfgang Goethe, der ein Cousin fünften Grades der Frau Viehmann war. Dieses Wissen haben wir Heinz Rölleke zu verdanken.[7] Johann Wolfgang Goethe und Dorothea Viehmann gehen auf den gemeinsamen Stammvater Valentin Schröder (Bürgermeister und Weinhändler in Schwarzenborn) zurück. Ich zitiere Heinz Rölleke: »Die Talente zum größten deutschen Dichter und zur bedeutendsten Märchenerzählerin der Grimmschen Sammlung haben sich hier so etwa gleichzeitig herausgemendelt.«[8]

Es stellt sich angesichts dieser Herkunft natürlich die Frage, inwieweit das Erzählgut der Frau Viehmann französisch geprägt ist. Unter den von ihr erzählten Märchen befinden sich z.B. »Hans mein Igel« (KHM 108), »Die klare Sonne bringt's an den Tag« (KHM 115), »Der Teufel mit den drei goldenen Haaren« (KHM 29).

Über die Frage der französischen Prägung der Märchen besteht in der Literatur nicht unbedingt Konsens. Eine Richtung, in neuerer Zeit z.B. durch Ingeborg Weber-Kellermann vertreten, geht von einer sehr weitgehenden französischen Prägung aus. Dies wird u.a. aus der Familienherkunft, zum Teil im Alltagsbereich genutzter französischer Sprache und Untersuchungen in den Hugenottenorten hergeleitet, die allerdings sehr interessant sind.

So wird berichtet, dass z.B. im hessischen Louisendorf bei Frankenberg noch 1970 Märchen wie »Der Wolf und die sieben Geißlein« in französischer Sprache aufgezeichnet wurden von Hugenottennachkommen. Bemerkenswerter als die »Fehler« in der Sprache erscheinen dort Stellen, die eine Veränderung im Gefüge der französischen Sprache erkennen lassen, z.B. Verkleinerungsformen wie das deutsche »chen«.[9]

In einem Buch über den »Ursprung und das Werden der Hugenottenkolonie Mariendorf«[10] wird ein ähnlicher Sachverhalt beschrieben. Es existiert ein Dachziegel, in den das Vaterunser auf französisch eingeritzt ist. Die Wörter sind in einem weder heute noch früher üblichen Französisch geschrieben. Es heißt in dem Buch: »Vor allem bei Siedlungen an Durchgangsstraßen – ... macht man die Beobachtung, dass durch Fahrensleute die französische Sprache früher verändert wurde, als in Siedlungen, die abseits solcher Verkehrsadern liegen... So ist denn auch der Dachziegel nicht als Objekt eines mitgebrachten Dialektes..., sondern als Dokument einer Sprachveränderung anzusehen.«

Über Schöneberg bei Hofgeismar wird berichtet, dass erst von etwa 1820 an Schul-, Kirchen- und Verwaltungssprache anfingen, das Deutsche zu nutzen.

Soweit dieser kleine Exkurs zur sehr interessanten Sprachgeschichte der Hugenottenorte – nur einer der Gedanken, die die Vorstellungen der französischen Prägung unterstützen, auf die anderen möchte ich – wegen der zum Teil großen Bekanntheit der Parallelen zu französischen Märchen, nicht weiter eingehen.

Dem eben Dargestellten stellt Heinz Rölleke z.B. entgegen, dass Dorothea Viehmann nicht in einem Hugenottendorf lebte, dass sie in der Knallhütte groß wurde, die übrigens so hieß, weil dort die Fuhrleute mit den Peitschen knallten, wenn sie vorfuhren.

Die von den Fuhrleuten geprägten abendlichen Unterhaltungen haben sicher Dorothea Viehmann als Mädchen geprägt – man rückt also wieder etwas näher an die Vorstellung der »echt hessischen Märchen«, die zunächst von den Brüdern Grimm im Hinblick auf Dorothea Viehmann erwähnt wurden (später wurde das »hessisch« weggelassen). Heinz Rölleke weist weiter darauf hin, dass der Name »Pierson« eigentlich »Peterson« oder Piterson heiße, wodurch man wiederum auf frühere Vorfahren aus dem niederländischen oder niederdeutschen Bereich schließen dürfe.[11]

Was mir besonders interessant erscheint, ist jedoch ein Hinweis auf das Überwiegen der männlichen Helden in den Erzählungen der Frau Viehmann, das im Gegensatz zu anderen Teilen der Grimmschen Märchen steht und vielleicht wirklich auf die Prägung durch die Unterhaltungen im Gasthaus zurückzuführen ist. Ich vermag jedoch nicht über die Prägung durch französisches Sprach- und Literaturgut zu entscheiden oder eine eigene Meinung zu entwickeln.

Die Hugenottenstadt Bad Karlshafen

Familie Hassenpflug

Ich möchte an dieser Stelle nicht die Thematik der so genannten »Alten Marie« aufgreifen, die Heinz Rölleke überzeugend als die »junge« Marie Hassenpflug identifiziert hat. Ich komme sogleich zu einigen Informationen über die Familie Hassenpflug.

Die hugenottischen Vorfahren sind hier mütterlicherseits zu suchen: Der Regierungspräsident Johannes Hassenpflug (1755–1834) war mit Maria Magdalena Dresen (1767–1840) verheiratet, die einer Hugenottenfamilie namens Droume entstammte. Sie war die Enkelin des Etienne Droume, der u.a. in Mariendorf lebte.[12]

Ich möchte hier gleich eine kleine Abweichung vom eigentlichen Thema anbringen, die aber vielleicht ganz interessant, da nicht nachlesbar ist. Ein Nachfahre (wahrscheinlich Ururenkel der Familie Hassenpflug), den wir durch Zufall kennen lernten, hat im Heimatort Guillestré Nachforschungen über seine Familie angestellt. Er vermutet eine Auswanderung um ca. 1730, und vermutet weiterhin, dass Etiene Droume eventuell erst in die Schweiz geflohen sei, dort Theologie studiert habe, da sich im Besitz der Hassenpflugs eine reformierte Bibel aus Genf befindet. Es leben noch sechs, zum Teil direkte Nachfahren von Droume in den südlichen Alpen. Zum Teil wurden die verbliebenen Droumes wieder Katholiken, um ihren Grundbesitz halten zu können und schickten dann Geld. Eine recht bewegte Familiengeschichte also ...

Nun zur Familie Hassenpflug: Es gab den Sohn Ludwig (1794–1862), der später Lotte Grimm heiratete, und die drei Schwestern Marie (1788–1856), Jeanette (1791–1860) und Amalie (1800–1871). Zunächst möchte ich auf die Märchenbeiträgerin Marie Hassenpflug eingehen.[13]

Bei Heinz Rölleke[14] heißt es: »Es will wie ein bezeichnender Zufall erscheinen, dass der Name dieser bemerkenswerten Beiträgerin dergestalt nicht nur auf immer mit dem ersten der Grimmschen Märchen (KHM 1) (in der Fassung in den Anmerkungen), sondern auch mit dem die Ausgabe beschließenden Text »Der goldene Schlüssel« (KHM 200) verknüpft ist, denn letzterer geht ebenfalls auf sie zurück.« Wie sicher allen bekannt ist, geht auch das »Dornröschen« auf die Märchenbeiträgerin Marie Hassenpflug zurück.

In einer nicht gedruckten Autobiographie erinnert sich der Bruder Ludwig (1794–1862)[15]:

159

Hildegard von Campe

»Wohl im Jahre 1808 erlebte ich durch Verkehr meiner ältesten Schwester Marie (...) mit den Töchtern Engelhard eine große Umwälzung der üblichen Ansichten im Elternhaus. Marie (...) lernte bei Engelhards Jacob Grimm kennen und dessen Bruder Wilhelm (...). Interesse für Goethe und alle geistige Bewegung, namentlich auch für Märchen und altdeutsche Poesie kamen als Gegenstände der häuslichen Unterhaltung auf (...) bei der isolierten Stellung der Brüder Grimm kam es dazu, dass man sich stets bei Grimms in deren Wohnung in der Marktstraße neben der Wildschen Apotheke traf u. dort sehr heitere Abende zubrachte.«

Marie wurde 1788 in Altenhaßlau am Main geboren, dort getauft und verzog 1798 mit ihren Eltern nach Kassel. Sie war in der Jugend kränklich, vielleicht dadurch besonders empfänglich für Märchenerzählungen.

1814 heiratete sie Johann Friedrich Philipp Ludwig von Dalwigk zu Schauenburg aus einer der ältesten hessischen Adelsfamilien, die in Hoof bei Kassel ansässig ist. Hier wohnte übrigens auch der pensinierte Wachtmeister Johann Friedrich Krause, der im Nachbardorf Breitenbach geboren ist, und dann den Brüdern Grimm 1810/11 gegen abgelegte Beinkleider Märchen aufschreibt.

Kennen gelernt hat Marie ihren Mann eventuell im Hause der Grimms, da ihn der so genannte »Malerbruder« Ludwig Emil Grimm schon seit 1803 kannte. Über ihre recht bewegte Biographie wäre vielleicht einiges zu sagen – mehrere Wohnortwechsel, eine Tätigkeit als Hofdame bei der Herzogin Friederike von Anhalt-Bernburg, ein politisch verursachtes Stehen unter Polizeiaufsicht für ein halbes Jahr u.a. mehr. Wichtig wäre noch zu erwähnen, dass der Briefkontakt zu den Brüdern Grimm zeitlebens bestehen blieb. Nach dem Tode ihres Mannes 1850 siedelte Marie von Dalwigk endgültig nach Kassel über. 1856 starb sie selbst.

Ich komme jetzt zur zweiten Tochter Hassenpflug, der Jeanette (Johanna Isabella) Hassenpflug, die wohl unverheiratet blieb. Von ihr stammen z.B. Märchen wie die »Zwölf Jäger« (KHM 67) oder »Der Okerlo« (Anh. 11).

Wilhelm Grimm schreibt in einem Brief an seinen Bruder Ferdinand[16]: »Die Hassenpflugs gehören zu denen, welche am meisten wissen, und werden jetzt von mir noch angetrieben; das kleine ›Amalie‹ weiß sie schon passabel zu erzählen und hat den Verstand auch, der überhaupt der Familie nicht fehlt, aber auch schon das caricaturmäßige und nasenbläherische, so dass es doch nicht schön werden kann.«

Damit wären wir auch schon bei der letzten der Töchter: bei Amalie Hassenpflug, tatsächlich genannt »Nasenmale«, wegen der her-

Die Hugenottenstadt Bad Karlshafen

vorstehenden Nase. Da die Schwestern wesentlich älter als sie waren, schloss sie sich besonders an den Bruder Ludwig an. Beim Erscheinen des 1. KHM-Bandes war sie ein Kind von zehn oder elf Jahren. Sie war die Vertraute der beiden Liebenden Ludwig Hassenpflug und Lotte Grimm, sie nahm später, nach dem Tod von Lotte, die kleine Dorothee zu sich, die ihre Mutter das Leben gekostet hatte.

Bis 1810 hat Jacob die Beiträge der Familie aufgezeichnet, später auch Wilhelm. Die wechselnden Herkunftsbezeichnungen im KHM-Anmerkungsband 1822 (aus der Maingegend, aus Hanau, aus Hessen) scheinen anzugeben, ob man sich an Erzählungen aus der Kindheit (am Main) erinnerte, oder im Kasseler Raum entdeckte Geschichten einbrachte.

Ich komme nun zu ein paar abschließenden Bemerkungen über Ludwig Hassenpflug. Er beteiligte sich 1814 an den Freiheitskriegen, heiratete 1822, wie oben erwähnt, Lotte Grimm, hatte in Göttingen Jura studiert. Er trug oft die altdeutsche Tracht, auch gescheitelte Haare auf Bildern deuten auf seine altdeutsche Begeisterung hin. Zwischen den Brüdern Grimm und ihm wurden politische Differenzen immer stärker, besonders nach dem Tod der Schwester Lotte 1833 äußerten sie wohl auch verstärkt Kritik an ihm. Die politischen Zusammenhänge möchte ich hier nicht aufrollen, ein Teil lässt sich nachlesen in dem Buch »Ludwig Hassenpflug, ein Staatsmann des 19. Jahrhunderts« von Philipp Losch, das 1940 erschien.[17] Wichtig hier ist evtl., dass die Schwester Amalie wohl zum Teil die Abneigung ihres Bruders gegen Grimms teilte, die sich vor allem auf Jacob bezog, der sich 1850 öffentlich auf die Seite der Gegner Hassenpflugs gestellt hatte. Amalie hat später zu Wilhelm und Dorothea ein lockeres Verhältnis wiederhergestellt, auch die Söhne Hassenpflugs – sie waren wohl für Wilhelm und Jacob stets Lottes Kinder – haben die Verbindung nicht abgebrochen.

Wir sind nun scheinbar von den Märchen sehr weit abgekommen, als Hintergrundwissen für das oft vermittelte »heile« Klima des Märchenerzählens sind diese Dinge vielleicht aber doch wichtig. Die gesamte Familie Hassenpflug hat mit den in anderen Märchen aufgenommenen Bruchstücken oder Stücken aus zusammengefügten Märchen den Brüdern Grimm immerhin so viele mitgeteilt, dass in der Reclamausgabe von Heinz Rölleke eineinhalb Seiten mit der Aufzählung gefüllt sind. Eine besondere Rolle kommt sicher der Marie Hassenpflug zu, über die es in dem Buch »Die Grimmschen Märchen der jungen Marie, arrangiert und ausgeschmückt von A. Schindehütte« (Marburg 1991) heißt: »Eine liebenswerte Botschafterin, die tatsächlich in eine gemeineuropäische Tradition zurück- und vielleicht auch in entsprechende Zukunftsvisionen vorausweist, ist die junge Marie...«[18]

Im Ort Schauenburg-Breitenbach wurde vor einigen Jahren, mit besonderer Beteiligung des Künstlers Albert Schindehütte, eine Feuerwehrwache zu Ehren der Marie und des alten Wachtmeisters Krause ausgebaut, die die Märchen dieser Beiträger sehr stark wieder aufleben lässt in verschiedensten Aktionen mit Kindern, Lesungen, Märchenerzählabenden usw. Dort gibt es eine neue »junge Marie«, die auch das Märchen von der »Wassernixe« sehr schön zu erzählen weiß.

Hier muß erwähnt werden, dass auch der Wohnort der Dorothea Viehmann, die Gaststätte »Knallhütte« in neuester Zeit sehr stark durch Ausstellungen u.ä. versucht, die Erinnerungen an die berühmte Frau am Leben zu erhalten.

Kontakte der Brüder Grimm zu Katholiken – Verbindungen der Beiträger aus hugenottischen Familien zu katholischen Familien

Ich möchte an dieser Stelle kurz anknüpfen an das eingangs benutzte Zitat, in dem es hieß: »Der katholischen Welt stehen die Brüder Grimm wohl zeitlebens recht fern.« (Hinrich Hudde)[19]

Die Brüder Grimm hatten – entstanden durch die Bekanntschaft mit einem der Brüder von Haxthausen[20] – zu dieser katholischen Familie einen äußerst intensiven Kontakt. Sie weilten mehrere Male in Bökendorf bei Höxter auf dem so genannten »Bökerhof«, dem Herrenhaus dieser Familie. Die Familie hatte 15 Kinder, von denen sich einige an den Märchensammlungen beteiligten, u.a. auch durch die Kinderlegenden; von denen die ersten sieben durch die Familie von Haxthausen zugekommen sind.

Vor allem wohl Wilhelm und der »Malerbruder« Ludwig Emil genossen die Aufenthalte und auch die Kontakte zu den Haxthausens und den verwandten Schwestern von Droste-Hülshoff sehr, – aber auch die eben dargestellte Familie Hassenpflug, vor allem Ludwig Hassenpflug und seine Schwester Amalie fanden dort gute Freunde, die allerdings auch die Spannungen zwischen diesen und den Brüdern Grimm nicht lösen konnten. Es würde leider hier zu weit führen, die außerordentlich spannenden Kontakte darzustellen. Eine interessante Freundschaft ist die zur Tochter der Fernandine von Haxthausen, verh. Heeremann von Zuydtwick, die auch Amalie hieß, und, im

Die Hugenottenstadt Bad Karlshafen

Gegensatz zu Amalie Hassenpflug »Malchen« genannt wurde, während diese »Nasenmale« hieß – aufgrund der auffallenden Nasenform. Die Freundschaft dieser beiden spielte sich zu einem Teil, begleitet von dem Malerbruder Ludwig Emil Grimm, auf der Burg Herstelle ab, die sich im Besitz der Mutter Fernandine Heeremann von Zuydtwick befand.

Ich erwähne diese Zusammenhänge einmal, um auf die tatsächliche Märchennähe unserer Region zu verweisen – von Bökendorf über Herstelle, von Höxter, wo der Freund Paul Wigand lebte, bis nach Göttingen, von dem Wohnsitz Kassel in das benachbarte Land spannt sich ein Netz von Märchenkontakten.

Zum anderen denke ich, dass die kurz dargestellten Lebensgänge der Märchenbeiträger und Märchenbeiträgerinnen klar machen, dass die Zeiten damals alles andere als ruhig waren: die Menschen schienen, was die geographische, aber auch die religiöse und kulturelle Heimat betraf, zum großen Teil aus dieser vertrieben worden zu sein. Es ist sehr interessant, diese Zeit auch einmal mit der unsrigen – geprägt von vielerlei Umbruch im inneren und äußeren Bereich des Menschen – zu vergleichen. Mir scheint es, dass die anfangs calvinistisch ausgerichteten Brüder Grimm im Laufe ihres Lebens immer mehr ihre wahren Freunde, vielleicht auch ihre innere Heimat in Kreisen fanden, die ihnen nicht nur konfessionell nahe standen, sondern in denen man vielleicht die »Märchen« in ihrer weiten Form als Heimat empfand. So haben denn die Märchenerzählerinnen, auch wenn sie aus vielleicht wohlsituierten Kreisen stammten und eventuell sogar ihr Wissen aus Büchern hatten, die Märchen nicht zur bloßen Unterhaltung erzählt, sondern zumindest auch als wirklich »lebensnotwendig« vor dem Hintergrund der Unruhen und als verbindendes Glied zu entfernter stehenden Kreisen empfunden. In der Märchensammlung haben jedenfalls die Märchen verschiedenster Herkunft gleichwertig Heimat gefunden – spannend wäre es vielleicht in der Zukunft einmal, die calvinistischen oder katholischen Spuren herauszuarbeiten...

Briefwechsel zwischen Jacob Grimm und Reinhard Suchier

Ich möchte noch auf einen Briefwechsel hinweisen, von dem der Brief Jacob Grimms sich im Besitz des Hugenottenmuseums befindet. Es handelt sich um einen Briefwechsel aus dem Jahr 1859 mit »Reinhard Suchier«. Die hugenottische Herkunft ist am Namen zu hören. Den Namen findet man noch in Bad Karlshafen, aus dem weiteren Familienkreis der Suchiers sind Nachfahren in Bad Karlshafen ansässig, wie z.B. das Antiquariat Bernhard und Christian Schäfer, der Apotheker Ulrich Roesrath, die Weinhändlerin Dorothea Römer. Reinhard Suchier selbst besuchte die Schule in Karlshafen, wurde Gymnasiallehrer, widmete sich wissenschaftlichen Arbeiten und lebte z.T. in Hanau. Er korrespondierte mit vielen bekannten Menschen seiner Zeit. Immer wieder besuchte er Karlshafen; seinen schriftlichen Nachlaß vermachte er Bernhard Schäfer sen.

Bei dem Brief, den Jacob Grimm beantwortet, handelt es sich um einen Begleitbrief zu einem nicht erhaltenen Buchgeschenk an Jacob Grimm. Der Ausgangspunkt für die Briefe ist die gehaltreiche Arbeit Suchiers mit dem Titel »Orion der Jäger. Ein Beitrag zur semitisch-indogermanischen, besonders zur deutschen Mythenforschung ... «.

Es ging um die Gestalt eines großen Jägers, des Himmelsjägers Orion aus der Antike, den er mit Herakles und anderen, vor allem aber mit der wilden Jagd und ihrem Anführer in Verbindung bringen möchte.

Wenn man den Antwortbrief Jacob Grimms (im Hugenottenmuseum) liest, stolpert man sozusagen über den Satz »Ich habe Ihre Gedanken über Orion mit großem Vergnügen...« und vermisst das Wort ›gelesen‹. Ludwig Denecke jedoch schreibt darüber (in seinem Nachwort zum Heft mit dem Brief), dass hier nicht etwa das Wort ›gelesen‹ ausgefallen sei, sondern Grimm gebrauche das Wort ›haben‹ im Sinne von »festhalten, besitzen, hegen«.[21]

Er schreibt dann weiterhin, dass Jacob Grimm stets bemüht gewesen sei, fern von jedem akademischen Hochmut, solche Arbeit »vor Ort«, die letztlich durch ihn angeregt war, freundlich anzuerkennen und zu fördern.

Ludwig Emil Grimm in Bad Karlshafen

Mit ein paar Sätzen aus Ludwig Emil Grimms »Erinnerungen aus meinem Leben« möchte ich schließen. Wir finden dort eine, die Verlegung seines Regiments nach Karlshafen betreffende Stelle[22]:

»Mein Quartier war bei einem wohlhabenden Kaufmann Laporte, der, zwar höflich, aber sehr geizig zu sein schien. Meine Stube war mit Backsteinen belegt und sehr kalt, er wollte mir aber nicht einheizen lassen. Da war ich dann genötigt, seine Wohnstube auch als die meinige anzusehen, wo es immer recht hübsch warm und bequem war. Da war nun auch wieder das alte Leben. Es gab große Mittagessen, Bälle. Der Herr Laporte lud mich ein, in den großen Klub mit ihm zu gehen. Da fand man die alte und junge schöne

Die Hugenottenstadt Bad Karlshafen

Welt von Karlshafen und der nächsten Umgebung. Die Leute saßen in furchtbar warmen Stuben, und die Lichter gingen bald vor Tabaksdampf aus. Die Herren sprachen von Tabak, Zucker, Kaffee, Weserzöllen und dergleichen, die Damen arrangierten Spiele ›der Ring durch einen Bindfaden‹ und dergleichen mehr. Ein sehr schönes Mädchen war da, ein Fräulein Bernstein (ist aber früh gestorben).«

Anmerkungen:

1 Desel, Jochen (Hrsg.): *Deutsches Hugenotten Museum Bad Karlshafen*. Bad Karlshafen 1996.
Weitere Literatur zum Thema:
Bohn, Robert: *1699–1999 Bad Karlshafen*. Bad Karlshafen 2000.
Röttcher, Klaus/ Tondera, Johannes/ Tönsmann, Frank: *Der Kanal des Landgrafen Karl*. Kassel 2000.
2 Hudde, Hinrich: »Hugenottennachfahren erzählen den Brüdern Grimm.« In: *Hugenottenkultur in Deutschland* (hrsg. von Jürgen Eschmann). Tübingen 1988, S. 56.
3 Grimm, Jacob: »Selbstbiographie (1831).« In: Grimm, Jacob und Grimm, Wilhelm: *Schriften und Reden* (hrsg. von Ludwig Denecke). Stuttgart 1985, S. 15 ff.
4 Stengel, Eva (Hrsg.): *Briefe der Brüder Grimm an Paul Wigand*. Marburg 1910.
5 Friderici, Robert: »Wer entdeckte die Märchenfrau?« In: *Hessische Blätter für Volkskunde* (Bd. 6). Gießen 1969, S. 166f.
6 U. a. können Daten entnommen werden aus *Ahnentafel der Märchenfrau* (aufgestellt von Pfarrer Eduard Grimmel). Kassel 1950/51.
7 Rölleke, Heinz: »Von Menschen, denen wir Grimms Märchen verdanken.« In: Rölleke, Heinz: *Die Märchen der Brüder Grimm – Quellen und Studien*. Trier 2000, S. 23 ff.
8 Rölleke, Heinz: »Von Menschen, denen wir Grimms Märchen verdanken.« In: Rölleke (wie Anm. 7), S. 29.
9 Weber-Kellermann, Ingeborg: »Hessen als Märchenland der Brüder Grimm.« In: *Hessen – Märchenland der Brüder Grimm* (im Auftrag der Europäischen Märchengesellschaft hrsg. von Charlotte Oberfeld und Andreas C. Bimmer). Kassel 1984 (VEMG 5), S. 93 ff.
10 Wagner, Hans W.: *Über Ursprung und Werden der Hugenottenkolonie Mariendorf*. Mariendorf o. J., S. 13 ff.
11 Rölleke, Heinz: »Von Menschen, denen wir Grimms Märchen verdanken.« In: Rölleke (wie Anm. 7), S. 23 ff.
12 Informationen zur Familie Hassenpflug sind u.a. nachzulesen in: Rölleke, Heinz: *Die älteste Märchensammlung der Brüder Grimm*. Genf 1975.
13 Informationen über Marie Hassenpflug sind z.B. zu finden in: Vonjahr, Heinz: »Aus dem wirklichen Leben der Märchenbeiträgerin Marie Hassenpflug, verheiratete von Dalwigk.« In: *Die Grimm'schen Märchen der jungen Marie* (arrangiert und ausgeschmückt von Albert Schindehütte). Marburg 1991, S. 146 ff.
14 Rölleke, Heinz: »Drei Bildnisse der Märchenvermittlerin Marie Hassenpflug.« In: *Brüder Grimm Gedenken* (Band 3) Marburg 1981.
15 Nachzulesen in: Rölleke (wie Anm. 12), S. 391.

Hildegard von Campe

16 Zitiert nach: Rölleke (wie Anm. 12), S. 391.
17 Losch, Philipp: »*Ludwig Hassenpflug, ein Staatsmann des 19. Jahrhunderts.*« (Sonderdruck aus der Zeitschrift des Vereins für hessische Geschichte und Landeskunde, Band 62) 1940.
18 Schindehütte (wie Anm. 13), S. 19.
19 Hudde (wie Anm. 2), S.56.
20 Informationen zur Familie von Haxthausen z. B. in: Scherf, Walter: *Das Märchenlexikon*. München 1995, S. 773.
oder:
Schulte-Kemminghausen, Karl (Hrsg): *Von Königen, Hexen und allerlei Spuk*. Rheine 1957, S. 11–13.
21 Denecke, Ludwig: »Reinhart Suchier und Jacob Grimm.« In: *Reinhart Suchier – Jacob Grimm. Zwei Briefe.* und *Der Hessische Geschichtsverein in Karlshafen 1900 und 1933*. Bad Karlshafen 1991, S. 16.
22 Ludwig Emil Grimm: *Erinnerungen aus meinem Leben* (hrsg. von Wilhelm Praesent). Kassel/ Basel 1950, S. 100.

Heinrich Dickerhoff

Fremde Heimat – Heimat Fremde
Was Märchen von der Sehnsucht des Menschen nach Heimat erzählen

Was erzählen Märchen uns von den gegensätzlichen und doch ineinander verwobenen Erfahrungen von Heimat und Fremde? Dem möchte ich in diesem kleinen Beitrag ein wenig nachspüren. Es geht mir allerdings nicht um eine vergleichende Motivsammlung zum Stichwort: »Heimat im Märchen« und auch nicht um eine exakte Definition, was im Märchen »Heimat« sei. Denn Heimat ist eines jener Großen Worte – wie Welt und Leben und Liebe –, die sich unserem Begreifen und unseren Begriffen entziehen, die wir, wie die Erde, auf der wir stehen, nicht überblicken können, weil sie Grundlage unseres Lebens sind. Also können wir nur erzählen von dem, was uns aufgegangen ist, ohne Anspruch auf umfassendes Verstehen oder alleinigen Besitz der Wahrheit.

Und genau das tun die Märchen: sie enthalten keine Definition, was Heimat sei, keine Konzepte und Strategien, wie wir Heimat finden oder schaffen; aber sie erzählen so von Heimat, dass – mit einem Wort von Dorothee Sölle gesagt – »das Abwesende vermisst wird und anwesend!«.

Ich jedenfalls finde in märchenhaften Erzählungen eine Heimat-Kunde, ein tiefes Wissen um Grund und Ziel und Wurzeln des Lebens, die mir zunächst aber als Warnung begegnet: *Das Leben – warnen mich die Märchen – ist kein Heimspiel!*

Das Leben ist kein Heimspiel – Die Ausgangslage des Menschen im Märchen

Kein Volksmärchen ist heimelig, doch das Un-heimliche fehlt kaum einmal – das hat den Märchen den Vorwurf eingetragen, grausam zu sein. Dabei spiegeln Märchen nur das menschliche Welterleben, das die Verhaltensforschung zugespitzt so beschreibt: »Die Tiere leben unbewusst und geborgen, die Menschen bewusst und ungeborgen!« Am Anfang jener geistigen Suchbewegung und Selbstvergewisserung, die die Märchen wie alle Kunst und Religion bezeugen, findet sich der Mensch in einer befremdlichen und unheimlichen Situation, im Elend, und das ist das mittelhochdeutsche Wort für Ausland, Fremde.

Dieses menschliche Elend hat kaum einer so punktgenau beschrieben wie Blaise Pascal, der geniale Mathematiker und Ingenieur, Literat, Philosoph und Mystiker des 17. Jahrhunderts. In seinem nachgelassenen Zettelkasten, den »Pensées«[1], provoziert Pascal uns mit einem grausigen Gleichnis: »Man stelle sich vor: eine Anzahl von Menschen, in Ketten geschlagen, alle zum Tode verurteilt, von denen werden alle Tage einige vor den Augen der anderen erdrosselt: die Übriggebliebenen erkennen ihre eigene Lage in der ihrer Schicksalsgefährten, sie betrachten einander mit Schmerz und ohne Hoffnung, darauf wartend, dass sie an der Reihe sind. Das ist ein Gleichnis vom Zustand der Menschen« (6).

Dass wir unsere Vergänglichkeit erkennen, das ist unser Elend, unsere Tragik, meint Pascal, aber in diesem Elend leuchtet unsere Größe auf: »Die Größe des Menschen ist so sichtbar, dass sie sich sogar aus seinem Elend ableiten lässt, denn was für die Tiere Natur ist, das nennen wir beim Menschen Elend« (120). Und »dieses Elend beweist gerade seine Größe. Es ist das Elend eines großen Herren, das Elend eines enttrohnten Königs« (121).

Dieses Pascalsche Bild begegnet uns auch in vielen Märchen, etwa im Stoßseufzer der Gänsemagd im Eisenofen: »da sitze ich nun von aller Welt verlassen und bin doch eine Königstochter« (KHM 89).

Dieser Satz ist zwar eine grimmsche Formulierung, er fehlt in der zweiten Auflage von 1819 noch, aber dieser Stoßseufzer ist doch dem Märchen nicht aufgesetzt, sondern eher herausgefiltert, und der Seufzer passt zu zahllosen Märchen, in denen Königskinder verlieren und verlassen müssen, was sie für Heimat halten, was aber oft nur das heimische, das vertraute Elend ist: davongejagt wie die jüngste Tochter, die den Vater so liebt wie Salz, auf der Flucht wie Schneewittchen oder Allerleirau, geraubt wie der Königssohn aus dem Eisenhans, in die Irre gelaufen wie der isländische Königssohn Ring, verkauft wie all die Schönen auf dem Weg zum Biest oder auf der Suche nach dem verlorenen Liebsten. Königskinder in der Fremde, in der Verbannung – das ist das Urbild für das Leben, das uns elend erscheint, uns so viel weniger gibt, als wir in uns tragen.

Daneben und oft auch damit verbunden finden wir das Bild des mutterlosen Kindes. Denn Heimat ist – im Leben wie im Märchen – zuerst verbunden mit der Erfahrung der Familie, vor allem der Mutter. Ja, die Mutter ist die fleischgewordene Verheißung von Heimat. Das Leben aber reißt uns aus dieser warmen Geborgenheit heraus,

Fremde Heimat – Heimat Fremde

zumal unsere Neugier uns auch aus dem Vertrauten hinauslockt ins Fremde, Unbekannte, Dunkle.

Eher schwankhaft erzählt davon das norwegische Märchen »Smörbuck«, Schmierbock[2]: Da war einmal eine Frau, »... die hatte einen kleinen Sohn, der war so dick und fett und mochte so gern essen, darum nannte sie ihn nur Smörbukk, Schmierbock.« Eines Tages sieht Schmierbock:

›... da kommt ein riesig-großes Hügelweib, hat den Kopf unterm Arm und einen Sack auf dem Rücken!‹ – ›Spring untern Backtrog und versteck dich‹, sagte die Mutter da.
Da kam auch schon eine große Trollalte herein, sagte: ›Guten Tag!‹ – ›Gottes Segen!‹ sagte Schmierbocks Mutter. ›Ja, ist denn Schmierbock nicht zu Hause?‹ fragte das Trollweib. ›Nein, leider nicht, er ist mit seinem Vater im Wald, Schneehühner fangen‹, sagte die Mutter. ›Na, das ist schade!‹, brummte das Trollweib, ›ich hab' hier in meinem Sack so'n feines kleines Messerchen aus Silber, das wollt' ich ihm schenken.‹ – ›Piep, piep, hier bin ich!‹ rief Schmierbock und kam unterm Backtrog vor. ›Ach, ich bin so alt und steif im Rücken‹, sagte die Trollalte. ›Du musst schon in den Sack hinein und dir das Messerchen holen.‹ Doch kaum war Schmierbock hineingekrochen, da warf sich das Trollweib den Sack auf den Rücken und lief zur Tür hinaus...

Machen Sie sich um Schmierbock keine Sorge, er wird schon wieder heimfinden zu Mutter, für mein Empfinden sogar viel zu schnell und zu leicht.

Nicht leicht und lustig, sondern mit verstörender Melancholie erzählt das dänische Märchen »Die Elfenkinder«[3] von Kindern, die aus der Heimat verschwinden:

Zwei Bauersleute hatten ein Kind, ein kleines Mädchen. Sie wohnten mitten in einem großen Wald. An einem schönen Sommerabend ging die Kleine hinaus und spielte mit den Blumen, pflückte sie und band sie zu Kränzen. Da kommt aus dem Wald ein schönes fremdes Kind zu ihr, das zeigt ihr Blumen, die sie noch nie gesehen hat, und diese Blumen sind schöner als die Abendröte. ›Komm mit mir‹, sagt das fremde Kind, ›ich zeige dir, wo diese Blumen wachsen.‹
Da bekommt das Mädchen große Lust, solche Blumen zu finden und zu pflücken, und sie geht mit dem fremden Kind. Und das führt sie zwischen Erlenbüschen immer tiefer in den Wald hinein ...

Und das Kind verschwindet und bleibt für immer verschwunden, selbst wenn es noch einmal zum Greifen nah erscheint. Denn

...einmal, in einer klaren Vollmondnacht, lag die Mutter noch wach im Bett und konnte wieder nicht einschlafen vor Kummer. Und wie sie so dalag und auf den Fußboden starrte, sieht sie ihr Kind, das sitzt beim Ofen auf einem kleinen Stühlchen und spielt mit Blumen. Da wird ihr so leicht ums Herz, sie springt auf und will ihr Kind in die Arme schließen. Aber im gleichen Augenblick ist es verschwunden ...

Ein seltsam trauriges Märchen, es erzählt, wie wir verlieren, wo wir festhalten wollen.

Öfter noch als vom Verschwinden der Kinder erzählen die Märchen aber vom Verlust der Eltern, vor allem der Mutter. Typisch für ungezählte Märchenanfänge sei hier aus »Brüderchen und Schwesterchen« (KHM 11) zitiert:

> Brüderchen nahm sein Schwesterchen an der Hand und sprach: ›Seit die Mutter tot ist, haben wir keine gute Stunde mehr; die Stiefmutter schlägt uns alle Tage, und wenn wir zu ihr kommen, stößt sie uns mit den Füßen fort. Die harten Brotkrusten, die übrig bleiben, sind unsere Speise, und dem Hündlein unter dem Tisch geht's besser: dem wirft sie doch manchmal einen guten Bissen zu. Daß Gott erbarm, wenn das unsere Mutter wüßte! Komm, wir wollen miteinander in die weite Welt gehen.‹

So ist auch das Stief- oder Waisenkind ein Urbild für das Menschsein im Elend, in Ungeborgenheit und seelischer Heimatlosigkeit. Doch noch gesteigert erscheint das Elend da, wo die Mutter, diese fleischgewordene Heimat, nicht nur fehlt und schmerzlich vermisst wird, sondern sich verkehrt in ihr Gegenteil, sich entpuppt als tödliche Bedrohung ihrer eigenen Kinder, wie bei »Hänsel und Gretel« (KHM 15) und ursprünglich bei »Sneewittchen« (KHM 53), bei dem erst in der zweiten Ausgabe von 1819[4] die kinderfressende Mutter zur eifersüchtigen Stiefmutter wurde.

Dieses Motiv der *mörderischen Mutter* findet sich weltweit, etwa im karibischen Märchen »Der Pfefferbaum«[5]:

> Es war einmal eine Frau, die hatte eine Tochter, und sie hing ein Bündel Feigen auf zum Trocknen. ›Ich geh' jetzt‹, sagte sie dann zu dem kleinen Mädchen, ›wenn ein schwarzer Vogel kommt und die Feigen fressen will, jag ihn fort! Denn komme ich zurück und der Vogel hat die Früchte gefressen, so töte ich dich!‹ – Die Mutter ging und verwandelte sich in einen schwarzen Vogel, kam zurück und fing an, die Feigen zu fressen. Und was das Mädchen auch tat, um den Vogel zu verscheuchen, der flog nicht weg.

Eine entsetzliche erschreckende Mutter; aber mit meiner Mutter oder meiner Frau hat sie nicht mehr gemein als der Gestiefelte Kater mit meinem Kater zu Hause. Nein, alle Märchenfiguren sind Chiffren, nicht Personen, und die mörderische Mutter war wohl ursprünglich ein Reflex der *Mutter Erde*, der »Natur«, die uns alle geboren und hervorgebracht hat, uns alle aber auch mitleidlos wieder verschlingt.[6]

Fremde Heimat – Heimat Fremde

Diese Mutter verkörpert, was die Philosophie *Kontingenz* nennt, Fraglichkeit und Vergänglichkeit, und die christliche Theologie *Erbsünde*, dass nämlich der Mensch sich nicht *wie Gott* erfährt, vollkommen und unendlich, sondern eben menschlich, unvollkommen und endlich.

So sprechen Religion, Philosophie und Märchen auf ihre je eigene Weise von der Fraglichkeit unseres Daseins, sie täuschen uns keine heile Welt vor, versprechen uns nicht, wir könnten das Leben behaglich aussitzen auf einem altvertrauten Stammplatz. Rein äußerlich betrachtet sind wir Menschen Nesthocker, kein Lebewesen bleibt länger zu Hause als wir; seelisch aber sind wir Nestflüchter oder öfter noch aus dem Nest gefallen. Ein altes Sprichwort aus dem biblischen Buch der Sprüche (27,8) lautet: »Wie ein Vogel, der aus seinem Nest flüchtet, so ist der Mensch, der aus seiner Heimat fliehen muss!«

Aber so verlorene Vögel sind nicht nur die Menschenkinder, deren Heimatlosigkeit offenkundig ist wie bei Hänsel und Gretel und all ihren Schicksalsgefährten. Wie verlorene Vögel können wir uns selbst im wärmsten Nest erfahren, erzählt das altirische Mythenmärchen »Etain«[7]: Etain wird aus der Anderswelt verstoßen, wird hineingeboren in die Menschenwelt, wo sie allen fremd und unheimlich bleibt, so dass auch ihr menschlicher Vater sie davonjagt. Nun lebt sie allein im Wald, und sie »wurde schöner mit jedem Tag, sie ging umher unter den Bäumen und sang ihre eigenen Lieder ...« Dort findet sie Eochaid, der junge Hoch-König von Erin und er verliebt sich sofort in die schöne Fremde.

›Es ist nicht recht, dass deine Schönheit in diesem Wald verborgen bleibt‹, sagte der König, ›komm mit mir, Etain, und werde meine Frau, werde Königin von Erin.‹ Etain sah ihn an, ihr war, als hätte ihr Herz das seine immer schon gekannt. ›Ich habe hier auf dich gewartet‹, sagte sie, ›und auf niemanden sonst. Nimm mich mit in dein Haus, Eochaid.‹ – So machte Eochaid sie zu seiner Königin, und ihre Schönheit war die Freude des ganzen Landes. Eochaid baute ihr einen wunderbaren Palast, der hatte neun Tore, aus rotem Eibenholz geschnitzt, und die Wände waren mit kostbaren Steinen verziert. Die besten Harfenspieler Erins spielten für die Königin, und die tapfersten Krieger wachten an ihren Toren. Der König war glücklich, aber durch Etains Herz ging alle Zeit eine Sehnsucht, die ließ die reichen Wände arm erscheinen, und ein Lied, vor dem alle anderen Lieder erstarben. Wenn die Harfenspieler in Eochaids Halle sangen, dann lag Etains Traurigkeit auch auf ihrem Gesicht. Und die Krieger des Königs fühlten sich in ihrer Nähe wie einsame Vögel über den Wogen, die niemals ein Nest gebaut, und wer ihr in die Augen sah, fing an zu träumen von fernen Ländern und von der Fahrt über das endlose Meer.

Nirgends, in keinem Nest, in keinem goldenen Palast sind wir garantiert und wie selbstverständlich zu Hause, nicht einmal im Haus der Liebe.

Aber wenn wir den Märchen glauben, so ist dieses Heimweh, das zugleich ein Fernweh ist, ein Schmerz, der heilsam ist, ein Defizit, ein Mangel, der Reichtum ahnen lässt, eine *felix culpa*, eine *glückliche Schuld*, wie es die uralte Liturgie der Osternacht nennt. Hören wir noch einmal Blaise Pascal: »Die Größe des Menschen ist groß darin, dass er sein Elend erkennt. Ein Baum erkennt sein Elend nicht. Es heißt also unglücklich sein, wenn man sich als unglücklich erkennt. Aber es heißt groß sein, wenn man erkennt, dass man unglücklich ist« (123).

Ein bewusst gewordenes Heimweh lässt uns aufbrechen aus dem vertrauten Elend, lässt uns in die Ferne gehen, um Heimat zu finden. Was du für Heimat hältst, kann dir zur Fremde werden, warnen mich die Märchen und das Leben. Aber wer aufbricht aus der Fremde, der ist schon auf dem Heimweg. Und auf diesem Weg kann dir die Fremde Heimat werden.

Das Leben ist ein Heimweg – Was Märchen erzählen von der Hoffnung auf Heimkehr

Märchen warnen nicht nur, sie weisen über uns hinaus, sie wiederholen nicht einfach unsere Welt-Erfahrung, sie kontrastieren sie mit unserer Sehnsucht, transzendieren sie mit Hoffnung. Das ist kein billiger Trost, denn die Märchen machen zunächst ja sehr deutlich, dass uns unser Menschsein die Geborgenheit kostet und das Leben uns hinaustreiben wird aus allen Selbstverständlichkeiten. Aber dieser Weg, auf den uns das Leben treibt und von dem uns die Märchen erzählen, ist kein Irrweg. Und der Weg *ist* auch nicht selbst das Ziel, das ist nur so bei Sisyphus, der zu endloser Qual verdammt ist – aber der Weg, von dem die Märchen erzählen, *hat* ein Ziel.

Denn die märchenhaften Menschen-Kinder, die ihren einsamen Weg zu gehen wagen, kommen am Ende an, finden, was sie gesucht haben: die Liebe oder die Lieben, das halbe Königreich, eine neue Heimat. Das Leben ist kein Heimspiel, sagen mir die Märchen. Das Leben ist ein Heimweg. Also mach dich auf, geh deinen Weg. Du wirst erwartet.

Aber die Märchen sind für mich mehr als ein Marschbefehl. Sie geben mir auch Ratschläge mit für den Heimweg, kein Lernprogramm, kein klar strukturiertes Curriculum, kein Patentrezept für

Fremde Heimat – Heimat Fremde

jeden und jede Lage, aber doch Hinweise, die mir schon weitergeholfen haben und hoffentlich noch weiterhelfen werden.

Dabei habe ich die meisten dieser Ratschläge nicht zuerst in Märchen entdeckt, das Leben hat sie mich gelehrt. Aber die Märchen verdichten sie zu einprägsamen Bildern. Und sechs dieser Ratschläge möchte ich hier an-denken.

1. Rat: *Nimm ein Stühlchen mit auf deinen Weg.*

Das mir liebste grimmsche Märchen – es findet sich nur in der Urfassung vom 1812 – ist »Die drei Raben«[8], in späteren Ausgaben verändert und erweitert zu den »Sieben Raben« (KHM 25).

Es war einmal eine Mutter, die hatte drei Söhnlein, die spielten eines Sonntags unter der Kirche Karten. Und als die Predigt vorbei war, kam die Mutter nach Haus gegangen und sah, was sie getan hatten. Da fluchte sie ihren gottlosen Kindern, und alsobald wurden sie drei kohlschwarze Raben und flogen auf und davon. Die drei Brüder hatten aber ein Schwesterlein, das sie von Herzen liebte, und es grämte sich so über ihre Verbannung, daß es keine Ruh' mehr hatte und sich endlich aufmachte, sie zu suchen. Nichts nahm es mit sich auf die lange, lange Reise als ein Stühlchen, worauf es sich ruhte, wenn es zu müd' geworden war, und nichts aß es die ganze Zeit als wilde Äpfel und Birnen.

Und nach langer Suchwanderung findet das Schwesterlein die drei Raben in einem Glasberg, den sie mit ihrem abgeschnitten Finger öffnen kann, die Geschwister erkennen einander, »und von da an waren sie alle wieder erlöst und gingen fröhlich heim.«

Diese Mutter, die, aus der Kirche kommend, ihre Kinder verflucht, ist gewiss nicht die Mutter Natur aus dem »Pfefferbaum«, sie ist eine »Über-Ich«-Gestalt, die mich an jene »gnadenlos Guten« erinnert, die wir leider in so vielen Religionen und Überzeugungsgruppen finden – vermutlich wurde auch »Mutter Kirche« nicht selten so wahrgenommen. Das märchenhafte Gegenbild dieser fluchenden Mutter ist das Schwesterlein, das aus Liebe den verlorenen Brüdern nachgeht und hinabsteigt bis in das Reich des Todes.

Doch warum nimmt sie ein Stühlchen mit? Eine Sitzgelegenheit ist nun wirklich das Letzte, mit dem man sich auf einer Wanderung belasten sollte. Und das Stühlchen ist nicht einmal ein magisches Zauberstühlchen, es wird im weiteren Verlauf gar nicht mehr erwähnt. Was also mag das Stühlchen bedeuten?

Mich erinnert das Stühlchen an ein Stück Heimat, das sie mitnimmt. Nicht Erinnerungen an Vater und Mutter wie in den »Sieben Raben« – denn der Vater kommt nicht vor, und die Mutter und ihr Wesen lässt das Schwesterlein hinter sich. Nein, mir scheint, das

Schwesterlein nimmt mit dem Stühlchen ihren Platz in der Welt mit sich. Vielleicht ist das Stühlchen auch wie ein kleiner Thron, auf dem sie, wenn sie müde und mutlos wird, sich erinnert an ihre Würde und ihren Auftrag.

Nimm ein Stühlchen mit auf die lange Reise in die Fremde, sagt mir das Märchen. Denn du musst fort, und dein Lebensweg führt unausweichlich bis ans Ende deiner Welt. Und du brauchst auf der Wanderung ein kleines Stück Heimat, wo du dich ausruhen kannst in all dem Wandel, dich erinnern kannst, wer du bist.

Mein Stühlchen, mein Stückchen Heimat, das ich mit mir trage, ist nicht aus Holz, es ist aus Erinnerungen geschnitzt, aus Liedern, Gedichten und Gebeten und auch aus Märchen, die mir, wenn ich sie wiederhole, eine Ahnung von Heimat wieder holen.

2. Rat: *Wer Heimat finden will, muss Heimat geben.*
Manches, was ich mir wünsche, kann ich mir selbst nicht geben – zum Beispiel einen Kuss!

Mit dem Glück wird es wohl auch so sein, vielleicht auch mit der Heimat. Dass nur wer Heimat gibt, auch Heimat findet, erzählt mir das irische Sagenmärchen: »Das Glückskind«[9]:

Aidan, Osric und Teigue waren die Kuh-Hirten des Hoch-Königs von Erin. Aidan war alt und mild, Osric war jung und wild, und Teigue war ein Narr ... Die drei Hirten finden im Wald »unter einer Föhre, in einen Mantel gewickelt, ein kleines Kind. Teigue ging näher heran, und das Kind lächelte ihn an. ›Ich hab hier etwas gefunden‹, sagte Teigue, ›... Sieh doch: ein Kind, ein Geschenk vom Verborgenen Volk.‹ Nun sah auch Osric das Kind. ›Das ist ja noch kein Jahr alt‹, sagte er. ›Was sollen wir denn damit anfangen?‹ Da lächelte das Kind ihn an. ›Ja, wo sollen wir dich denn lassen, Kind?‹, fragte Osric. ›Hab' keine Angst, mein Kind‹, sagte Teigue. ›Ich bau' dir ein Haus, ein kleines Haus mitten im Wald, wo niemand dich finden kann außer mir.‹

... Und dann suchen die drei Hirten, der kindliche Narr, der junge Wilde und der alte Weise »einen verborgenen grünen Flecken im Wald, bauten dort ein kleines Haus und zogen das Kind, es war ein Mädchen, im Geheimen auf. Das Mädchen wuchs heran, und es war eine Freude, sie wachsen zu sehen, und sie wurde schöner von Jahr zu Jahr.«

Die heimatlosen Hirten, Nomaden am Waldrand, nehmen das kleine fremde Leben auf, bauen ihm ein kleines Haus, geben so dem Glück ein Zuhause, wo es wachsen kann. Und am Ende wird diese absichtslose Freundlichkeit es mit sich bringen, dass sich ihre Herzenswünsche erfüllen.

Haben Sie schon einem Glückskind eine Hütte gebaut? Ich habe vier Glückskinder, und kein Ort in dieser Welt erinnert mich mehr an Heimat als das kleine Haus, das ich für sie gebaut habe. Aber viele Glückskinder warten auf uns, sie müssen nicht mit uns verwandt sein, sie können jedes Alter haben und viele Gestalten, es können auch Gedanken sein, Begabungen und Träume. Und das kleine Haus, das wir für sie bauen, muss nicht aus Holz und Stein sein, aber immer baut es sich auf aus Zuwendung und Zeit.

3. Rat: *Heimat ist nicht, wo du bleiben willst. Heimat ist, was dir bleibt, auch wenn du weitergehst!*
Mancher, der von Heimat spricht, meint Stillstand und Verklärung der Vergangenheit, doch solche Heimat ist kein Glückskind, sondern eine Mumie. Heimat ersetzt unser Gehen, unsere Entwicklung nicht, sondern ermöglicht und erfordert sie. Daran erinnert mich das norwegische Märchen: »Der siebte Vater im Haus.« [10]

Es war einmal ein Wanderer, der war schon lange unterwegs. Da kam er zu einem schönen großen Gutshof, so herrschaftlich, es hätte auch ein kleines Schloss sein können. ›Hier lässt sich wohl gut Rast machen‹, sagte er sich, als er durchs Tor auf den umzäunten Hof kam. Eben da stand ein graubärtiger Alter und hackte Holz. ›Guten Abend, Vater‹, sagte der Wanderer, ›kann ich heut Nacht in Eurem Hause bleiben?‹ – ›Ich bin nicht der Hausvater hier‹, sagte der Graubart, ›geh in die Küche und sprich mit meinem Vater.‹

Und nun wird der Wanderer von Vater zu Vater geschickt, immer weiter, siebenmal, und die Väter werden immer hinfälliger und kleiner, der sechste liegt in der Wiege, war »uralt und so eingeschrumpft, er war nicht größer als ein Säugling«. Und auch der sagt nur:

›Ich bin nicht der Hausvater hier. Aber sprich mit meinem Vater, der hängt in dem Horn an der Wand.‹ Da suchte der Wanderer die Wände ab, bis er zuletzt das Horn entdeckte. Und wie er hineinschaute, war nichts darin zu sehen als eine Hand voll Asche, die sah aus wie das Gesicht eines ururalten Menschen. Dem Wanderer wurde ganz schlecht vor Angst und er stammelte: ›Guten Abend, Vater, kann ich heut Nacht in Eurem Hause bleiben?‹ Da zirpte es oben im Horn, als wär' eine kleine Meise drin, es war kaum zu verstehen, aber es klang wie: ›Ja, mein Kind!‹

Und dann wird das unheimliche Haus dem Wanderer zur Heimat, gedeckte Tische rollen herein und prächtige Betten. Und er hat alles, was sein Herz begehrt – freilich nur für eine Nacht, dann geht er weiter seinen Weg.

»Geh den Dingen auf den Grund!«, sagt mir das Märchen, »lauf nicht weg, wenn es dir unheimlich wird. Nur wer das Un-Heimliche aushält, wird eine Ahnung von Heimat bekommen!«

Und der Wanderer geht weiter, von Vater zu Vater, bis er das »Ja, mein Kind« hören kann.

Die Väter werden nicht nur immer älter und äußerlich hinfälliger, sondern – das zeigt sich am Schluss, den ich hier nicht erzählen kann – auch immer mächtiger und stärker. Wer mögen diese Väter sein? Nicht ältere Menschen, denn unsere Macht wächst nicht mit dem Alter. Mich erinnern die Väter an die Vergangenheit, die kollektive der Menschheit, die kulturelle einer Gesellschaft, vor allem an meine ganz persönliche Vergangenheit. Meine älteste Zeit, meine Kindheit, habe ich kaum noch im Blick, aber sie prägt mich stärker als alles, was danach kam. Und ich muss meiner eigenen Vergangenheit auf den Grund gehen, muss in meiner Lebens-Geschichte zu Hause sein, Heimat finden, wenigstens so viel und so lange, dass ich die Kraft finde, weiterzuwandern.

Denn ich darf nicht in meiner Vergangenheit stehen bleiben, ich kann das auch gar nicht, ich muss meinen Weg weitergehen wie das der Wanderer am nächsten Morgen tut. Unser Lebensweg ist, wie ich glaube, ein Heimweg, ein Rückweg ist er nicht, und der Traum von den guten alten Zeiten, von der scheinbar heilen Welt der Kindheit, ist eine »regressive Phantasie«, die wir uns ab und an einmal gönnen dürfen, die uns aber nicht weiterhilft. Denn Heimat ist nicht das, wo ich bleiben will, Heimat ist das, was mir bleibt, auch wenn ich weitergehe! Und wenn es gut geht, klingt es in mir nach wie »Ja, mein Kind!«.

4. Rat: *Manchmal musst du, um Heimat zu finden, das Vertraute und Gewohnte hinter dir lassen.*
Das Leben ist ein Heimweg, sagen mir die Märchen, aber der Weg ist lang und gewunden, kein Irrweg, aber oft ein Umweg. Und auf dieser langen Suchwanderung musst du Gewohntes aufgeben und Altvertrautes hinter dir lassen. Erst in der Fremde klärt sich, was dir Heimat bedeutet. Und wenn du dann zurückkommst zum Ausgangspunkt, so wirst du eine andere Heimat finden, weil auch du, der Heimkehrer, nicht mehr der Gleiche bist.

Augustinus prägte als Leitwort für den Lebensweg den Satz: extra – intra – supra. Nach außen, nach innen, und darüber hinaus. Was Augustinus so verdichtet, erzählt in bizarren und surrealen Bilderfolgen das altirische Sagenmärchen »Die Reise von Maelduin Boot«[11]:

»Maelduin war das Kind einer Nonne, der Vorsteherin eines Frauenklosters. Die hielt aber ihre Schwangerschaft geheim und gab das Neugeborene zur Königin jenes Landes, die ihre Freundin war. So wuchs Maelduin mit den drei Söhnen des Königs auf, an einer Brust und in einer Wiege, als wäre er ihr Bruder.« Doch dann findet er heraus, dass er hier nicht hingehört und dass sein Vater seine Mutter vergewaltigt hat. Auch Maelduin ist ein »entthronter König« im Sinn Pascals, am Königshof aufgewachsen und doch nur ein unerwünschter Bastard, kein Kind der Liebe, sondern der Gewalt. Maelduin sucht nun nach seinem Vater, einem berüchtigten Seeräuber, aber der ist längst von anderen Piraten umgebracht worden. Also macht Maelduin sich auf, den Tod des Vaters zu rächen. Seeräuber war der, andere Seeräuber haben ihn umgebracht, nur wird auch Maelduin diesen Weg einschlagen. Die Spirale der Gewalt dreht sich weiter im Teufelskreis. Das ist das vertraute Muster, in dem er zu Hause ist. Doch auf seinem Rachefeldzug verschlägt es ihn in Anderswelten, zu traumhaften Inseln und zu solchen, die ein Albtraum sind; er trifft Jugend und Alter, verführerische Schönheit und karge Weisheit, und er lässt mehr und mehr von seiner Vergangenheit hinter sich. Endlich findet er zurück aus der Anderswelt, aber er findet die alte Heimat erst, als er nicht mehr der Alte ist, als er aus dem Schatten des toten Vaters tritt.

Denn Heimat ist nicht, was immer schon war und galt, Heimat ist nur, wo wir zu uns selber kommen, und dazu müssen wir wohl immer noch einen Schritt weitergehen.

5. Rat: *Heimat ist Haltung, nicht Aufenthalt.*
Wenn wir nach langer Wanderung so bei uns angekommen sind, dass wir Heimat spüren, dann ist das kein Aufenthaltsort mit garantiertem Bleiberecht, sondern eine Haltung, die uns tragen kann. Eine Buchmalerei aus dem 13. Jahrhundert zeigt auf originelle Weise die Himmelfahrt Mariens: hier trägt nicht mehr die Mutter das Jesus-Kind auf ihrem Arm, sondern der erwachsene Christus hält die kleine Maria auf seinem Arm. Mir sagt das Bild: Was du trägst, wird einmal dich tragen. Die Haltung, die du einhältst, kann dich halten. Davon erzählt ein Märchen aus Armenien[12]:

Da ist ein trotz seiner Armut glücklicher Tagelöhner, aus dessen Haus am Abend meist Singen und Lachen klingt. Dies hört auch der König, und er war erst

verwundert, dann verärgert, schließlich war er ganz empört: ›Was haben Tagelöhner zu lachen?‹ Und er schickte seine Soldaten zu dem kleinen Haus.

Heinrich Dickerhoff

›Höre, Holzhacker‹, sagte der Hauptmann der Soldaten, ›dies befiehlt dir unser Herr, der König: Fülle bis zum Morgengrauen fünfzig Sack mit Sägemehl, und schaffst du das nicht, so seid ihr alle des Todes, du, deine Frau und deine Kinder!‹ Der Tagelöhner erschrak. ›Fünfzig Säcke Sägemehl! In einer Nacht! Das kann kein Mensch schaffen. Ach, wir sind verloren.‹ Seine Frau aber tröstete ihn und sprach: ›Mein Lieber, wir haben ein gutes Leben gehabt. Wir hatten uns und unsere Kinder, wir hatten Freunde und Freude genug. Die fünfzig Säcke können wir doch nie bis zum Morgen füllen. Darum lass uns in dieser Nacht noch einmal unser glückliches Leben feiern, mit unseren Kindern und Freunden. So, wie wir gelebt haben, wollen wir auch dem Tod entgegengehn!‹

Der König hat Macht über das Leben der Tagelöhnerfamilie, aber er gewinnt keine Macht über ihre Seele. Er kann sie nicht dazu bringen, voll Angst das bisherige Leben zu verwerfen und Sägespäne zusammenzuklauben, die doch nie ausreichen werden. Die Familie des Tagelöhners kann nicht verhindern, dass nun die letzte Nacht ihres Lebens anbricht, aber sie bleibt sich treu und feiert das geschenkte Glück!

»Wir hatten uns«, sagt die Frau zum Tagelöhner. Vielleicht meint sie nicht nur: wir hatten einander, obwohl auch das kostbar genug ist. Ich höre zumindest auch: Wir hatten uns selbst! Unsere Lebenshaltung stimmte. Darum hatten wir Heimat. »So, wie wir gelebt haben, wollen wir auch dem Tod entgegengehen.« Wer, wenn der Lebensweg zu Ende geht, nicht noch schnell etwas nachholen will, nicht noch rasch etwas wieder gutmachen muss, sondern so wie er gelebt hat dem Tod entgegengehen kann, der wird wohl nicht mehr weit entfernt von seiner Heimat sein.

Einen letzten märchenhaften Rat für den Heimweg gibt mir das frühchristliche »Perlenlied«,[13] wohl vor 200 n. Chr. in Syrien oder Persien aufgezeichnet und erhalten in den Thomas-Akten aus dem 3. oder 4. Jahrhundert, und für mich *das* Heimkehr-Märchen. Das »Perlenlied« deutet den Lebensweg in Bildern, die wir auch aus vielen Volksmärchen kennen: ein Menschenkind verlässt seine Heimat und zieht in die Welt, um einen kostbaren Schatz heimzuholen. Aber die Fremde überwältigt ihn, gelähmt und angepasst versinkt es in einen Dämmerzustand. Da schicken die Eltern ihm aus der Heimat einen Brief in die Fremde, darin steht: »›Du, unser Sohn im Dämmerland Ägypten, sei gegrüßt! Wach auf! Steh' auf aus deinem Schlaf! Und höre, was unser Brief dir sagt! Erinnere dich: Du bist ein Königssohn! Sieh doch, zu wessen Knecht du dich gemacht hast! ...‹«

Der Junge wacht auf, küsst den Brief, löst das Siegel und liest. »Und was dort geschrieben stand, das war auch eingeschrieben in mein Herz.« Und in der Kraft dieser Erinnerung gewinnt er die Perle,

»... und ich ging meinen Weg ins Licht unsrer Heimat, dem Sonnenaufgang entgegen.«

Was ist Heimat? Ich kann das nicht auf einen Begriff, einen Nenner bringen, die Märchen können es auch nicht und sie versuchen es gar nicht erst. Sie erzählen Geschichten, wecken innere Bilder, in denen wir etwas von uns wiederfinden können, etwas, das längst eingeschrieben ist in unser Herz.

Und das ist für mich der Ratschlag, den mir das »Perlenlied« gibt: *Die Heimat ist ein Traum in uns, auf den wir so lange zugehen, wie wir ihn nicht vergessen oder meinen, ihn zu besitzen.*

Sechs Ratschläge habe ich genannt, die mir die Märchen geben:

(1) Nimm ein Stühlchen mit!
(2) Bau ein kleines Haus für andere.
(3) Geh weiter, wenn es unheimlich wird, aber auch, wenn es heimelig wird.
(4) Tritt aus dem Schatten der Vergangenheit, wenn du nur so zu dir kommen kannst.
(5) Verhalte dich so, dass du nichts nachholen musst.
(6) Der Weg nach Hause ist dir ins Herz geschrieben, vergiss ihn nicht und denke nicht, du wärst schon am Ziel.

Sechs Ratschläge – einen siebten wage ich nicht, denn die Siebenzahl würde ein abgerundetes Wissen vortäuschen, das ich nicht habe und nie haben werde. Auch die Märchen sagen mir nicht genau, was und wo und wie Heimat ist. Eher warnen sie mich davor, zu unbedacht von Heimat zu sprechen und die große Verheißung Heimat zu verwechseln mit meiner vertrauten Umgebung oder meinen lieb gewonnenen Gewohnheiten oder mit einer zur Idylle verklärten Kindheit.

Du bist unterwegs in der Fremde, sagen mir die Märchen. Aber diese Fremde ist deine Heimat, deine Aufgabe, dein Weg. Und du wirst der Heimat nur nahe kommen, wenn du nicht meinst, sie schon erreicht zu haben. Also geh, Wanderer, noch ist der Weg deine Heimat. Die Heimat ist fremd – aber die Fremde ist unsere Heimat! Das Leben ist kein Heimspiel – aber wir sind auf dem Heimweg.

Ernst Bloch wird wohl Recht haben mit seiner Behauptung, Heimat sei, worin noch niemand war[14] – und doch ist etwas von Heimat in uns. In jedem von uns. So abwesend, dass es vermisst wird und anwesend. Als Ahnung. Als Sehnsucht. Als Märchen.

Heinrich Dickerhoff

Anmerkungen:

1 Hier zitiert nach Pascal, Blaise: *Gedanken*. Nach der endgültigen Ausgabe übertragen von Wolfgang Rüttenauer. Birsfeldn/ Basel o.J.
2 Nach Asbjörnsen, Peter Christian/ Moe, Jörgen: *Samlede eventyr*. Oslo 1954, Band 1, S.355 ff., hier zitiert nach der Übersetzung und Erzählfassung des Autors.
3 Hier zitiert nach Dickerhoff, Heinrich: *Trau Deiner Sehnsucht mehr als Deiner Verzweifelung*. Mainz 2001, S. 104 ff.
4 Vgl. Grimms Kinder- und Hausmärchen nach der zweiten, vermehrten und verbesserten Auflage von 1819 (hrsg. von Heinz Rölleke). München 1982⁶, mit der Urfassung 1812/14, (Die Kinder- und Hausmärchen der Brüder Grimm in ihrer Urgestalt. Lindau o. J., S. 156 ff.)
5 Hier zitiert nach Dickerhoff (wie Anm. 3), S. 27 ff.
6 Vgl. dazu grundlegend Vonessen, Franz: *Das kleine Welttheater*. Zug 1998, S. 121 ff.
7 Erzählfassung des Autors, nach Young, Ella: *Keltische Mythologie*. Stuttgart 1996⁴, S. 79 ff.
8 Nach der Urfassung (wie Anm. 4), S. 76.
9 Erzählfassung des Autors (wie Anm. 7), S. 100 ff.
10 Nach Asbjörnsen/ Moe (wie Anm. 2), Band 1, S. 101 ff., sowie nach: *Die Kormorane von Utröst*. Norwegische Märchen. Stuttgart 1981², hier zitiert nach der Erzählfassung des Autors in Dickerhoff (wie Anm. 3), S.51 ff.
11 Zitiert aus der Erzählfassung des Autors nach der altirischen Sage *Immram curaig Maelle Duin*, in mehreren Varianten seit dem 8. Jahrhundert erhalten, hier vor allem nach Ackermann, Erich: *Die sieben Schwäne*. Frankfurt 1986; Tegethoff, Ernst: *Märchen, Schwänke und Fabeln*. München 1925; und Botheroyd, Sylvia und Paul F.: *Lexikon der keltischen Mythologie*. München 1992.
12 Hier zitiert nach Dickerhoff (wie Anm. 3), S. 109 ff.
13 Vgl. Dickerhoff (wie Anm. 3), S. 93 ff.; Betz, Otto/ Schramm, Timm: *Perlenlied und Thomas-Evangelium*. Zürich 1993, Schneemelcher, Wilhelm: *Neutestamentliche Apokryphen*, Bd.2. Tübingen 1999⁶, sowie Daniel-Rops, Henri: *Die apokryphen Evangelien des Neuen Testamentes*. Zürich 1956.
14 Bloch, Ernst: *Das Prinzip Hoffnung*. Frankfurt 1959, Band 3, S.1628.

ANGELIKA-BENEDICTA HIRSCH

»Gebt mir Wegzehrung und neue Schuhe«

Helden in der Fremde

Der Märchenheld als Wandernder

Ein isländisches Märchen beginnt folgendermaßen:

Da waren einmal ein Mann und eine Frau in ihrer Hütte. Die hatten einen Sohn, der hieß Tritil Laeralitil. Und da waren auch ein König und eine Königin in ihrem Schloss, die hatten eine Tochter namens Ingibjörg. Tritil pflegte immer in das Königsschloss zu kommen, so dass der König ungehalten über ihn wurde. Einmal sagte der König: »Ich werde dich in drei Jahren töten, wenn du mir nicht sagen kannst, was ich jetzt gerade denke.«

Der Junge geht heim in die Hütte und erzählt seinen Eltern davon. Sie sagen, sie hätten schon immer geahnt, dass aus diesem Herumtreiben im Schloss nichts Gutes für ihn herauskommen werde. Er sagt:«Gebt mir Wegzehrung und neue Schuhe.« Denn er hatte von einem Troll im Berge Nipufjall erzählen hören, der Kol hieß und viel wusste. Tritil wollte zu ihm gehen und ihn aufsuchen. Die Eltern taten es nicht gern, ließen ihn aber doch ziehen.

Ein typischer Märchenanfang: Fast immer müssen die Helden infolge irgendeiner Notlage in die Welt hinausziehen. Manchmal werden sie geradezu in die Welt gestoßen (wie z.B. Hänsel und Gretel oder Schneewittchen), manchmal gehen sie, zwar von den Umständen getrieben, aber doch auch einigermaßen freiwillig los, wie Tritil Laeralitil. Und jetzt erst beginnt das eigentliche Märchen, die Geschichte voller Wunder in einer Welt ohne Zeit und Raum. Die Ausgangssituation ist immer eine Krise, wie sie auch in der Realität vorstellbar ist: Hunger, Mangel, Tod, Gier, Eroberungs- oder Abenteuerlust, Langeweile, Konkurrenzsituationen – eben alles, was den Menschen im Innersten bewegt. Die Welt, in die sich die Märchenhelden dann aber auf ihrer Suche nach einer Lösung begeben, ist die Anderswelt, in der Tiere und Gestirne sprechen, Verwandlungen geschehen, magische Hilfsmittel den Helden dienen – eben die Märchenwelt. Max Lüthi folgend wissen wir, dass die Märchenwelt nicht das Reich der Lügen und des schönen Scheins ist, sondern das Märchen ist eine höchst kunstvolle und intensive *Verdichtung* der Wirklichkeit, sozusagen die Essenz menschlicher Erfahrung, eingefangen in poetischen Bildern. Die Hörer wissen beim ergriffenen Hören beides: Sie wissen, es ist ein Märchen, und sie wissen auch, im Grunde ist es wahr, so ist das Leben, so jedenfalls kann es sein. Wenn in dieser Verdichtung die Bilder des Auszugs in die Fremde zum Grundmotivschatz gehören, dann ist davon auszugehen, dass dieses Thema für den Menschen immer wieder von elementarer Bedeutung ist.

Im Zusammenhang mit seinen Ausführungen zu den Wesenszügen des europäischen Volksmärchens sagt Lüthi: »Der Märchenheld ist wesenhaft ein Wandernder.«[1] Alles Seelische ist nach außen verlegt und begegnet den Helden im Wandern und Tun.[2] Von Gefühlen ist fast nie die Rede. Adjektive sind Mangelware, Verben bestimmen das Märchen. Die Ausgangs-Krise wird nicht bewältigt, indem sie reflektiert oder analysiert wird, sondern indem der Held/die Heldin handeln, d.h. wandern, »um mit dem Wesentlichen zusammenzutreffen«[3] und dabei die Lösung des Problems zu finden. »Jeder Anlaß ist dem Märchen recht, der den Helden isoliert und ihn zum Wanderer macht«[4], so Lüthi. Der Begriff der *Isolation*, der für Lüthi ein wesentliches Charakteristikum des Märchens ist, vertreibt die letzte Hoffnung, dass es sich bei dem Hinauswandern in die Welt doch um eine Art lustvoller Urlaubsbetätigung handeln könnte. Nein, die Helden werden vielmehr einer Extremsituation ausgesetzt, in der sie sich ganz allein, außerhalb ihres vertrauten Umfeldes bewähren müssen. In der Ausgangssituation bricht ein elementares Unglück in die Welt der Märchenhelden ein und zwingt sie, ihre vertraute Umgebung, ihre Heimat zu verlassen. Die alte Ordnung hat sich unversehens in Chaos verwandelt, nun müssen die Helden hinaus, um nach einer neuen Ordnung zu suchen.

Die Angst vor der Fremde oder dem Fremden, dem Neuen, noch ganz Unbekannten ist eine elementare Angst, die jeder Mensch im Kleinen und Großen schon unzählige Male erfahren hat. Gleichzeitig übt das Fremde aber immer auch einen Reiz auf uns aus, so dass wir oft zwischen Verlockung und Angst hin und her schwanken. Diese Erfahrungen sind so alltäglich und selbstverständlich, dass wir selten darüber nachdenken, was wohl ihre tieferen Gründe sind. Einer, der dies unternommen hat, ist der Soziologe *Georg Simmel*. Er hat sich um die Jahrhundertwende in seinem berühmten und immer noch höchst spannenden *Exkurs über den Fremden* mit dem Phänomen des Fremden beschäftigt. Einige seiner Gedanken sollen im folgenden Abschnitt vorgestellt werden, bevor wir dann im Bogen wieder zum Märchen zurückkehren.

»Gebt mir Wegzehrung und neue Schuhe«
Das Fremde

Zunächst noch einige vorbereitende Überlegungen: Eine Grundsäule unseres sozialen Verhaltens ist offenbar das Bestreben, uns selbst zu definieren, uns selbst als Personen wahrzunehmen und zwar über die Unterscheidung von anderen. Erst durch ein Gegenüber nehme ich mich selbst wahr. Ich erkenne mich am Du. Dazu setzen wir *Vor-urteile* ein. Das ist nicht wertend oder gar negativ zu verstehen. Das Vor-urteil geht von dem Vertrauten, Bekannten, Nicht-Fremden aus und schließt daraus auf alles Neue. Es ist sozusagen der archimedische Punkt, von dem aus wir die Welt betrachten. Immer haben wir ein Vorwissen oder eine Phantasie für eine Situation, wir können gar nicht anders, wir sind ja nie die berühmte *tabula rasa*, wohl nicht einmal bei unserer Geburt. Wir brauchen diese Urteilsfähigkeit im Vorhinein, um mit der Komplexität der Welt zurechtzukommen. Wir nehmen sie quasi mit der Muttermilch in uns auf. Wenn kleine Kinder sich die Welt aneignen, dann eignen sie sich diese elementare Urteilsfähigkeit an: Der Ofen ist heiß – Achtung, alles, was wie Ofen aussieht, könnte heiß sein. Schokolade schmeckt köstlich – alles ähnlich Aussehende wird begierig in den Mund gesteckt. Wer lächelt, meint es gut mir mir – ich lächle die Menschen an. Dies ist die elementare, unbewusste, oft rein physiologische Ebene unserer Urteilsfähigkeit, ohne die wir im Alltag verloren wären.

Darüber hinaus sind Vor-urteile natürlich auch fester und gemeinsamer Bestandteil jeder Kultur, jeder Gruppe, und sie werden auf vielfältige Weise weitergegeben. Sie sind die unsichtbare Brille, durch die wir uns und die Welt um uns herum sehen. Wenn wir in einem Umfeld leben, in dem es nur blauhaarige Menschen gibt, dann nehmen wir das bewusst gar nicht wahr – es gibt ja nichts im Unterschied dazu. Mensch = blauhaarig. Aber der erste grünhaarige Mensch macht uns plötzlich deutlich, dass wir blau sind, weil er anders ist. Und natürlich wird uns blau, weil es immer und von Anfang an selbstverständlich da war, als normal = natürlich erscheinen. Grün werden wir mit einem Vorurteil »unnormal« oder »krank« oder »göttlich« oder »gefährlich« oder Ähnlichem belegen. Wenn alles gut geht, werden wir dieses Vorurteil überprüfen und hinterfragen und später zu einem Urteil = Einordnung kommen, die sachgemäßer, passender und differenzierter ist.

Einen wild aussehenden Menschen, dem wir auf der Straße begegnen, werden wir mit dem Vorurteil belegen, Achtung, könnte gefährlich sein – ein Vorurteil, das lebensrettend sein kann. Unter Umständen werden wir es aber wieder korrigieren können und müssen, wenn wir Gelegenheit haben, diesen Menschen näher kennen zu lernen. Wir laufen also ständig voller Vor-Urteile durch die Welt, um uns angemessen verhalten zu können.

Jüngste Untersuchungen der Psychologin Rebecca Bigler in Wisconsin haben ergeben, dass Kinder sich Vorurteile quasi aus der Luft konstruieren. In einem Sommerkurs waren Grundschulkindern willkürlich blaue oder gelbe T-Shirts verpasst worden. Die Lehrer behandelten die Gruppen nach ihren Farben als zusammengehörig, bevorzugten aber keine der Gruppen. Trotzdem hatten am Ende des Kurses die Kinder der farblich zusammengehörigen Gruppe jeweils eine schlechtere Meinung von den Mitschülern mit den andersfarbigen T-Shirts.[5] Wir sind offenbar getrieben, uns zu unterscheiden, andere mehr oder willkürlich zu »Anderen«, »Fremden« zu machen.

Georg Simmel[6] nun hat sich damit beschäftigt, wann die Begegnung mit Fremden wirklich schwierig wird. Wir betrachten die Situation zunächst aus der Sicht des Daheimgebliebenen: Der Wanderer, der heute kommt und morgen geht, also ein Durchreisender, ist selten ein Problem. Er bleibt in der Regel eine mehr oder weniger interessante Episode ohne größere Folgen. Aber der, der heute kommt und morgen bleibt, ist ein Problem. Er wird Element der Gruppe (wenn er nicht als »Barbar« von vornherein prinzipiell ausgegrenzt ist) – und gehört doch nicht richtig dazu. Oft kommt er als Händler und bleibt als Zwischenhändler. Der Fremde ist kein Bodenbesitzer. Als Händler ist er angewiesen auf Geldgeschäfte, das gibt ihm eine Beweglichkeit, die der Bodenbesitzer nicht hat. Diese Beschreibung Simmels erscheint natürlich in gewisser Weise überholt. »Bodenbesitzer« und »Händler« sind nicht gerade die Beispiele, die uns auf Anhieb auf der Suche nach Antagonisten einfallen würden. Aber auch heute noch bilden wie eh und je die »Alteingesessenen« – also die mit Eigentum an Grund und Boden und mit mindestens drei Generationen Vorfahren auf dem Friedhof – eine festeres soziales Gefüge, in das die Zugezogenen nur sehr langsam oder gar nicht einzudringen vermögen. (Nur in Großstädten mag es anders sein.) Jeder von uns hat Erfahrungen mit diesem Phänomen, entweder aus erster oder aus zweiter Hand. Und wir dürfen sicher diesen Konflikt zwischen »Alteingesessenen« und »Zugezogenen« auch im übertragenen Sinne verstehen. Auch »alteingesessene« Märchenerzähler werden in ihrem Revier »zugezogenen« kritisch gegenüberstehen!

Simmel beschreibt den Fremden als »draußen« stehend, d.h. er steht der Gruppe mit der Attitüde des »Objektiven« gegenüber – er

»Gebt mir Wegzehrung und neue Schuhe«

sieht mehr und anderes, ist »freier«. Positiv wird ihm deshalb unter Umständen zunächst mehr Vertrauen entgegengebracht als der eigenen Gruppe. Wegen seiner Distanz ist der Fremde noch nicht in Verstrickungen und Zuschreibungen gefangen. (Mit Fremden spricht es sich oft leichter über persönliche Probleme als mit Vertrauten.) Negativ wird er deshalb leicht des Aufruhrs bezichtigt. Es besteht also im Kontakt zwischen Alteingesessenen und Fremden eine ganz besondere Spannung zwischen Nähe und Entfernung – der Fremde ist (räumlich) nah, und doch ist er dem Einheimischen fern. Deshalb wird das Gemeinsame und/oder das nicht Gemeinsame in solchen Fällen besonders betont: »Er ist zwar ein Deutscher (wie wir), aber er versteht unseren Dialekt nicht.« »Er hat sich zwar hier ein Haus gekauft, aber wie er seinen Garten verwahrlosen lässt ist ganz und gar unmöglich.« »Sie behauptet zwar, dass sie Märchen erzählt, aber *wie* sie das macht, hat mit Märchen nun wirklich nichts zu tun.«

Der Fremde demonstriert oft schon allein mit seiner Anwesenheit, dass es andere Möglichkeiten des Denkens, Handelns, Sprechens, des Umgangs miteinander, des Glaubens, der Moral usw. gibt: Seit Menschengedenken wird in einem bayrischen Dorf am Samstagnachmittag der Gehsteig gefegt. Eine Familie aus Schleswig-Holstein zieht zu, fegt am Freitag und sitzt am Samstagnachmittag im Garten – der Sturm der Entrüstung ist vorprogrammiert. Die Zugezogenen werden es vielleicht nicht einmal merken, dass sie sich ortsunüblich verhalten. Sie werden vielleicht sogar vom festen Entschluss beseelt sein, sich schnell zu integrieren – und haben schon, ohne es zu wissen, alles falsch gemacht. Die Einheimischen grenzen sich ab, weil *man* hier eben schon immer am Samstag gefegt hat.

Es wird in solchen Fällen implizit immer die Frage aufgeworfen: Warum verhalte ich mich eigentlich so wie ich mich verhalte, warum handle ich nicht so wie der Fremde? D.h. der Fremde ist eine prinzipielle und eine meist sehr überraschend empfundene Anfrage an den »Einheimischen«. Je unsicherer der seiner selbst ist, desto ungehaltener wird er auf solche Anfrage reagieren – und umgekehrt: Je sicherer, desto mehr Austausch und Anregung ist auf jeder Ebene möglich. Man wird dies nicht nur in Bezug auf die Sicherheit oder Unsicherheit eines einzelnen Menschen sagen können, sondern auch in Bezug auf die Sicherheit und Unsicherheit einer Gruppe als Ganzes. Steht eine Gruppe in einer Krise, aus welchen Gründen auch immer, ist sie unsicherer und damit anfälliger, verletzlicher, unbeherrschter, irrationaler, geneigter für Projektionen und deshalb eben fremdenfeindlicher.

Diesen Mechanismus kennen wir aus unserer eigenen individuellen Lebensgeschichte und wir begegnen ihm tagtäglich in der Gesellschaft: Bricht in einer Familie Streit aus, ist es sehr wahrscheinlich, dass diese Situation einem »Eingeheirateten« angehängt wird, der Schwiegertochter, dem Schwiegersohn, denn »vorher gab es ja so was nicht«. Fremdenfeindliche Übergriffe mehren sich bei Menschen und Gruppen, die auf der Schattenseite gelandet sind und Prügelknaben suchen. Jeder von Ihnen wird eine Reihe von Beispielen für diesen Mechanismus nennen können. Wenn es darauf ankommt, ist das Fremde immer das Böse – was natürlich den angenehmen Effekt hat, dass man selbst zu den »Guten« gehört. Auf der Angst vor dem Fremden, dem Andersartigen sind die Ideologien mächtiger Staaten aufgebaut. Im Zusammenstehen gegen den angeblichen Feind gewannen die USA ebenso Stärke und Identität wie die Sowjetunion. So war es kein Wunder, dass mit dem Zusammenbrechen dieses Feindbildes eine große Identitätskrise ausgelöst wurde. Was ist eine Supermacht, wenn sie keinen Feind hat? Heute ist an die Stelle des Kommunismus der Feind Islamismus getreten, wir alle sehen die augenblickliche Entwicklung wohl mit Besorgnis – und sind doch auch darin verfangen mit unseren Ängsten vor der fremden Kultur mit ihrer andersartigen Weltsicht, in die wir uns so schwer hineinversetzen können.

Bisher haben wir, angeregt durch Simmel, den Blickwinkel des Einheimischen eingenommen und von seiner Warte aus den Einfluss eines Fremden betrachtet.

Aber auch für denjenigen, der aus seiner Heimat in die Fremde zieht, stellt sich die Situation höchst ambivalent da. Wenn alles gut geht, wird er als Exotikum bestaunt und als Gast geehrt, mit Geschenken bedacht und um Rat gefragt. Wenn es weniger gut geht, wird er verfolgt, bleibt Außenseiter und kann nicht wirklich in Kontakt mit den Menschen treten. Ist der Wanderer tatsächlich auf der Durchreise, heute hier und morgen dort, werden ihm die jeweils Einheimischen selten Probleme bereiten. Das Problem wird er sich vor allem selbst sein, denn der Wanderer muss sich selbst genügen. Wer z.B. selbst einmal die Erfahrung gemacht hat, alleine in einem Land zu sein, dessen Sprache man nicht oder nur wenig beherrscht, weiß, wie elend und gottverlassen man sich in solcher Situation fühlen kann. Es gibt viele ähnliche Situationen, jeder von uns hat sie in der einen oder anderen Weise schon erlebt, Situationen, die von dem Gefühl bestimmt sind, keinen Menschen in der Nähe zu haben, der einen auch nur annähernd versteht. Der dringende Wunsch ist dann

»Gebt mir Wegzehrung und neue Schuhe«

fast immer: So schnell wie möglich nach Hause – auch wenn wir dieses »zu Hause« freiwillig und gern verlassen haben. In solchen Situationen bekommen selbst hartgesottene Gemüter »Heimweh« und schreiben sentimentale Briefe...

Aus der Heimat in die Fremde

»Heim« bezeichnet das Haus, in das man gehört – so das deutsche Wörterbuch von Jacob und Wilhelm Grimm. Wir verbinden intuitiv mit den Begriffen Heim, Heimat die Gefühle von Geborgensein, Vertrautheit, Kindheit, Ursprung. Und wir verbinden damit wahrscheinlich auch Erinnerungen an Trennung von der Heimat, Auszug aus dem Elternhaus (freiwillig oder unfreiwillig), an Verlust und Schmerz. Die Märchenhelden ziehen aus, weil eine böse Stiefmutter oder ein machtbesessener König sie dazu zwingt, weil ein Ungeheuer zu besiegen oder eine Prinzessin zu heiraten ist; sie verlassen ihr Heim, weil sie hungern, weil sie einen Beruf erlernen oder Ruhm erwerben wollen, weil Feinde drohen oder Belohnungen locken.

Menschen im »wirklichen« Leben ziehen aus der Heimat in die Fremde, weil sie ihren Lebensunterhalt erwerben müssen, weil sie verfolgt werden, weil sie sich von ihren Eltern abnabeln wollen, weil sie auf der Suche nach Glück und Anerkennung sind, weil der Hunger sie dazu zwingt. Alle Situationen, die in den Märchen in bildhafter Sprache verdichtet erzählt werden, begegnen uns auch heute im wirklichen Leben. Der Weg aus der Heimat in die Fremde ist unvermeidlich.

In der Dichtung gibt es unzählige Übertragungen dieser beiden elementaren Erfahrungen: *Heimat* und *Fremde*, bzw. das *Wandern* und der dazugehörige *Weg* sind Symbole von archetypischem Charakter.

> waz ist der mensch? das sage
> ein wenderer ane rast,
> aller stet ein gast.[7]

Oder die allbekannte Zeile eines Kirchenliedes:

> Wir sind nur Gast auf Erden und wandern ohne Ruh,
> mit mancherlei Beschwerden der himmlischen Heimat zu.

Oder die berühmte Stelle aus dem Neuen Testament, wo die Jünger sich nach der Verklärung Jesu wünschen:

> Hier laßt uns Hütten bauen...

Ein Wunsch, der ihnen verweigert wird – und den wir doch so gut verstehen können. Wer möchte nicht an einem Ort bleiben, den er als rundherum gut erlebt hat?

Menschen ziehen aus um anzukommen. Auch wenn zu Beginn der Wanderschaft dem Reisenden sein Ziel noch nicht klar sein mag, ein diffuses Drängen, etwas zu finden, was lohnt, was Sinn, Erfüllung, Befriedigung schafft, wird sich unweigerlich im Verlauf der Wanderschaft konkretisieren. Wege ohne Ziel, Sackgassen, in die wir uns verlaufen haben, empfinden wir wohl immer als unbefriedigend, sowohl im wörtlichen als auch im übertragenen Sinn.

Auch die gern gebrauchte Formulierung »Der Weg ist das Ziel« sagt es: Wenn wir schon nicht wissen, wohin es geht, dann retten wir uns aus dieser Ungewissheit, indem wir eben dem Weg den Zielcharakter zuschreiben. Eine Freundin aus der Oldenburger Gegend, die auf einem Bauernhof mit reichlich Arbeit und Kindern aufgewachsen ist, erzählte mir einmal, dass bei ihnen zu Hause »spazieren gehen«, also eine Tätigkeit, die der Ziellosigkeit am nächsten kommt, etwas ausschließlich Negatives bedeutet hätte, sozusagen den Gipfel der Faulheit, der Verwahrlosung, des Lasters insgesamt. Zielloses Spazierengehen nennen wir auch schlendern – jemanden als »Schlendrian« zu bezeichnen ist durchaus kein Lob. Wege sollten in unserem Empfinden also Ziele haben.

Der Weg ist nun *das* Bild fürs Leben. Wir hoffen, wünschen, glauben inständig, dass wir mit unserem Leben einmal irgendwo ankommen werden. Dazu müssen wir aber eben zunächst ausziehen. Menschen empfinden sich offenbar schon immer in einer Spannung zwischen Heimat und Fremde, und drücken es in vielfältiger Weise aus: Leben an sich heißt unterwegs sein – ob man es nun buchstäblich ist oder nicht. Wer nicht mehr unterwegs ist, d.h. nicht mehr in Bewegung, in Veränderung, in Wachstum, in einem Reifungsprozess ist, lebt der noch? Vielleicht physisch, aber geistig, seelisch? Instinktiv wissen wir, dass wir das Wesentliche des Lebens verhindern, wenn wir jede innere Bewegung verweigern. Aus einem Gedicht, das ich irgendwo vor vielen Jahren gehört habe, sind mir zwei Zeilen unvergesslich:

> Seid ihr sicher, dass ihr lebt?
> Und heißt Nicht-tot-Sein schon Leben?

Fausts Wette mit Mephistopheles fasst das Drängen nach Bewegung und die Angst, sich »beruhigt aufs Faulbett« zu legen so in Worte:

»Gebt mir Wegzehrung und neue Schuhe«

Werd ich zum Augenblicke sagen:
Verweile doch! du bist so schön!
Dann magst du mich in Fesseln schlagen,
Dann will ich gern zugrunde gehn!

Es soll und muss mit uns immer weitergehen – das Wort »gehen« sagt es überdeutlich. Natürlich lässt es sich für andere Menschen schwer beurteilen, wie viel innere Bewegung und Bereitschaft für Veränderung noch da ist. Aber für uns selbst können wir es schon beurteilen und wissen, dass es Krisenzeiten im Leben gibt, wo Veränderung (außen und innen) dringend angesagt wäre, und wir doch eine schier unüberwindliche Angst haben, irgendetwas zu tun, etwas zu bewegen, hinauszugehen aus dem derzeitigen Zustand und etwas Neues zu wagen. Wie eine paralysierte Maus sitzen wir vor der Schlange und hoffen, dass, wenn wir die Augen und Ohren nur fest genug zudrücken, sich alles schon irgendwie von alleine ändern wird – vielleicht hat die Schlange ja doch keinen Appetit oder wir haben uns geirrt, es ist gar keine Schlange, sondern ein hilfreiches Wesen, das uns die Lösung präsentiert ... Solche Situationen wird es in jedem Leben immer wieder geben, aber wenn wir zu lange in ihnen verharren, verweigern wir Leben.

In einem Eskimo-Märchen[8] wird, recht hart für unsere Begriffe, von genau dieser Situation erzählt: Einer älteren Frau sind beide Söhne, also ihre Ernährer gestorben. Eine dramatische Situation, in der uns eine dramatische Reaktion nur zu verständlich erscheint. Die Frau verfällt in eine lähmende Trauer, so dass auch sie bald für tot gehalten wird. In diesem Starrezustand beginnt für sie eine Art innere Schamanenreise in die Totenwelt – die ist in diesem Fall eine Oberwelt –, wo sie ihre Söhne und ihre Großmutter trifft. Ihre Söhne leben dort zwar, sind aber in einem schlechten Zustand, weil die übermäßigen Tränen ihrer Mutter an ihren Beinen zu Eis gefrieren. Die Frau sieht dort oben auch ein Mädchen, dass in einer seltsam sinnlosen Handlung gefangen ist. Die Großmutter erklärt der Frau, dies sei die Strafe dafür, dass das Mädchen im Leben niemals den Freudentanz mittanzen wollte. Die Großmutter ermahnt die Frau zu leben und stößt sie wieder aus der Totenwelt hinaus auf den Weg in die Welt der Lebenden. Auf dem letzten Stück des Weges zurück ins Land der Lebenden trifft die alte Frau einen jungen Mann, der auf dem Weg ins Totenreich ist. Diesen stößt nun wiederum die Frau mit Gewalt die Himmelsleiter hinab zurück ins Leben. Nun hat sie wieder einen Ernährer und lebt den Rest ihres Lebens in Freude – so heißt es. Es wird auch noch ein kleiner Halbsatz hinzugefügt, nämlich: »weil sie wußte, dass sie nach ihrem Tod zu ihren Söhnen hinaufkommen würde«.

Die alte Frau hat also auf ihrer Reise das für sie Wesentliche gefunden, sie hat das Ziel entdeckt. Sie weiß jetzt, wohin ihr Leben gehen wird und sie weiß auch ein ganzes Stück mehr, wie sie dorthin gelangt: Nämlich indem sie mit Freude lebt.

Wandern, um das Wesentliche zu treffen

Max Lüthi sagt, dies sei das Ziel der Märchenhelden, Wandern, um das Wesentliche zu treffen. Aber wie erkenne ich, was für *mich* wesentlich ist? Was entspricht meinem Wesen? Was sehe ich, wenn ich mich der Fremde aussetze? Wir haben es schon angedeutet, die Fremde konfrontiert mich mit mir selbst. Sie ist ein Spiegel, in dem ich mich in erster Linie selbst erkenne. Die Wesen, die mir in der Fremde begegnen, sind – »im Wesentlichen« – verschiedene Facetten meiner Person. Was mich nicht angeht, nehme ich in der Regel gar nicht oder kaum wahr. Unsere Wahrnehmung funktioniert ja wie ein Filter. Was keine Resonanz in mir erzeugt, gelangt nicht über die Schwelle meines Bewusstseins. So fremd also die Fremde sein mag, ich treffe in irgendeiner Form mich selbst.

Diese Selbstbegegnung hat viele Stufen. Und die ersten dieser Stufen können durchaus lustvoll sein: Sie erweitern unseren Horizont, schenken uns neue Handlungs- und Denkspielräume. Tritil Laeralitil, der Held des eingangs erwähnten isländischen Märchens zieht, ganz ähnlich wie der Held im bekannten »Teufel mit den drei goldenen Haaren« aus, um den Troll zu suchen. Zunächst begegnet er jedoch auf seinem Weg allen möglichen wohlgesonnenen Leuten, die ihm Nachtlager und den guten Rat geben, den gefährlichen Troll nicht zu besuchen. Als er sagt, er wolle trotzdem gehen, geben sie ihm jeweils ein ungelöstes Rätsel mit, das er doch bitte, wenn er den Troll schon aufsuche, diesem vorlegen solle.

Natürlich wissen die geübten Märchenhörer, dass dies alles nur das Spannung steigernde Vorspiel ist. Wenn wir diese *Verdichtung* des Märchens aber zurück in unser Leben übertragen, in eine Situation, in der wir über beide Ohren drinstecken und deren Ausgang wir noch nicht kennen, dann werden wir uns erinnern, dass wir oft schon nach so »harmlosen« Schritten in die Fremde das Gefühl hatten, tolle Erfahrungen gemacht, etwas erlebt zu haben. Natürlich kann man auf solcher Stufe der Selbstbegegnung stehen bleiben und wie ein Tourist durchs Leben gehen – oft sind in den Drei-Brüder-Märchen die bei-

»Gebt mir Wegzehrung und neue Schuhe«

den ältesten die (schlechten) Beispiele für diese Haltung. Aber die wahren Helden, wir wissen es und wir fühlen auch, dass es so seine Richtigkeit hat, sind noch lange nicht beim Wesentlichen angelangt. Sie gehen weiter. So auch Tritil. Natürlich ist der Troll ein Furcht erregendes, ungehobeltes und menschenfressendes Ungeheuer. Auch der Märchenheld begegnet in der Fremde Facetten seiner selbst – der Troll verkörpert also eine Schattenseite des Helden. Tritil tritt ihm so überraschend furchtlos entgegen – er schläft sogar mit ihm in einem Bett –, dass der Troll gehörig beeindruckt ist. Als Tritil ihn dann ermahnt, doch endlich damit zu beginnen, ihn abzuschlachten, verliert der Troll die Lust daran, diesen Burschen zu töten. Die Wende ist erreicht und Tritil erfährt nun nicht nur alles, was er wissen will, sondern er gewinnt den Troll sogar zum Freund und Helfer. Tritil hat einen fast kosmischen Wahrnehmungssprung getan und sieht den Troll nun in einem völlig anderen Lichte. Das Vorurteil hat sich letztlich nicht bestätigt. Tritil hat sich mutig ein eigenes Urteil gebildet. Um aber dahin zu kommen, musste er allen Mut aufbieten und die Angst vor diesem abscheulichen Fremden überwinden, auf ihn zugehen und sich ihm stellen. Dies ist eine Stufe der Selbstbegegnung, die verlangt, dass man sein ganzes Leben in die Waagschale wirft. Tritil kann dies offenbar in der Haltung tun, die allen unseren Märchenhelden eigen ist: im unbedingten Vertrauen auf das gute Ende. Das gibt ihm Sicherheit auch in der größten äußeren Bedrohung. Wir würden es heute vielleicht so ausdrücken: »Er ist bei sich geblieben.« Eine noch schönere, weil bildliche Beschreibung dieses Zustandes ist eine Formulierung des frühen Mönchtums: »Habitare secum« – in sich wohnen. Tritil wohnt in sich, *so* geht er hinaus in die Fremde und tritt in den unbefangenen Kontakt mit ihr. Er hat sein Heim immer dabei.

Lüthi rechnet diese Fähigkeit der Märchenhelden zu den charakteristischen Wesenszügen des Märchens: Die *Isolation* des Helden, aus der seine *Allverbundenheit* wächst. Weil die Helden ganz unbefangen und unverfangen sind, weil sie sich mit dem Hinausgehen in die Fremde aus allen Bindungen gelöst haben, sind sie voller Aufmerksamkeit für alle und alles, was ihnen begegnet. Weil ihnen jede Beziehung fehlt, können sie jede Beziehung eingehen und wieder lösen– so wie es in der konkreten Situation notwendig und hilfreich ist. Die Helden demonstrieren uns damit auch, wie weit der Verzicht auf Vorurteile den Blick für neue, überraschende Lösungen öffnen kann.

Das klassische Märchenende ist die Hochzeit – natürlich heiratet auch Tritil am Ende die Königstochter und wir sind zufrieden. Der Held ist am Ziel, aus der Fremde heimgekehrt, alles ist gut. Im Grunde wissen wir aber, dass jedes Märchen immer nur *eine* Episode erzählt, einen Spannungsbogen vom Ausziehen und Heimkommen, dem unweigerlich wieder ein neuer Auszug folgen wird – äußerlich oder innerlich. Würden wir sonst immer wieder Märchen hören mögen? Was hätten sie uns zu sagen, wenn wir mit dem Erwachsenwerden, also der Situation, von der die meisten Märchen erzählen, schon angekommen wären? Wir müssen immer wieder in die Fremde und meistens wird es wohl so sein, dass die Situationen, in denen wir uns daheim, geborgen, im Innern verstanden und mit Menschen verbunden fühlen, kleine Inseln im Unterwegssein sind. Wir bemühen uns natürlich nach Kräften, die Gefühle der Fremdheit und der damit verbundenen Einsamkeit zu überdecken und uns ihnen nicht auszusetzen. Aber auf Dauer gelingt das nicht. Nicht nur der Märchenheld ist wesenhaft ein Wandernder, sondern jeder Mensch ist es, wir alle sind es – nur so kann man doch dieses sich ständig wiederholende Motiv des Auszugs in die Fremde verstehen. Isolation und Allverbundenheit sind offenbar die beiden korrespondierenden Haltungen, mit denen sich am besten auf diese Grundsituation des Lebens reagieren lässt: D.h., es geht zuerst darum anerzukennen, dass jeder Mensch im Grunde genommen für sich ist. Daraus folgt unmittelbar der Verzicht auf übermäßiges Festhalten-, Behaltenwollen des Liebgewordenen, des Alten, der vertrauten Muster. Und so unwahrscheinlich es einem im Kampf ums Lassen erscheinen mag – laut Aussage der Märchen wird man dafür mit der Fähigkeit beschenkt, sich mit allem und allen zu verbinden, wenn es Zeit dafür ist. Die Isolation ist also nur scheinbar Verlust, in Wirklichkeit ist sie die Bedingung für den größten Gewinn, den man als Mensch haben kann: die Erfahrung von wirklichem Kontakt. Wenn wir in so einem Kontakt sind, dann fühlen wir uns angekommen, daheim. Eine Stern*stunde* ist das – kein Sternen*jahr* – den Ausdruck gibt es in der Umgangssprache gar nicht. Wir werden wieder aufgefordert sein, weiterzugehen, weiterzusuchen, uns selbst auszuhalten. So kann jeder Mensch ein wahrer Held werden, d.h. jemand, der die Herausforderung des Lebens annimmt. Grimm leitet das Wort Held von *hlan* – »decken, bergen« ab, allerdings im Passiv. Ein Held wäre demnach nicht zuerst jemand, der wild draufhaut, sondern jemand, der bedeckt, geschützt, wohl gerüstet ist und so in die Welt hinausgeht und auf ihre Anforderungen angemessen reagiert. Solche Art von Heldenhaftigkeit dürfen wir uns nach dem Beispiel der Märchen schon zutrauen und zumuten.

Eine Grundaussage unserer europäischen Märchen könnte man also in aller Kürze so zusammenfassen: Das Wesentliche ist, gleich

»Gebt mir Wegzehrung und neue Schuhe«

den Märchenhelden gelassen, vertrauend auf das gute Ende und natürlich auch frohen Mutes durchs Leben zu marschieren und Heimat in uns selbst zu finden. Immer weiter, bis wir ankommen, durch ein Märchen nach dem anderen, von einer Lebensstufe zur nächsten, wie Hermann Hesse es in einem Gedicht im Anhang des Glasperlenspiels sagt, das sicher auch vielen von Ihnen vertraut ist:

Stufen

Wie jede Blüte welkt und jede Jugend
Dem Alter weicht, blüht jede Lebensstufe,
Blüht jede Weisheit auch und jede Tugend
Zu ihrer Zeit und darf nicht ewig dauern.
Es muß das Herz bei jedem Lebensrufe
Bereit zu Abschied sein und Neubeginne,
Um sich in Tapferkeit und ohne Trauern
In andre, neue Bindungen zu geben.
Und jedem Anfang wohnt ein Zauber inne,
Der uns beschützt und der uns hilft, zu leben.
Wir sollen heiter Raum um Raum durchschreiten,
an keinem wie an einer Heimat hängen,
Der Weltgeist will nicht fesseln uns und engen,
Er will uns Stuf' um Stufe heben, weiten.
Kaum sind wir heimisch einem Lebenskreis,
Und traulich eingewohnt, so droht Erschlaffen,
Nur wer bereit zu Aufbruch ist und Reise,
Mag lähmender Gewöhnung sich entraffen.

Es wird vielleicht auch noch die Todesstunde
Uns neuen Räumen jung entgegensenden,
Des Lebens Ruf an uns wird niemals enden ...
Wohlan denn, Herz, nimm Abschied und gesunde!

Anmerkungen:
1 Lüthi, Max: *Das europäische Volksmärchen*. Tübingen 1992, S. 29.
2 Lüthi (wie Anm. 1), S. 30.
3 Lüthi (wie Anm. 1), S. 18.
4 Lüthi (wie Anm. 1), S. 18.
5 vgl. Spektrum der Wissenschaft 1/ 1999, S. 23.
6 Simmel, Georg, »Exkurs über den Fremden.« In: Simmel, Georg: *Soziologie* (hrsg. von O. Rammstedt) Frankfurt a.M. 1992.
7 14. Jh., im *Deutschen Wörterbuch* von Jacob und Wilhelm Grimm unter »Wanderer«.
8 »Die alte Frau, die das Land der Toten besuchte.« In: *Tausend Tore in die Welt* (hrsg. von Otto Betz). Freiburg–Basel–Wien 1985, S. 62–64.

LINDE KNOCH

»Brotworte«

Sprache als Heimat

Vor langen Jahren war in Litauen eine Hungersnot. Wenn der Mensch nichts zu essen hat, dann hungern auch die Tiere. Es herrschte in den mageren Jahren große Not bei Mensch und Tier.
  Da beschloss ein Teil der Fliegen, nach Preußen auszuwandern. Sie dachten: ›Dort wird es besser sein.‹ Als sie aber kurze Zeit in Preußen gewesen waren, kehrten sie nach Litauen zurück. Währenddessen hatten sich auch andere Fliegen auf den Weg gemacht, um auszuwandern. Da begegneten sie den Rückfliegern. ›Geht nicht nach Preußen‹, sagten jene. ›Hier sind zwar knappe Jahre, aber die Menschen sind nicht geizig. Wenn du hier in die Schüssel kriechst, schöpft dich der Litauer heraus und gießt den vollen Löffel weg; daran können sich alle satt essen. Dort aber, in Preußen, ist es nicht so. Wenn du dort in die Schüssel fällst, nimmt dich der Deutsche mit zwei Fingern, suckelt dich sauber und schnippt dich fort.‹
  Und alle Fliegen kehrten an die mageren Fleischtöpfe Litauens zurück.[1]

So erzählt ein litauisches Märchen von Erfahrungen in der Fremde und in der Heimat. Auch Rose Ausländer ist ausgewandert und in die Heimat zurückgekehrt, nicht wegen der Fleischtöpfe, es verlangte sie nach anderer Sättigung. Für sie bedeutete die Sprache der Kindheit Heimat. »Brotworte sammeln« heißt es in ihrem Gedicht »Almosen«.

> Ich gehe von Haus zu Haus
> Bettelmönch
> Brotworte sammeln
>
> Goldmünzen
> mit stolzen Köpfen
> ich grüße sie
> bitte um Spende
>
> Sie sehen an mir vorbei
> lächeln
>
> In meine Almosenschale
> fällt Schnee[2]

»Brotworte«

Ein Gedicht, in dem die Lebensthemen Rose Ausländers angesprochen sind – Sprache, Heimat und Fremde – und mit ihnen mein Thema.

Brotworte – nährender Klang. Ich will ihn schmeckend prüfen: Erfüllt er, was Rose Ausländer in ihrer Sprachbesessenheit ihm eingebacken hat? Was schwingt in diesem Klang mit, wenn ich an Heimat und Fremde denke? Hält dieses Wort das Versprechen, das es Märchenerzählern zu geben scheint?

Ich erkläre Brotworte für das, was Rose Ausländer in bitteren Jahren am Leben erhalten hat. Wort ist nicht nur eine sehr häufig gebrauchte Metapher der Dichterin, sondern darüber hinaus geradezu das, was der Inhalt ihres Lebens ist: Das Wort hat sie ins Leben gerufen, sie ruft es ins Leben; es dient ihr, sie dient ihm; sie »wohnt« in ihm, es bewohnt sie; sie »gehört ihren Worten«, die Worte gehören ihr; Worte werden »geknetet, bis sie atmen«.

Brotworte – das klingt nicht nur nach Heimat, das ist letztlich Heimat, schließlich – nachdem Heimatorte nicht mehr verfügbar oder auch zur »Heimatfremde« geworden sind – Sprache als letztmögliche und gültige Heimat der Dichterin.

Brotworte – für Erzähler ein weit tragendes Bild im Umgang mit Sprache, von der zu hoffen ist, dass sie die Erzähler selbst und ihre Zuhörer nähren möge. Die Sprache soll schmackhaft sein, so durchgeknetet im Mund, dass sie nährt, zum Leben beiträgt, dass sie zu atmen beginnt, sich ereignet während der Erzählzeit.

Weniger poetisch ausgedrückt: Das Wort ist Werkstoff in der Kunst der Dichterin Rose Ausländer, es ist ihr Heimat in der Fremde. Beides kann auch für Erzählerinnen und Erzähler gelten.

Wilhelm vom Humboldt fragt in seinen »Schriften zur Sprache«[3], warum

für den Gebildeten und Ungebildeten die vaterländische (Sprache) eine so viel größere Stärke und Innigkeit besitzen, als eine fremde, dass sie das Ohr, nach langer Entbehrung, mit einer Art plötzlichen Zaubers begrüßt und in der Ferne Sehnsucht erweckt? Es beruht dies sichtbar nicht auf dem Geistigen in derselben, dem ausgedrückten Gedanken oder Gefühle, sondern gerade auf dem Unerklärlichsten und Individuellsten, auf ihrem Laute; es ist uns, als wenn wir mit der heimischen (Sprache) einen Teil unseres Selbst vernähmen.

Hat Rose Ausländer ihre Situation wohl ähnlich erlebt?

Werden der Bittenden keine Brotworte gegeben, wenn sie bettelnd von Haus zu Haus geht – welch treffendes Bild von Heimatlosigkeit – oder werden sie von der Suchenden nicht gefunden, fällt Schnee in

Linde Knoch

die Almosenschale: Kälte- und Erstarrungsbild für den, der keine Heimat hat – weh ihm. Dann heißt es bei Rose Ausländer:

> In jenen Jahren
> war die Zeit
> gefroren
> Eis soweit die Seele reichte
> Von den Dächern
> hingen Dolche
> Die Stadt war aus
> gefrorenem Glas
> ...
> Das Eis wucherte
> und trieb
> weiße Wurzeln
> ins Mark unserer Jahre[4]

In einem späten Gedicht aus dem Nachlass wird die Heimatlosigkeit fast körperlich spürbar.

> Die Namen
> der Erdteile
> in meine Fersen
> geätzt
>
> gefaltet
> mein Haus aus Papier
> im Arm
>
> Unterwegsländer
> eilen
>
> Mein Schritt
> kommt nicht an[5]

Aber zuerst *ist* Heimat, unbewusst, dem Kind zugefallene Heimat. Das Elternhaus in der Bukowina wird durch die liebevolle Zugewandtheit der Mutter und mehr noch des Vaters zur nie vergessenen Heimat.

> Mit Wäldern und Bergen
> befreundet ...
>
> ... die Heimatstadt
> dein nie verbrauchter Besitz
> auch im
> verwandelten Land[6]

»Brotworte«

Das Gefühl, Heimat zu haben, kann wohl nur in einem Menschen wachsen, der sich trotz aller Widrigkeiten geliebt weiß und ein unendliches Vertrauen in das Weltgeschehen entwickeln durfte – wie der Dummling im Märchen.

Ist es Gabe oder Aufgabe, mit dem Verlust der äußeren Heimat eine innere zu suchen, zu finden, zu erhalten? Rose Ausländer fragt sich:

Warum schreibe ich? Weil Wörter mir diktieren: Schreib uns. Ich verhalte mich oft skeptisch, will mich ihrer Diktatur nicht unterwerfen, werfe sie in den Wind. Sind sie stärker als ich, kommen sie zu mir zurück, rütteln und quälen mich, bis ich nachgebe. ... Wörter sind keine fügsamen Figuren, mit denen man nach Belieben verfahren kann. Ich hätte sie missverstanden, behaupten sie, sie hätten es anders gemeint. Sie seien nicht auf der richtigen Stelle untergebracht, murren sie. ... Hart sind sie, auch die zartesten. Wir sehen uns an, wir lieben uns. ... Sie drehen den Stil um, greifen mich an, zwingen mich, sie hin und her zu schieben, bis sie glauben, den ihnen gebührenden Platz eingenommen zu haben.

Rose Ausländer erlebt Worte als Persönlichkeiten, sie spricht mit ihnen wie mit Freunden.

»Warum schreibe ich?«, fragt sie weiter. »Weil ich, meine Identität suchend, mit mir deutlicher spreche auf dem wortlosen Bogen. ... Ich bin gespannt auf die Wörter, die zu mir kommen wollen. ... Ich lege Rechenschaft ab, über mich, meine Umgebung, Zustände, Zusammenhänge. ... Du sollst uns haben, sagen sie (die Wörter), wenn du uns ins Buch einträgst.«

Mit siebzehn fängt Rose Ausländer an zu schreiben, hält sich an den Sprachmeister Karl Kraus, der den Reim rühmt: »Er ist das Ufer, wo sie landen, / sind zwei Gedanken einverstanden.« Auch das Adjektiv spielt noch eine vitale Rolle.

Was später über uns herein brach, war ungereimt, so alpdruckhaft beklemmend, dass – erst in der Nachwirkung, im nachträglich voll erlittenen Schock – der Reim in die Brüche ging. Blumenworte welkten. Auch viele Eigenschaftswörter waren fragwürdig geworden. (...) Das alte Vokabular musste ausgewechselt werden.

Czernowitz 1941. Nazis besetzten die Stadt, blieben bis zum Frühjahr 1944. Ghetto, Elend, Horror, Todestransporte. In jenen Jahren trafen wir Freunde uns zuweilen heimlich, oft unter Lebensgefahr, um Gedichte zu lesen. Der unerträglichen Realität gegenüber gab es zwei Verhaltensweisen: Entweder man gab sich der Verzweiflung preis, oder man übersiedelte in eine andere Wirklichkeit, die geistige. Wir zum Tode verurteilten Juden waren unsagbar trostbedürftig. Und während wir den Tod erwarteten, wohnten manche von uns in Traumworten – unser traumatisches Heim in der Heimatlosigkeit. Schreiben war Leben. Überleben.

Linde Knoch

Oft habe ich mich gefragt, was dieses Schreiben eigentlich sei, und habe mir verschiedene Antworten gegeben. Bei der kürzesten bin ich geblieben: Schreiben ist ein Trieb. Der Dichter, der Schriftsteller muss essen, sich bewegen, ruhen, denken, fühlen und schreiben – schreiben, was seine Gedanken und Einbildungskraft ihm vorschreiben.
Warum schreibe ich? Ich weiß nicht.[7]

Warum erzählen Märchenerzählerinnen und -erzähler?
Weil Gelesenes oder Gehörtes auffordert: Sprich mich. Der Verstand sagt anfangs wohl manchmal zu dem einen oder anderen Text: ›Du passt nicht zu mir, *was* du sagst, kann ich nicht erzählen.‹ Aber das Gelesene ist stärker, kommt in die Augen zurück, sagt: ›Du musst mich nicht mit den Gedanken verstehen, das ist ein Missverständnis. Durch den Klang wirst du verstehen. Nimm mich in die Ohren, in den Mund, auf die Zunge, knete mich, schmecke mich, dann wirst du wissen.‹
Warum Märchenerzähler erzählen?
Weil sie im Nachsprechen der überlieferten Worte sich gerade nicht aufgeben, sondern sich finden, zu sich selbst kommen durch die Identifikation mit den sich lautenden Wesen der gesprochenen Worte. Es findet ein Wiedererkennen, eine Übereinstimmung statt, ein Einssein, eine völlige Gleichheit, ein In-der-Heimat-sein.
Vielleicht ist Erzählen aber auch einfach ein Trieb? Ich weiß es nicht.

Heimat – Fremde

Im Folgenden zitiere ich den Herausgeber der Gesammelten Werke von Rose Ausländer, Helmut Braun.

Rose Ausländer, geboren 1901 in Czernowitz/Bukowina, überlebt die Jahre 1941 bis 1944 als Jüdin im Ghetto in Czernowitz. 1946 wandert sie in die USA aus. Etwa 1948 beginnt sie wieder zu schreiben, jedoch in englischer Sprache. Denn zunächst überfällt sie »dieser herbe Rausch der Fremde«, die »fremde Heimat« hält sie »immerfort in Atem,« so dass sie im Kreis der anderen Emigranten »den Rausch der Fremde trinkt«. Aber, so klagt sie in »Heimat«:

> Meine Sehnsucht kann nicht schlafen
> Träume wachen auf und haben
> meiner Mutter ewiger Züge
> meiner Mutter sanfte Hände
> eigne Heimat ohne Ende[8]

»Brotworte«

Ihre Bekannten und Freunde bleiben die Emigranten. Im Laufe der Jahre wird der Wunsch wach, wieder einmal Europa zu besuchen, nicht Deutschland, aber Österreich, Frankreich, Italien. Beim Treffen mit Paul Celan in Paris wird ihr bewusst, dass sie offenbar im Emigrationsdasein durch das Festhalten am Alten in ihrem Schaffen den Schritt zur Moderne nicht vollzogen hat. Die Fünfundfünfzigjährige verlässt nicht ihren Themenkreis, sie ändert jedoch radikal Form und Stil ihrer Arbeit. Nach der Rückkehr 1957 nach New York schreibt Rose Ausländer keine Gedichte mehr in Englisch, sondern arbeitet ausschließlich in ihrer Muttersprache Deutsch, »Mutter Sprache«.

> Ich habe mich
> in mich verwandelt
> von Augenblick zu Augenblick
>
> in Stücke zersplittert
> auf dem Wortweg
>
> Mutter Sprache
> setzt mich zusammen
>
> Menschenmosaik[9]

Rose Ausländer lebt von der Tätigkeit als Fremdsprachenkorrespondentin und von den Erträgen aus Veröffentlichungen ihrer Gedichte und Prosa. Ab 1961 muss sie diese Tätigkeit aus gesundheitlichen Gründen aufgeben. Nach einem langwierigen, umständlich bürokratischen Verfahren werden ihr 1966 eine Entschädigung als Verfolgte des Naziregimes und eine Rente zugesprochen.

Nach dem Europa-Besuch reift in Rose Ausländer der Entschluss, nach Österreich zurückzukehren. Sie will in Zukunft Deutsch schreiben und sucht Möglichkeiten für Veröffentlichungen. Und schließlich hat sie keinen wirklichen Anschluss an die amerikanische Kultur und Lebensart gefunden. Sie spricht nicht nur von »Mutter Sprache« als dem Lebenselixier schlechthin – »Mutter Sprache / setzt mich zusammen«, sondern sie nennt »Mutterland,« was wir gewöhnlich mit »Vaterland« bezeichnen. Das Vaterland ist für sie tot, so formuliert die Dichterin es in »Mutterland«.

> Mein Vaterland ist tot
> sie haben es begraben
> im Feuer
> Ich lebe
> in meinem Mutterland
> Wort[10]

Linde Knoch

Wie sehr Sprache für Rose Ausländer zur Heimat geworden ist, die ihr Luft zum Atmen gibt, bezeugt das Gedicht »Sprache«.

> Halte mich in deinem Dienst
> lebenslang
> in dir will ich atmen
>
> ich dürste nach dir
> trinke dich Wort für Wort
> mein Quell
>
> Dein zorniges Funkeln
> Winterwort
>
> Fliederfein
> blühst du in mir
> Frühlingswort
>
> Ich folge dir
> bis in den Schlaf
> buchstabiere deine Träume
>
> Wir verstehn uns aufs Wort
> wir lieben einander[11]

1964 trifft Rose Ausländer in Wien ein. Es fällt ihr nicht leicht, sich in Österreich zurechtzufinden. Sie weicht aus, reist viel und kehrt schließlich nach Deutschland zurück. Verständlich, dass die Jüdin sich zunächst scheute, unmittelbar nach Deutschland zu gehen. Österreich ist eine vorsichtige Annäherung.

Rose Ausländer versucht heim zu finden; es fällt ihr schwer. Sie ›vagabundiert‹ von Pension zu Pension, von Hotel zu Hotel, macht Reisen und Kuraufenthalte, besucht noch einmal New York und findet ihren Altersruhesitz im Nelly-Sachs-Haus der Jüdischen Gemeinde Düsseldorf. Auch hier fühlt sie sich nicht uneingeschränkt wohl, benötigt jedoch wegen eines Unfalls ab 1972 ständige Pflege. In bildhafter Märchensprache beschreibt sie ihren Zustand in »Königlich arm«.

»Brotworte«

    Königlich arm
    den Wortschatz
    im blutenden Mund

    die Gefallenen
    heben wir auf
    bedecken sie
    mit dem Tränentuch

    rebellieren
    gegen die Schützen im Feld
    im Allüberall

    Heimathungrig

    Unsern täglichen Tod
    begraben wir im Wort
    Auferstehung[12]

Mit der Rückkehr in den deutschen Sprachraum beginnt für die Lyrikerin zum dritten Mal ein mühsamer Beginn; sie muss sich über den Weg Zeitungen – Zeitschriften – Anthologien – Funksendungen – Lesungen – Veranstaltungen zu Buchpublikationen hochschreiben. Die ersten Jahre in Deutschland zählen zu den produktivsten der Autorin. Hat sie bereits 1957 die gebundene und gereimte Form verlassen, so vollzieht sie jetzt die Wandlung zur Reduktion auf die Wiedergabe des wesentlichen Kerns der Gedichte. Es bilden sich die Begriffs- und Motivschwerpunkte Atem, Mutter, Sprache, Hoffnung, Heimat heraus, die bis in die Alterslyrik bestimmend bleiben.

    Der körperliche Verfall kann lange Zeit die dichterische Schaffenskraft nicht beeinflussen. Sich aufbäumend gegen Schmerz und Schwäche, schafft sie Gedichte von starker Ausdruckskraft und Schönheit. Zahlreiche Äußerungen bezeugen, dass Rose Ausländers Lyrik keinesfalls an eine bestimmte Altersschicht gebunden ist. Gerade eine nach Sinn und Hoffnung suchende Jugend findet im Werk der Autorin Anhaltspunkte und Hilfestellungen. Mehr als 5000 Briefe sind seit 1965 an Rose Ausländer geschrieben worden. In dem Gedicht »Orte« aus der Zeit ihrer Bettlägerigkeit spricht sie davon.

    Von Ort zu Ort
    jeder
    eine andere Fremde
    ein anderes Zuhause

Linde Knoch

> Manchmal
> wörtliches Einverständnis mit
> Unbekannten
>
> Ein Wort
> nimmt den Anderen
> beim Wort[13]

Es mag sein, dass die Dichterin in Augenblicken solch gegenseitigen Erkennens sich »in der Fremde daheim« fühlt.

> In der Fremde
> daheim
>
> Land meiner Muttersprache
> sündiges büßendes Land
> ich wählte dich
> als meine Wohnung
> Heimatfremde
>
> wo ich viele
> fremde Freunde
> liebe[14]

1981 schreibt sie ihre vorläufig letzten Gedichte. Der körperliche Verfall ist so weit fortgeschritten, dass es ihr lange Zeit verwehrt bleibt zu schreiben. Sie weiß dies und hat sich damit abgefunden, unter anderem auch deshalb, weil noch längst nicht alles publiziert ist, was eine Veröffentlichung wert ist. Unerwartet und zur Freude aller Freunde und Leser bessert sich Ende 1982 der Gesundheitszustand der Autorin, ihre Schaffenskraft erwacht erneut.

Heimatlosigkeit und Heimat sind nun häufig gewählte Themen der Dichterin, und oft weiß man sie gar nicht zu trennen, denn die Gegensätze scheinen unlösbar zueinander zu gehören, ja, sie verschmelzen mitunter wie in »Heimat III«.

> Heimatlosigkeit
> dir fremde Heimat
> bleibe ich treu
>
> Stimmen
> kommen geschrieben
> umarmen die Erde
> halten den Himmel
> schenken mir
> Frühling und Schnee

»Brotworte«

> Aus meiner Heimatlosigkeit
> komme ich
> mit meinen Worten zu dir
> fremder Freund
> streue Glanzlichter
> über das Dunkel
> unsre gemeinsame Heimat[15]

1988 stirbt Rose Ausländer, seit zehn Jahren bettlägerig. Ihre poetische Welt brauchte in den letzten Jahren keine Anregungen von außen mehr. Der Stoff für ihre Lyrik scheint unerschöpflich. Wenn das reale Leben für sie unerträglich war, wenn der physische und psychische Zusammenbruch in den Jahren der Verfolgung durch die Nationalsozialisten unausweichlich schien, wenn sie als eine heimatlose Fremde in der Emigration nicht einmal das Überleben sicherstellen konnte, dann wurde die eigene Welt der Poesie zum Schutzraum, zur Heimat. Nur im Wort, im »Schreiben« war Wohnen möglich.

> Worte
> schreiben sich
> in mir
>
> Sie besuchen mich
> atemlos
> nehme ich sie auf
>
> Sie kreisen um mich
> ich schreibe ihren Kreis[16]

Der Wille, mit der Muttersprache zu leben, brachte Rose Ausländer nach Deutschland zurück. Doch dies war keine Rückkehr in die Heimat, die Bukowina. Das Land der Kindheit blieb verschlossen. Heimat als Ort und Heimat als Sprache waren getrennt. Rose Ausländer hat sich vertrauensvoll den Worten überlassen, in der festen Überzeugung, dass die Poesie ein Ort des Lebens, des Überlebens ist: »Im All.«

...

> Auferstanden
> im All
> bin ich
> ein Geschöpf
> aus Worten[17]

Gilt dies auch für Märchenerzähler?

Linde Knoch

Erzähler als Nachschöpfer

Rose Ausländer nennt den Menschen ein »worterwähltes Wesen.« Ist uns im Umgang mit unserer Sprache bewusst, dass wir erwählt sind unter anderen lebendigen Wesen? »Worterwähltes Wesen« heißt mehr als sprachfähig zu sein. Wenn bei Rose Ausländer »das Wort« zum Thema wird, schwingt immer die Bedeutung des Schöpfungswortes mit.

>Am Anfang
war das Wort
und das Wort
war bei Gott‹

Und Gott gab uns
das Wort
und wir wohnen im Wort

Und das Wort ist
unser Traum
und der Traum ist
unser Leben[18]

Rose Ausländer spricht von einer »Welt aus Worten,« sie ermuntert uns in »Sprich«:

Sprich
lieber Freund
ich weiß
du kannst zaubern

Mach aus der Welt
ein Wort
Dein Wort ist eine Welt[19]

An Schöpfungsmythen erinnert »Körper I«.

Ein Wort erfinden
und den dazugehörigen
Körper

Verkriech dich
in ein Lehmloch
nimm einen Klumpen
knete
knete

»Brotworte«

> bis er Wort wird
> und atmet[20]

In anderen Gedichten heißt es »aus Worten Welten rufen« und »weltenschaffende Worte« oder »das Wort das eine / Welt erschafft«. Am klarsten wird das Wort als Schöpfungswort in dem Gedicht »Respekt« benannt.

> Ich habe keinen Respekt
> vor dem Wort Gott
>
> Habe großen Respekt
> vor dem Wort
> das mich erschuf
> damit ich Gott helfe
> die Welt zu erschaffen[21]

Die Dichterin ist wahrhaft eine Mitschöpferin Gottes. Märchenerzähler – dies ist mein Anspruch – sollten danach streben, Nachschöpfer zu werden, zu sein. Ein hoher Anspruch, vielleicht erscheint er anmaßend, und manch eine Erzählerin oder manch ein Erzähler werden abwehren: »Ich will doch einfach nur erzählen!« Ja, einfach nur erzählen und einfach erzählen ist das Beste, was wir erreichen können. Aber ist das Einfache einfach?

Wenn wir altüberlieferte Märchen erzählen, gehen wir mit altem wertvollem Stoff um und machen ihn für die Erzählzeit wieder jung. Er tritt neu ins Leben, beginnt zu atmen für die Dauer des Erzählens und Hörens.

Aus der Sicht der Gedichte schreibenden Rose Ausländer klingt dieser Schöpfungsvorgang in »Alt-Jung« so:

> Vor mir liegt
> ein unberührter Bogen Papier
>
> Ich rufe junge Worte
> um die alte bemooste Welt
> zu verjüngen
>
> Freunde
> prüfet sie[22]

»Freunde, prüfet sie« – Ein Aufruf, Güte und Wert der Worte zu schätzen, ihre Echtheit und ihren Bestand zu befragen, ihr Gewicht auf die Goldwaage zu legen. Wir Märchenerzähler sollten uns bei jedem Erzählen Freunde wünschen, die bereit sind, unseren Schöpfungsversuch des Erzählens so anzuschauen, anzuhören: Haben wir die Worte ins Leben gebracht, die alte bemooste Welt verjüngt? Oder sind die alten Geschichten nur totes Skelett geblieben, vom Wortlaut her vollständig, aber dennoch museal und nur erkennbar als dies oder jenes Märchen aus diesem oder jenem Land, dieser oder jener Kultur, vielleicht bestimmbar aus dieser oder jener Zeit? Dann reicht es, sie auf dem Papier und ohne Klang zu lassen. Dann bleiben es alte Geschichten, die in unserer Zeit nichts bewirken.

Wenn wir aber so kühn sind, die Worte einer alten Geschichte als »Samen« anzusehen, dann fragen wir uns und unsere horchenden Freunde mit den Worten von Rose Ausländer: »Wann ziehn wir ein ins besamte Wort.« Dann lernen wir unser Erzählen begreifen als Handwerk, so wie die Dichterin Gedichte schreiben ein »Handwerk« nennt.

> Gedichte schreiben
> ein Handwerk
>
> Die Hand das Werk
> des Schöpfers
>
> Er schreibt
> deine Finger
>
> freut sich
> an ihrem Zusammenspiel
>
> spielt dir seine Freude
> in die Hand[23]

Erzählerinnen und Erzähler mögen den Schöpfer bitten, ihnen seine Freude in den Mund zu spielen, damit für die Erzählzeit »kein Zeiger / unterbricht / den Atemstrom«, »aber wir / schneiden uns Stücke Zeit / Gewänder aus Wörtern / für den Geist der Dauer«. So »wecken (wir) Worte / aus dem Atem«. Es könnte vielleicht gelingen, »eine Rose aus Worten« zu formen, wenn in einem Märchen von der Liebe erzählt wird; und wir würden fähig werden, »mit geschlossenen Lippen / einen Engel (zu) sprechen«.

Diese Wortschöpfungen von Rose Ausländer erweisen sich als ein hoher Anspruch für Menschen, die Märchen erzählen.

Nicht Heimat haben – Heimat sein

Wie sehr Rose Ausländer mit dem Märchen verbunden ist, war anfangs zu hören. Schon sehr früh hatte sie in ihrer Dichtung empfunden, dass Eigenschaftswörter fragwürdig geworden waren – ein

»Brotworte«

auch auf das Volksmärchen zutreffendes Kriterium. Das innere Bilderleben der Dichterin geht so weit, dass sie Zimmer, Haus, Erde nicht außerhalb ihrer selbst erlebt, sondern als einen eigenen Seinszustand, wie auch im Märchen zum Beispiel der Arme – gemeint ist der seelisch Arme – eine Hütte bewohnt, während der zu sich selbst Gekommene im Schloss erwacht, König wird und das Reich erbt, wie in »Erde I«.

> Ich bin im Zimmer
> es ist in mir
>
> bin im Haus das
> in mir wohnt
>
> Die Erde auf der
> ich gehe
> rollt in mir
> durch den Weltraum[24]

Rose Ausländers Lyrik zeichnet die Zweideutigkeit, Mehrdeutigkeit oder gar die polare Deutigkeit aus, die auch die Bildworte der Märchen ausmachen.

Wenn die Dichterin von der »Krone« spricht, die ihr geschenkt worden ist, wissen sich Märchenerzähler ihr nahe.

> Das Leben
> spielt mich
>
> Es hat mir
> eine Krone geschenkt
> ich kaufte mir dafür
> ein Königreich
> aus Worten
>
> Sie regieren
> meinen Atem[25]

Und noch einmal heißt es in »Tröstung II« zu einer Zeit der Einsamkeit, der Empfindung von Heimatlosigkeit, in der das Leben erlitten wird und die Dichterin verlässt:

> Denk daran
> wir haben
> ein Königreich geerbt
> aus Worten
> das überlebt[26]

Linde Knoch

»Wir haben ein Königreich geerbt aus Worten« – das ist ein treffendes Bild für eine Märchenerzählerin, die überlieferte Texte »geerbt« und mit ihnen Heimat in der Sprache gewonnen hat.
In einem kurzen afrikanischen Märchen ersingt sich der Held auch eine neue Heimat. Nach dem Ausgetrieben werden durch den Vater in die Steppe – die Fremde – erschaffen die Worte eine Welt, ein Heim, ein »Königreich« für den Menschen, der singt.

Das Ei, das immer größer wurde

Ein Mann hatte elf Söhne. Der jüngste war der Sohn der zweiten Frau. Bevor der Mann starb, überließ er jedem der zehn älteren Söhne drei Rinder. Dem jüngsten Sohn übergab er ein kleines Ei und sprach zu ihm: »Bewahre es auf, draußen weit weg vom Kraal, und jeden Tag sollst du ihm etwas vorsingen.« Dann starb der Mann.

Der jüngste Sohn ging nun jeden Tag zu seinem Ei und sang ihm etwas vor: »Oventane, on, on, on...«, und das Ei wuchs und wuchs. Bald war es größer als eine Hütte, aber es wuchs immer noch. Da fürchtete sich der jüngste Sohn vor dem Ei, aber er sang weiter: »Oventane, on, on, on, Oventane!« Und er kletterte auf einen Baum, wenn er sang.

Endlich, eines Tages, als er wieder sang, da platzte das Ei, und Tiere kamen daraus hervor: Rinder, Schafe und Ziegen. Da baute der jüngste Sohn seinen eigenen Kraal und lebte glücklich darin.[27]

Anmerkungen:

1 *Märchen aus dem Baltikum* (hrsg. von Hans-Jörg Uther). München 1992, S. 149 (bearbeitet v. Linde Knoch).
2 *Gesammelte Werke in sieben Bänden und einem Nachtragsband mit dem Gesamtregister* (hrsg. von Helmut Braun). Frankfurt am Main 1990. Bd. 4, S. 55 »Almosen«.
3 Humboldt, Wilhelm von: *Schriften zur Sprache*. Stuttgart 1973, S. 5.
4 (wie Anm. 2), Bd. 2, S. 333 »In jenen Jahren«
5 (wie Anm. 2), Bd. 8, S. 124 »Unterwegs«
6 (wie Anm. 2), Bd. 6, S. 383 aus »Deine Heimatstadt«
7 (wie Anm. 2), Bd. 3, S. 285 f.
8 (wie Anm. 2), Bd. 2, S. 31 »Heimat«
9 (wie Anm. 2), Bd. 3, S. 104 »Mutter Sprache«
10 (wie Anm. 2), Bd. 5, S. 98 »Mutterland«
11 (wie Anm. 2), Bd. 4, S.16 »Sprache«
12 (wie Anm. 2), Bd. 4, S. 95 »Königlich arm«
13 (wie Anm. 2), Bd. 6, S. 328 »Orte«
14 (wie Anm. 2), Bd. 6, S. 27 »Daheim«
15 (wie Anm. 2), Bd. 6, S. 381 »Daheim«
16 (wie Anm. 2), Bd. 8, S. 170 »Schreiben II«
17 (wie Anm. 2), Bd. 7, S. 164 aus »Im All«

»Brotworte«

18 (wie Anm. 2), Bd. 6, S. 140 »Das Wort«
19 (wie Anm. 2), Bd. 6, S. 167 »Sprich«
20 (wie Anm. 2), Bd. 6, S. 218 »Körper I«
21 (wie Anm. 2), Bd. 5, S. 41 »Respekt«
22 (wie Anm. 2), Bd. 4, S. 26 »Alt-Jung«
23 (wie Anm. 2), Bd. 5, S. 50 »Handwerk«
24 (wie Anm. 2), Bd. 3, S. 254 »Erde I«
25 (wie Anm. 2), Bd. 5, S. 28 »Krone«
26 (wie Anm. 2), Bd. 5, S. 248 »Tröstung II«
27 »Das Ei, das immer größer wurde«, bearbeitet von Linde Knoch. In: *Die Geburt der Schlange*. Märchen aus Südafrika (hrsg. von Konstanze Wendt-Riedel), o. O. und o. J.

Margarete Möckel

Der Märchenerzähler als Vermittler zwischen Heimat und Fremde

Der Begriff *Heimat* begegnet uns ursprünglich vor allem im juristischen Sinne: Er bezeichnete das bäuerliche oder Handwerker-Anwesen, das der Familie die Existenz sicherte und vom Vater – oft erst sehr spät – auf den Sohn überschrieben wurde. Während sonst im Volkslied und im Volksmärchen das Wort *Heimat* kaum vorkommt, heißt es in einem oberbayerischen Schnadahüpfl: »Vata, wann gibst ma denn's Hoamatl, Vata, wann tesst ma's denn schreibm? 's Deandl wächst auf als wia's Groamatl, will ja koa Jungfrau mehr bleibm.« Daneben wurde *Heimat* – vor allem literarisch – gebraucht für den Landstrich, aus dem jemand stammte. Die Romantiker hoben als erste den Gegensatz Heimat – Fremde in ihren Werken hervor. Durch die vielen bäuerlichen Auswanderer nach Amerika seit Beginn des 19. Jahrhunderts drang dieser Gegensatz auch ins Bewusstsein breiter Schichten, wurde gewissermaßen volkstümlich. »Bleibe im Lande und nähre dich redlich!« gegenüber »Amerika, du hast es besser!« Hier ging es ja ums Ausharren daheim trotz Armut und Plackerei, oder aber um die Suche nach einer neuen Heimat, die bessere Chancen versprach, wo man sich als freier Mensch niederlassen konnte.

Im Volk waren Heimat und Fremde aber schon früher ein großes Thema bei der Wanderschaft und Heimkehr der Handwerksburschen: Sie zogen aus, um sich in der Welt umzuschauen, möglichst viel Neues zu lernen und später die Techniken, Kenntnisse und Fähigkeiten, die sie *erfahren* hatten, in die heimatliche Werkstatt hereinzuholen. In den meisten Zünften konnte man überhaupt erst nach absolvierter Wanderzeit die Meisterschaft erlangen.

Mancher hinterm Ofen sitzt und gar fein die Ohren spitzt,
kein Stund vors Haus ist kommen aus.
Den soll man als G'sell erkennen oder gar ein' Meister nennen,
der noch nirgends ist gewest, bloß gesessen in sei'm Nest?

Diese seit dem Mittelalter geläufige Offenheit gegenüber bereichernden Erfahrungen in der Fremde können wir sicherlich als Parallele zu der Offenheit der Märchenhelden sehen und setzen, ganz selbstver-

Der Märchenerzähler als Vermittler zwischen Heimat und Fremde

ständlich ihren Märchenweg einzuschlagen, Erfahrungen zu sammeln und Prüfungen zu bestehen.

Erst Ende des 19. Jahrhunderts wurde der Begriff *Heimat* zum Sammelbehältnis für die vertrauten Dinge, die wir nicht nur traditionell mit unserer Herkunft verbinden, sondern auch als schützenswert empfinden gegenüber blindem Fortschrittsglauben und kalter Bindungslosigkeit. Heimat war nun der ersehnte und bewusste Gegensatz zu Entfremdung, Arbeitsteilung und zunehmender Verstädterung. Das Gefühl der Entwurzelung ließ viele Menschen nach der eigenen Herkunft fragen. Heimat- und Trachtenvereine kamen auf mit dem Ziel, das gewachsene Vertraute zu erhalten, in dem sich die Menschen heimisch fühlen konnten. Städter fuhren in die Sommerfrische, meist in die ländliche heimatliche Umgebung, wo man gern auf den städtischen Komfort für eine Weile verzichtete. Die verschiedenen Landschaften der deutschen Heimat wurden wahrgenommen, traditionelle Hausformen, Trachten und Bräuche bewußt gepflegt. Das Fach Volkskunde entstand an der Universität, Heimatmuseen wurden an vielen Orten eingerichtet. Auch die tradierten Lieder, Sagen und Märchen bekamen ihren Platz in diesem Heimatbegriff. Ab 1933 wurde er von den Nationalsozialisten okkupiert und umgehend in ihre Blut- und Bodenideologie eingepasst. Er fand dann während der Kriegsjahre in den sentimentalen Heimatliedern (wie »Heimat, deine Sterne ...«) des Großdeutschen Rundfunks eine weitere missbräuchliche Anwendung: Front und Heimat sollten emotional zusammengeschweißt werden. Der Angriffskrieg schrumpfte militärisch nicht nur seit 1943 zum Defensivkrieg, sondern wurde bekanntlich schon vorher propagandistisch zum Verteidigungskampf für die Heimat erklärt und bis zum bitteren Ende beschworen. Bei Kriegsende verloren Millionen Flüchtlinge und Vertriebene ihre Heimat, und es dauerte lange, bis sie sich in ihren neuen deutschen Heimatländern wirklich heimisch fühlten. Heimweh ist ja im Grunde immer die Sehnsucht nach dem verlorenen Paradies, das wissen auch die Religionen überall in der Welt. Die neuen Mitbürger empfanden den Verlust ihrer Heimat nicht nur individuell in diesem Sinne, sondern artikulierten ihn kollektiv politisch. Heimatverlust wurde als Wertverlust anerkannt. Wer noch seine Heimat hatte, war privilegiert.

In dieser Zeit erwies sich die gemeinsame *Muttersprache* vielleicht als das einzige Gut, das freiwillig geteilt wurde und trotz aller mundartlichen Unterschiede doch auch etwas heimatlich Umschließendes hatte. Aber das war sicherlich nur wenigen Menschen bewusst. Die

Margarete Möckel

Jungen lernten schnell das Idiom der neuen Heimat, sie mussten und wollten sich anpassen an die Lebensmöglichkeiten der Nachkriegsrealität, und so starben die ostdeutschen Mundarten aus – und mit ihnen viele der mündlich überlieferten Sagen und Märchen: Sprachverlust als Synonym für Heimatverlust.

Im Land des Wirtschaftswunders eröffnete die emotionale Sehnsucht nach der Herkunftsheimat bald neue Märkte: der Heimatfilm hielt Einzug in die deutschen Kinos und verdarb, was er zum Thema hatte. Heimatlieder, von vielen geschätzt, von den andern vehement abgelehnt, degenerierten zu Schnulzen, Volkslieder und Volksmusik bekamen durch Rundfunk und Fernsehen ihren meist kitschigen Vorführcharakter, niemand sang mehr mit, und endlich kam es so weit, dass die heimatlichen Lieder überhaupt verachtet, auch in den Schulen nicht mehr gesungen wurden. Wir alle beklagen den Verlust unserer Volkslieder im Gedächtnis der Jüngeren, denn sie sind ja durch die gleichen vertrauten Bilder geformt wie die Volksmärchen. Und wir schätzen uns glücklich, dass unsere Märchen nicht das gleiche traurige Schicksal erfuhren. Ja, welch ein Glück, dass sie nicht eigentlich fernseh-kompatibel sind, sondern dass sie ihre faszinierende Wirkung nur beim Erzählen im direkten Kontakt mit den Zuhörern entfalten!

Und hier sind wir bei unserem Thema: Was hat das Volksmärchen mit Heimat zu tun? Wie empfinden wir als Erzählerinnen und Erzähler, und wie die Zuhörer Heimat im Märchen? Ich denke, in unseren Märchen finden wir den treffendsten, innigsten, wirklichsten Ausdruck unseres Heimatgefühls. Ganz unsentimental tragen wir diese Märchenheimat im Herzen, fühlen uns selbstverständlich geborgen in ihren *Bildern* von Dorf und Bauernhof, Stadt und Königsschloss, Kirche, Turm und Hütte, einsamer Mühle und Mühlteich, von Wald, Waldrand und tiefem wildem Wald, vom Waldhaus, vom Knusperhaus; von hohem Berg, Hügel und Tal, Straße und Weg, von Kreuzweg und Brücke, von Wüstenei und hohlem Baum, von Meer, Insel und Meeresküste, Quelle, Bach und See. Jede und jeder hat die eigenen Bilder dazu in der Seele, und unsere Märchen spielen sich in diesen Bildern ab: sie sind weit mehr als Kulisse, sie *stiften Heimat*, weil sie in unserem Inneren geprägt, uns von innen vertraut sind. Die Bilder sind in uns und wir in ihnen, mehr Heimat und Geborgenheit können wir uns eigentlich gar nicht wünschen. Vielleicht ist dies auch ein Grund für die Faszination, die wir bei unseren Zuhörern immer wieder erleben: sie werden in ihre innere unverlierbare Heimat geführt. Auch wir Erzählerinnen und Erzähler suchen diese Heimat

Der Märchenerzähler als Vermittler zwischen Heimat und Fremde

in uns mit Freuden auf: sie ist ja unser sicherer Hort, dazu auch eine gute Ausgangsbasis für unseren Aufbruch in die Fremde, die so viele Märchen thematisieren. Ja, wir dürfen uns an dieser Stelle fragen, ob es denn überhaupt viele Zaubermärchen gibt, in denen sich *nicht* ein junger Mensch auf den Weg in die Fremde macht, auf den Weg, der identisch ist mit der Lebensreise des Helden, der Heldin oder ihres Erlösers.

Wie ist es nun aber um die Fremde in den Märchen bestellt? Welche Aspekte der Fremde begegnen uns da? Natürlich fällt die fremde Sprache am deutlichsten ins lesende Auge und ins lauschende Ohr. Übersetzungen sind, wie wir alle wissen, qualitativ sehr unterschiedlich, und wir Märchenerzähler sind aufgerufen, uns damit auseinander zu setzen – denn die Sprache ist ja unser Medium. Wo trifft die Übersetzung genau den Ton, der dem Märchen angemessen ist, und wo nicht? Was sagt unser Gefühl dazu? Was fällt uns leicht beim Lernen? Was schwer? Was müssen wir verändern, dass uns die Sprache gut über die Lippen geht, dass unsere Zuhörer wirklich ein *Märchen* zu hören bekommen? Weg mit den papierenen Formulierungen einer schlechten Übersetzung, weg mit der indirekten Rede – aber Vorsicht – es gibt auch Gegenbeispiele! Bei den orientalischen Märchen z.B. sind es die Binnenreime, die wir nicht antasten sollten. Denn wir wollen ja unseren Zuhörern auch möglichst viel Charakteristisches vermitteln, dass sie die Ohren spitzen, um das Gewürz der fremden Herkunft unseres Märchens zu schmecken, auf dass der Ohrenschmaus zum eindrücklichen Erlebnis werde. Das ist unser erstes Ziel als Vermittler zwischen Heimat und Fremde: über das Hörvergnügen nehmen wir unsere Zuhörer mit ins Fremde, ins Ungewohnte.

Und was gibt es da zu entdecken? Zum einen erfahren wir etwas aus fremden, fernen Ländern, selbstverständlich auch aus der Anderswelt. Zum zweiten erfahren wir etwas aus fernen Zeiten, aus der fremd gewordenen Vergangenheit. Und drittens macht uns das Märchen mit fremden Bereichen in uns selbst bekannt, die möglicherweise etwas mit unserer Entwicklung, also mit unserer Zukunft zu tun haben.

»In einem fernen Land, hinter dreimal neun Ländern, im dreimalzehnten Reich« – hier kann die räumliche Entfernung auch ein Synonym für zeitliche Ferne sein und vice versa, wenn es heißt:

»Früher war es nicht so wie jetzt, früher geschahen allerhand Wunder auf der Welt, und auch die Welt selbst war nicht so, wie sie jetzt ist.« Immer wird vom Hier und Jetzt aus gemessen, denn im Hier und Jetzt, inmitten unserer Erzählgemeinschaft, ist Gegenwart, ist Heimat.

Margarete Möckel

Fremde, ferne Länder erscheinen natürlich vor allem in den Bildern der Märchen aus anderen Kulturkreisen. Schehezerades Geschichten aus »Tausendundeiner Nacht« erlebten einen Siegeszug in Europa gerade durch ihre faszinierende Andersartigkeit. Sie lösten eine wahre Orientmode in vielen Bereichen aus, besonders natürlich bei den Kolonialmächten. Das war aber ein literarischer Siegeszug, kein mündlicher. Diesen Gegensatz möchte ich besonders betonen. Die mündliche Erzähltradition arbeitet mit anderen Mitteln als die Literatur, genauer: als die literarische Mode, die ja meist auf das Neue setzt. Erst in der neueren Literatur finden wir Motivzitate aus Märchen. Es geht hier auch um die Frage des Tempos, wie Neues aufgenommen wird: Moden ändern sich schnell, das Märchen dagegen ist zeitlos gültig, weil es im Erzählen immer wieder aufs Neue Gegenwart wird. Und die Märchenerzähler integrieren das Fremde am liebsten, indem sie die Kernmotive eines fremden Märchens einbetten in Bilder, die ihren Zuhörern vertraut sind.

Der Königssohn suchte im Garten nach der dreiwipfeligen Linde. Er suchte von Ost nach West und von Nord nach Süd, konnte sie aber nirgends entdecken. Endlich gelangte er zu einem Birkendickicht *hinter* dem Garten, und als er sich hindurchgezwängt hatte, sah er die dreiwipfelige Linde mitten im hohen, saftig-grünen Gras, und der goldene Käfig hing an einem ihrer Äste und war geöffnet. Der Königssohn versteckte sich im Gras. Es war ganz still, und er hörte sein Herz schlagen. Die Sonne ging unter. Und mit einem Mal war die Luft erfüllt von einem Gesang, als ob tausend und abertausend Vögel zwitscherten und jubilierten: der Vogel Bulbulis nahte.

Jedes neue Märchen ist zunächst *terra incognita,* auch für uns Erzähler. Wenn es uns – gerade wegen seiner Fremdheit – fasziniert, wenn wir uns entschließen, dieses in der Fremde gewachsene Kunstwerk zu erzählen, machen wir uns erst einmal daran, Zeit und Raum des Märchens zu erforschen. Aus welchem Land stammt es? Und was sagen uns seine Motive über den vermutlichen Ursprung, gar über sein Alter? Welche Varianten können wir ausfindig machen? Ist es möglicherweise gewandert, und können wir in diesem Falle seinen Weg zurückverfolgen, z.B. aufgrund seines Namens?

Das wohl bekannte lettische Märchen »Der Vogel Bulbulis« vom Typ »Der goldene Vogel« (KHM 57) ist sicherlich aus dem Orient über die Bernsteinstraße an die Bernsteinküste gekommen, denn der Name Bulbulis ist ja kein anderer als der, mit dem in der Türkei die Nachtigall benannt wird:
Bülbül. Spanische, italienische und albanische Varianten, die wir zum Vergleich heranziehen können, sind offenbar näher an der

Der Märchenerzähler als Vermittler zwischen Heimat und Fremde

ursprünglichen Erzählung geblieben. Sie zeigen, dass *unsere* Variante neben der Adaption des Namens durch die angefügte lettische Endsilbe auch einige verwandelte Motive aufweist: dort befindet sich der Vogel in einem gepflegten orientalischen Garten, während er im lettischen Märchen hinter dem königlichen Garten des Abends seinen Käfig aufsucht, der an einer dreiwipfeligen Linde hängt. Diese Linde ist umgeben von einem Birkendickicht, das sie verbirgt und den Zugang zu ihr erschwert. In dem orientalisch beeinflussten Strang des Märchens dagegen muss der Held an wachsamen Tieren vorbei in den wunderbaren Garten kommen, und das gelingt ihm nur, wenn er den Ratschlag eines alten Mannes befolgt. Alle Vorgänger des Helden, auch seine beiden älteren Brüder, die das Abenteuer vor ihm wagten, wurden versteinert, als sie den wunderbaren Vogel fangen wollten, weil sie den rechten Zeitpunkt verfehlten. Dieses ursprüngliche Versteinerungsmotiv wird nun im lettischen Märchen so erzählt, dass die Vorgänger allesamt in Birken verwandelt werden, und die Erlösung geschieht dadurch, dass zwei Hände voll Sand von einer nahe gelegenen Binnendüne auf jede Birke gestreut werden müssen. Hier hat also der lettische Erzähler die heimische Landschaft mit Sand und Birken ins Bild hereingenommen, um das fremde Märchen seinen Zuhörern nahe zu bringen. Aber der rechte Zeitpunkt als Haupt- und Grundmotiv wird selbstverständlich beibehalten, denn dies sagt etwas Entscheidendes aus über die innere Einstellung des Märchenhelden: Kann er souverän den richtigen Moment abwarten, oder greift er zu früh nach dem kostbaren Vogel, der alle Wünsche erfüllt? Haben oder Sein – haben wollen oder gelassen sein –, darum geht es in diesem Märchen ja überhaupt.

Der Sinn der entscheidenden Szene bleibt hier – wie auch bei vielen anderen Märchentypen – von Variante zu Variante unbeirrt erhalten, weil das Zaubermärchen nicht wesentlich auf das äußere Bild, sondern auf die innere Entwicklung des Helden zielt. Das hat auch der lettische Märchenerzähler genau gespürt und nicht daran gerührt. Der Fortgang einer Märchenhandlung kann in unterschiedlichen Bildern erzählt werden, aber die Prüfung oder der Reifungsschritt, auf den es ankommt, muss bestehen bleiben und als der Erkenntnis stiftende Kern des Märchens von den Zuhörern aufgenommen und empfunden werden.

Als Erzähler wissen wir, dass uns an der entscheidenden Stelle jedes Mal eine spürbare Spannung, ja Beunruhigung aus dem Zuhörerkreis entgegenkommt: Die Menschen empfinden, dass sie diese Szene, dieses Motiv etwas angeht, und oft genug folgt später die Frage nach der tieferen Bedeutung des Hauptmotivs: So schafft der Märchenerzähler Gegenwart, indem er die Sprache der Bilder in den Dienst der Lebensweisheit seines Märchens stellt. Und wie könnte das eindrucksvoller und glaubwürdiger geschehen als durch die Bestätigung der zentralen Aussage im vertrauten Hier und Jetzt, in den alltäglichen Bildern der heimatlichen Umgebung seiner Zuhörer? Der Erzähler nimmt seine Zuhörer mit, macht sie neugierig, hält sie in Spannung, bereitet sie auf ein nie gesehenes, unerhörtes Ereignis vor – aber die dreiwipfelige Linde steht im saftigen, hohen Gras, wie alle Zuhörer es kennen, und an einem ihrer Äste hängt der goldene Käfig, er ist geöffnet, und auch die Seelen der Zuhörer sind nun geöffnet in der Stille und bereit, den wunderbaren fremden Vogel zu empfangen.

Wie Leza Uffer berichtete, hat ein rätoromanischer Märchenerzähler in den 1930er Jahren den König in seinem Märchen eilig telefonieren lassen, und auf die Frage, was denn ein Telefon im Märchen zu suchen habe, antwortete er: »Eigentlich hat er eine Staffette geschickt – aber wer schickt denn heutzutage noch eine Staffette?« Eine solche Aktualisierung ist für uns – 70 Jahre später – nicht mehr vorstellbar. Aber wir erkennen an diesem Beispiel etwas anderes, sehr Wichtiges, nämlich, dass Märchenbilder keineswegs der aktuellen äußeren Realität entsprechen müssen. Sie sind trotzdem nicht museal, wie manche ungebetene Modernisierer uns glauben machen wollen, sondern Staffette oder Telefon entsprechen einem unvergänglichen Urbild des Mythos, in der Terminologie von C.G. Jung einem Archetyp, nämlich dem *Boten*. Die archetypische Gestalt vieler Märchenmotive hat ihr Überleben durch die Jahrhunderte, ja, in einzelnen Fällen – wie beim altägyptischen Brüdermärchen – durch Jahrtausende gewährleistet. Durch die Übereinstimmung mit dem innerseelisch geprägten Archetyp gewinnen die Märchenbilder in unserer *Wahrnehmung* ebenjene alterslose Gültigkeit, auf die es im Mythos wie im Märchen ankommt.

Archetypen sterben nicht, und so brauchen wir um die Märchenbilder keine Angst zu haben, so lange sie nicht billig vermarktet und auf Gartenzwerg-Niveau herabgewürdigt und umgeprägt werden. Das Märchengeschehen ist immer und überall denkbar, gleich um die Ecke kann dem Helden und damit auch uns etwas entscheidend Wichtiges begegnen, vielleicht in ganz unscheinbarer Gestalt, vielleicht als überwältigendes Erleben. Ebenso kann es aber auch notwendig sein, weite Wege zu gehen, um das Wasser des Lebens für den kranken Vater König zu holen oder die Früchte aus den Gärten der jungfräulichen Königin oder den goldenen Vogel.

Der Märchenerzähler als Vermittler zwischen Heimat und Fremde

Als nun alle erlöst waren und statt des Birkendickichts lauter frohe, glückliche Menschen sich um die dreiwipfelige Linde scharten, bat der Jüngste den Vogel Bulbulis, noch einmal seinen Gesang ertönen zu lassen. Der Vogel tat ihm den Gefallen, und alle lauschten mit dankbarem Herzen. Dann machten sie sich nach verschiedenen Richtungen auf den Heimweg. Die drei Königssöhne gingen am Meeresufer entlang, der Jüngste trug den Vogel Bulbulis im Käfig. Bald wurde er müde, denn er hatte lange nicht geschlafen. Er setzte den Käfig auf den Boden und sagte: ›Nur ein Weilchen will ich schlafen, wartet auf mich!‹ Als er aber fest eingeschlafen war, beschlossen die beiden Älteren, ihm den Vogel wegzunehmen und den Jüngsten, ihren Erlöser, zu töten. Sie packten ihn an Armen und Beinen und warfen ihn ins Meer, dann nahmen sie den Vogel Bulbulis und brachten ihn dem Vater König und brüsteten sich damit, dass sie ihn errungen hätten. Aber der Vogel sang nicht und erfüllte ihnen auch nicht ihre Wünsche, denn der Jüngste hatte ja das goldene Ringlein am Finger, das ihn zum Herrn über den Vogel machte. Der König fragte nach dem Jüngsten, aber die beiden Bösewichte antworteten, sie hätten ihn nirgends gesehen. Da trauerte der Vater um seinen liebsten Sohn, weinte und härmte sich. Aber der Jüngste war nicht tot! Sowie ihn seine treulosen Brüder ins Wasser geworfen hatten, trug ihn eine Meereswoge hinunter zum Bernsteinschloss der Meereskönigin, und der schmucke Bursche gefiel ihr so gut, dass sie sich mit ihm vermählte.

Im Gegensatz zum Grimm'schen »Goldenen Vogel« muss der jüngste Königssohn im Märchen vom Vogel Bulbulis also nicht aktiv die Königstochter vom Goldenen Schloss erringen, sondern er wird hinabgetragen in einen Bereich des Weiblichen, das sich mit ihm verbindet. Hier erleben wir die Adaption an vertraute Vorstellungen der Zuhörer, an heimatlich anmutende Bilder besonders deutlich. Das Bernsteinschloss der Meereskönigin könnte durchaus ein gängiges lokales Sagenmotiv sein, das der Märchenerzähler aufgegriffen hat. Es klingt beinahe so, als ob das Märchen nirgends sonst als an der Ostseeküste entstanden sein könnte – und doch ist es so weit gewandert! Und wenn *wir* die lettische Fassung des Märchens erzählen, können wir seine Bilder unverändert unseren Zuhörern nahe bringen, Sand und Birken gibt es auch bei uns. Das Bernsteinschloss im Meer dagegen empfinden wir als ein gut vorstellbares, wenn auch fremdes Motiv, das uns an die Anderswelt gemahnt.

Die Anderswelt wird in den Märchen fremd, oft auch zauberhaft dargestellt. In den »Zertanzten Schuhen« (KHM 133) heißt es z.B.:

Da ging die älteste Königstochter an ihr Bett und klopfte daran: alsbald sank es in die Erde, und sie gingen durch die Öffnung hinab, alle zwölf, die älteste voran, und der Soldat in seinem Tarnmantel ging als Letzter mit. ... Und wie sie unten waren, standen sie in einem wunderprächtigen Baumgang, da waren alle Blätter von Silber und schimmerten und glänzten. Der Soldat dachte: ›du willst dir ein Wahrzeichen mitnehmen‹ und brach einen Zweig davon ab: da fuhr ein gewaltiger Krach aus dem Baume ...

Später kommen sie in einen zweiten Baumgang mit goldenen und zuletzt in einen mit diamantenen Blättern, und jedes Mal kracht es gewaltig, wenn der Soldat einen Zweig nimmt.

Hier nun ist es die Aufgabe des Erzählers, den Unterschied zwischen der vertrauten oberen und der fremden unteren, also der äußeren und der inneren Welt spürbar zu machen. Es fängt mit dem Abstieg zur Tiefe an, er ist ungewöhnlich, und die Bäume sind es auch, zuerst schon durch ihre metallischen oder mineralischen Blätter, aber dann, bei den drei Donnerschlägen, wissen wir sicher, dass sie zur Anderswelt gehören. Das Wasser mit den zwölf Schifflein und den zwölf Prinzen darauf, das Schloss am anderen Ufer (!) mit der lustigen Musik und Wein und Tanz erhalten durch den Abstieg und die verfremdeten Bäume am Anfang eine andere, gleichsam unwirkliche Beleuchtung, und wir empfinden die Königstöchter in dieser unterirdischen Welt wie in einem Traum befangen. Es genügen also eine Öffnung im Boden, eine Treppe in die Tiefe, metallisch schimmernde oder edelsteinblitzende Blätter, dazu drei laute Schläge, damit der Märchenerzähler die Zuhörer in eine andere Welt versetzen kann. Die Wahrzeichen aus der Anderswelt wiederum halten der Realität in der oberen Welt stand, sie sind ja nicht mehr und nicht weniger als die Symbole der Erfahrung, der wachen d.h. bewussten Auseinandersetzung mit den rätselhaften seelischen Inhalten. Der alte Soldat holt mutig diese Inhalte aus der Tiefe und legt sie dem König als handfeste und greifbare Beweise vor, d.h. er bringt sie zum Bewusstsein – der König verkörpert innerseelisch den Aspekt, der die bewussten Handlungen regiert, und was der König einmal gesehen hat, kann nicht mehr so leicht ins Unbewusste verdrängt werden. Das wird ein guter Erzähler hörbar machen. Und die Charakterisierung des Soldaten ebenso: der lässt sich nicht durch den Wein betäuben, den ihm die älteste Königstochter reicht. Er bleibt nüchtern, wie es übrigens auch von den Initianden antiker Mysterien gefordert wurde. Und wenn wir uns daran erinnern, dass »Asket« ein ägyptisches Wort ist und »Stufe« bedeutet, so merken wir auf. Wie Mircea Eliade berichtet, führte im Mithraskult eine Treppe mit metallischen Stufen zum Ort der Einweihung. Jede dieser Stufen war durch ein anderes Metall einem Planeten zugeordnet, eine silberne dem Mond, eine goldene der Sonne, und davon fällt nun auch ein Schimmer auf die metallischen Blätter in unserem Märchen.

Sollten unsere somnambulen Schönen ursprünglich Eingeweihte gewesen sein, die nur Männer heiraten wollten, die ebenfalls Einge-

Der Märchenerzähler als Vermittler zwischen Heimat und Fremde

weihte waren? Wir Heutigen können dieses Geheimnis nicht vollständig lüften, ein Geheimnis, so faszinierend wie die wunderbaren Blätter und so bedrohlich wie die drei Donnerschläge in einem, und gerade diese Mischung verleiht unserem Märchen seinen Zauber und seine Poesie. Das Fremde und das Vertraute verschränken sich im Erzählen, die Anderswelt wird mit der Alltagsrealität verwoben.

Wenn wir nun an *fremde Zeiten* im Märchen denken, so fallen uns vordergründig die monarchisch geprägten Zeiten ein, denn die handelnden Personen stammen ja fast alle aus der Zeit der Stände. »Kaiser, König, Edelmann, Bürger, Bauer, Bettelmann« prägen die Szenerie. Im Erzählen bringen wir sie unseren Zuhörern nahe, eben nicht nur Könige, sondern auch die unteren Schichten in ihrem sozialen Umfeld einer vergangenen Zeit: in der Abhängigkeit von der Willkür der Herrschenden; in ihren Schicksalen ohne Alterssicherung, es sei denn durch ihre Kinder; in ihrer stets gefährdeten Existenz – aber auch in ihrer Freude am Leben, am Feiern, am lustigen Beisammensein, Essen, Trinken, Musik und Tanz. »Da hat sie ihn geheiratet, und war er reich, so reich, dass er für sein Lebtag genug hatte.« Wahrlich, hier wird eine uns fremd und fern anmutende, maßvolle Bescheidenheit artikuliert – wohl den Erzählern, die uns das spüren lassen.

Aber dahinter scheint eine noch weit fernere Zeit auf, die alte Zeit, wo das Wünschen noch geholfen hat, die Zeit, als junge Frauen das Wettermachen lernten, gleichsam für den Hausgebrauch, wie Betten schütteln und Brot backen, und von der Frau Holle geprüft wurden; als junge Männer aufbrachen, um mit ihrer Schamanentrommel in jenseitige Bereiche wie den Glasberg zu gelangen – damals, als junge Königinnen goldene Äpfel warfen, wenn sie ihren Herzkönig zu erwählen hatten. Beim Märchenerzählen lassen wir überall die magische Zeit der Menschheit durchschimmern mit ihren *Vorstellungen und Riten*: Der Vater König bläst drei Federn für seine Söhne in die Luft als Wegorakel. Ein spanischer Mann, der sich und seiner Frau Kinder wünscht, bringt ein Honig- und Wachsopfer dar in der Höhle der uralten Herrin der Bienen mit dem weißen, dem roten und dem schwarzen Haar. Die Maismutter lässt sich von einem jungen Creek-Indianer auf einem brandgerodeten Feld an den Haaren umherschleifen, wodurch die ersten Maiskörner ausgesät werden, die sie den Menschen schenkt. Die Büffelfrau kann sich jederzeit in einen Menschen oder zurück in eine Büffelkuh verwandeln und lehrt auch ihren Menschenmann und beider Sohn diese Kunst. Der wackere Schütze des anmaßenden Zaren trägt seinen Kummer in den Stall zu seinem prophetischen Ross, das ihn tröstet: »Gräme dich nicht, härme dich nicht, das ist kein Unglück, das Unglück kommt erst noch«. Iwan Zarewitsch ruft als Eingeweihter dem Häuschen der Baba-Jaga zu: »Dreh dich, Hüttchen, dreh dich, mit der Stirn mir zugekehrt, mit dem Rücken abgekehrt, ich geh zu dir hinein und komm schon noch heraus, will ja nicht lange bleiben, eine Nacht nur verweilen.« Der junge König bringt dem versteinerten treuen Johannes ein Blutopfer, wie es den archaischen Statuen zur Zeit der Megalithkulturen rituell dargebracht wurde. Oder die estnische Tochter des Schmieds, von ihrem Vater der Schwarzen Frau versprochen, näht sich einen Rock aus den Blättern der Ahlkirsche (Elsbeere), um gegen den Zauber der Hexe gefeit zu sein. Der slowakische Janko steigt aus demselben Grund hoch hinauf in die Dämonen abwehrenden Zweige eines Eichbaums, und Iwan Kuhson kämpft mit den Drachen auf der Massholderbrücke – der Ahorn oder Massholder galt den Russen als apotropäisch.

Ja, damals gab es schwere Prüfungen, die den jungen Menschen auferlegt wurden, und nur die Tüchtigen, die Listigen, die Starken oder jedenfalls die Eingeweihten konnten sie bestehen. Strenge Regeln beherrschten das Leben in dieser uns fremd gewordenen Vergangenheit, und wir erzählen davon in den Märchen: junge Männer wurden in den Nächten der Initiation gequält, jungen Frauen ihre Kinder weggenommen, um sie auf unverbrüchlich schweigendes Durchhalten zu prüfen. »Weil du geschwiegen hast, bringe ich dir deine Kinder zurück, und mein Schloss schenke ich dir«, sagt die Schwarze Frau zur jungen Königin. Gewöhnlich erleben wir eine solche Belohnung der Heldin / des Helden am Ende einer langen Entwicklungs- und Reifezeit durch die ersehnte Märchenhochzeit, aber es kann eben auch geschehen, dass dazu noch ein fremder König mit großem Gefolge zur Hochzeitstafel tritt, den jungen König auf die Stirn küsst und sagt: »Ich bin der Eisenhans, und du hast mich erlöst. Alle meine Schätze sollen dir gehören.« Immer, wenn wir unsere Zuhörer an solche fernen Zeiten erinnern, antwortet eine Ahnung, eine Empfindung aus tiefen Schichten unseres Bewusstseins auf den Anruf aus der Vergangenheit.

Gefahren gab es auch zu dieser Zeit an allen Enden, fremde Gefahren, die den Märchenhelden ebenso unbekannt waren wie unseren Zuhörern. Da haben wir z.B. Klapptore zu schildern, die um zwölf Uhr zuschlagen (sie erinnern uns an die mythischen Klappfelsen), oder unheimliche Wächtertiere, die mit offenen Augen schlafen und mit geschlossenen Augen wachen; verwünschte Wege, immer enger und enger sich um Ross und Reiter schließend; Bösewichte, deren Herz in einem Ei, in einem Vogel, in einem Hasen, in einem Bären oder Auerochsen steckt; ein Brauthemd, in dem die Braut verbrennen würde: All diese Motive der Gefahr, fremd oder fremd geworden, beschwören wir herauf, und unsere Zuhörer sind gespannt, wie der Held sie meistern wird – denn meistern muss und kann er sie, dessen sind wir gewiss! Ich denke, diese verlässlichen Gewissheiten, durch Struktur und Form vorgegeben, sind auch ein Stück Heimat in den Zaubermärchen, wir vermitteln durch sie das Gefühl der Geborgenheit trotz aller gefährlichen Herausforderungen, denen der Held begegnet, und machen den Zuhörern Mut – den Mut zum eigenen Weg. Diese verlässlichen, gewachsenen Strukturen und Formen gelten auch für die fremden Volksmärchen und sind natürlich eine große Hilfe für Märchenerzähler als Vermittler. Sie prägen nicht nur unseren Erzählstil, sie werden auch von den Zuhörern als gültig und anheimelnd empfunden.

Vielleicht liegt in einer solchen anheimelnden Empfindung auch der besondere Reiz von Mundartfassungen: Gute Mundarterzähler genießen immer den Bonus des gleichsam angeboren Authentischen, denn was in der Mundart ausgedrückt werden kann, klingt echt und unsentimental, die Volkssprache kommt unvermittelt, unverstellt und ohne Pathos daher und wird ebenso unmittelbar empfangen. Das kommt meiner Meinung nach vor allem beim Erzählen von Sagen, Schwänken und Schwankmärchen zum Tragen, interessant ist auch manches fremde Volksmärchen in Mundartfassung, während doch die Zaubermärchen der Grimm'schen Sammlung durch Übertragung in die Mundart unzweifelhaft verlieren: Ihre Gestalt ist meist eine schwer zu übertreffende Einheit aus Inhalt und Sprache, Hochsprache. Wir erzählen lustvoll die Kostbarkeiten, die uns Wilhelm Grimm geschenkt hat und die von den Schulkindern beim Nacherzählen jedesmal mit ebensolcher Lust wiederholt werden. »Da ging der Königssohn über gebahnte und ungebahnte Wege immer zu, bis er zuletzt in eine große Stadt kam.« Oder: »Mein Kopf soll wohl vor dir feststehen, da müssen noch andere Leute gefragt werden.« Oder: »Aus der Maßen wohl.«

Aber wir genießen auch die fremdartigen Redewendungen, Reime, Vergleiche, die uns und unsere Zuhörer das Typische des fremden Herkunftslandes spüren lassen, z.B.: »Erfüllung geht dem Wunsche voraus!« – oder »Sie ging und ging, Wege vor sich, Wege hinter sich« – »... ich hätt dich zu Staub und Asche zerrissen«. – »Warum so lang unterwegs, warum so schnell wieder da?« – »Sie bekamen Kinder,

Knaben, die dem Vater, und Mädchen, die der Mutter glichen.« – »Lang sei der Strick, aber die Rede sei kurz.« – So steht beim Erzählen fremder Märchen beides nebeneinander: das fremde, eigenständige Wortbild wie auch die Anpassung oder Anverwandlung an unsere Muttersprache. Übersetzung ist ja auch immer ein *Übersetzen* ans andere Ufer des Sprachflusses, in diesem Fall von drüben ans Ufer der eigenen Sprache, an ihren Tonfall, an die erzählerische Interpretation. Im Erzählen erschaffen wir jedes Mal eine neue Vergegenwärtigung des tradierten Stoffes, profiliert durch unsere Empfindung, unser Temperament, unsere Ausdrucksweise. Und so können wir das Fremde hereinholen in den seelischen Erfahrungsbereich unserer Zuhörer.

Fremde Länder – fremde Zeiten – *fremde Innenräume*: Märchenerzähler haben immer »ein Ohr nach innen, eins nach außen gekehrt«, so wie es der Regisseur Peter Brook von den Schauspielern verlangt, und ich möchte ihm noch ein Stück weiter folgen, wenn er sagt, es gehe um »das Gleichgewicht zwischen der äußeren Haltung und den intimsten Impulsen«. Während wir erzählen, also laut sprechen, müssen wir immer in Kontakt mit unseren eigenen persönlichen Inhalten und mit unseren Empfindungen bleiben, nur so ist unsere Authentizität gewährleistet, nur so können wir sie wirklich vermitteln, diese Entwicklungsgeschichten von einer bestimmten Ausgangssituation hin zu einem geglückten Ende. Das Zaubermärchen hat Modellcharakter für die unterschiedlichsten individuellen Reifungsschritte, für Erfahrungen und Entwicklungsabschnitte im Leben Einzelner. Im Volksmärchen sind sie in Bilder gefasst, die solche inneren Erfahrungen symbolisch ausdrücken, wie die Wahrzeichen aus der Anderswelt, die der Soldat ins Bewusstsein heraufbringt oder wie der kostbare goldene Vogel, dessen Ergreifung nur dem gelassenen Menschen mit lauterem Charakter gelingt. Wenn wir die Märchen wirklich verstehen wollen, müssen wir sie deshalb auch von innen her betrachten, auf der Ebene ihrer Wirkung stehend, und das ist die seelische Wirkungsebene. Hier begegnen sich Erzähler und Rezipient. »Genauso könnte es mir ergehen, wenn ich in dieser Situation wäre« – dieses Gefühl lassen wir unsere Zuhörer immer wieder erleben, die Erwachsenen, die sich und ihr Schicksal in der einen oder anderen Märchenszene oder -konstellation wiederfinden, und die Kinder, die im Märchen etwas über neue, fremde Lebenssituationen erfahren; sie merken auf und lernen für die Zukunft, wie man damit umgehen kann, welche Haltung gefordert wird – Mut oder List, Wahrheitsliebe, Hilfsbereitschaft, Zuhören, Gehorchen, aber auch Initiative und Widerstand und Erfindungsgeist. Die Märchen sind eine Schule der Flexibilität, der jeweils entsprechenden Antwort auf die Herausforderungen des Lebens, das vermitteln wir auch, und ihr Modellcharakter wird unterstützt von der Weiträumigkeit ihrer Bilder und von der Tiefe und Verbindlichkeit der Symbolik, ohne dass sie unbedingt intellektuell durchdrungen werden müssten. Den mühelosen Zugang zu symbolhaltigen Bildern können wir immer wieder bei Kindern beobachten: Die Bildsprache des Märchens ruft ohne weitere Beschreibung eine Gestalt aus dem Inneren herauf und erschafft sie als eigenes Bild des zuhörenden Kindes. Als Beispiel möchte ich das Bild eines dreieinhalbjährigen Buben beschreiben, der im Kindergarten das Märchen von den drei Federn gehört hatte. Vor dem Erzählen bekam jedes Kind eine kleine Feder zum Anschauen, zum Befühlen und Blasen. Nach dem Erzählen ging es also ans Malen. Der Dreieinhalbjährige malte drei Federn nebeneinander, die linke und die rechte ungefähr in gleicher Höhe, die mittlere deutlich höher. Die linke und die rechte Feder hatten jeweils nur auf einer Seite die vielen kleinen Strahlenfedern, die mittlere Feder, ausdrücklich dem Dummling zugeordnet, war auf beiden Seiten mit den kleinen Strahlenfedern ausgestattet: ein Symbol für Vollständigkeit und Ganzheit, wie man sich's nicht schöner vorstellen kann!

Solche Erlebnisse bestätigen den Märchenerzählerinnen und -erzählern, wie ihre Geschichten die Symbole aus tiefen Seelenschichten heraufrufen, um in die Erscheinung zu treten, um ins Bewusstsein zu dringen als zeitlos gültiges Bild. Ich denke, wir können mit unserer Mittlerrolle wohl zufrieden sein.

Literatur

Märchen von der Bernsteinküste. Bayreuth 1974, S. 51–58.
Eliade, Mircea: »*Ewige Bilder und Sinnbilder. Über die magisch-religiöse Symbolik.*« Frankfurt a.M. 1986, S. 50 ff.
Brook, Peter: »*Das offene Geheimnis. Gedanken über Schauspielerei und Theater.*« Frankfurt a.M. 1998, S. 49 ff.

WILHELM SOLMS

Daheim fremd
Märchen über und Erzählungen von Sinti und Roma

Fühlen sich die Sinti und Roma in ihren Heimatländern, speziell in Deutschland, heimisch oder fremd? Fühlen sie sich von uns akzeptiert oder lediglich toleriert, auf deutsch ertragen, oder noch immer ausgegrenzt und verfolgt?

Da unser Blick auf diese Minderheit durch viele Vorurteile verstellt ist, stelle ich einige Worterklärungen und Informationen zur Erzählkultur an den Anfang. *Roma* (von »rom« = Mensch) ist der Sammelbegriff für das vor etwa tausend Jahren aus seiner ursprünglichen Heimat in Nordwestindien vertriebene Volk. In Deutschland wird der Begriff Roma speziell für die in Südosteuropa lebenden Gruppen verwendet. *Sinti* (wahrscheinlich von der indischen Region »Sindh« oder »Sindhu«) ist die Bezeichnung für den Mehrheitsstamm der Roma, der Anfang des 15. Jahrhunderts in Mitteleuropa eingewandert ist. Die *deutschen Sinti* leben also seit fast 600 Jahren in Deutschland, die *deutschen Roma* sind erst seit 1870 nach Deutschland gekommen. *Zigeuner* war den beiden aus dem 15. Jahrhundert stammenden Chroniken von Cornerus und Andreas zufolge eine Fremdbezeichnung für die eingewanderten Sinti. Ob das Wort von dem persischen *asinkari* (= Schmied) oder dem griechischen *athinganoi* (= die Unberührbaren) stammt, darüber ist sich die Forschung nicht einig. *Gypsies*, der englische Name, beruht auf der Annahme, dass sie aus Ägypten stammen. Ihre Herkunft aus Indien wurde erst 1780 aufgrund ihrer Sprache, des Romanes, nachgewiesen.

Die Erzählungen von Sinti und Roma sind für die Kenner und Liebhaber der Märchen von besonderem Interesse. Die Sinti und Roma haben in früheren Jahrhunderten aufgrund ihrer Lebensweise als Fahrende eine wohl einzigartige Erzählkultur entwickelt. Sie haben im doppelten Sinn des Worts viel *erfahren*, sie haben ihr Wissen mündlich überliefert und dadurch ihr Gedächtnis geschult, und sie haben in ihrer Großfamilie durch den engen Zusammenhalt eine ideale Erzählgemeinschaft gefunden.[1]

Diese Erzählkultur wurde im 20. Jahrhundert stark geschwächt: durch den nationalsozialistischen Völkermord, durch das Elend, das die Überlebenden nach ihrer Rückkehr erwartete, und durch den Wandel der Lebensweise, z.B. den Umzug von Sammelplätzen in kleine Wohnungen, wodurch die Großfamilie aufgesplittert wurde. Deshalb ist es heute, wie die Brüder Grimm vor 190 Jahren bemerkten, »gerade Zeit, diese Märchen festzuhalten, da diejenigen, die sie bewahren sollen, immer seltner werden«.[2]

Aber es wurden doch, so könnte man einwenden, schon oft »Zigeunermärchen« gesammelt und publiziert. Die von uns so genannten »Zigeunermärchen« gehen zwar auf Erzählungen von Roma zurück, sind mit ihnen aber nicht identisch. Sie wurden erstens von einem Rom vor Fremden und für Fremde, und zwar meist nicht auf Romanes, sondern in der jeweiligen Landessprache erzählt. Sie wurden zweitens, wie Martin Block betont, »ausschließlich von Nichtzigeunern aufgezeichnet und gesammelt«[3] und dabei offensichtlich überarbeitet oder frei »nacherzählt«[4]. Und sie wurden drittens aus der jeweiligen Landessprache ins Deutsche übersetzt und dabei erneut überarbeitet. »Bei der Übertragung«, schreibt Walter Aichele, »kam es uns darauf an, den Text nicht sklavisch zu übersetzen, sondern vor allem dem Sinn Rechnung zu tragen.«[5] Da eine wortgetreue Übersetzung nicht weniger sinnvoll ist als das Original, ist damit gemeint, was dem Übersetzer als sinnvoll erscheint, was seiner Vorstellung von einem Zigeuner entspricht. Dies erklärt, weshalb sich gerade in deutschsprachigen »Zigeunermärchen«, die ausschließlich aus Übersetzungen bestehen, häufig zigeunerfeindliche Äußerungen finden.

Ich will deshalb, wie in der Erzählforschung üblich, Varianten desselben Typs sowie Berichte und Lebensbeschreibungen von Sinti und Roma heranziehen. Und ich will an den überlieferten Märchentexten nachprüfen, ob die Meinung des Erzählers, die vor allem im Epimythion und in der Überschrift zum Ausdruck kommt, mit der »Moral von der Geschichte« übereinstimmt.

Kontroverse Urteile aus »Zigeunermärchen« und Sinti/Roma-Geschichten

Wandertrieb

Die deutschen Sinti waren jahrhundertelang Fahrende, weil sie keinen Grund und Boden erwerben durften, nicht in die Handwerkskammern aufgenommen wurden und sich nirgends länger aufhalten durften. Heute sind sie zu 80 bis 90 Prozent sesshaft.

Wilhelm Solms

In Büchern und Lexikonartikeln über »Zigeuner« ist noch immer zu lesen, die »Zigeuner« seien ein »Wandervolk«, »zum Wandern geboren«, das Fahren liege ihnen »im Blut«, sie seien »heimatlose Gesellen« oder, so die moderne Variante, ein »europäisches Volk«.

Unter den »Zigeunermärchen« finden sich ätiologische Erzählungen, die den »Zigeunern« eine Rolle in der Geschichte des Judentums andichten und erklären, warum sie nicht sesshaft sind. Diesen Erzählungen zufolge ist das Wandern oder Fahren für sie kein Segen, sondern ein Fluch. Die »Zigeuner« müssen wandern,

- weil sie Nachkommen »Kains« seien,
- weil sie Soldaten des Pharaos gewesen und am Ufer zurückgeblieben seien, als er mit den Ägyptern im Roten Meer ersoff,
- weil sie der Heiligen Familie auf der Flucht nach Ägypten das Nachtquartier verweigert hätten und
- weil ein Zigeuner die Kreuznägel Christi geschmiedet hätte.[6]

Warum unser Herr Jesus mit drei Nägeln ans Kreuz geschlagen wurde [7]
Dieses ungarische »Zigeunermärchen« ist eine Variante eines verbreiteten Legendenmärchens. Drei römische Soldaten werden ausgeschickt, vier starke Kreuznägel zu kaufen. Der erste Nagelschmied ist ein Araber. Als er sich weigert, bei der Kreuzigung mitzuhelfen, weil Jesus »ein guter Mensch« sei, durchstechen sie ihn mit ihren Lanzen. Der zweite ist ein Jude. Ihm verschweigen die Soldaten, wofür sie die Nägel brauchen, und er geht deshalb auch gleich an die Arbeit. Als er aus den Flammen die warnende Stimme des toten Arabers hört, weigert er sich gleichfalls und wird gleichfalls durchstochen. Der dritte Schmied ist ein Zigeuner am Straßenrand. Als er die warnenden Stimmen des Arabers und des Juden aus dem Feuer hört, zögert er. Doch als er die blutigen Lanzenspitzen sicht, beginnt er, die Nägel zu schmieden. Beim vierten Nagel lässt Gott ein Wunder geschehen. »Der Nagel wollte und wollte nicht auskühlen und blieb rot glühend auf der Erde liegen.« So wurde Jesus nur mit drei Nägeln gekreuzigt. Der Schmied aber floh vor dem glühenden Nagel, und seither sind die Roma ein »in alle Winde verstreutes Volk«. Bei dem Wunder schaltet sich der Erzähler ein und lobt Gott mit den Worten: »Du hast damals ein Wunder gezeigt dem ganzen Volk der Roma!«

Es handelt sich hier nicht um die Erzählung eines historischen Ereignisses. Denn die Sinti und Roma sind erst um 1200 nach Christi Geburt nach Kleinasien gekommen, haben also mit der Kreuzigung von Jesus nichts zu tun. Im Neuen Testament wird weder von diesem Wunder noch von einem Schmied und der Anfertigung der Kreuznägel berichtet. Die Kreuznagel-Geschichte findet sich erstmals in Passionsliedern aus dem 13. Jahrhundert, sie wurde dann in französischen Legenden über die böse Frau eines Schmieds erzählt und schließlich auf einen Zigeunerschmied übertragen. Denn bekanntlich sind viele fahrende Roma, die »Kalderasch«, Schmiede gewesen.

Der Handlung zufolge hat Gott dieses Wunder dem »Volk der Roma« nicht gezeigt, sondern es seine bösen Folgen spüren lassen. Die bedenkliche Moral der Geschichte lautet: Weil die »Zigeuner« die Nägel für die Kreuzigung Christi geschmiedet haben, hat Gott sie über alle Länder zerstreut und zu ewiger Wanderschaft verflucht. Wer verhindert, dass sich die »Zigeuner« niederlassen, und sie vertreibt, vollbringt demnach das Werk Gottes.

Solche Geschichten, die unter dem Namen »Zigeunermärchen« über die Sinti und Roma verbreitet wurden, dienen dem Zweck, die den Juden zugewiesene Schuld an der Tötung der Ägypter und der Vertreibung und Ermordung des Gottessohns auf die »Zigeuner« zu übertragen und auch deren Vertreibung zu rechtfertigen.

Heimatlose Gesellen

Hildegard Lagrenne, langjähriges Vorstandsmitglied im Landesverband Deutscher Sinti und Roma von Baden-Württemberg, erzählte Michael Krausnick: »Nie wieder nach Deutschland zurück. Ja, und als wir von den Russen aus dem Lager am 27. Januar 1945 befreit wurden, kam die Frage: Wo wollt ihr hin? – In die Heimat. Deutschland, das ist ja unsere Heimat! Da gehören wir hin.«[8]

Der Wiener Maler Karl Stojka, der vom österreichischen Staat zum Ehrenprofessor ernannt wurde, schreibt in seinem Lebensbericht, er habe sich nach Kriegsende zunächst auf einem Bauernhof von den Strapazen des Todesmarschs von Flossenbürg erholt. »Doch eines Tages war unser Heimweh doch größer als unsere Angst, wir ... machten uns auf den Weg Richtung Wien.«[9]

Otto Rosenberg, ehemals Mitglied des Zentralrats Deutscher Sinti und Roma und Vater der bekannten Sängerin Marianne Rosenberg, schlug sich nach der Befreiung aus dem KZ Bergen-Belsen nach Berlin durch. »Berlin war ein Trümmerhaufen ... Wir haben Steine geputzt und Schutt weggeräumt. Berlin ist doch unsere Stadt. Mitunter fiel es nicht leicht.« Denn bei seinem Abtransport in das Lager Marzahn und bei seiner Deportation nach Auschwitz hatten die Berliner weggeschaut. Als er in den fünfziger Jahren Entschädigung beantragte, musste er bis vor das Landgericht. Es hieß: »Zigeuner. Wandertrieb. Hat keine Bindung an die Stadt Berlin.«[10]

Streitsucht
Die fahrenden Sinti und Roma lebten von mobilen Berufen wie Schmiede, Händler, Schausteller oder Wahrsager. Da sie mit diesen Berufen von der sesshaften Bevölkerung abhingen, waren sie quasi von Natur aus friedfertig und suchten sich aus Streitigkeiten zwischen Nachbarvölkern herauszuhalten.

Der heilige Streit[11]
Gott Vater und Gott Sonne saßen einst auf einem Hügelchen und stritten miteinander, wer von ihnen den Menschen unentbehrlicher sei ... Da fuhren Zigeuner an dem Hügelchen vorüber, und Gott Vater schlug vor: »Lasst uns die Pilger dort fragen, wen sie nötiger brauchen.«

Da Gott Sonne einverstanden war, taten sie dies.

Die Zigeuner sahen, dass die Augen der Götter wütend blitzten, sahen die Knüppel in ihren Händen, und sie begriffen, dass, wenn sie es dem einen recht täten, sie von dem anderen nichts Gutes zu erwarten hätten. So antworteten sie: »Wir kennen hier niemanden. Wir sind keine Hiesigen, sind Nomaden und handeln mit Pferden.«

Ob die Sinti und Roma bei ihrer Einwanderung tatsächlich »Pilger« gewesen sind, wie sie von sich gesagt haben und wie Gott Vater in diesem Märchen bestätigt, oder ob sie sich zum Schutz als Pilger ausgegeben haben, in jedem Fall verhalten sie sich wie friedfertige Pilger. Nicht sie, sondern Gott handelt inkonsequent, indem er von Pilgern verlangt, in dem Streit Partei zu ergreifen.

Ein unheiliger Streit
Sich aus einem Streit zwischen Mächtigen herauszuhalten, ist für eine macht- und rechtlose Minderheit sicher das Klügste, es garantiert ihnen aber nicht, dass sie tatsächlich in Ruhe gelassen werden. Das zeigt ein in der Öffentlichkeit wenig beachteter historischer Vorfall. Weil sich die im Kosovo lebenden Roma an den Kämpfen zwischen Serben und Albanern nicht beteiligen wollten, wurden sie von beiden Seiten des Verrats bezichtigt.

Die serbischen Milizen verdächtigten sie, Albaner versteckt zu haben, und internierten viele in Lagern. Nachdem die albanischen

UCK-Kämpfer in das von der NATO frei gebombte Land eingezogen waren, bezichtigen sie die Roma der Kollaboration, plünderten und zerstörten ihre Wohngebiete, wobei Männer, Frauen und Kinder ums Leben kamen. Und dies geschah nach den Aussagen vieler Zeugen unter den Augen der KFOR, die sich für nicht zuständig erklärte.[12]

Zauberkraft

Das Säckchen[13]

Dieser Schwank, der von einem russischen Rom erzählt wurde, handelt von einer »klugen Zigeunerin«. Sie »wurde von allen Zigeunern im Lager hoch geschätzt«, nicht jedoch von einer verwitweten Bäuerin, obwohl sie ihr einen klugen und hilfreichen Rat gegeben hat. Die Bäuerin hatte die Zigeunerin zu sich gerufen, denn sie glaubte:

Böse Menschen haben meine Wirtschaft verzaubert. Die Kuh gibt wenig Milch, das Pferd magert ab, obwohl es genügend Hafer bekommt, und die Hühner legen schlecht. Die Zigeunerin fragte die Witwe nach diesem und jenem, ging im Hof umher, besah sich die Wirtschaft und sagte: »Ich werde dir helfen, Bäuerin. Deine Wirtschaft zu entzaubern fällt mir nicht schwer. Du mußt nur alles genauso machen, wie ich es dir sage.«

Am nächsten Tag bringt sie der Witwe ein Säckchen und rät ihr, jeden Tag früh aufzustehen und mit dem Säckchen in alle Winkel ihres Hofs zu gehen. Die Witwe befolgt diesen Rat und entdeckt, dass die Milch von der Magd, der Hafer vom Knecht und die Eier vom Hund gestohlen werden, dass die Vorräte im Keller verschimmeln und das Heu auf dem Speicher, weil das Dach undicht ist, verfault. Die Witwe meint, das Säckchen habe ihr Glück gebracht, und trennt es auf, um dem vermeintlichen »Zaubermittel« auf den Grund zu gehen, findet aber nur Sand und einen Zettel mit den Worten:

»Ein wachsames Auge der Bäuerin richtet mehr aus als beide Hände und Füße. Das lass dir sagen von einer klugen Zigeunerin.«

Als die Zigeunerin nach vierzig Tagen kommt, um den ihr versprochenen und von ihr wirklich verdienten Lohn zu holen, schilt die Bäuerin »das Zigeunerweib eine Betrügerin« und jagt sie ohne einen Heller davon.

Wer ist hier die Betrügerin? Die Zigeunerin hat ihre Aufgabe erfüllt und der Bäuerin geholfen, ihre marode Wirtschaft zu sanieren, aber nicht durch Zauberei, sondern aufgrund von Erfahrung, Befragung,

Beobachtung und Kombinationsgabe. Das sind die Fähigkeiten, die auch eine gute Wahrsagerin auszeichnen. Und sie hat den Glauben der Bäuerin an die Zauberkraft der Zigeuner nicht bestritten, sondern ihr als Vorurteil bewusst gemacht, mit der Folge, dass die Bäuerin wütend wird und sie um den verdienten Lohn betrügt.

Der so genannte »Erzähler« hat dieser durchaus glaubhaften Geschichte folgenden Schluss angefügt:

»Jetzt verlangen die Zigeuner für guten Rat und Wahrsagerei vorher die Bezahlung und haben – wie diese Witwe – auch noch damit begonnen, die Menschen übers Ohr zu hauen.«

Er hält zwar fest, dass die Zigeuner das Betrügen von dieser Witwe gelernt haben, wirft dies aber nicht der Witwe, sondern allein den Zigeunern vor. So nimmt er ausgerechnet eine kluge und ehrliche Zigeunerin zum Beweis dafür, dass *die* Zigeuner betrügen würden. Wer über eine solche Logik nicht stolpert, der teilt ebenso wie der ›Erzähler‹ das Vorurteil der Bäuerin. Auch wenn der Schluss unlogisch ist und vermutlich auf den Aufzeichner oder Übersetzer zurückgeht, so lässt sich aus ihm doch lernen, wie fest solche absurden Vorurteile im Bewusstsein verankert sind.

Lügen

Der Zigeuner, der zum Markt fuhr[14]

Dieser Schwank handelt davon, dass Zigeuner lügen, macht aber dieses Urteil, statt es zu bestätigen, wiederum als Vorurteil bewusst.

Ein Zigeuner, der sein Lager auf dem Grundstück eines Bauern aufschlagen durfte, bietet sich zum Dank an, dem Bauern auszuhelfen und seine Kartoffeln auf dem Markt zu verkaufen. »Der Bauer war dankbar, er lud eine Fuhre der besten Kartoffeln auf, rund wie Eier, blank wie Kupfergeschirr und so glatt und fein wie Äpfel. Liebe Freunde, niemals sind prächtigere Kartoffeln zum Markt gefahren worden.«

Der Zigeuner fuhr zum Markt und breitete seine prächtige Ware aus. Ein Käufer untersuchte die Kartoffeln, »grinste höhnisch« und sagte, die Kartoffeln seien »verfault«, die Hälfte bestehe »aus Erde«, ein großer Teil sei »verrottet« und der Preis sei »übermäßig«, worauf der Zigeuner jeden dieser Vorwürfe bestätigte. Der Käufer geriet in Zorn und fragte, warum er seine Ware, die er doch verkaufen wolle, tadle.

»Ich? Ich tadele meine Kartoffeln nicht, mein bester Herr. Ich helfe Ihnen nur lügen.«

Die Eingangsszene ist ein Beispiel dafür, wie Bauern und Zigeuner in Dörfern zu beiderseitigem Nutzen zusammengelebt haben. Damit die Zuhörer den Schwank richtig verstehen, stellt der Erzähler den Urteilen des Käufers sein eigenes Urteil voran. »Niemals sind prächtigere Kartoffeln zum Markt gefahren worden.« Und niemals sind Kartoffeln prachtvoller beschrieben worden! An dem Unterschied zu dieser Beschreibung und an dem »höhnischen Grinsen« erkennt der Zuhörer sofort, dass die Vorwürfe des Käufers erlogen sind. Der kluge Rom widerspricht ihm nicht, wie man zunächst erwartet, was aber vergeblich und auch überflüssig wäre, da der Mann ja selbst nicht an seine Worte glaubt. Stattdessen zeigt er dem Käufer, dass er dessen Absicht, die Waren zu schmähen, um ihren Preis zu drücken, durchschaut. Der Käufer, der sich beim Lügen ertappt fühlt, wird natürlich wütend. Da hier das Ende sowohl der erzählten Geschichte als auch der Sicht eines Rom entspricht, dürfte die Erzählung authentisch sein. Mit der witzigen Schlusspointe zeigt der Erzähler, wie man jemand, der Vorurteile äußert, auflaufen lassen kann.

Drei Geschichten vom Verfolgtsein

Blutrotes Gras[15]

Ein Rom-Märchen aus der Sowjetunion, das auf die Ereignisse nach der russischen Revolution anspielt:
»Es war damals zur Zeit der Hungerjahre, als der Krieg stattfand gegen die weißen Generäle.«
   Eines Abends »schlugen Zigeuner am Waldesrand ihr Lager auf«. Da sie kein Brot hatten, schickten sie ein Ehepaar ins nächste Dorf zum Brotkaufen. Als beide zurückkehrten, sahen sie kein einziges Zelt mehr. Da kam ein buckliger Zigeuner aus dem Wald und sagte, die anderen seien zum Moor übergesiedelt. Nach dem Abendessen ging der Mann mit dem Buckligen zum Moor. Dort sah er lauter Tote liegen, darunter auch den buckligen Zigeuner, dessen Kopf von einem Säbel zerspalten war. Der Mann lief zurück zu seinem Karren, fuhr mit seiner Frau davon und stieß vor dem Wald auf die niedergerissenen Zelte. Dort hörten sie, dass »weiße Soldaten« das Lager überfallen, die Zigeuner erschlagen und die Leichen ins Moor geworfen hätten.
   Die Geschichte wurde als »Zigeunermärchen« veröffentlicht. Es ist gut möglich, dass ihr eine tatsächliche Begebenheit zugrunde liegt. Ob der Mord von »weißen Soldaten« verübt wurde, die nach der

Oktoberrevolution gegen die Rote Armee gekämpft haben, oder ob die Geschichte dem Erzähler dazu diente, die »weißen Soldaten« als Mörder darzustellen, muss offen bleiben. Beeindruckend ist auch das ätiologische Schlussmotiv, dem die Geschichte ihren Titel verdankt: Das »blutrote Gras« soll seither an dieser Stelle wachsen und daran erinnern, dass dort tatsächlich Blut vergossen wurde, und zwar »unschuldiges Blut«, von dem »man sich niemals reinwaschen« kann.

Alfred Lessing: *Mein Leben im Versteck*[16]

Das zweite Beispiel stammt nicht aus einer Märchensammlung, sondern aus der Lebensbeschreibung eines deutschen Sintu. Die Geschichte handelt vom Tod seines Vaters, die ihm, als er 15 Jahre alt war, von seinem Onkel erzählt wurde.

Im Spätsommer des Jahres 1921, dem Geburtsjahr Lessings, haben seine Eltern, die mit ihrem Wagen unterwegs waren, in Bayern in der Nähe eines kleinen Fichtenwalds ihr Nachtlager aufgeschlagen. Sein Vater fütterte das Pferd und ging in den Wald, um zu jagen, während seine Mutter ein Feuer anmachte, und kam schon bald mit zwei Kaninchen zurück. Etwa anderthalb Stunden später kam ein Wagen mit fünf Waldarbeitern, denen der Förster auf seinem Fahrrad folgte.

Der Förster herrschte den Vater an: »Was habt ihr hier zu suchen«, worauf sein Vater sagte: »Nichts, Herr Förster, vielleicht etwas Ruhe für mich und meine Familie.« Da entdeckte der Förster die Felle der zwei Kaninchen: »Du verdammter Zigeuner, du hast gewildert, das wird dich teuer zu stehen kommen. Männer, packt sie.« Drei von den Holzfällern stürzten sich auf seinen Vater. Er wehrte sich und rief seiner Mutter auf Romanes zu: »Nimm den Jungen und lauf.« Die beiden anderen Holzfäller rannten hinter ihr her, der eine packte sie an ihren schönen, langen Haaren, der andere warf sich wie ein Bündel Lumpen ins Gebüsch.

Als es dunkel war, ging die Mutter in ihren zerrissenen Kleidern mit dem Baby zum Lagerplatz zurück und suchte die Umgebung vergeblich nach dem Vater ab, bis sie im Mondlicht einen gewaltigen Blutfleck sah. Gegen Morgen kam sie zu einer Stadt und entdeckte vor der Stadtmauer ein frisch aufgeworfenes Grab. Ein Mann erzählte ihr, wie man den Leichnam seines Vaters dort verscharrt hat. Die Mutter ist mit ihm noch vier Jahre bettelnd durch Bayern gezogen, bis sie in Herford bei Verwandten ein neues Zuhause fand.

Die dritte Geschichte handelt wiederum von der Begegnung fahrender Sinti, die im Wald ihr Lager aufgeschlagen haben, mit einem Förster. Es ist kein Zigeunermärchen, aber auch kein Tatsachenbe-

Daheim fremd

richt, sondern eine erfundene Geschichte, die die Sinti ihren Kindern erzählt haben und die Reinhold Lagrene als Kind gehört und später aus dem Gedächtnis aufgeschrieben hat.[17]

Lagrene schildert zunächst die Erzählsituation:

> Ich erinnere mich gut: wir hatten uns große Teile des Tages in der Welt der Nicht-Sinti bewegt: wir waren in der Schule gewesen, hatten draußen auf der Straße gespielt, waren vielleicht zum Einkaufen gegangen oder hatten den Vater, die Mutter oder andere begleitet, wenn sie Möbel, Bilder und andere Antiquitäten aufkaufen oder an die Händler verkaufen wollten. Dabei mußten wir erleben, dass wir als Menschen zweiter Klasse angesehen und entsprechend behandelt wurden. Wenn wir Kinder damit zu kämpfen hatten, uns gedemütigt fühlten und wütend, enttäuscht, gedrückt und unglücklich nach Hause kamen, dann erzählte uns oft irgendjemand eine Geschichte.

Die Erzählung soll also dazu dienen, traurige Kinder zu erheitern, gedemütigten Kindern wieder Mut zu machen. Erfüllt sie diesen Zweck?

> Ja, unsere Leute, die können mit Feuer umgehen! Was aber, wenn der Förster kommt? Um Gottes willen! Immer gibt es Ärger. Schnell weg mit dem Topf, die Flammen austreten und Sand über die Glut, zuletzt die Decke drauf und alle Mann draufsitzen. Nein, zu verbergen haben wir nichts. Alles wie es sein soll, ganz normal. Grüß Gott, Herr Oberförster.
> Der Förster aber, der Hund, will's wieder besser wissen. »Und – was riecht es hier nach Feuer?« – Vielleicht sind ein paar Köhler im Wald. – »So, und den brandheißen Topf da habt ihr auch von ganz allein!« – Ja dieser Wundertopf, da haben Sie ganz Recht, der ist allerdings etwas Besonderes, ein Schatz ist er, immer voll und stellt man ihn auf den Boden, so fängt die Suppe auch schon zu kochen an. Was brauchen wir da ein Feuer. Nein, Herr Oberförster, so gut wie uns möcht's Euch bestimmt auch gehen. Mit so einem Topf hat man ausgesorgt.
> Den Förster, den hat's gepackt! Schon will er um den Topf handeln, als sei der wie jeder andere käuflich zu haben. Schrecklich zerrt der Mensch. Was soll man machen, er will's und erzwingt das Geschäft. Und der Topf, das gute Stück wechselt für einige Dukaten seinen Besitzer. Ob der Topf aber kann, was der jetzt von ihm will? Man sieht schon und hört den Förster schreien daheim, als sei er der Betrogene: »Wenn ich die noch mal erwische –!«
> Nun gut, über ein Jahr später kamen die Leute wieder in die Gegend. Schlechte Zeiten waren es, der Hunger riß an den Bäuchen, was sollte man tun? Besser es kostet einen Hasen als das Leben der Kinder. Das Wild war schnell gefangen, erlegt und ausgeweidet. Da kam einer von den jungen Burschen angerannt. Er hatte den Förster gesehen, ja genau den vom vergangenen Jahr. O weh, was tun, das gibt Ärger. Nur weg mit dem Hasen, dem Fell, – und das Eingeweide? Wird halt dem Nächststehenden in das Wams gestopft. So alles in Ordnung: Wir haben nichts zu verbergen. Alles wie es sein soll, ganz normal. Grüß Gott, Herr Oberförster.

233

Aber der? Nicht gut zu sprechen ist er auf die Leute, hat nichts vergessen und meint noch, er wüßte schon alles. Das Blut im Gras? – Ja, was wird gewesen sein – ein Fuchs hat sich ein Täubchen geschnappt oder einen jungen Hasen. Wer weiß, Herr Oberförster, in so einem Wald. – Und – was soll schon sein mit dem Messer? – Blut? – Ja grad' hab ich's noch demonstriert. Ist halt ein besonderes Messer, ein ganz besonderes Messer. Den Bauch aufschneiden kannst du damit und kaum ziehst Du das Messer wieder raus, ist nichts mehr zu sehen, und mehr noch, wer's zuvor mit dem Magen hatte oder an der Galle, der ist wieder gesund, so wahr ich hier stehe! Der Herr Oberförster will es nicht glauben? Ich zeig's ihm gern. Komm her, ja Du, grad' Du! Zier Dich nicht, hast doch eben noch über Leibschmerzen geklagt. Wirst Dich halt wieder überfressen haben. Das haben wir gleich! Und schnitt ihm das Wams auf, dass die Eingeweide recht grauslich hervorquollen. Der so Aufgeschlitzte aber lachte, als sei rein gar nichts.

Mein Gott, hat's da den Förster gepackt. Das Messer mußte er haben, gleich was es kosten sollte. Dem Teufel hätte er sich verraten und seine Frau dazu, wenn er nur das Messer bekäme. Was war da anderes zu tun, als es ihm geben und den gerechten Preis zu nehmen, weiß man doch, was nichts kostet, taugt nichts. Und schon lief der Förster davon, seine Frau kurieren, wie er noch rief.

Ob das Messer aber kann, was der jetzt von ihm will? Man sieht schon und hört den Förster schreien daheim, als sei er der Betrogene: Wenn ich die noch mal erwische –!«

Und der Förster, der arme Witwer, erwischte sie. Ein Jahr hat er warten müssen, da fand er sie wieder. Den Größten schnappt er sich, stopft ihn gefesselt in einen Sack und schleppt ihn runter zum Fluß. Au weh, was der schreit und jammert im Sack, als habe sein letztes Stündlein geschlagen. Schon will der Förster ihn im Sack mit einem letzten Fluch in den Fluß stoßen, da heult der Elende auf und fleht und bittet, ihm einen letzten Wunsch noch zu erfüllen: »Ich weiß, ich muß jetzt sterben, doch bitt' ich Euch, Herr Oberförster, ersaupt mich nicht hier am Rand. Tut's in der Mitte. Denn komm' ich vom Rand her da unten an, dann bin ich dort geringer als ein Schweinehirt. So fleh' ich, gebt mir doch die Chance und fahrt mich mitten auf den Fluß. Denn komm' ich von der Mitte, so bin ich unten ein gemachter Mann, der Erste im Rat und Bürgermeister dieses Gewässers.«

Was tat der Förster? Damit ihm auch niemand zuvorkommen könne, ließ er den armen Kerl gefesselt im Sack, nahm sich den nächstbesten Kahn, ruderte mitten in den Fluß und sprang dort, wo das Wasser am tiefsten ist, kopfüber hinein, nur um sich so – aus bloßem Eigennutz – selbst zu ersäufen.

Reinhold Lagrene erzählt keine reale Begebenheit wie Alfred Lessing, sondern eine erfundene Geschichte, ein Märchen. Er schildert eine Konfliktsituation, die für fahrende Sinti nicht ungewöhnlich ist, und gibt ihr eine Lösung, die nicht realistisch, sondern ganz und gar fantastisch ist. Eine alltägliche Konfliktsituation und ihre fantastische Lösung, das ist das dem europäischen Zaubermärchen zugrunde liegende Handlungsschema.

Daheim fremd

Der Förster, für uns eine romantische Figur, verkörpert für die fahrenden Sinti das Böse. Er ist die Ordnungsmacht, die sie kontrolliert, bei geringfügigen Vergehen wie dem Verzehr eines Hasen beschimpft und zum Weiterfahren zwingt oder sogar – in einem Akt der Selbstjustiz – umbringen lässt. Diese bedrohliche Instanz wird in der Geschichte lächerlich gemacht.

Die Sinti begegnen dem Förster, den sie mit »Oberförster« anreden, im Abstand eines Jahres ein zweites und ein drittes Mal und sie legen ihn, obwohl er inzwischen gewarnt ist, erneut herein. Die Konfliktsituation wirkt bei jeder Wiederholung noch gefährlicher, die Lösung noch fantastischer, die Geschichte selbst immer komischer und der Förster immer lächerlicher. Die Zuhörer erwarten zwar, dass die Sinti ihren Kopf wieder aus der Schlinge ziehen, erraten aber kaum, wie ihnen das gelingt, auch wenn ihnen der Schluss der dritten Episode aus dem Schwank »Das Bürle« (KHM 61) bekannt ist.

Die Sinti sind zwar schwächer als der Förster, der die Staatsmacht im Rücken hat, aber schlauer und schlagfertiger. Dies ist eine ähnliche Konstellation wie die von Schneider und Riese oder von Fuchs und Wolf. Die Sinti gewinnen zwar nicht das große Glück wie das tapfere Schneiderlein, aber sie kommen mit heiler Haut davon wie der »Meisterdieb« (KHM 192) oder der Fuchs. Und sie überlisten den Förster auf ähnliche Weise wie der Fuchs den Wolf. Sie wecken seine Gier und schalten dadurch seinen Verstand aus.

Eine solche Geschichte wird von den Sinti-Kindern gewiss nicht für bare Münze genommen, dürfte sie aber zum Lachen bringen und ihnen helfen, dass sie wieder Mut fassen und ihre Selbstachtung zurückgewinnen.

Die verblüffende Ähnlichkeit der drei verschiedenartigen Erzählungen – ein Rom-Märchen, ein Tatsachenbericht und eine in der Familie erzählte Sinti-Geschichte – beweist einmal mehr die »alltägliche Aktualität und Lebensbezogenheit« der Märchen[18] und ihre Bedeutung für ein besseres Verständnis von Angehörigen anderer Völker und nationaler Minderheiten.

Anmerkungen

1 In Artikeln über die großen Erzähler und Erzählerinnen finden sich mehrfach Namen von Roma, wie z.B. Taikon, ein schwedischer Rom, der zwar nicht lesen und schreiben konnte, aber acht europäische Sprachen beherrschte und dreihundert Märchen und Hunderte von Schwänken und Anekdoten auswendig wusste, oder der ungarische Rom Lajos Ami, von dessen auf Band

aufgenommenen Erzählungen in Ungarn vier dicke Bände mit 250 Texten erschienen sind. Die einbändige deutsche Ausgabe (München 1996) umfasst nur 30 Erzählungen.
2 Vorrede zum ersten Band der Erstausgabe der KHM, Berlin 1812, S. VII.
3 Block, Martin: Nachwort. In: Aichele, Walter/ Block, Martin: *Zigeunermärchen*. Düsseldorf–Köln 1962, S. 350.
4 *Zigeunermärchen aus Ungarn*. Nacherzählt von Tibor Bartos. Frankfurt a.M. 1976.
5 Aichele, Walter: Nachwort. In: Aichele, Walter/Block, Martin (wie Anm. 3), S. 348.
6 Köhler-Zülch, Ines:»Die Heilige Familie in Ägypten, die verweigerte Herberge und andere Geschichten von ›Zigeunern‹ – Selbstäußerung oder Außenbilder?« In: *Die Sinti/Roma-Erzählkunst* (hrsg. v. Daniel Strauß). Heidelberg: Dokumentations- und Kulturzentrum Deutscher Sinti und Roma, 1992, dieselbe:»Die Geschichte der Kreuznägel: Version und Gegenversion? Überlegungen zu Roma-Varianten«. In: *Telling Reality, Folklore Studies in Memory of Bengt Holbek* (hrsg. von Michael Chesnutt). Kopenhagen/Turku 1993, und Solms, Wilhelm:»Antiziganistische Zigeunermärchen« (darunter Märchen über Pharao und die »Zigeuner« und über das Schmieden der Kreuznägel). Vortrag auf einem im Jahr 1998 von Leander Petzoldt geleiteten Symposium.
7 *Zigeunermärchen aus Ungarn* (wie Anm. 4), S. 25–28.
8 Krausnick, Michael (Hrsg.):»*Da wollten wir frei sein!« Eine Sinti-Familie erzählt*. Weinheim–Basel 1983, S. 39.
9 Stojka, Karl/ Pohanska, Reinhard: *Auf der ganzen Welt zu Hause. Das Leben und Wandern des Zigeuners Karl Stojka*. Wien 1994, S. 66.
10 Rosenberg, Otto: *Das Brennglas*. Aufgezeichnet von Ulrich Enzensberger. Berlin S. 119.
11 Ein Rom-Märchen aus der Sowjetunion, Moskau 1941, das von Christel Ruzicka ins Deutsche übertragen wurde. In: *Zigeunermärchen aus aller Welt* (hrsg. v. Heinz Mode). Leipzig, 4. Sammlung, 1985, S. 493 f.
12 *Kosovo. Unter den Augen der KFOR: Massenvertreibung der Roma, Aschkali und Kosovo-Ägypter*. Göttingen: Gesellschaft für bedrohte Völker, 2001[7], und *650 Jahre Roma-Kultur im Kosovo und ihre Vernichtung*. Köln: ROM e.V. 2000.
13 Ebenfalls ein Rom-Märchen aus der Sowjetunion. In: Mode (wie Anm. 11), S. 497 ff.
14 Ein schwedisches Rom-Märchen, aufgezeichnet und ins Deutsche übertragen von Carl-Hermann Tillhagen. In: Mode (wie Anm. 11), S. 217 f.
15 Ein Rom-Märchen aus der Sowjetunion, das auf die Ereignisse nach der russischen Revolution anspielt. In: Mode (wie Anm. 11), S. 497 ff.
16 Lessing, Alfred: *Mein Leben im Versteck*. Düsseldorf 1993, S. 23 ff.
17 Lagrene, Reinhold:»Die Erzählkultur und Erzählkunst Deutscher Sinti und Roma.« In: Strauß (wie Anm. 6), S. 136–139.
18 Röhrich, Lutz: *Märchen und Wirklichkeit*. Wiesbaden, 1974[3], S. 241.

CHRISTOPH DAXELMÜLLER
Heimat und Fremde in jüdischen Erzähltraditionen

Drei Vorbemerkungen scheinen mir für diesen Beitrag erforderlich. Zum einen beschäftigt er sich nicht mit den Erzählkulturen der nordafrikanischen, jemenitischen, irakischen, iranischen oder chinesischen Juden, auch nicht mit den Erzählungen der sefardischen Juden auf der Iberischen Halbinsel vor ihrer Vertreibung 1492, sondern mit den Erzähltraditionen der aschkenasischen Juden West- und Osteuropas. Diese Eingrenzung beeinflusst zum anderen das Ergebnis meiner Beobachtungen, indem eher von Heimat und Nähe als von Fremde zu sprechen sein wird.

Schließlich aber erhält eine definitorische Anmerkung Bedeutung. In dänischen *folkekomedier* (Filmkomödien) tritt als verbindliches Personen- und Handlungsrequisit der Deutsche auf, der meist nur einen einzigen Satz zu sagen hat: »Ordnung muss sein!«; dies lässt sich unschwer auf deutsche narrativistische Klassifikationsklimmzüge übertragen. Wir unterscheiden nämlich Märchen, Legendenmärchen, Zaubermärchen, *exempla*, Sagen, Legenden, Schwänke, Anekdoten oder Witze und weisen diesen konkrete Bau- und Inhaltsstrukturen zu, obwohl – wie wir wissen – die Grenzen fließend sind. Italiener, Franzosen und Engländer machen es sich hier einfacher und benutzen für das, was der Deutsche in Schubladen zu stecken hat, die Begriffe *conti*, *contes* und *tales*, mithin »Erzählungen«. Gelegentlich rafft sich der Engländer zu einem *fairy tale* (Feenmärchen) auf, wenn er das Zaubermärchen meint, hinter dem wiederum Walter Scherf das eigentliche Kernmärchen sieht.[1] Der Däne hingegen macht es sich einfach und nennt das Märchen schlichtweg *eventyr*, also »Abenteuer(erzählung)«. Gleiches aber gilt für den Juden: Erzählt er eine Geschichte gleich welcher Art, dann spricht er von *ma'ase* (pl. *ma'siot*), was wiederum nur »Erzählung« heißt, ungeachtet, ob sich dahinter ein Märchen, eine Sage, die Legende von einem Wunderrebbe oder ein historisches Ereignis verbirgt. In der frühesten Zusammenstellung populären jüdischen Erzählmaterials, dem 1602 in Basel erschienenen »Ma'ase Bukh«, stoßen wir auf unterschiedliche Formen wie Märchen, Legenden, Rittergeschichten oder Schwänke, und so manche Geschichte vermag Elemente der unterschiedlichsten Gattungen problemlos miteinander zu verbinden.

Ghetto oder Judenviertel, Isolation, Insulation oder Assimilation

Der Blick, mit dem wir Minderheiten betrachten, wurde durch die Geschichte mehrfach gebrochen. Die Pogrome, Verfolgungen, Diskriminierungen und Sonderrechte, denen die Juden zwischen den Ausschreitungen der Kreuzfahrer seit dem Ersten Kreuzzug von 1096 bis zum nationalsozialistischen Massenmord ausgesetzt waren, haben unsere Wahrnehmung jüdischer Existenz und Kultur nachhaltig geprägt: Wir sahen und sehen den Juden als das seit dem Hochmittelalter traurig und verfolgt im hermetisch abgeschlossenen Ghetto sitzende Wesen. Dabei funktionierte das namenbildende venezianische Stadtviertel mit seinen dort angesiedelten Gießereien seit 1516 nie als Ghetto, sondern als geistig und wirtschaftlich offenes Zentrum, in das die Venezianer ihre Kinder in die Schule schickten und wo sie Konzerte oder Spielhöllen besuchten.[2] Hier entwickelte sich eine blühende Vergnügungskultur trotz aller erfolgloser Einschränkungsversuche. Wer etwas auf sich hielt, ging zu Theateraufführungen und Festen ins Ghetto, wo sich auch die beliebten jüdischen Tanz- und Musikschulen befanden[3], oder traf sich dort zum gemeinsamen Glücksspiel[4]. Humanisten suchten die jüdischen Gelehrten auf, um sich hebräische, arabische und griechische Schriften übersetzen zu lassen.[5] Das Ghetto entwickelte sich nicht zum jüdischen Gefängnis, sondern zum venezianischen Dienstleistungszentrum für Bildung und Freizeit, in dem Wohlhabenheit und Lebensstil offen zur Schau getragen wurden.

Man hat immer wieder versucht, das Leben der Juden als einer religiösen Minderheit im Zustand der Isolation, Insulation oder Segregation zu beschreiben. Darüber vergaß man, dass Pogromzeiten häufig von langen friedlichen Perioden abgelöst wurden, in denen sich jüdisches Leben in Mittel- und Osteuropa weitgehend ungehindert entfalten konnte. Hier aber stoßen wir auf einen überraschenden Befund. Plötzlich erweisen sich die europäischen Juden nicht nur als verfolgte und unterdrückte, sondern auch als fröhliche und kulturell eminent kreative Wesen. Zu dieser Erkenntnis aber verhilft uns gerade die populäre jüdische Erzählliteratur.

Der Sarg des Rabbi Amram

Asher Barash, 1899 in Polen geboren, 1952 in Israel gestorben, sammelte populäre Erzählungen, die ihm etwa auf seinen Reisen in Galizien zwischen 1904 und 1906 mündlich mitgeteilt wurden, die er aber auch aus gedruckten Editionen übernahm.[6] Unter dem Titel »Der eigenwillige Sarg« findet sich in seiner Edition folgende Legende: In Köln am Rhein lebte der berühmte Gelehrte und fromme, aus Mainz stammende Rabbi Amram, der eine große Yeshiva (Talmudschule) leitete. Als er im Sterben lag, rief er seine Schüler zu sich und bat sie, dafür Sorge zu tragen, dass sein Leichnam nach Mainz gebracht und dort neben seinen Vätern und Vorvätern bestattet werde. Auf den Einwand, dass der Weg von Köln nach Mainz lang und gefährlich sei und dass entlang des Flusses viele Menschen lebten, die den Juden übel gesinnt seien, entgegnete er: »Wenn dem so ist, dann tut folgendes: Wenn ich gestorben bin, wascht meinen Leib und legt ihn in einen Sarg. Diesen Sarg stellt ihr in ein kleines Boot und laßt es auf dem Rhein hinuntertreiben. Ich sage euch, es wird seinen rechten Weg finden.« Dies geschah nach dem Willen Rabbi Amrams. Doch als die nichtjüdischen Bürger von Mainz das herrenlos auf dem Fluss treibende Boot mit dem Sarg sahen, vermuteten sie, dass es einen Heiligen enthielte, der unverzüglich beigesetzt zu werden wünsche. Alle Versuche, das Boot an Land zu ziehen, scheiterten, und so benachrichtigte man den Bürgermeister von Mainz. Die Kunde verbreitete sich in Windeseile, zahlreiche Menschen strömten zum Fluss, unter ihnen auch Juden. Auf diese trieb das Boot zu, doch immer dann, wenn sich Nichtjuden nach vorne drängten, wechselte es seinen Kurs und entfernte sich. Daher bat man die Juden, das Boot zu betreten und nachzusehen, wer im Sarg liege. Tatsächlich hielt es an, und sie fanden am Sarg einen Zettel, der Auskunft über die Person und den letzten Wunsch Rabbi Amrams gab. Als sie ihn gelesen hatten, zerrissen sie vor Trauer ihre Kleider und ersuchten die Obrigkeit um Erlaubnis, die Leiche nach den jüdischen Zeremonien zu bestatten. Die Nichtjuden fielen jedoch über die Juden her, schlugen sie mit Stöcken und vertrieben sie. Der Sarg ließ sich allerdings nicht mehr von der Stelle bewegen. Daraufhin veranlasste der Bürgermeister die Überwachung der sterblichen Überreste von Rabbi Amram durch Soldaten, während Bauleute um den Sarg herum eine Kapelle errichteten, die »Kapelle von Amram«. Die wiederholte Bitte der Juden, ihnen die Leiche zur Beerdigung zu überlassen, schlugen sowohl der Bürgermeister wie der »Statthalter« von Mainz aus. Auch ein Gesuch an den König brachte keinen Erfolg. Eines Nachts aber erschien Rabbi Amram seinen Schülern im Traum und fragte sie, wann sie ihn endlich bei seinem Vater und den Vorvätern beisetzen wollten. Dies machte sie traurig, bis einer von ihnen einen Plan hatte: Sie begaben sich nach Mainz, warteten auf die nächste Hinrichtung und knüpften den Gehenkten nachts vom Galgen ab, wickelten ihn in ein Leichentuch und schafften ihn in die Kapelle. Dort nahmen sie den Leib Rabbi Amrams heraus, legten an dessen Stelle den hingerichteten Verbrecher hinein und begruben Rabbi Amram auf dem jüdischen Friedhof neben seinem Vater und den Vorvätern. Danach begaben sie sich zurück nach Köln, und keiner erfuhr von ihrem nächtlichen Besuch in Mainz.[7]

Diese in der jüdischen Welt weit verbreitete und häufig bezeugte Legende, die u.a. auch zeigt, dass vornehmlich der Friedhof und die dort beigesetzten Vorväter und Familienmitglieder dem Juden »Heimat« bedeuten, findet sich u.a. im jüdischdeutschen »Ma'ase Bukh« von 1602[8], das auch den so genannten »Regensburger Zyklus« um Rabbi Jehuda ben Samuel ben Qalonymos he-chasid (der Fromme) von Regensburg (um 1140/50–1217) und zahlreiche andere Erzählungen enthält und bis ins 20. Jahrhundert hinein immer wieder, so 1707 in Frankfurt/Oder[9], neu aufgelegt und bearbeitet wurde[10]. Es ist hier nicht der Platz, auf die komplizierte Redaktionsgeschichte der Sammlung historischer Erzählungen, die wohl in der zweiten Hälfte des 16. Jahrhunderts zusammengestellt wurde, oder auf den bis heute nicht identifizierbaren Kompilator oder Verfasser einzugehen; wichtig hingegen für die weitere Argumentation ist der Hinweis, dass die Vorbilder des »Ma'ase Bukhs« zum einen in der mittelalterlichen Predigt- und Exempelliteratur[11], z.B. der »Disciplina clericalis« des Petrus Alfonsi (um 1000), den Beispielmaterien des Jacques de Vitry (um 1165–1240), den um 1300 entstandenen »Gesta Romanorum« oder Johannes Paulis »Schimpf und Ernst«[12], zum anderen in der Agada zu suchen sind[13] – die Juden waren – so eine erste Zwischenbilanz – sowohl mit der Kultur wie auch mit der Literatur ihrer christlichen Umwelt bestens vertraut.[14]

Doch die Amram-Legende reicht ins Mittelalter zurück, und die Spurensuche führt zur Moskauer Ginzburg-Handschrift, zu den von Gedalya Ben Yosef Even Yihye im späten 15. Jahrhundert verfassten »Shalshelet Hakabbala«.[15]

Unterbrechen wir hier vorerst die Detektivarbeit. Die Legende von Rabbi Amram, der sich mit seinem Sarg den eigenen Begräbnisplatz aussucht, gehört zu den populärsten und weit verbreitetsten jüdischen Erzählungen. Der Topos vom Leichnam, der sich seinen Begräbnisort selbst auswählt, wäre für sich allein wenig aussagekräftig; er kann dem häufig bezeugten Motiv des »Gespannwunders« zugeordnet werden, das sich in Heiligenlegenden ebenso nachweisen lässt wie in ätiologischen Erzählungen über Kultbilder und die Entstehung von Wallfahrtsorten.[16] Greifen wir z. B. die Legende des hl. Emmeram heraus, die uns in den süddeutschen Raum und von dort nach Regensburg führt.

Wie aus dem Märtyrerbischof Emmeram ein populärer Rabbi wurde

Haimram, besser bekannt als hl. Emmeram, in Aquitanien in eine der Oberschicht angehörige Familie hinein geborener Merowinger, als Bischof auf dem Weg zur Awaren-Mission an den Regensburger Hof des Agilolfingers Theodo, des Herzogs von Bayern gelangt,[17] geriet in die Auseinandersetzungen am Herzogshof und starb um 680/85 durch die Hand Herzog Landperts in Kleinhelfendorf bei München eines grauenvollen Todes.[18] Nachdem Uta, die Tochter Theodos, ihm ihr unerlaubtes Verhältnis mit dem Krieger Sigibald gestanden hatte, lauerten ihm Landpert und dessen Kriegsknechte auf. Emmeram, der sich auf einer Reise nach Rom befand und bei seiner Gefangennahme Landpert vorschlug, die gegen ihn erhobenen Anschuldigungen gerichtlich in Rom klären zu lassen, hatte vermutlich die Verfehlung Utas und Sigibalds auf sich genommen. Allerdings lässt Bischof Arbeo von Freising in seiner vor 768, bzw. 772 entstandenen »Vita vel Passio Haimhrammi episcopi et martyris Ratisbonensis« das Motiv Landperts für die Tötung des Heiligen offen; spätere Deutungen bringen die Art der Verstümmelungen mit jenen Körpergliedern in Zusammenhang, mit denen Emmeram sexuell gesündigt haben soll. Johannes G. Mayer sieht im Konflikt mit den Herzögen eine Verbindung zur ältesten Kilians-Vita, die innerhalb der Hagiographie einmalige Übernahme einer sexuellen Fehlhandlung durch den Heiligen betrachteten Historiker wie Karl Bosl und Ignaz Zibermayr als historischen Kern in der Vita Arbeos und sahen in ihr sogar eine tatsächliche Schuld Emmerams, František Graus betonte hingegen das Einmalige, die nichthagiographischen Züge dieses Berichtes und sprach sogar von einer »Mischung von hagiographischen und folkloristischen Motiven«.[19]

Arbeo von Freising schilderte das Martyrium in allen seinen schrecklichen Einzelheiten; spätere Forschung unterstellte ihm daher, er sei vor allem an der *passio* und nicht an der *vita* des Heiligen interessiert gewesen. Man band Emmeram auf eine Leiter, drei Schergen hackten ihm stückweise die Fingerglieder und schließlich die Hände ab, rissen ihm »die Augen mit der Wurzel tief aus dem Kopf« und schnitten ihm Nase und die beiden Ohren ab. »Unter all diesen Martern ließ der heilige Märtyrer Gottes nicht ab, singend Gott zu preisen, so wie ein klarer Quell nicht aufhört rastlos zu sprudeln.«[20] Doch damit nicht genug; auch die Füße hackten sie dem Heiligen ab und entfernten ihm schließlich die Geschlechtsteile. Da er trotz seiner Leiden betete und die Psalmen Davids sang, rissen sie ihm zuletzt die Zunge heraus. »So ließen sie das Behältnis übrig, das der Glieder beraubt war, und gingen hinweg. Auf dem Kampfplatz aber blieb, vom Blut überströmt, der Sieger zurück, der über seinen Triumph jauchzte.«[21]

Man mag angesichts dieser drastischen Schilderung eher an die für die Legende charakteristische Überhöhung des Leidens als an einen historischen Kern glauben. Inzwischen haben 1979 in Auftrag gegebene anthropologische Untersuchungen an den Skelettresten von »Individuum I«, die in der Regensburger Klosterkirche St. Emmeram als die Gebeine des Heiligen verehrt wurden und werden, sowohl die Echtheit der Reliquien wie die Authentizität des Berichts Arbeos bestätigt.[22] Ich verzichte hier auf Einzelheiten, nicht jedoch auf die zusammenfassende Synopse des Anthropologen Olav Röhrer-Ertl: Man »kommt also nicht umhin zu erklären, daß es an einer Identität von Individuum I und dem heiligen Emmeram wohl keinen vernünftigen Zweifel mehr geben kann«[23], und: Die zusammengesetzten Skelettreste von Individuum I lassen erkennen, dass ebenjene Teile fehlen, die laut Arbeo dem Heiligen abgeschnitten wurden:

Nachdem dies geschehen war, hoben die Einwohner jenes Ortes die abgeschnittenen Glieder des heiligen Märtyrers auf, verbargen sie unter einem Baum, den das Volk Weißdorn nennt, und gingen hinweg. Denn es wurde von vielen Ärzten gelehrt: wenn jemandes abgeschnittene Glieder mit Erde bedeckt würden, könnte sein verstümmelter Leib ohne eines Arztes Kunst die Wiederherstellung seiner Gesundheit erlangen. Doch das sollen die Gläubigen nicht zur Richtschnur nehmen, vielmehr dem Zeugnis des Propheten folgen: Es werfe einer seine Sorge auf Gott, und er wird ihn ernähren.[24]

Selten gelingt die Identifizierung von Reliquien mit der Person dessen, dem sie zugeschrieben werden, in so präziser Art und Weise wie im Falle der anthropologischen Untersuchung der Gebeine des heiligen Emmeram. Arbeo von Freising überlieferte folglich das grauenvolle

Martyrium des Missionars und Bischofs nicht mit sadistischem Voyeurismus, sondern nahe am historischen Geschehen, trotz deutlich erkennbarer hagiographischer Muster. Doch die Legende birgt weitere Überraschungen in sich. Freunde brachten die Leiche Emmerams nach Aschheim, wo sie »mit gunst des volcks« beigesetzt wurde, sich mit ihrem Begräbnisort allerdings nicht zufrieden gab. Das Erdreich bewegte sich, 40 Tage lang fiel Regen, und schließlich gruben die Bürger den Leichnam aus, legten ihn, umgeben von brennenden Kerzen, auf ein Boot und ließen ihn auf der Isar treiben. Das Schiff schwamm bis zum Zusammenfluss von Isar und Donau, bewegte sich dann »dy Tonaw gen perg« (donauaufwärts) und gelangte nach Regensburg. Dort legte die »pfaffheyt« (Geistlichkeit) den Leichnam auf ein Ochsengespann, das sich weigerte, an der Kapelle St. Georg, wo Emmeram häufig für die Bekehrung der Heiden gebetet hatte, weiterzugehen.[25] Der Heilige wollte in dem von ihm gegründeten Gotteshaus, dem späteren St. Emmeram, beigesetzt werden.

Die inhaltliche Parallelität der Emmeram- und der Amram-Erzählung wäre für sich allein wenig aussagekräftig, gäbe es nicht die auffallende Identität der beiden Namen »Amram« und »Emmeram« (ursprünglich: Haimram), die bereits Laurentius Hochwart im »Catalogus Episcoporum Ratisponensium« den Verdacht aussprechen ließ, dass die Juden den heiligen Emmeram für sich beanspruchten und behaupteten, der Heilige sei ein Jude gewesen und flussaufwärts nach Regensburg gekommen:

»Als er mit dem Buch des Gesetzes, das er bei sich hatte, nach Regensburg kam, sollen die Christen seinen Leib geraubt, das Buch aber den Juden gelassen haben. Für diese Fabelgeschichte haben sie keinen Beweis, außer daß sie sagen, der Name Emmeram sei hebräisch; er bedeutet nämlich Amrm, d.h. Ameram. So hieß auch der Vater des Moses. Ich bin Ohrenzeuge für dieses Lügenmärchen: Ich habe es von ihnen, die dies ernstnehmen und glauben, selbst gehört. Aber die Wahrheit ist offenbar, sonst würde ich diese Geschichte ausführlicher widerlegen.«[26]

Nicht nur die Legende, sondern auch der Verdacht, dass zwischen Emmeram und Amram eine geheimnisvolle Verbindung bestehen müsse, erweisen sich als alt und wirken bis ins 20. Jahrhundert nach. Denn Alfred Rosenberg, Chefideologe des Nationalsozialismus, nahm in seinem Machwerk »An die Dunkelmänner unserer Zeit« die Geschichte für bare Münze; fest davon überzeugt, dass Emmeram Jude gewesen sei, wertete er dessen Tod als gerechte Strafe für die »Rassenschande«, die er mit der bayerischen und daher selbstverständlich arischen Herzogstochter begangen habe.[27]

An dieser Stelle scheint sich die Argumentation in einer Sackgasse zu verlieren. Doch eine weitere jüdische Erzählung berichtet von Rabbi Amnon von Mainz, einem vielleicht historischen, vielleicht auch nur legendarischen Märtyrer der Kreuzzugszeit. Als Vorsteher der jüdischen Gemeinde genoss er am kurfürstlichen Hof in Mainz hohes Ansehen, und als der Fürst höchstpersönlich ihn bat, zum Christentum zu konvertieren, forderte er drei Tage Bedenkzeit. Zu Hause schämte er sich allerdings seiner Zweifel an der jüdischen Religion und ließ die Frist verstreichen. Man brachte ihn mit Gewalt zum Fürsten, wo er darum bat, dass man ihm die Zunge herausreißen solle – so sehr schämte er sich seiner Religionszweifel. Der Fürst ging nicht darauf ein, sondern ließ ihm die Fußzehen, weil er nicht freiwillig gekommen sei, und die Fingerglieder abhacken, da er die christliche Religion von sich gestoßen habe. In die Wunden streute man Salz, und nach dem Martyrium legte man Rabbi Amnon zusammen mit den abgeschnittenen Körpergliedern in einen Sarg und trug ihn nach Hause. Es war aber Rosch Haschana, das jüdische Neujahrsfest, und Rabbi Amnon bat, dass man ihn in die Synagoge bringe und dort neben dem Vorbeter absetze. Hier pries er Gott und verschwand, da Gott ihn zu sich genommen hatte. In der dritten Nacht nach seinem Tod erschien Rabbi Amnon dem Dichter Kalonymos ben Menachem im Traum, lehrte ihn das vor seinem Tod in der Synagoge gesprochene Gebet und bat ihn, es an alle Gemeinden der Judenheit zu senden, damit es immer am Neujahrs- und am Versöhnungstag vorgetragen werde. Und so blieb es bis auf den heutigen Tag.[28]

Rabbi Amnon von Mainz erlitt ein Martyrium, das auffallend deutlich an die Verstümmelungen des heiligen Emmeram erinnert, und wie dieser betete er während und nach den Folterungen. Die Leiche *Rabbi Amrams von Mainz*, der in Köln eine Talmudschule leitete, suchte sich selbst ihren Begräbnisort mit Hilfe eines Bootes, was auch auf den toten St. Emmeram von Regensburg zutrifft. Wie Rabbi Amram stammte Rabbi Amnon aus Mainz, einer der bedeutendsten Gemeinden des mittelalterlichen aschkenasischen Judentums und daher noch nach Jahrhunderten im populären Bewusstsein verankert und sogar in der ostjüdischen Synagogenmalerei des 18. Jahrhunderts dargestellt. »Amnon« besitzt zwar eine hebräische Bedeutung als »der Treue« (hebr. 'emuna »Vertrauen«, »Treue«), doch phonetisch erinnert der Name an Amram, und Amram wiederum ist nahezu identisch mit der frühen Namensform des heiligen Emmeram, nämlich Haimram. Lässt sich daraus der Schluss ziehen, dass die Legenden von Rabbi Amram und Rabbi Amnon den Bericht Arbeos von Freising über das Leben und Sterben des heiligen Emmeram in den jüdischen Verständnishorizont übertragen haben und dass wir hier auf mehr stoßen als auf einen nur zufällig übereinstimmenden Erzählstoff? Auch die Namensform »Amram« scheint uns zuerst einmal im Stich zu lassen; denn 'Amrom war der Sohn Kehats aus dem Stamme Levi und Vater von Moses und Aaron (Ex. 6, 18). Das Wort besitzt sogar eine hebräische Bedeutung: »[Mein] Onkel ist erhaben« (später: »[Mein] Volk ist erhaben«).[29] Doch im mittelalterlichen Regensburg, der Stadt des heiligen Wolfgang und des heiligen Emmeram, war dieser Name bis 1410 bei den Juden auffallend beliebt; so ist etwa 1373 und 1374 ein »Ameran des Maendleins suen« bezeugt.

Hier aber beginnen sich die Mosaiksteine zu einem Bild zusammenzufügen. Denn »Ameran« steht phonetisch der späteren Form »Emmeram« nahe, und tatsächlich führen uns die beiden Rabbis Amram und Amnon sowie der Märtyrer Emmeram gemeinsam zurück zur kollektiven historischen Erinnerung einer Gruppe. In seinem um 1035 niedergeschriebenen Mirakelbuch »De miraculis S. Emmerami« berichtete Arnold von Vohburg, Mönch des Klosters St. Emmeram, von einer Disputation von Juden und Christen in Regensburg über die Wunderheilungen des heiligen Emmeram.[30] Die Juden waren also mit der Person des Heiligen durchaus vertraut, und in welchem Maße dies der Fall war, belegt ein Regensburger Verhörprotokoll: Am 4. Mai 1470 verhörte man den jüdischen Renegaten Kalman wegen angeblicher Lästerung Christi und Mariens. Das Protokoll verzeichnete u. a. folgende Aussage:

»Item, als er sagt, das sand Haymram in dem Judenfreithofe solle begraben sein, des ist er bekenntlich und sagt, er hab das gehört von sein eltern, er wolt auch das loch wol anzaigen, das dann die Juden darfür halten, darin sand Haymram begraben ligt.«[31]

Zwei Tage später, am 6. Mai 1470, fügte Kalman bei einem weiteren Verhör neue Einzelheiten hinzu:

»Item, die Juden halten, das sand Haymram ein Jud sei gewesen und lig in ihrem freithof und hat kein stein ob im und hat nur ein loch. da mainen sy, der geschmack gee davon, daß er sy helf. und haben die wibl, die bei sand Haymram gelegen ist, als er auf der Tonau hergerunnen ist.«[32]

Mit dem letzten Satz bestätigte Kalman in einem Gerichtsverhör, dass die Regensburger Juden die Legende des heiligen Emmeram nur allzu gut kannten. Eine der populärsten jüdischen Erzählungen weist demzufolge nicht nur *zufällige* Gemeinsamkeiten mit der Legende des heiligen Emmeram auf. Haimram, Emmeram, Amram und

Amnon vereinigen sich zu einer einzigen Person, aus dem heiligen Emmeram wurden Rabbi Amram und Rabbi Amnon. Dass der Name »Ameran« bei den Juden im mittelalterlichen Regensburg durchaus beliebt war, mag auf seiner Doppeldeutigkeit beruhen, da er sowohl den Vater des Moses bezeichnete, damit eine hebräische Bedeutung besaß und dennoch phonologisch synonym mit dem Patron des bedeutenden Klosters St. Emmeram in Regensburg lautete. Lassen sich aber andere Verbindungen der Juden zum Kloster nachweisen, die diesen überraschenden Prozess der Anpassung und Aneignung erklären können?

Geht man der Geschichte der Juden in Regensburg nach, so erkennt man rasch die teilweise engen Beziehungen der Juden zum Kloster St. Emmeram, die mit dem frühesten Beleg eines Grundstücksverkaufs an das Kloster beginnen, der zugleich eines der frühesten Zeugnisse für die Anwesenheit von Juden im süddeutschen Raum darstellt: Am 2. April 981 hatte Kaiser Otto II. den Verkauf des Gutes Scierstadt (Schierstadt bei Stadtamhof) durch den Juden Samuel an das Kloster St. Emmeram bestätigt. Diese intensiven und fruchtbaren Verbindungen sollten bis zur Vertreibung der Regensburger Juden 1519 während der kaiserlosen Zeit bestehen bleiben.[33]

Ritter, Volksbücher und ein jüdisches Märchen

Die osteuropäischen Juden, die zu Beginn des 20. Jahrhunderts Asher Barash ihre Version der Erzählung von Rabbi Amram mitteilten, waren sich im Gegensatz zu den Juden im mittelalterlichen Regensburg mit Sicherheit des Ursprungs nicht mehr bewusst. Das Beispiel zeigt eindringlich die jüdische Orientierung an der Kultur der Majorität, demonstriert Offenheit statt Isolation, Einbindung in einen geistigen und zugleich realen Lebensraum statt Ferne. Doch genügt dieser Beleg für die Feststellung der geistigen und kulturellen Nähe der Juden zur nichtjüdischen Gesellschaft?

Tatsächlich führt uns die Legende von Rabbi Amram zu weiteren Überraschungen. Aus dem Jahre 1279 stammt eine hebräische Handschrift mit dem Titel »Sefer hishshamed ha-tabla ha-'agola shel hammelech artus« (Das Buch über den Verfall der Tafelrunde des Königs Artus)[34]. Im Vorwort rechtfertigt der unbekannte Bearbeiter die Adaption eines nichtjüdischen Erzählstoffs mit dem Hinweis, dass z.B. Rabbi Johanan ben Zakkai profanes Erzählgut wie die »Fuchsfabeln« (Mishle Shu'alim) als entspannende Lektüre nach dem Thorastudium und als moralisierende Erbauung ausdrücklich empfohlen hätte. Rabbi J(eh)uda ben Samuel ben Qalonymos he-chasid von Regensburg (um 1140/50–1217), eine der bedeutendsten Gestalten des mittelalterlichen Judentums und Verfasser oder zumindest Kompilator des »Sefer Chassidim« (Buch der Frommen), verbot zwar die Lektüre solcher profanen Erzählungen nicht, bestand aber darauf, die Bücher nicht zusammen mit religiösen und theologischen Texten aufzubewahren. Dass die Artus-Motivik und die Grals-Romantik bei den mittelalterlichen und frühneuzeitlichen Juden nicht nur bekannt, sondern auch äußerst beliebt war, zeigt der handschriftlich in drei jüdischdeutschen Fassungen des 16. Jahrhunderts überlieferte, jedoch auf Vorlagen des 14. Jahrhunderts beruhende »Widuwilt«. Als Schreiber der in Italien, vielleicht in der zweiten Hälfte des 16. Jahrhunderts in Venedig entstandenen Cambridger Handschrift gilt laut einem originellen Kolophon ein gewisser Scheftil aus dem mährischen Kojetein (Kojetin), einer von zahlreichen Lohnschreibern, die im 16. und 17. Jahrhundert in Oberitalien, meist im Dienst wohlhabender jüdischer Frauen, für ein kärgliches Entgelt Manuskripte kopierten und der sich selbst als großen Fresser bezeichnete. Der Verfasser war nicht nur mit dem Literaturgeschmack seiner Zeit, sondern auch und vor allem mit dem zwischen 1200 und 1210 von Wirnt von Grafenberg niedergeschriebenen »Wigalois, der Ritter mit dem Rade«, einem 11780 Verse umfassenden Epos, vertraut, dem seinerseits der französische Ritterroman »Guinglain li bel inconnu« des Renaud de Beaujeu als Vorlage gedient hatte. In zahlreichen Druckfassungen liegt der jüdischdeutsche »Widuwilt« aber seit dem 17. Jahrhundert vor, so z.B. der zwischen 1652 und 1679 bei Israel ben Jehuda Kaz in Prag erschienene »König Artis Hof«. In seinen »Sifte jeshenim« (Amsterdam 1680) erwähnte Schabbatai ben Joseph Bass (1641–1718) eine – heute verschollene – Amsterdamer Version, die vor 1680 auf den Buchmarkt kam und auf die sich 1699 der Altdorfer Philologe Johann Christoph Wagenseil mit »Ain shin ma'ase fun kinig Artis hof« (Eine schöne Erzählung vom Hofe König Artus') bezog. Er veröffentlichte sie im Anhang seiner 1699 in Königsberg erschienenen »Belehrung der Jüdisch-Teutschen Red- und Schreibart« zweisprachig mit dem deutschen Titel »Jüdischer // Geschicht-Roman/ // von dem grossen König // ARTURO // in Engelland/ // und dem tapffern Helden // Wieduwilt //« als Lese- und Übungsstück und damit als wichtige Quelle für die Einstellung der Gesellschaft des späten 17. Jahrhunderts zu Kultur, Schrifttum und Sprache der Juden.[35] Er charakterisierte sie nämlich folgendermaßen: Sogar die Juden hätten sich über den Stoff »und den Hof des König Artus« hergemacht,

Christoph Daxelmüller

(den sie zwar/ wie es der gemeine Mann ausspricht/ Artis genannt/) samt den seltzamen Begebnussen/ der daran lebenden Ritter/ auf solche Weise in ungebundener und gebundener Rede zu beschreiben sich nit entbrechen können. Davon ist uns das Poetische Gedicht zukommen/ welches wir hiermit gemein machen. Die Einfälle sind lustig/ und auch so wie sie von denen Juden herkommen können.

Mit der 1683 ebenfalls in Amsterdam erschienenen, weitgehend auf der Prager Ausgabe beruhenden und in Reimpaaren verfassten »Ein schen masse fun kenig Artis hof un' riter Widuwilt«, die der um 1610 im hessischen Witzenhausen geborene Joseph Josel ben Alexander Witzenhausen druckte, ist die 1699 von Wagenseil besorgte Edition trotz unterschiedlichen Titelblattes identisch. Sie diente ihrerseits als Grundlage für die Leipziger Prosaausgabe von 1786 mit dem Titel »Vom Könige Artus und von dem bildschönen Ritter Wieduwilt. Ein Ammenmärchen«. Weitere Ausgaben erschienen 1710 in Hanau, 1718 in Wilhermsdorf, 1786 in Fürth und noch einmal 1798 in Frankfurt/Oder, hier unter dem Titel »Historie oder moralische erzehlung handelt von wunderbahre begebenheiten eines jungen riter Gabein worous di getliche vor-sehung erkant wert«.

Diese eher trockenen Angaben mögen die Popularität dieses Lese- und Erzählstoffes bei den Juden verdeutlichen. Die jüdische Artus-Erzählung aber zeigt zudem die Vermischung verschiedener Genres, von der bereits kurz die Rede war. So fällt im »Widuwilt« die epische Technik der Wiederholung auf, wie wir sie vom Märchen her kennen: Viermal überzeugt der Zwerg die sich sträubende Jungfrau, Widuwilt als Gefolgsmann zu akzeptieren, viermal verfolgt Widuwilt den Hirschen und drei Tage lang hat er stumm zu bleiben, und wie im Märchen bleibt die Zeichnung von Person und Landschaft blass.

Man hat solche Übersetzungen von Ritterromanen ins Jüdischdeutsche bislang für Kuriositäten, für Einzelfälle ohne besondere Aussagekraft gehalten. Doch schon im Mittelalter war die Neugierde der Juden umfassend, sei es auf die Artusepik, sei es auf den französischen Parzival-Text, den der Jude Sampson Pine aus dem Französischen ins Deutsche übersetzte. In der *geniza* von Kairo fand man eine durch Feuchtigkeit stark beschädigte, auf den 9. November 1382 datierte Handschrift; sie enthält u.a. das Fragment eines jüdischdeutschen Epos, den »Dukus Horant«, das Gudrun- und Hildelied (fol. 21r-42v)[36]. Die jüdischdeutsche Version, eines der ältesten Denkmäler dieser Sprache und die bislang älteste handschriftliche Version eines Teils des Nibelungenliedes überhaupt, scheute sich nicht, auch spezifisch christliche Begriffe und Inhalte zu referieren; vom *Teufel*, der *Hölle* und vom Amt für die *heilige Messe* ist die Rede; nur zweimal ersetzt der Text das Wort für »Kirche« durch *tifle*: Auf dem Gang zur *Kirche* und wiederum auf dem Heimweg sieht Hilde Horant, die christlichen Feste und Prozessionen werden mit einer Selbstverständlichkeit beschrieben, die zum Nachdenken anregt. Die jüdischen Rezipienten störten sich offenkundig an solchen Christianismen nicht.[37] Diese Texte stellen nicht die Ausnahme, sondern die Regel dar; die Handschriftenüberlieferung erweist sich bereits für das Mittelalter wie später für die frühe Neuzeit als gut:[38] Der jüdische Leser scheint Ritterromane und epische Dichtungen geradezu verschlungen zu haben,[39] kaum eine hebräische Druckerei, die auf das Geschäft mit dieser Trivialliteratur verzichtet hätte; so veröffentlichte die jüdische Druckerei in Wilhermsdorf 1718 Joseph b. Alexanders von Witzenhausen Edition »Aijn shin ma'ase fun kinig Artus hof«,[40] 1724 das »Bovo Bukh« des Eliya Levita.[41] Ein oberflächlicher Blick in Sara Zfatmans Bibliographie jiddischer Drucke genügt, um anhand der Editionen und Auflagen die weite Verbreitung dieser Lesestoffe zu erkennen,[42] und schon Moritz Güdemann hatte gemutmaßt, dass im Mittelalter mehr Juden die Erzählungen über König Artus und über Wieland den Schmied *lasen* als Deutsche sie *hörten*.[43]

Die Bücherborde in jüdischen Haushalten bogen sich nicht nur unter der Last der übersetzten Ritterromane, sondern auch anderer Texte. Eine Wigalois-Handschrift mit dem Bild eines bärtigen Kopfes mit rotem Judenhut, gehörte dem Grafen Philipp von Katzenelbogen; dessen Bibliothekskatalog aus dem Jahre 1444 verzeichnet »ein groß dutsch Buch mit juddescher Schrifft off den Bredden vnd da jnne steht auch von Konig Artus«.[44] Ein Sammelband des 16. Jahrhunderts überliefert u.a. die »Histori fun Kayser Oktafiano« (fol. 1–66v), die Liebesnovelle »Beria und Simra« (fol. 67r–73v), »Die sieben weisen Meister« (fol. 90r–132v) sowie die Erzählung von Till Eulenspiegel (fol. 134r–191v).[45] Die aus dem Besitz Gottscheds stammende Iweinhandschrift a, heute in der Sächsischen Landesbibliothek Dresden aufbewahrt, wurde zu Beginn des 15. Jahrhunderts von einem Juden, wenn auch fehlerhaft, niedergeschrieben, von der jüngeren Sigenotdichtung existiert eine jüdischdeutsche Fassung, gegen Ende des 16. Jahrhunderts verleibte der Jude Eisik Wallich aus Worms das jüngere Hildebrandslied seiner handschriftlichen, heute in der Bodleiana in Oxford aufbewahrten Liedersammlung ein.

Doch damit nicht genug. Im jüdischen Bücherregal standen Titel wie »Di' beshtendige libshaft fun Floris un' Plankefler« (z.B. Homburg 1724; Die beständige Liebe von Floris und Plankefler),[46] der

»Hertsog Er(i)nst«,⁴⁷ der »Kayser Oktafianus«⁴⁸ oder die »Spanishe haydn oder tsigayners« (erste Hälfte 18. Jahrhundert), eine jüdisch-deutsche Übertragung von Cervantes' Novelle »La gitanilla«, die 1613 erschienen und 1637 ins Niederländische übersetzt worden war.⁴⁹

Der Verständnis- und Erwartungshorizont des Lesers, auf den der Autor stets Rücksicht zu nehmen hat, will er erfolgreich sein, spiegelt zugleich den kulturellen Hintergrund wider, der sich aus der Herkunft, der Ausbildung und der Lebenswelt ergibt. So führt die italienische »Storia di Buovo D'Antona«, die ihrerseits auf den angelsächsischen Ritterroman »Sir Bevis of Southhampton« (12. Jahrhundert) zurückgeht, ihre Leser in den Trojanischen Krieg und in militärische Auseinandersetzungen in Italien ein. Dies aber hätte den jüdischen Rezipienten im Norden überfordert, der mit anderen Kriegshändeln besser vertraut war. Eliya Levita Bachur (1469–1548) übersetzte diesen Stoff vermutlich nach der italienischen Ausgabe von 1497 in *ottava rima*, der für die populäre jüdischdeutsche Literatur äußerst beliebten Stanzenform und beendete seine Übertragung nach 13-monatiger Arbeit 1507/08 und nach 5262 Zeilen.⁵⁰ Die nur dem Italiener vertrauten Kriegshändel um Troja und die oberitalienischen Städte aber ersetzte er durch Dietrich von Bern und Meister Hildebrand, den beiden weithin und insbesondere den Juden bekannten Kämpfern der alt- und mittelhochdeutschen Epik.⁵¹ Die Juden waren mit dem Bildungs- und Unterhaltungsgut ihrer Nachbarn bestens, vielleicht sogar besser als diese vertraut. Die Erzählungen von König Artus, den Rittern und dem Verfall der Tafelrunde waren also unter den Juden derart geläufig, dass »vor zweihundert Jahren jeder Jude seinen Namen kannte, und wenn man eine Person von gewissem Lebensstil beschreiben wollte, dann sagte man: Sein Haus erinnert dich an König Artus' Hof.« Diese Feststellung machte Max Weinreich 1928 in seinen »Bilder fun der yidisher literatur geshikhte«.⁵²

Sollte die bisherige Auflistung immer noch nicht genügen, um zu zeigen, wo sich die Juden – geistig – beheimatet fühlten, so lieferten in den letzten Jahren Funde in süddeutschen Synagogen den letzten Beweis. Meist auf deren Dachböden befinden sich die *genizot* (wörtlich: »Thesaurierung«, »Wertablage«): Juden legten in ihnen beschädigte oder unbrauchbar gewordene liturgische Gegenstände und vor allem religiöse Schriften ab. Dennoch enthalten diese *genizot* bisweilen sehr profane und daher oft übersehene Dinge, die man in einer Synagoge nicht erwarten würde, Reste von Ritterromanen z.B., jüdische Fabel- und Schwanksammlungen u.a. mehr. Greifen wir das Beispiel des unterfränkischen Veitshöchheim heraus, das zu einer Reihe von Entdeckungen anderer *genizot* überall in Franken geführt hat. Im Rahmen der archäologischen Untersuchungen und der Wiederinstandsetzungsmaßnahmen, die im Spätwinter 1985/86 begannen, machte man eine sensationelle Entdeckung: In einem bereits für den Abtransport der Funde bestimmten Container fand man Schriften, Textilien und Bruchstücke von Ritualien, aber auch Gutachten, Privat- und Geschäftsbriefe, zahlreiche Taschen- und Wandkalender, Unterhaltungsliteratur nichtjüdischen Ursprungs oder Geschichtswerke wie den »Jossipon«, eine jüdischdeutsche Biographie Marie Antoinettes und sogar eine Edition der »Märchen aus Tausendundeiner Nacht«. Unter den teils nur fragmentarisch erhaltenen Drucken aber stieß man auf eine 1788 in Fürth gedruckte Schrift mit dem Titel »Eine schöne wunderliche Geschichte von ein Fischer und sein Sohn«. Bei ihr handelt es sich um die jüdischdeutsche Fassung des sehr viel später erschienenen Grimm'schen Märchens »Der alte König vom goldenen Berge«.[53]

Die »Kinder- und Hausmärchen« Jacob und Wilhelm Grimms gelten längst als deutsches Kultur- und Nationalgut. Doch der Fund von Veitshöchheim zwingt uns heute, die Vor- und Frühgeschichte dieses literarischen Monuments umzuschreiben oder zumindest zu differenzieren. Es ist so gut wie unbekannt, dass sich in der ersten Hälfte des 19. Jahrhunderts die ersten jüdischen Folkloristen ähnlich auf die Theorien Herders beriefen wie die nichtjüdischen Lied- und Märchenforscher. Diese Beobachtungen aber ergäben neue umfangreiche Beiträge.

»Heimat und Fremde« – Die Juden lebten und sahen sich in ihrer Alltags- und Erzählkultur nie in der Fremde. Zu Fremden machte sie vielmehr eine antijüdisch und antisemitisch denkende Majoritätsgesellschaft; ihr verdanken wir die Bilder vom heimatlosen, isolierten, am Rande lebenden Ghettojuden, die auch heute noch nicht aus den Köpfen der Menschen verschwunden sind.

Anmerkungen:

1 Scherf, Walter: *Die Herausforderung des Dämons*. Form und Funktion grausiger Kindermärchen. Eine volkskundliche und tiefenpsychologische Darstellung der Struktur, Motivik und Rezeption von 27 untereinander verwandten Erzähltypen. München–New York–London–Oxford–Paris 1987.
2 Daxelmüller, Christoph: »Pessach und Michelangelo. Ein jüdischer Humanist aus Deutschland im Italien der frühen Neuzeit.« In: Raphaël, Freddy (Hrsg.), »... *das Flüstern eines leisen Wehens*...« Beiträge zu Kultur und Lebenswelt

Christoph Daxelmüller

europäischer Juden. Festschrift für Utz Jeggle. Konstanz 2001, S. 23–41; ders., »Elia Levita Bachur, Italien und die Volkskultur.« In: Och, Gunnar/Bobzien, Hartmut (Hrsg.), *Jüdisches Leben in Franken* (Bibliotheca Academica, Reihe Geschichte, Bd. 1). Würzburg 2002, S. 11–32 (mit weiterer Literatur).

3 Sendrey, Alfred: *The Music of the Jews in the Diaspora (up to 1800). A Contribution to the Social and Cultural History of the Jews.* New York 1970, S. 334.

4 Zum Glücks-, Würfel- und Kartenspiel als beliebter und für längere Feiertage auch von der Gemeinde offiziell geduldeter Freizeitbeschäftigung s. z.B. Metzger, Thérèse und Mendel: *Jüdisches Leben im Mittelalter nach illuminierten Handschriften vom 13. bis 16. Jahrhundert.* Würzburg 1983, S. 222–223; vgl. auch Daxelmüller, Christoph: Hochzeitskutschen und Romanzen. Zur jüdischen Assimilation in der frühen Neuzeit. In: *Bayerisches Jahrbuch für Volkskunde 1996,* S. 107–120.

5 Bonfil, Roberto: »Cultura e mistica a Venezia nel Cinquecento.« In: Cozzu, Gaetano (Hrsg.): *Gli Ebrei e Venezia.* Mailand 1987, S. 469–506, hier besonders S. 474. Zu den Juden als Übersetzern s. grundsätzlich Steinschneider, Moritz: *Die hebräischen Übersetzungen des Mittelalters und die Juden als Dolmetscher.* Berlin 1893.

6 Barash, Asher: *Der geheimnisvolle Leuchter. Jüdische Legenden,* nacherzählt von Asher Barash. Ausgewählt und aus dem Englischen übersetzt von Raul Niemann. Gütersloh 1992.

7 Barash: (wie Anm. 6), S. 72–74.

8 *Ma'ase Bukh.* Basel 1602, Nr. 242.

9 Hier findet sich die Erzählung von Rabbi Amram als Nr. 242.

10 Meitlis, Jakob: *Das Ma'assebuch. Seine Entstehung und Quellengeschichte. Zugleich ein Beitrag zur Einführung in die altjiddische Agada.* Berlin 1933 (Nachdruck Hildesheim–Zürich–New York 1987); zu den Drucken und Handschriften s. Meitlis, S. 21–103, ferner Zfatman, Sara: *Ha-sipporet be-jidish me-reshitah 'ad ›Shivchei ha-Besh't‹ (1504–1814). Bibliografia mu'eret.* Jerusalem 1985 (Bibliographie jiddischer Drucke). Zur Legende s. u.a. Ben-Gurion, Emmanuel: *Shvilei Haagada.* Jerusalem 1949, S. 129 und 243; Schwarzbaum, Haim: *Studies in Jewish and World Folklore.* Berlin 1968, S. 35–36.

11 Vgl. Daxelmüller, Christoph: Zum Beispiel: Eine exemplarische Bibliographie. Teil I. In: *Jahrbuch für Volkskunde* N.F. 13 (1990), S. 218–244; Teil II. In: ebd. N.F. 14 (1991), S. 215–240; Teil III und Nachtrag. In ebd. N.F. 16 (1993), S. 223–244.

12 Pauli, Johannes: *Schimpf und Ernst* (hrsg. von Johannes Bolte). 2 Bde. Berlin 1924.

13 Meitlis: *Ma'assebuch,* S. 5–9.

14 S. hierzu z.B. Daxelmüller, Christoph: Edle Ritter, fromme Rabbis, schöne Frauen. Alltagsvergnügen in der jüdischen Gesellschaft des 17. bis 20. Jahrhunderts. In: *Blick in die Wissenschaft. Forschungsmagazin der Universität Regensburg* 3. Jg., Heft 4 (1994), S. 34–45; ders.: »Der Jude als Leser. Von religiösen Pflichten und irdischen Vergnügungen.« In: Brunold-Bigler, Ursula/ Bausinger, Hermann (Hrsg.): *Hören Sagen Lesen Lernen. Bausteine zu einer Geschichte der kommunikativen Kultur.* Festschrift für Rudolf Schenda zum 65. Geburtstag. Bern–Berlin–Frankfurt a.M.–New York–Paris–Wien 1995, S. 173–189; ders.: »Organizational Forms of Jewish Popular Culture since the Middle Ages.« In: Po-Chia Hsia, R(onnie)/ Lehmann, Hartmut (Hrsg.): *In*

and Out of the Ghetto: Jewish-gentile relations in late medieval and early modern Germany (Publications of the German Historical Institute Washington, D.C.). Cambridge 1995, S. 28–48; Daxelmüller (wie Anm. 4), S. 107–120.; ders.: *Kulturhändler zwischen den Welten. Juden in der mittelalterlichen Gesellschaft Bayerns.* In: Frankenland. Zeitschrift für Fränkische Landeskunde und Kulturpflege 50 (1998), Heft 4, S. 235–251; ders.: »Assimilation vor der Assimilation. Säkularer Lebensstil und Religiosität in der jüdischen Gesellschaft des 17. Jahrhunderts.« In: Lehmann, Hartmut/ Trepp, Anne-Charlott (Hrsg.): *Im Zeichen der Krise. Religiosität im Europa des 17. Jahrhunderts* (Veröffentlichungen des Max-Planck-Instituts für Geschichte, Bd. 152). Göttingen 1999, S. 265–293.
15 Fol. 59a–60b.
16 S. Röhrich, Lutz: Gespannwunder. In: *Enzyklopädie des Märchens* Bd. 5, Lfg. 4/5, Berlin/New York 1987, Sp. 1179–1186.
17 Babl, Karl: »Emmeramskult«. In: *St. Emmeram in Regensburg. Geschichte – Kunst – Denkmalpflege. Beiträge des Regensburger Herbstsymposiums vom 15.–24. November 1991* (Thurn und Taxis-Studien, 18). Kallmünz 1992, S. 71–79; ders.: *Emmeram in Regensburg. Legende und Kult* (Thurn und Taxis-Studien, 8). Kallmünz 1973; Bosl, Karl: Der »Adelsheilige« – Idealtypus und Wirklichkeit. In: *Gesellschaft und Kultur im merowingischen Bayern des 7. und 8. Jahrhunderts. Gesellschaftsgeschichtliche Beiträge zu den Viten der bayerischen Stammesheiligen Emmeram, Rupert, Korbinian* (Speculum Historiale). Freiburg i. Br. 1965, S. 167–187; Popp, Marianne: »Der heilige Bischof Emmeram – 2. Hälfte des 7. Jahrhunderts.« In: *Beiträge zur Geschichte des Bistums Regensburg 23/24* (1989/90), S. 25–37; zu Herzog Theodo s. Klebel, Ernst: »Zur Geschichte des Herzogs Theodo.« In: *Verhandlungen des Historischen Vereins für Oberpfalz und Regensburg 99* (1959), S. 165–205.
18 Mayr, Gottfried: »Zur Todeszeit des heiligen Emmeram und zur frühen Geschichte des Klosters Herrenchiemsee.« In: *Zeitschrift für Bayerische Landesgeschichte 34* (1971), S. 358–373.
19 S. Mayer, Johannes G.: *Die Heiligen Emmeram und Kilian: Beobachtungen zu den ältesten Viten.* In: St. Emmeram in Regensburg, S. 33–40, hier S. 40.
20 Arbeo von Freising [+ um 783]: *Vita vel passio Haimhrammi* (Sammelhandschrift, Staatsbibliothek München, cgm 4879, fol. 60r–67v, um 765), fol. 18; Arbeo Bischof von Freising: *Leben und Leiden des heiligen Emmeram.* Übersetzung von Bernhard Bischoff. Regensburg 2. Aufl. 1993, S. 21–25.
21 Bischoff (wie Anm. 20), S. 18; s. auch Meyer, Otto: »Ein neues Fragment der Vita s. Emmerami des Arbeo. Zur geisteswissenschaftlichen »Recycling«-Methode«. In: *Mainfränkische Studien 24* (1986), S. 1215–1220; s. ferner Kolmer, Lothar: *Arbeo von Freising und die Vita Haimhrammi.* In: St. Emmeram in Regensburg (wie Anm. 17), S. 25–32; Kolmer, Lothar: *Die Hinrichtung des hl. Emmeram.* In: Studien und Quellen zur Geschichte Regensburgs 4 (1987), S. 9–31. Vgl. ferner Babl 1973 (wie Anm. 17): *Emmeram von Regensburg;* Böck, Emmi: *Regensburger Stadtsagen, Legenden und Mirakel* (Oberpfälzer Sprachmosaik). Regensburg 1982, 59, Nr. 41/I; die Legende findet sich auch bei Gumpelzhaimer, Christian Gottlieb: *Regensburg's Geschichte, Sagen und Merkwürdigkeiten von den ältesten bis auf die neuesten Zeiten,* Bd. 1. Regensburg 1830 (Nachdruck Regensburg 1984), S. 59–60. Über das Leben des hl. Emmeram (Haimrham) existieren nur ungesicherte Informationen;

vgl. hierzu u.a. Morsbach, Peter: »Der hl. Emmeram.« In: *Ratisbona Sacra. Das Bistum Regensburg im Mittelalter.* Ausstellung anläßlich des 1250jährigen Jubiläums der kanonischen Errichtung des Bistums Regensburg durch Bonifatius 739–1989 (Kunstsammlungen des Bistums Regensburg, Diözesanmuseum Regensburg, Kataloge und Schriften, 6). München–Zürich 1989, S. 42–44. Zusammenfassend: *1250 Jahre Kunst und Kultur im Bistum Regensburg. Berichte und Forschungen* (Kunstsammlungen des Bistums Regensburg, Diözesanmuseum Regensburg, Kataloge und Schriften, 7). München–Zürich 1989; Schmid, Alois: *Regensburg. Reichsstadt – Fürstbischof – Reichsstifte – Herzogshof* (Historischer Atlas von Bayern, Teil Altbayern, Heft 69), München 1995.
22 Röhrer-Ertl, Olav: »Der St. Emmeram-Fall. Abhandlungen und Berichte zur Identifikation der Individuen I und II aus der Pfarrkirche St. Emmeram in Regensburg mit dem [sic!] Hl. Emmeram und Hugo.« Unter Mitarbeit zahlreicher Fachgelehrter bearbeitet und herausgegeben von Olav Röhrer-Ertl. In: *Beiträge zur Geschichte des Bistums Regensburg 19* (1985), S. 7–131, hier S. 16.
23 Röhrer-Ertl (wie Anm. 22), S. 46; s. auch Röhrer-Ertl, Olav: »Die Bestimmung der Gebeine des Hl. Emmeram. Aspekte von Aussageniveaus bei Datenvernetzung.« In: *St. Emmeram in Regensburg* (wie Anm. 17), S. 49–59.
24 *Vita vel passio,* fol. 22; Bischoff (wie Anm. 20), S. 23.
25 Böck (wie Anm. 21), S. 59, Nr. 41/I; Gumpelzhaimer (wie Anm. 21), S. 59–60.
26 Zitiert nach Böck (wie Anm. 21), S. 63, num. 43. Im tendenziösen Originalwortlaut des »Catalogus Episcoporum Ratisponensium« des Laurentius Hochwart lautet der Text: »Hoc unum adicere libet, Iudaeos Regionoburgii quondam incolas, hodie vere accolas, ne quid sinceri nobis relinquerent, hunc sanctum sibi vendicare asserentes per errorem eum Iudaeum fuisse et quod adverso flumine Ratisponam venerit in causa fuisse *Sefer Thora* [im Original hebräisch, jedoch falsch geschrieben; Anm. des Verfassers] librum legis quem secum habuerit, cum quo, cum Ratisbonam attigerit, Christianos, quidem corpus eius rapuisse, librum vero Iudaeis permisisse, huius fabulae probationem nullam habent, nisi quod aiunt Emmerami nomen Hebraeum esse, id quod '*amrm* [im Original: hebräisch; Anmerkung des Verfassers] id est Ameram pater Mosi subindicat. huius [sic!] fabulae sum testis auribus, quam ex ipsis audivi, qui eam quasi rem seriam credunt«; zitiert nach Straus, Rafael: *Die Judengemeinde Regensburg im ausgehenden Mittelalter. Auf Grund der Quellen kritisch untersucht und neu dargestellt* (Heidelberger Abhandlungen zur mittleren und neueren Geschichte, Heft 61). Heidelberg 1932, S. 248–249, num. 712.
27 Rosenberg, Alfred: *An die Dunkelmänner unserer Zeit.* München o.J.
28 Überliefert u.a. von Rabbi Efraim von Bonn: *Or Sarua,* in der Edition Sitomir 1862, Bd. 2, S. 63; s. Kanner, Israel Zwi: *Neue Jüdische Märchen.* Frankfurt a.M. 1978, S. 78–80.
29 Stamm, Johann Jakob: »Namen rechtlichen Inhalts.« In: *Beiträge zur Hebräischen und altorientalischen Namenkunde. Johann Jakob Stamm zu seinem 70. Geburtstag* (hrsg. von Ernst Jenni und Martin A. Klopfenstein). Fribourg–Göttingen 1977/1980, S. 159–178.
30 Buch I, Kap. 15; s. auch Blumenkranz, Bernhard: *Les Auteurs chrétiens Latins du Moyen Age sur les Juifs et le Judaisme* (Étude juive, 4). Paris/Den Haag 1963, S. 255–256.

31 Straus: *Judengemeinde Regensburg*, S. 29, Nr. 110.
32 Straus: *Judengemeinde Regensburg*, S. 30, Nr. 112.
33 Daxelmüller, Christoph: »Wie aus dem hl. Emmeram Rabbi Amram wurde. Aspekte und Möglichkeiten historischer Erzählforschung.« In: *Bayerische Blätter für Volkskunde* N.F. 2, Heft 2 (2000), S. 5–26.
34 Cod. Vat. Hebr. urbino 48; zu den hebräischen und jüdischdeutschen Artus-Versionen s. u.a. Landau, Leo: *Arthurian Legends or the Hebrew-German Rhymed version [sic!] of the Legend of King Arthur: Published for the first time from manuscripts and the parallel text of editio Wagenseil together with an introduction, notes, two appendices, and four fac-similes* (Teutonia. Arbeiten zur germanischen Philologie, Heft 21. Hebrew-German Romances and Tales and their Relation to the Romantic Literature of the Middle Ages. Part I: Arthurian Legends). Leipzig 1912; ders.: »A nisht-bakanter yidish-deitsher nussach fun der artus-legende.« In: *Filologishe shriftn* Bd. 1 [Landau Bukh] (Wilna 1926), S. 129–140; Leviant, Curt (Hrsg.): *King Artus. A Hebrew Arthurian Romance of 1279: Edited and translated with cultural and historic commentary* (Studia Semitica Neerlandica, Bd. 11). Assen 1969; Schüler, Meier: »Die hebräische Version der Sage von Arthur und Lanzelot aus dem Jahre 1279.« In: *Archiv für neure Sprachen und Literatur 122* (1909), S. 51–63; zur jüdischdeutschen Fassung der Artusepik als »Widuwilt« s. Daxelmüller, Christoph: »Jüdischer Geschicht-Roman / von dem grossen König ARTURO in Engelland / und dem tapffern Helden Wieduwilt (Ein schin ma'aße fun Kinig artiß hof).« Herausgegeben von Johann Christoph Wagenseil (1633–1705). Königsberg 1699«. In: Theodor Brüggemann, in Zusammenarbeit mit Otto Brunken, *Handbuch zur Kinder- und Jugendliteratur. Von 1570 bis 1750.* Stuttgart 1991, Sp. 942–961 (mit weiterer Literatur).
35 Vgl. hierzu Daxelmüller, Christoph: »Die Entdeckung der jüdischen Erzählliteratur. Rezeption und Bewertung populärer jüdischer Erzählstoffe in der Gesellschaft des 17. und 18. Jahrhunderts.« In: *Rheinisches Jahrbuch für Volkskunde 26* (1985/86 [erschienen: 1987]), S. 7–36.
36 Cambridge, University of Cambridge, University Library, Signatur: T.-S. 10 K 22; zum »Dukus Horant« s. u.a. Caliebe, Manfred: *Dukus Horant. Studien zu seiner literarischen Tradition* (Philologische Studien und Quellen, Heft 70). Berlin 1973; Strauch, Gabriele L.: *Dukus Horant: Doch ein jiddisches Epos.* Phil. Diss. Wisconsin-Madison 1984; dies.: *Dukus Horant: Wanderer zwischen zwei Welten* (Amsterdamer Publikationen zur Sprache und Literatur, Bd. 89). Amsterdam 1990; s. auch Schwarz, Werner: »Die weltliche Volksliteratur der Juden.« In: Paul Wilpert (Hrsg.): Willehad Paul Eckert (Mitarb.): *Judentum im Mittelalter. Beiträge zum christlich-jüdischen Gespräch* (Miscellanea Mediaevalia. Veröffentlichungen des Thomas-Instituts an der Universität Köln, Bd. 4). Berlin 1966, S. 72–91; vgl. Ferner Fuks, L.: *The Oldest Known Literary Documents of Jiddish Literature.* 2 Bde., Leiden 1957.
37 Vgl. z.B. Paucker, Arnold: *The Yiddish Versions of the German Volksbuch.* Phil. Diss. Nottingham 1959; ders.: »Di yidishe nuschaoth fun shildburger bukh.« In: *YIVO Bleter. Journal of the YIVO Institute for Jewish Research 44* (1973), S. 59–77; ders.: »Das deutsche Volksbuch bei den Juden.« In: *Zeitschrift für Deutsche Philologie 80* (1961), S. 302–317.
38 Z.B. Sammelhandschrift SB München, Cod. hebr. monac. 100.
39 Vgl. hierzu u.a. Daxelmüller (wie Anm. 35); ders: *Edle Ritter, fromme Rabbis, schöne Frauen;* ders.: *Der Jude als Leser* (jeweils mit weiterführender Literatur).

Christoph Daxelmüller

40 Rosenfeld, Moshe Nathan: *Jewish Printing in Wilhermsdorf. A concise bibliography of Hebrew and Yiddish publications, printed in Wilhermsdorf between 1670 and 1739, showing aspects of Jewish life in Mittelfranken three centuries ago based on public & private collections and Genizah discoveries. With an appendix »Archival Notes« by Ralf Rossmeissl.* o.O. [London] 1995, S. 97, Nr. 83.
41 Rosenfeld *(wie Anm. 40)*, S. 132, Nr. 122.
42 Zfatman, Sara (wie Anm. 10).
43 Shtif, Nochem: *Yidishe kultur-geshikhte in mitlalter.* Berlin 1922, S. 14 (Übersetzung von: Güdemann, Moritz: *Geschichte des Erziehungswesens und der Cultur der abendländischen Juden während des Mittelalters und der neueren Zeit. Bd. III: Die Juden in Deutschland im 14. und 15. Jahrhundert.* Wien 1888).
44 S. hierzu u.a. Falk, Felix: *Das Schemuelbuch des Mosche Esrim Wearba. Ein biblisches Epos aus dem 15. Jahrhundert. Aus dem Nachlaß hrsg. v. L. Fuks* (Publications of the Bibliotheca Rosenthaliana, Bd. 1). Bd. 1, Assen 1961, S. 1–2.
45 SB München, Cod. hebr. monac. 100.: s. Friderichs-Müller, Theresa (Hrsg.): *Die ›Historie von dem Kaiser Octaviano‹. Bd. 1: Transkription der Fassung des Cod. hebr. monac. 100 mit 18 Federzeichnungen von Isaak bar Juda Reutlingen. Bd. 2: Faksimile des Drucks Augsburg, Matthäus Franck (ca. 1568)* (jidische schtudies. Beiträge zur Geschichte der Sprache und Literatur der aschkenasischen Juden, Bd. 1–2). Hamburg 1981.
46 S. Wiesemann, Falk (mit Beiträgen von Fritz Armbruster, Hans Peter Baum und Leonhard Scherg): *Genizah – Hidden Legacies of the German Village Jews. Genisa – Verborgenes Erbe der deutschen Landjuden.* o.O. 1992, S. 172, Nr. 85; Timm, Erika: *Yiddish Literature in a Franconian Genizah: A contribution to the printing and social history of the Seventeenth and Eighteenth centuries.* Jerusalem 1988, S. 54, Nr. 58; vgl. ferner Friderichs, Theresa: »Zu ›Flere Blankeflere‹«. In: Hermann-Josef Müller, Walter Röll (Hrsg.): *Fragen des älteren Jiddisch. Kolloquium in Trier 1976 – Vorträge* (Trierer Beiträge. Aus Forschung und Lehre an der Universität Trier, Sonderheft 2). Trier 1977; zu den Auflagen s. grundsätzlich die Bibliographie von Zfatman (wie Anm. 10).
47 Ausgabe u.a. Fürth 1777; s. Wiesemann: *Genizah*, S. 173, Nr. 86; Timm: *Yiddish Literature*, S. 55, Nr. 57a-b; Zfatman, S. 75–76, Nr. 57 und S. 147, Nr. 147.
48 Ausgabe u.a. Homburg 1730; s. Timm: *Yiddish Literature*, S. 55, Nr. 56.
49 Timm, *Yiddish Literature*, S. 55, Nr. 59.
50 Die gedruckte Erstausgabe erschien unter dem Titel »Bovo Dantona heist d's bukh [...]« 1541 in Isny.
51 *Bovo Dantona* 1541, 512.7–8.
52 Weinreich, Max: *Bilder fun der yidisher literatur geshikhte.* Vilna 1928, S. 64; s. auch Rubin, Ruth: *Voices of a Peope: The story of Yiddish folksong.* Philadelphia 5739 (1979), S. 21.
53 Zum Fund in Veitshöchheim s. Wamser, Ludwig: »Archäologie und Zeitgeschichte. Untersuchungen in der ehemaligen Synagoge zu Veitshöchheim.« In: Manfred Treml, Josef Kirmeier (Hrsg., unter Mitarbeit von Evamaria Brockhoff): *Geschichte und Kultur der Juden in Bayern. Aufsätze* (Veröffentlichungen zur Bayerischen Geschichte und Kultur Nr. 17/88). München 1988, S. 535–548.

MICEAL ROSS

Zwischen drei Welten
»Heimat« und »Fremde« in irischen Geschichten

Meine Aufgabe ist es, über Geschichten zu sprechen, die sich nicht nur auf die Themen »Heimat« und »Fremde« beziehen, sondern die in diesem Zusammenhang auch und gerade das spezifisch Irische verdeutlichen.
Nun, wir Iren lieben die Ironie: Die Dinge und die Leute, und wir selbst auch, sind nicht was wir zu sein scheinen. Man hüte sich davor, die Oberfläche für die Realität zu halten. Viele Geschenke liegen versteckt an den unwahrscheinlichsten Orten, und sie können gefunden werden durch liebevolle Gemeinschaft. Das Leben ist selbst ein Geschenk. Vor allem können und müssen wir, mit Vertrauen, uns selbst und die anderen ›sein‹ lassen, weil wir wissen, dass in der ganzen Menschheit ein gemeinsamer ›Geist‹ am Werk ist. Diese Weltsicht konnte den Iren, selbst in Zeiten erbärmlicher Armut, eine fast paradoxe Zufriedenheit geben, wie schon oft bemerkt und kommentiert worden ist. Und, nebenbei gesagt, hat diese Weltsicht die Iren zu solch schlechten Hexenjägern gemacht, dass in Irland auch nicht eine einzige Hexe vor Gericht gestellt worden wäre.
Leider setzen heutzutage manche Iren mehr auf oberflächliche Werte. Es ist dabei von einiger Ironie, dass während sie selbst jetzt die Häuser ihrer Vorfahren gegen moderne aus Chrom und Plastik tauschen wollen, die »große« Welt in dem alten irischen Stil ein Lebensgefühl wiederentdeckt, das echte Herzenswünsche anspricht[1].
In diesem Aufsatz möchte ich mit Geschichten einige Grundwerte der Irischen Welten offen legen und verfolgen. Ich glaube, dass diese gut zusammenklingen mit der heutigen Suche nach einer neuen Heimat, einer Heimat, in der Poesie und Mythos, Magie und Wunder ebenso respektiert werden sollen wie Logik und Wissenschaft. Ich werde, wegen des beschränkten Platzes, aber wenig über die irische Ironie und Selbstironie schreiben können, sondern mich konzentrieren auf die noch wichtigere irische Besonderheit, nämlich die engen Beziehungen in Irland zwischen dieser Welt und den Anderswelten. Es ist ein Thema, das irische Geschichtenerzähler fasziniert hat, seitdem es Geschichten zu erzählen gab.

Miceal Ross

Der Ursprung des heutigen Erzählens

Irisches Erzählen, wie wir es heute kennen – so kann man mit den Worten von John Carey sagen –, hat seinen Ursprung in »der intensiven und intellektuellen Kreativität«[2] des siebten Jahrhunderts, einer Zeit, in der sich eine dynamische Synthese von einheimischen und importierten Vorstellungen und Traditionen als grundlegend für die Entwicklung der irischen Kultur erwies. Das Christentum war zwei Jahrhunderte zuvor mit Macht angekommen, getragen von dem heiligen Patrick, der selbst ein Kelte war und der mit dem irischen Lebensstil vertraut war. In seinem Gefolge kamen auch klassisches und jüdisches Kulturgut, die beide bereits dem Evangelium ihren Stempel aufgedrückt hatten. Und was genauso wichtig war: Das Christentum brachte die Schrift.

Er fand in Irland ein höchst ausgeklügeltes politisch-religiöses System vor, welches auf dem Konzept eines göttlichen Königtums beruhte, welches zudem durch die gelehrten Schulen der Druiden und Poeten legitimiert war.[3] Die letzteren empfanden die neue Religion als geistesverwandt zu ihren Lehren und in den folgenden Jahrhunderten wurden diese Schulen ohne Blutvergießen in klösterliche Stätten des christlichen Lernens umgewandelt. Dieser Wechsel bescherte Irland die Bezeichnung »Insel der Heiligen und Gelehrten«, und er stellte zugleich eine sehr bereichernde Erfahrung dar sowohl für die christliche Botschaft als auch für die einheimische Tradition – und sie ist auch eine erfrischende Geschichte für uns heute.

Dies war so, weil die Loyalität der neuen klösterlichen *literati* gegenüber beiden Lagern sie befähigte, mit ungetrübtem Blick zu erkennen, wo die heimische Tradition von dem Rufen Christi nach einer Gefolgschaft aus Liebe abwich, aber eben auch, wo das eingeführte Christentum mit kulturellem Gepäck daherkam, welches der einheimischen Tradition zuwiderlief, aber zum Teil auch mit dem Evangelium selbst in Konflikt war. Ihre doppelte Verpflichtung veranlasste sie dazu, einfühlsam über die Implikationen zu reflektieren, welche die Koexistenz oder sogar Symbiose der beiden Systeme möglicherweise mit sich brachten. Ohne sie wären vorchristliche Überlieferungen, die bis dahin natürlich ausschließlich mündlich waren, verloren gegangen. Als sie die mündliche Überlieferung niederschrieben, waren einige besonders begabte und phantasievolle Autoren dazu fähig, bewusst das vorhandene Material der künstlerischen Sensibilität ihrer eigenen Zeit und ihrem eigenen relativ verfeinerten Umfeld anzupassen. Sie favorisierten keineswegs abstraktes

Gedankengut, sondern präsentierten ihre spekulativen Überlegungen in konkretem dramatischem Ausdruck. Vor allem ist es offensichtlich, dass die klösterlichen *literati* ständig fasziniert waren von all den möglichen Implikationen eines Wechselspiels zwischen natürlicher und übernatürlicher Ordnung. Deshalb wurden die beiden Systeme eher als sich ergänzende denn als konkurrierende angesehen – und das blieb so, so lange wie die gälische Ordnung andauerte.

Die heimische Überlieferung der Schöpfung

Die christliche Systematik ist gut dokumentiert, wir wissen viel darüber. Bei der keltischen Mythologie ist in der Regel das Gegenteil der Fall. Wir verdanken es ausschließlich den irischen Gelehrten der Vorzeit, dass dennoch so viel erhalten ist. Einerseits übernahmen sie den christlichen Schöpfungsbericht, andererseits war ihnen bewusst, dass das politische System, zu dem sie gehörten, immer noch Unterstützung durch die heimischen Überlieferungen benötigte. Die Überlieferungen wurden auf eine sehr kreative Art und Weise neu interpretiert, damit sie als Bestandteil einer Synthese dienen konnten. Der Prozess der Adaption bietet den heutigen Forschern viele Hinweise über die Umrisse der verloren gegangenen Geschichte; insbesondere wenn er durch vergleichende Studien in der Art wie sie Dumézil vorgenommen hat, ergänzt wird. Besonders das altindische Sanskrit bietet viele Möglichkeiten an, wie die Lücken geschlossen werden könnten.[4]

Caesar berichtet uns, dass »alle Gallier sich darauf berufen, von Vater Dis abzustammen, und sie sagen, das sei von den Druiden offenbart worden[5]«. *Dis Pater* ist nicht der gallische, sondern der römische Name für den indoeuropäischen *Yemo*, den Zwilling, Herr der Toten, im vorzeitlichen Indien auch unter dem Namen *Yama* bekannt. Obwohl die irische Überlieferung dem Inselparadies, in dem er in der Anderswelt lebt, den Namen *Emain Ablach* – »Zwilling der Apfelbäume« – gibt, ist er für gewöhnlich unter seinem Spitznamen Donn, der Dunkle, bekannt. Sein Zwillingsbruder, der indoeuropäische *Manu* oder Mann, heißt in der irischen Überlieferung Fionn, der Glänzende, oder auch Amargen, der aus dem Gesang Geborene, da er der ursprüngliche Priester-Dichter *(file)* ist, während Donn als der ursprüngliche König *(rí)* angesehen wird.[6]

Dem Mythos zufolge sind diese beiden Brüder, geboren von Dagda, dem »guten Gott«, alias Sonne, die ersten Menschen und sie sind mit einem Ochsen unterwegs. Donn lässt seinen Priester-Zwilling sich selbst und den Ochsen opfern. Diese erste rituelle Opferung ist notwendig, damit die Welt und alle ihre besonderen Teile aus ihren zerstückelten Körpern erschaffen werden können. Dadurch hatte er kein unglückliches Ende, denn die Opferung war gleichzeitig ein Schöpfungsakt, und sie führte ihn in einen völlig neuen Zustand des Seins, gelebt in einem Paradies der Anderswelt, das er für sich und seine Nachkommen durch diesen Akt der Selbstopferung gegründet hatte. Sein Tod war kein gewöhnlicher Tod; er war der erste und somit war er ein beispielhafter Tod, der das Grundmodell für alle darauf folgenden Tode schuf. Da jeder individuelle Tod die Wiederholung und Nachahmung des Todes Donns ist, ist er auch ein Opfer, das die von ihm geschaffene Welt erneuert. Er wohnt in einem glücklichen Ort, dem Paradies, in dem Krankheiten, Sorgen, Tod, extreme klimatische Unterschiede unbekannt sind, und der ebenfalls durch jeden Tod und jeden Akt der Opferung wieder neu geschaffen wird. Diese Anderswelt befindet sich nicht außerhalb des Kosmos, sondern sie ist dessen integraler Bestandteil, geschaffen zur selben Zeit und auf die gleiche Weise wie der Rest des Universums. Dergestalt sind die Welt der Toten und die Welt der Lebenden eng miteinander verbunden.

So wie Donn der erste König war, so ist er auch der letzte, herrschend über die Seelen der Abgeschiedenen, die er bei ihrer Ankunft begrüßt. Dabei handelt er nicht nur als König, sondern auch als Vater, denn er ist der ursprüngliche Vater der gesamten Menschheit, und die letzte Begegnung mit ihm ist, im Endeffekt, eine Wiedervereinigung mit der Gesamtheit des eigenen Geschlechts. Es ist eine Begegnung, bei der die Zeit zu ihrem Ursprung zurückkehrt: Das Ende ist zugleich der Beginn aller Dinge.

Im Südwesten Irlands bildet ein Felsen, der bis heute *Teach Duinn*, das Haus von Donn genannt wird, einen westlichen Vorposten Europas. Er ist ein natürlicher Torbogen, und manchmal hat man den Eindruck, die sinkende Sonne ginge durch den Torbogen, bevor sie am Meereshorizont verschwindet, wo sich nach der Überlieferung, *Emain Ablach*[7], oder *Tír na nÓg*, das Land der ewigen Jugend, befindet. Man erzählte sich, dass die Toten sich bei diesem Bogen versammeln, um mit Donn, der verdunkelnden Sonne, weiterzureisen. Der Fährmann, der sie hinüberbringt, ist Barinthus, der Seefahrer-Mönch, den St. Brendan trifft, bevor er seine Reise beginnt. Sein gälischer Name, *Bárrfhinn*, der Weißhaarige, zeigt an, dass er, wie Charon[8], eine Personifikation des Alters ist, das uns unerbittlich zum Tode trägt.

Die Anderswelten und göttliches Königtum

Als Herr der Anderswelt ist Donns Gemahlin Morrígu – die Phantom-Königin – der entsprechende Aspekt der dreifachen Göttin. Als der ursprüngliche König vereint seine Vermählung mit einer Anderswelt-Frau das Geschlecht der Menschen mit der Göttin des Landes, der Göttin der Oberherrschaft, und liefert ein Muster von göttlichem Königtum, auf dem jede weltlich-politische Autorität gegründet ist.

Jeder makellose neue König begann seine Herrschaft nach dem Vorbild Donns mit einer sakralen Hochzeit auf einem Grabhügel mit der Anderswelt-Frau – *Bean Sídh* – seines Volkes. Diese wunderschöne Göttin des Landes und der Oberherrschaft hat verschiedene Namen: Macha, Medb, Áine, Étain, Aoibheall und so weiter. Und vielfältig sind die Geschichten darüber, wie sie umworben wurde. Die Hochzeit verbindet den König mit dem Volk der Anderswelt, das, als Hüter der Tradition, von ihm verlangt, die Sitten und Gebräuche des Volkes zu achten. Auf der weltlichen Ebene ist der König der Mittelpunkt des Kosmos. Das ihn unterscheidende Kennzeichen des rechtmäßigen und gerechten Königs wird *fír flaitheamhan* – des Fürsten Wahrheit – genannt und wenn der König Träger dieser Integrität und Unparteilichkeit ist, ist alles in der Welt im Lot.[9] Die Geschichten über das Königtum beweisen, dass legitimes Königstum seinen Ursprung in der Anderswelt – *Sídh*- hat und dass die Herrschaft des wahren Königs durch Frieden – *Sídh* – und Wohlstand im Lande gekennzeichnet wird. Alte Erzähler, die Wortspiele liebten, waren höchst erfreut darüber, dass das Wort *Sídh* diese doppelte Bedeutung hat. Im ersten Sinn und in seiner Wurzel ist *Sídh* dem *Hades* ähnlich, in der Bedeutung von Wohnort, war aber wie dieser als Wohnort den Göttern vorbehalten. Die irische Anderswelt ist von der realen Welt durch die Lehmbarriere des Grabhügels getrennt, der ebenfalls *Sídh* genannt wird, oder durch die Gewässer des Vergessens.

Dass die Anderswelt der Ursprung der Legitimität des Königs ist, wird deutlich durch *Echtrae Cormaic*, Cormacs Abenteuer[10]. Sie erzählt wie der Hochkönig Cormac Mac Airt einem Fremden drei Geschenke verspricht als Gegenleistung für einen magischen musizierenden Zweig des Heilens und dafür schließlich seine Tochter, seinen Sohn und seine Frau hergeben muss. Cormac macht sich auf, ihnen zu folgen, aber als er in einem Nebel vom Weg abkommt, erreicht er schließlich einen Palast, wo er von einem gut aussehenden Mann und einem schönen Mädchen begrüßt wird. Sein Gastgeber in diesem »Land der Verheißung« erweist sich als der Meeresgott

Manannán Mac Lir. Cormac wird aufgefordert eine wahre Geschichte zu erzählen. Die Offenbarung der Wahrheit (»Act of Truth«) hat nämlich magische Kraft, und in diesem Fall gelingt es, damit ein Schwein zu braten. Als Belohnung wird ihm ein goldener Becher gegeben, der die Wahrheit von der Falschheit unterscheiden kann, und er findet sich am nächsten Tag zu Hause in Tara[11] bei seiner Familie wieder. Er hat sich als wahrer König erwiesen und seine Herrschaft führt zu einem goldenen Zeitalter. Seine Frau, Eithne, ist selbst aus dem *Sídh* und die Vermählung mit ihr sanktioniert seine Herrschaft.

Der königliche Vertrag mit der Anderswelt wird in dem walisischen Märchen von dem ersten »Zweig der Mabinogion«[12] noch deutlicher, in der Pwyll, Prinz von Dyfed, ein Jahr lang seinen Platz mit Arawn, dem König von Annwfn – der walisischen Anderswelt – tauscht. Er bewirkt die Offenbarung der Wahrheit indem er mit Hafgan kämpft. Während seiner Abwesenheit erfreut sich Dyfed des vollkommenen Friedens, und bei seiner Rückkehr sind die beiden Herrscher, Pwyll und Arawn faktisch so vereint, dass Pwyll seither als Oberhaupt von Annwfn bekannt ist.

In diesen Berichten wird die »Fremde« der Anderswelt abgemildert durch die Verbindungen der gegenseitigen Fürsorge zwischen den beiden Welten, so dass *Sídh*, die Anderswelt, quasi zu einer Erweiterung der Heimat wird. Aber natürlich kann die Anderswelt auch eine sehr drohende Haltung einnehmen, falls der weltliche König z.B. von seinen Pflichten abweicht. Die Geschichte »Tógáil Bruidne Dá Derga«[13], der Brand von Da Dergas Herberge zeigt dies in dramatischer Weise. Der Hochkönig Conaire hatte eine bis dahin noch nicht gekannte und lange Herrschaft des Friedens eingeleitet. Doch er unterlässt es, eine unparteiische Entscheidung zu fällen, als seine Stiefbrüder sich des Verbrechens der Plünderung schuldig gemacht hatten, und dadurch verriet er die Wahrheit und das Vertrauen seines Volkes. Dazu kommt noch, dass er sein »geasa« bricht, d.h. die Tabus, die Bestandteil seines Vertrages mit der Anderswelt sind. Die wirkliche Welt kann somit nicht mehr die höhere Ordnung der Anderswelt spiegeln und Conaire wird zum Verdammten. Er findet seinen Tod in einer Herberge der Anderswelt, umgeben von vielen fürchterlichen Erscheinungen, die von der nun feindlichen Anderswelt orchestriert werden.

Die Anderswelt als eine Quelle der Weisheit

Ein Teil des Inaugurationsrituals für einen König bestand darin, dass er von einem Becher trinken musste, den ihm die Göttin der Souveränität reichte. Königin Étaín war für ihre Fähigkeit bekannt, Wein zu servieren. Nach indoeuropäischen Vorstellungen tranken die Toten von der Quelle des Vergessens, woran uns Plato[14] erinnert, wenn er erzählt, wie der Kämpfer Er ins Leben zurückkehrte, weil er nicht aus der Quelle trank. Eine moderne Geschichte erzählt, dass das Trinken aus dieser Quelle Vergessen bewirkt. In der irischen Folklore wird es häufig als fatal angesehen, in der Anderswelt irgendetwas zu essen oder zu trinken: Aber es gibt noch eine zweite Quelle, die von der ersten gespeist wird, und diese, ähnlich wie die beiden Bäume im Garten Eden, verleiht Wissen und Leben. Eine Version von »wie der Seher, Fionn Mac Cumhaill, die Gabe der Prophezeiung erwarb«[15] erzählt, wie dieser von einer eifersüchtigen Liebhaberin dazu verlockt wurde, in einem magischen See auf der Hochebene von Slieve Gullion zu schwimmen. Das Wasser verwandelt ihn in einen hinfälligen alten Mann mit schneeweißem Haar. Ihr Verrat wird aber ins Gegenteil gewendet, als Cuilenn, der Herr der nahe gelegenen *Sídh*, Fionn einen Trunk aus einem Becher der *Sídh* anbietet. Er gewinnt nicht nur seine Stärke wieder, sondern auch übernatürliches Wissen, aber sein Haar bleibt weiß (»Fionn«). Auch sein Gefährte Mac Reithe wird wissend, indem er daraus trinkt. Dann springt der Becher aus ihrer Hand und verschwindet wieder in der Erde.

Die Vorstellung von den zwei Quellen auf dem Weg zur Anderswelt

ist nicht allein Totenreich-Geographie, sondern vermittelt grundlegende Wahrheiten über die menschliche Existenz. Sie veranschaulicht, dass die Toten keine Erinnerungen benötigen, wenn sie die Gefilde hinter sich gelassen haben, in denen diese Erinnerungen von Wert sind. Aber die Erinnerungen der Abgeschiedenen sind nicht ohne Bedeutung für die noch Lebenden. Die Summe aller Erinnerungen der Toten umfasst die Gesamtheit der menschlichen Geschichte. Bewahrt und geachtet, sind sie der Quell von wahrer Weisheit, der Weisheit, die auf den gesamten Bereich der menschlichen Erfahrungen gegründet ist. So gesehen ist letzten Endes die Gegenwart von der Vergangenheit abhängig, und die Lebenden sind es von den Toten, und diese Welt von der anderen Welt. Diejenigen, die sterben, scheiden nicht einfach dahin, sondern leisten weiter ihren Beitrag zum Erhalt dieser Welt, da die Welt der Lebenden Stärke, Sinn und Weisheit aus der Welt der Toten schöpfen kann; wie man Wasser aus einer Quelle schöpft.[16]

In dieser partiellen Rekonstruktion der vorchristlichen Sichtweise begegnen uns zahlreiche Motive, welche die nachfolgenden Geschichtenerzähler beeinflussen sollten. Die Anderswelt ist uns nahe und in die gesamte Welt integriert. Ihre Fürsorge für die Lebenden veranlasst sie jedem neuen König durch die heilige Vermählung mit einer mächtigen und schönen Göttin der Souveränität eine Allianz anzubieten. Ein König, der gemäß ihrem Kodex lebt und gerecht regiert, veranlasst die natürliche Welt dazu, den Frieden und die Fülle, welche der *Sídh* eigen sind, widerzuspiegeln. Dort gibt es dann einen Lachs in jedem Teich und eine Nuss hängt an jedem Zweig. Tod und Opfer sind ein schöpferischer Akt und führen zu einer neuen existenziellen Ebene, auf der es keine Hölle gibt.

Die Synthese im siebten Jahrhundert – Irland als Heimat

Mit der Ausbreitung des Christentums erwies sich die jüdische Schöpfungsgeschichte als dominant. Wenn die irische Kultur überleben sollte, musste sie in diesen neuen Rahmen integriert werden. An dieser Stelle entwickelte das siebte Jahrhundert die klassische Synthese von einheimischen und importierten Konzepten und Traditionen, die sich, wie bereits dargestellt, als grundlegend für die Entwicklung der irischen Kultur erwies. Ein Hauptelement dabei war *Lebor Gabála Érenn*[17], das Buch der Invasionen. Dieses pseudohistorische Buch zielte darauf ab, Irland mit der klassischen Familie der Nationen zu verknüpfen, und zwar in einem historischen Rahmen, wie er von Eusebius von Caesarea beschrieben wird, inspiriert von den Schriften des Orosius und anderer. So fand man Wurzeln für die Iren in Scythien und auf der Iberischen Halbinsel. Außerdem führten die klösterlichen Bearbeiter einen Sammelnamen für das uralte irische Pantheon ein – *Tuatha Dé Danann* – die Stämme der Göttin Danann. Diese wurden als euhemeristische Magier und als die vorletzten in einer Reihe von nach Irland kommenden Invasoren dargestellt. Da das pseudohistorische Ziel Vorrang hatte, wurden Traditionen kunterbunt durcheinander geworfen, und es bedarf eines beträchtlichen Maßes an Geschicklichkeit, um alles wieder zu entwirren. Bezogen auf unser Thema, bescherte es uns zwei wichtige Geschichten. Die erste davon enthält die Ankunft der Iren in dem ihnen vorbestimmten Land; die zweite die Erschaffung der Anderswelt, der *Sídh*.

In der ersten Geschichte sah Ith, der Bruder von Mil, einen »Schatten und Andeutung von Land und schwebender Insel in weiter Ferne« von der Spitze des Bregon-Turmes im Nordwesten Spaniens an einem »klaren Winterabend«. Da er seine Verwandten nicht überzeugen konnte, dass es sich nicht um Formationen von Wolken handelte, segelte er allein mit einigen Freunden los. Er landete in Irland und schlichtete einen Streit um Landbesitz zwischen den drei Hochkönigen der *Tuatha Dé Danann*. Dabei erregten seine Lobpreisungen Irlands und sein gerechtes Urteil gleichwohl einiges Unbehagen, so dass er, als er zu seinem Schiff zurückkehren wollte, aus einem Hinterhalt heraus überfallen wurde.

Sein Tod auf der Rückreise veranlasste die acht Söhne des Mil und die Königin Scota, eine große Flotte von Gälen und Milesiern zusammenzustellen und nach Irland zu segeln. Bei ihrer Ankunft erklärten die drei Königinnen der *Tuatha Dé Danann* – als Göttinnen der Souveränität Irlands, – dass ihre Ankunft schon lange vorhergesagt gewesen sei und dass die unübertreffliche Insel ihnen für immer gehören werde. Ihre Ehemänner erbaten, dass der Poet der Milesier, Amargen, über die Rechtmäßigkeit der Invasion urteilen solle, und dieser empfahl, dass die Milesier sich nochmals »über neun Wellen« zurückziehen sollten und danach noch einmal landen sollten. Die Tuatha setzten danach alle ihre magischen Kräfte ein, um die Flotte zu zerstreuen, aber Donn, der König, kletterte auf einen Mast und fing die Macht des Zauberspruches ab. Dabei musste er aber sein Leben lassen, und später begrub man ihn auf dem nahe gelegenen Felsen von *Teach Duinn*. Danach beruhigte der Geistliche-Dichter, Amargen, den Sturm mit einem Gedicht, in dem das Land Irland beschworen wurde, an welchem alle Magie abprallen musste. Amargen, dessen Name »vom Gesang geboren« bedeutet, gewann Irland durch Gesang in einer Art und Weise, welche an die »Songlines« der australischen Aborigines erinnert.

Die Zusammenstellung der Geschichten des *Lebor Gabála* hatte einen anderen Zweck, als es der christlichen Botschaft von der Liebe gebührt hätte. Es ermöglichte dem Geschichtenerzähler, die wichtigsten Familien einzuführen an ihren zugewiesenen Plätzen auf der *Inis Fáil* – Schicksalsinsel, und ihnen ihre Wurzeln zu geben. Die Iren lieben es, Ahnenforschung zu betreiben. Die Verknüpfungen zwischen Familien konnten so neu geschaffen werden, um eine gemeinsame Identität und neue Bande der Verwandtschaft zu formen anstelle der älteren – und wahrhaftigeren – Geschichte von freien und voneinander unabhängigen Clans. Irland konnte damit als ein harmonisches Netzwerk von *tuath* [18] gesehen werden, unabhängig davon, wann die unterschiedlichen Völker sich tatsächlich zum ersten Mal in Irland niederließen.

Die zweite Geschichte erscheint als Konsequenz aus dieser siebten Invasion, durch die der Sterblichen. Die *Tuathá Dé Danann* wurden besiegt und mehrere ihrer Anführer getötet. In dem darauf folgenden Friedensvertrag verpflichteten sie sich, sich von den »Feldern, die wir kennen«, zurückzuziehen (jedoch ohne das Interesse an den Angelegenheiten der Menschen aufzugeben), und ungesehen neben den Menschen als *An Slua Sídh*, die Heerscharen der Anderswelt, zu leben. Manche nennen sie auch die Feenscharen. Das Christentum gab – und gibt auch heute noch nicht – nähere Erläuterungen über das, was nach dem Ableben kommt, obgleich es dem allgemeinen Glauben zu jener Zeit entsprach, dass die Toten in Frieden ruhten, in Erwartung der Trompeten des Jüngsten Gerichts. Die irischen Mönche sahen daher keinen Konfliktpunkt darin, wenn die Toten die Zwischenzeit auf einer Himmelsinsel verbrachten, die nach der alten irischen Anderswelt gestaltet war, wo sie durch Nebel davor geschützt wurden, von reisenden Mönchen besucht zu werden[19]. Die Irische Anderswelt war eine Antizipation des Fegefeuers, aber ohne den Aspekt der Sünde. Mit der Zeit sollte sie zu einem Ort werden, wo diejenigen, die vorzeitig verstarben – Kinder, stillende Mütter und junge Fischer –, ihr so abrupt beendetes Leben fortsetzen konnten.

Andere Zyklen

Die Ankunft des Christentums fiel zeitlich mit den Veränderungen innerhalb der Dynastien in Irland zusammen. Diese führten zu der Expansion einer Konförderation der Clans, auch *Connachta* genannt, in das Boyne-Tal und zu der Besetzung von Tara. Die entmachteten Clans aus der *Laigin* zogen sich nach Süden zurück, wo sie die Legende von Fionn Mac Cumhaill schufen, um die jungen Kämpfer, die *Fianna,* anzufeuern. Fionn, dessen Name in *Vindobona*, neu Wien, enthalten ist, war vorher der Gott der Weisheit und als solcher auch Seher und Dichter. Nun wurde er zum Anführer einer Gruppe von Kämpfern, die in den Wäldern umherzogen. Im Laufe der Jahrhunderte sollte er noch weit häufigere Verwandlungen erfahren.

Als die *Connachta* ihre Aufmerksamkeit nach dem Norden lenkte, wurde der Ulster- Epos-Zyklus geboren, in dem der Heldenjunge, Cú Chulainn, zur Verteidigung der Ulsterleute und ihres Königs Conchubhar MacNessa beitrug. Die zentrale Geschichte, »Táin Bó Cuailnge«, der Rinderraub von Cooley[20], wurde von Medb, Königin von Connacht, angezettelt. Sie wurde dabei von Fergus MacRoig, dem Exkönig von Ulster, der seine Verwandten wegen ihres Verrats an Deirdre und den Söhnen von Uisnech verlassen hatte, unterstützt. Der Zyklus ist berühmt wegen der Anzahl von starken Frauen, die dargestellt werden: Medb, Ness, Macha, Deirdre, Aoife, Emer und Scathach sind nur einige Namen. Viele von ihnen sind verhüllte Göttinnen der Souveränität. Während früher ihre Vermählung ein heiliger Vertrag mit dem göttlichen König war, wurde sie nun als eine menschliche Romanze erzählt, in der die Stärke und Macht der Göttin erhalten blieb. Medb, deren Namen »die Berauschende« (vgl. das Wort »Machtrausch«) bedeutet, war, wie verlautet, vier Mal verheiratet. Sie war die Souveränin von Tara, Sitz des Hochkönigs, und ihr Angriff auf Ulster implizierte, dass sie auch dort die Herrschaft erlangen wollte. Sie wurde von Fergus unterstützt, der Name bedeutet: Männliche Tapferkeit, Sohn des Hengstes, der zum männlichen Gott der Souveränität von Ulster gemacht worden war, aber die Ulsterleute verließ. Seine Ehefrau der Anderswelt, Macha von den Pferden, die Göttin der Souveränität, verfluchte die Ulsterleute. Im Laufe der Zeit gerieten diese Symbole in Vergessenheit, aber die Geschichten von ihren Heldentaten blieben lebendig und sind ein wichtiger Bestandteil des Schatzes der irischen Erzähler. Die bemerkenswerten Frauen, die sie rühmten, dienten zur Inspiration in den späteren Zeiten.

Die irische Antwort auf das Evangelium

Ähnlich wie im antiken Griechenland und in Rom antwortete Irland auf das Evangelium mit den Ausdrucksformen seiner eigenen Kultur. Für die Iren hatte die Lehre von der Dreieinigkeit – eine Gemeinschaft selbstloser Liebe – eine besondere Anziehungskraft. Und zwar so sehr, dass deren Symbol, das dreiblättrige Kleeblatt des heiligen Patrick, das nationale Emblem *par excellence* wurde. Die Trinität ist eine überströmende Gemeinschaft, fruchtbar sowohl in ihren männlichen (gebenden) als auch in ihren weiblichen (nehmenden) Aspekten. Lebensspendende Liebe durchdringt alles, so dass sogar die Pflanzen und Tiere Mit-Schöpfer zum Ruhme Gottes sind. Liebe tritt für Freiheit ein, aber sie sehnt sich auch nach kreativer Mit-Schöpfung. Wahre Liebe heißt, den Geschichten der anderen aufmerksam zuzuhören, so dass sogar Feinde nicht mehr das sind, was sie vorher zu sein schienen. Sie sehnt sich danach, Leben zu teilen und zu geben. Sie schließt niemanden aus; Frauen und Männer, Zugehörige und Außenseiter, alle sind gleich. So kann die Wahrheit in allen Kulturen erkannt werden, denn der Geist liebt und inspiriert sie alle. Hoffnung bedeutet, der Sieg ist bereits errungen worden und für alle erreichbar, die lieben. Wie Christus sagte, Liebe ist das besondere Kennzeichen seiner Jünger, und das Verlangen nach sozialer Gerechtigkeit ist der Beweis ihrer Anwesenheit. Es verleiht Enthusiasmus für das Leben, hier und jetzt.

Leider nur traf dieser optimistische Glaube der Iren, wie auch der britischen Kelten davor, auf eine feindselige Aufnahme bei der diametral entgegengesetzten Kultur des Römischen Reiches, das damals bereits am Rande des Zusammenbruchs war. Während die Kelten an der Anarchie lebhafter Debatten und der Solidarität ihrer Clan-Heimat ihre Freude hatten, gab das römische Recht dem Oberhaupt der Familie (*pater familias*) die Macht über Leben und Tod über die gesamte erweiterte Familie, einschließlich des Rechtes, den eigenen Sohn drei Mal in die Sklaverei zu verkaufen. Diese patriarchale Diktatur wiederholte sich in den reglementierten Strukturen von Kirche und Staat, die jegliche Vielfalt ablehnten. Erneut begünstigte die bevorstehende Katastrophe in Rom eine manichäische Unterströmung. Das daraus resultierende Herumreiten auf Sünde, Schuld, Bestrafung, Hölle und Erlösung war den Kelten völlig fremd, denn sie glaubten, dass Liebe und nicht Sünde die zentrale Botschaft ist. Sie sahen die natürliche Welt als Reflex der Integrität eines guten Königs und die Anderswelt war daneben immer glücklich und offen für alle.

Die ganze Wucht dieser römischen Feindschaft musste der große und kontaktfreudige Pelagius ertragen. Pelagius vereinigte in sich persönliche Heiligkeit und ausdrückliche Kritik an der imperialen Korruption. Er war ein talentierter Kommunikator und bedeutender Gelehrter sowohl des Griechischen als auch des Lateinischen. Darüber hinaus war er im keltischen Gedankengut verwurzelt. Der »heilige« Jerome verspottete ihn als *Scotorum pultibus proegravatus*[21], also als jemanden, der mit irischem Schmus voll gestopft ist. Wenn das stimmt, dann war er der erste Ire, der schriftlich erwähnt wurde. Wie dem auch sei, es ist wahrscheinlicher, dass er nicht weit von St. Patrick im keltischen Britannien geboren wurde. Jerome kritisiert weiter, dass er die Heilige Schrift einfach mit jedem diskutiert, mit jungen Frauen an ihren Spindeln und ihren Wollkörben ebenso wie mit gelehrten Männern. Er beschuldigte Pelagius, er fordere und unterstütze das Recht der Frauen, die Heilige Schrift zu lesen und zu deuten, und beschimpfte die aristokratischen Frauen, die Pelagius zuhörten, als unnatürliche Amazonen – und das alles nur, weil dieser einmal Jeromes eigenes Buch einer kritischen Rezension unterzogen hatte! Es ist von köstlicher Ironie, dass die verbotenen Bücher des Pelagius später als »orthodoxe Werke« noch jahrhundertelang in

Zwischen drei Welten

Umlauf waren, weil man fälschlich annahm, sie seien von Jerome selbst verfasst worden. Der andere Gegner des Pelagius war der wiedergeborene Fundamentalist Augustinus, der nicht erkannte, dass der vorige ein potenzieller Verbündeter gewesen wäre im Kampf gegen den Arianismus und den Manichäismus. Das kam daher, weil sein eigener Bruch mit dem Gut-Böse-Dualismus mehr zum Schein als real war. Aus seinem tiefen Pessimismus entstand das neue Konzept der Ursünde, das Natur und Menschheit als anfällig für das Böse ansah. In dieser öden Landschaft kämpften der Gottesstaat, die Heimat der Geretteten, mit dem Staat der »Fremde«, der verdammten Menschheit, die vom Heiligen Geist verlassen worden war. Fehler und Außenseiter hatten keine Rechte und mussten ausgerottet werden, falls nötig unter Zuhilfenahme des weltlichen Arms. Diese krasse Karikatur ist derb und unfair. Trotzdem sahen spätere Zeitalter in seinen Schriften eine Unterstützung für die päpstlichen Bemühungen um die Weltherrschaft im Mittelalter, für die Prädestinationslehre, die Spaßverderber-Doktrinen Kalvins und Jansens, für die Hexenverfolgung, das Sektierertum und die Unterdrückung von Debatten – alles Folgeerscheinungen eines Konzeptes, in dem die Vermeidung von Sünde anstelle der Hinwendung zur Liebe ins Zentrum gerückt wurde.

Pelagius hatte keine Chance, als er sagte, dass der Tod ein natürliches Phänomen sei und dass die Welt ein guter Ort sei, wo Gott keinen besonders vorziehe. Liebe verlangte, dass die Menschheit das Potenzial zum Guten hat und den freien Willen, auf Gottes Ruf nach Mit-Schöpfung in Liebe zu antworten. Dies war ein Gedankengebäude, in das man Augustinus' neue Vorstellungen schwerlich einbauen konnte. Nicht genug damit, dass er wegen dieser ausgesprochen wehrhaften Ansichten niedergestreckt wurde, seine so gar nicht christlichen Verfolger zeigten sich dabei selbst als – wie meine Mutter es nennen würde – gewöhnlich, in der Art und Weise, wie sie ihn mit Schimpfwörtern bedachten. Eine eigene Ironie liegt darin, dass sie den heiligen Patrick, der selbst Kelte war, nach Irland schickten, um die irischen Kelten davon abzuhalten, keltische Gedanken zu denken.

Natürlich, wie stets, ignorierten die Iren die offizielle Sicht. Sie lehnten die Dualität ab, die die Heiligen von den Weltlichem unterschied, und sie bewahrten die Schriften von Pelagius auf. Sie verbrannten keine einzige Hexe. Ihre Freiheitsliebe würde in den kommenden Jahren den irischen Mönchen auf dem Kontinent den Beinamen »Messen und Streitgespräche« eintragen. Durch dick und dünn blieben die Iren bei ihrer Überzeugung, dass die Welt im Grunde gut ist und trösteten sich mit der Freude, welche Christus offenbar empfunden hatte, wenn er bei Feiern mit eigentlich ›verdammten‹ Sündern getrunken und gescherzt hatte.

Über die Jahrhunderte brachte die Tatsache, dass die Iren ihren eigenen Weg gingen, wie z.B. das Tragen der Druiden-Tonsur, ihnen oft Ärger mit Rom ein. Die Vorbehalte waren auf beiden Seiten. Ein Gedicht der großartigen heiligen Brigid fasst die irische Position zusammen: »Jeder, der nach Rom geht hat viel Mühe und nur wenig Gewinn davon, denn der einzige Weg dort Christus zu begegnen ist, Ihn mitzubringen.«[22] Rom schlug zurück, indem es Irland den blutrünstigen Normannen überließ, deren Mord an Thomas Becket sie dafür zu qualifizieren schien, uns zu reformieren. Doch die keltischen Ansichten überlebten auch dies und beeinflussten das Denken vieler Gelehrter wie z.B. Eriugena, Abelard, Thomas von Aquin und Teilhard de Chardin. Heute erfreuen sie sich durch die Affinität zu modernem Denken eines zweiten Frühlings. Und sie waren natürlich auch immer der Stoff, aus dem irische Folklore gemacht war.

Einflüsse auf die einheimische Tradition

Ein früherer Abschnitt schrieb die intellektuelle Gärung im Irland des siebten Jahrhunderts dem unverstellten Blick zu, mit dem die klösterlichen *Literati*, die in beiden Kulturen zu Hause waren, die heimische Tradition und die ins Land gebrachte Christenlehre verglichen. Im letzten vorangegangenen Abschnitt wurde erläutert, welchen Einfluss die keltischen Traditionen auf das Drum und Dran der christlichen Kultur hatten, und welche Ambivalenz daraus resultierte. Die in Irland verwurzelte Tradition ihrerseits wurde aber auch weitgehend geöffnet und beeinflusst durch die ganze Skala des klassischen und christlichen Gedankenguts.

Um nur eine davon zu erwähnen: Das Christentum brachte die revolutionäre Idee der Liebe, jedoch in dem Maße erweitert, dass auch die Feindesliebe damit gemeint war. Diese Haltung trug in der »Cáin Adomnán«– Gesetz der Unschuldigen – aus dem Jahr 697 Früchte, in dem Adomnán, der Abt von Iona, 97 irische Anführer dazu bewegte, die Rechte von nicht am Kampf Beteiligten, besonders von Frauen, aber auch von Kindern und Geistlichen, zu garantieren.

Sie nahm aber auch subtilere Formen an. Genauso wie Homer in seiner *Odyssee* die Sinnlosigkeit der auf Ehre basierenden Kultur der *Ilias* bloßstellte, benutzten die Mönche den »Tragischen Tod von

Aoifes einzigem Sohn«[23] um die gleiche Kultur in Irland zu untergraben. Sie lassen Emer, die Ehefrau von Cú Chulainn, dem Ulster-Helden, die Verzweiflung und Sorge einer Frau ausdrücken, dass seine Besessenheit von einem schalen Ehrbegriff ihn dazu führen könnte, Jugendliche zu erschlagen, möglicherweise seinen eigenen Sohn [geboren von Aoife].

Dieser Einfluss wird im Folgenden bei der Erörterung der Heimat-Fremde-Dichotomie in irischen Geschichten, der wir uns nun zuwenden, implizit mitbehandelt werden.

Tuath: Der Clan-Verbund als ›Heimat‹[24]

Die Ruhe der Heimat ist zu erkennen in »Nóinden Uladh« – die Schwäche der Ulstermänner –, ein »remscél« oder Vorgeschichte von *Táin Bó Cuailnge*, (Der Rinderraub von Cooley). Die erklärt, warum die Ulstermänner so schwach wie Frauen während der Geburt waren, als der Provinz Gefahr drohte. In Bezug auf den Schauplatz, die Atmosphäre und seine Charaktere ist »Nóinden Uladh« der Inbegriff einer angesiedelten ländlichen Gesellschaft; ruhig und entspannt, ohne einen Schatten von Gewalt, bis einer der ihren, Crunnchu, sich ins Fremde vorwagt.

Crunnchu Mac Agnomain war ein wohlhabender Landwirt und Witwer. Eines Tages sah er eine fremde schöne Frau auf sein Haus zukommen. Sie trat ein und ging durch das Zimmer in der rituell günstigen Richtung, also *deisel*, im Uhrzeigersinn, bevor sie in die Küche ging. Es wurde kein Wort gewechselt, aber sie begann sofort sich um den Haushalt zu kümmern. Als sich die Hausbewohner schlafen legten, blieb sie auf, um das Feuer mit Asche zu bedecken – ein ritueller Ausdruck dafür, dass sie die Rolle der *Mater familiae* übernommen hatte –, und dann, sich wiederum nach rechts drehend, schlüpfte sie in Crunnchus Bett. Sie wurde schwanger von ihm und als Folge ihrer Vereinigung gedieh sein Haushalt.

In diesem Abschnitt sind Hinweise verschlüsselt, dass die Frau, die eine Aura des Friedens und ruhiger Zufriedenheit ausstrahlt, Macha ist. Sie ist die Hüterin des Herdes und als solche ist sie Patronin und Beschützerin häuslicher und gesellschaftlicher Stabilität. Sie hat die unverwechselbaren Attribute einer Göttin, die dem Land und dessen Fruchtbarkeit verbunden ist. Sie vereinigt sich mit einem Bauern, übernimmt die Kontrolle über seine häuslichen Angelegenheiten und bringt dem Hause Wohlstand: sie selbst ist fruchtbar und gebärt Zwillinge. Gleichwohl, in anderen Geschichten wird erzählt, wie diese, wenn ihr Heim bedroht wird, zur kriegerischen Beschützerin werden kann – Morrigu.

Da nur Dichter, Schmiede und einige andere zwischen den *Tuath* wechselten, hatte der Clan eine starke Verbundenheit zu seinem Land. Es bedeutete großes Unglück, dem Land nicht den eigenen Namen zu hinterlassen – d.h. kinderlos zu sterben –, denn die Familie und ihre Ehre waren wichtiger als der Einzelne. Diese Bodenständigkeit der Familien ermöglichte es ihnen zusammen mit der irischen Leidenschaft für *Dinnsenchas,* d.h. Lokalsagen, in ihren Landschaften viele Geschichten anzusiedeln und so ein Gefühl der Heimeligkeit zu vermitteln. Eine Studie über eine Gemeinde – Killygalligan in Nord-West-Mayo – mit dem Titel »The Living Landscape[25]« – Die lebendige Landschaft – fand heraus, dass es tatsächlich Hunderte von Geschichten gibt, die mit den jeweiligen Landschaftsmerkmalen dieses Gebietes verbunden sind.

Tuath, der Clankreis, war autark und trachtete danach, innere Einheit durch den Leitspruch zu wahren: *pós ar an gcarn aoiligh*, »heirate auf dem Misthaufen«, was in etwa bedeutet: Verheirate dich zu Hause in deinem eigenen Kreis. Die Geschichte »Der Mann, der die Meerjungfrau heiratete«[26] verdeutlicht diese Botschaft. Eine Meerjungfrau kämmt sich gerade in der traditionellen Weise die Haare, d.h. nach vorne über die Augen. Also bemerkt sie nicht die Annäherung eines Mannes, bis er ihren Meeresumhang erfasst hat. Vielleicht wollte sie ihn auch nur verführen? Auf jeden Fall kann sie ohne ihren Umhang nicht ins Meer zurück und muss mit ihm gehen. Nachdem sie ihm mehrere Kinder geboren hat, findet sie schließlich den Umhang und kehrt ins Meer zurück. Die Ehe zwischen »Heimat« und »Fremde« hat nicht geklappt und die Kinder müssen darunter leiden. Entweder sie gehen mit ihr, oder bleiben bei ihm, oder sie werden zu Felsen an der Meeresküste: Ihre Gefühle sind versteinert.

Die Wildnis als Heimat oder Zuflucht

Für die angesiedelte Gemeinschaft konnte das Niemandsland zwischen den nachbarschaftlichen *Tuaths* gefährlich und fremdartig sein, aber für andere konnte es Heimat bedeuten. Eine reizvolle Geschichte mit dem Titel »Bóthar na Mias« – Die Straße der Schüsseln – erzählt, wie König Guaire, berühmt für seine Großzügigkeit, eine Fastenzeit lang nichts aß und zu Ostern mit seinen Edlen aufbrach um zu jagen. Dem Haushalt trug er auf, ein feierliches Bankett vorzubereiten.

Sein Bruder Colmán hatte schon lange zuvor auf das höfische Leben verzichtet, um das Leben eines Einsiedlers in den Wäldern bei der heutigen Abtei von Corcamroe zu führen. Seine Heiligkeit zog viele Anhänger an, und sie hatten in dieser Fastenzeit schon härter gefastet als Guaire. Als Ostern kam, entdeckten sie, dass Colmán nicht für ein üppiges Ostermahl gesorgt hatte. Als Colmán ihre Enttäuschung bemerkte, betete er in seiner Höhle. Währenddessen kehrte Guaire gerade von seiner erfolgreichen Jagd zu seinem Hof heim, und er musste mit ansehen, wie seine Schüsseln, überladen mit Speisen, Richtung Corcamroe davonflogen. Er und seine Leute begannen eine wilde Verfolgungsjagd. Inzwischen erblickten Colmáns Anhänger die fliegenden Schüsseln mit großer Freude, die sich aber in Bestürzung verkehrte, als sie Guaire bei der Verfolgung sahen. Colmán betete ein zweites Mal, woraufhin die Hufe von Guaires Pferden in den weichen Felsen einsanken, wo ihre Spuren bis zum heutigen Tag zu sehen sind. Als sich die Mönche gesättigt hatten, konnte Guaire zu ihnen reiten und sie für das Osterfest des folgenden Jahres nach Dún Guaire einladen. Bevor er wieder wegritt, fragte er Colmán, warum er in einer so einsamen Gegend wohne. Colman antwortete mit einem schönen Gedicht[27], in dem er die Schönheiten der Natur und die Freundschaften, die er mit den Vögeln und Tieren genoss, rühmte. Guaire musste zugeben, dass er gut gewählt hatte.

Colmán war nur einer von vielen Mönchen, die Freude und Stille in den Wäldern fanden. Groß ist die Zahl der Naturgedichte, die sie verfassten und der kurzen Kommentare, die sie an die Seitenränder ihrer Bücher geschrieben hatten. Viele handeln von ihren besonderen Beziehungen zu den Tieren. All dies lässt sie für die moderne Welt als attraktiv erscheinen. Sie lebten ein einfaches Leben und fanden Glück in kleinen Dingen und in der milden Spöttelei untereinander. Mochua schrieb an Colmcille, dass er einen Hahn besaß, der ihn zu den Gebeten weckte, eine Maus, die an seinem Ohr knabberte, wenn er einnickte, und eine Fliege, die die Stelle, bis zu der er im Buch gelesen hatte, markierte, falls er beim Lesen unterbrochen wurde. Später schrieb er, dass alle drei Haustiere gestorben seien. Colmcille schrieb zurück: »Eigentum hat immer Kummer im Gefolge.«[28]

Die Mönche waren nicht die Einzigen, die die Wildnis rühmten. Der große Kämpfer und Jäger, Fionn MacCumhaill, schrieb viele ausgezeichnete Gedichte über den Kreislauf der Jahreszeiten. Fionn führte die Gruppe von Kämpfern an, die *Fianna* genannt wurde. Es waren die jungen Männer der Clans, die sich »ihre Federn verdienten«, wie die Indianer in Nordamerika gesagt hätten, bevor sie sich zu einem geregelten Familienleben niederließen. Es gibt unzählige Geschichten darüber, wie sie Zauberhirsche jagen und Irlands Küsten gegen ausländische Helden verteidigten. Alle diese Abenteuer und Bewährungen spielen in dem Grenzgebiet außerhalb der Wohngemeinschaften.

Andere zogen aus Notwendigkeit in die Wälder und verlassenen Orte. Die berühmtesten dieser Storys sind »Das Exil der Kinder von Uisneach«[29] und »Die Verfolgung von Diarmuid und Gráinne«. Das Thema beider ist das ewige Dreieck von der jungen Frau, dem alten Mann, der sie besitzt, und dem jungen Mann, der sie entführt – außer dass, entsprechend der für Iren typischen Betrachtungsweise, es häufig die Frau ist, die hierbei die Schrittmacherin ist. In der »Exil«-Geschichte verleitet Deirdre den jungen, gut aussehenden – und nachgiebigen – Helden Naoise, sie aus den Klauen von Conchobor, König von Ulster, zu befreien[30]. Schön, impulsiv, leidenschaftlich, von Geburt an für Tragik vorbestimmt, ist sie die Personifikation der romantischen, mystischen, rastlosen Liebe, die sich über Konventionen und die soziale Ordnung hinwegsetzt und das Wohl der Gemeinschaft gefährdet. Wie stark unterscheidet sie sich doch von Macha, die zu dem System gehört, das die Gesellschaft strukturiert und erhält. Deirdre ist Außenseiterin, und so weit sie im System agiert, tut sie es als Agentin der Anarchie, die letzten Endes verhindert werden muss. Die Betonung in der Erzählung liegt auf der Schönheit und den Freuden und Spannungen ihrer Außenseiter-Existenz sowie auf der finalen Tragödie, die sich – wie in so vielen irischen Erzählungen – schon von Anfang an angedeutet hat.

Moderne Autoren haben sich mit einem anderen Außenseiter identifiziert – *Suibhne Geilt* – Verrückter Sweeney, der auch Naturpoesie schrieb. Weil er einen Heiligen beschimpft hatte, wurde er dazu verflucht, sich zu erheben, und fortan als wilder Mann über die Baumwipfel zu schreiten. Die Leute hielten ihn für verrückt.

Abschied von der Heimat

Die Liebe zu Irland machte es den Menschen schwer, das Land zu verlassen. Mit die Ersten, die das taten, waren die *Peregrini pro Christo* – die Mönche, die, wie Killian von Würzburg, während des achten und neunten Jahrhunderts als »Reisende für Christus« den europäischen Kontinent durchwanderten. Für viele von ihnen war es ein »weißes Märtyrertum«, wenn sie mit empfindsamem Herz den »Ort ihrer Auferstehung« weit weg von ihren Angehörigen suchten. An einem solchen Ort würde der Schleier der Anderswelt hauchdünn sein und sie würden dort sein, wo sie sein sollten. Themen dieser Art sind in den *Immrama* oder Seereisegeschichten zu finden.

Der Erste dieser Reisenden war der heilige Colmcille, der, so berichtet die Legende, für seine Teilnahme an der Schlacht von Cúl Dreibhne mit dem Exil nach Iona im Westen Schottlands bezahlte. Colmcille, ein königlicher Prinz und begabter Dichter, hinterließ uns seine Gedanken beim letzten Anblick des Eichenhains von Derry. Kurz bevor er starb, hieß er mit großer Freude einen müden und durchnässten Kranich willkommen, der von Irland aus über das Meer in seine Zelle geweht worden war.

Es würde keinen Sinn machen, wegen Christus Irland zu verlassen und ihm dann das Opfer nicht zu gönnen. Die Mönche lernten es, mit ihrer neuen Heimat zufrieden zu sein. Eines der ältesten Fragmente in irischer Sprache, das je geschrieben wurde, stammt von einem Mönch, der in Süddeutschland in der Nähe des Bodensees lebte, und findet sich in seinem Notizbuch. Sein berühmtes Gedicht »Pangur Bán« – seiner Katze gewidmet – ist ein Bild häuslicher Zufriedenheit, indem es davon berichtet, wie das Paar mit der gegenseitigen Gesellschaft in der Mönchszelle zufrieden ist, während sie ihre unterschiedlichen Aufgaben mit großem Genuss angehen.[31]

Es waren nicht nur die Mönche, die Irland vermissten. Oisín, der heidnische Dichter aus der Fianna, ging frohgemut mit Niamh Chinn Òir – die Glanzvolle mit dem Goldenen Haar – in ihre Heimat *Tír na nÓg* – dem Land der ewigen Jugend. Trotz der Annehmlichkeiten sehnte er sich danach, wieder daheim in Irland zu sein, mit Fionn und der Fianna. Leider waren dreihundert Jahre vergangen. Sein Elend wurde sprichwörtlich – *Oisín i ndiaidh na Fianna*– Oisin nach den Fianna – für einen einsamen Menschen, der seine Welt überlebte. Unter dem Christentum war er dem Alter und Tod ausgeliefert und er unterlag dem physischen Verfall, sobald sein Fuß durch ein Missgeschick den Boden Irlands berührte. Nun, zum altersschwachen Mann geworden, rühmte er die Überlegenheit der vorchristlichen Welt gegenüber St. Patrick.

In einer anderen Weise lässt die »Wehklage über die Söhne von Tuireann« die sterbenden Helden darum bitten, aufgerichtet zu werden, sobald sich ihr Schiff Howth Irland nähert, damit der Anblick Irlands sie wiederbeleben möge.[32]

Die mittelalterliche Wanderlust wurde in den letzten Jahrhunderten zum Strom, so dass behauptet wird, heute lebten dreißig Mal mehr Iren außerhalb der Insel, als in Irland selbst. (Als Beleg könnte man z.B. die vielen nicht irischen Akzentfärbungen im Team der irischen Fußball-Nationalmannschaft nehmen.) Viele Geschichten werden über »American Wakes« erzählt, Quasi-Totenwachen vor der Auswanderung nach Amerika, weil vor noch nicht zu langer Zeit der Verkehr zwischen der Neuen Welt und Irland wie eine Reise zur Anderswelt erschien, von der so wenige zurückkehrten.

Dass die *Seanchaí*, die Sagenschmiede, sehr aufmerksam für die Parallelen zur Auswanderung waren, wird durch Geschichten wie die von »O'Sullivan und die Frau aus dem Meer« klar.[33] O'Sullivan, »ein großer Held«, wirft Anker, um den dichten Nebel auszusitzen, der ihn beim Fischen überrascht hatte. Später muss er zum Meeresgrund hinabtauchen, um seinen Anker freizubekommen. Dort drunten entdeckt er, dass eine schöne Meerjungfrau alles geplant hatte, um ihn in ihrem weiten Königreich für sich selbst zu besitzen. Sie anerkennt jedoch seine Verpflichtungen gegenüber seiner verwitweten Mutter und entlässt ihn nach Hause mit dem Versprechen, sie am nächsten Maimorgen am Ventry-Strand zu treffen. Als sie mit einem Boot kommt, um ihn abzuholen, erzählt sie der sorgenvollen Witwe, dass durch seinen Weggang sich ihrer aller Leben verbessern werde. Dieses macht sie wahr, indem sie der Mutter regelmäßig Geld in einem Baumstamm schickt, der an jedem Maimorgen an den Strand getrieben wird, so lange sie lebt. Wie die Überweisungen der Auswanderer kommt der Baumstamm nicht mehr, nachdem die Mutter gestorben ist.

Die Sehnsucht nach Irland hat die Jahrhunderte überdauert. Vor kurzem, als ein Patenkind von mir vor ihrer Auswanderung nach Kalifornien heiratete, bat sie mich, bei der Feier ein Gebet zu sprechen. Ich bezog mich auf den irischen Segen *Saol fada sona cút agus bás i nÉirinn!* – »Ein langes und glückliches Leben und möget Ihr in Irland sterben.« Beide, sie selbst und ihr Ehemann waren tief gerührt, denn ich hatte einen tiefen urzeitlichen Wunsch und Trieb in ihnen in Worte gefasst.

Christentum als Fremde

Die Symbiose von Christentum neben der übergroßen ererbten Tradition schuf den Erzählern Möglichkeiten, bei denen die beiden Traditionen sich gegenseitig herausfordern konnten. Dazu gehört »Agallamh na Seanórach«– Die Debatte der alten Männer[34] –, welches den alternden St. Patrick gegen einen altersschwachen Überlebenden der Fianna, Caoilte oder Oisín antreten lässt. Die Stärke, Großzügigkeit und Integrität von Fionn Mac Cumhaill sowie die ganze Lebensfreude an der frischen Luft werden den Hymnen, Glocken und der Enge bei Gott in einem spaßigen antiklerikalen Humor gegenübergestellt, der selbst den heiligen Patrick zum Lachen brachte. Solche Debatten setzten sich in der modernen Folklore fort, und zwar in Form eines »gespreizten« Wettstreits zwischen dem lokalen Dichter und dem Gemeindepriester.

Eine frühere und subtilere Variante dieses Themas findet sich in einem der großartigsten Gedichte der gesamten gälischen Literatur: »Cailleach Bhéara«, aus dem 9. Jahrhundert.[35] »Cailleach« – die Verschleierte – konnte hier entweder Tante oder Nonne bedeuten. (Es bedeutet auch »Hexe«) Die erste Bedeutung –Tante – bezieht sich auf die Göttin der Souveränität als alte Frau, die sich jedes Mal wieder in eine schöne Jungfrau verwandelt, wenn sie einen neuen König heiratet. (Sie ist die »abscheuliche Dame« der Artusgeschichte, und wird als solche von Niall von den Neun Geiseln geküsst, bevor er Hochkönig wird.) Die Tante von der Beara-Halbinsel war wegen ihres hohen Alters berühmt, sie durchlebte sieben Zyklen königlicher Herrschaft und hatte unzählige Kinder geboren.

Der Dichter benutzt die evokative Kraft der Mehrdeutigkeit von »Cailleach«, um ein vielschichtiges Meisterwerk voller Anspielungen zu schaffen. In ihm wird der Konflikt zwischen dem einheimischen Mythus und christlicher Ethik personalisiert, dargestellt in der individuellen Zwangslage der einst schönen Gefährtin eines Königs, die sich quält, sich mit ihrer derzeitigen Gestalt als mittellose alte Nonne abzufinden. Als solches ist es auf menschlicher Ebene eine großartige Elegie über verlorene Jugend, Liebe und Schönheit. Gleichzeitig, allerdings auf einer anderen Ebene, schuf der Dichter die Fiktion, dass die große unsterbliche Göttin, die all das verkörpert, was am Einheimischsten, Dauerhaftesten und Heidnischsten im irischen Leben und der Tradition ist, am Ende ihres Lebens zu einer erbärmlichen alten Überläuferin zum Christentum konvertiert und deshalb Alter und Tod unterworfen ist. Jetzt, im Alter, griesgrämig und altersschwach, schaut sie zurück auf die Tage, als sie, jung und schön und reich geschmückt, berühmte Könige in denselben Armen hielt, die jetzt runzelig und knochig sind. Sie bereut das *Highlife* ihrer reicheren Vergangenheit, aber die unterschwellige Ironie besteht darin, dass sie, während sie ihre Sünden bereut, den Verlust der Umstände, die dazu Gelegenheit boten, sogar noch mehr bedauert.

»Es ist nicht das einzige irische Gedicht, in dem ein klösterlicher Dichter seine Reverenz für das gute Leben mit der Nostalgie für ein vergangenes Leben, das sogar noch besser war, vermischt.« Für Mac Cana ist »Cailleach Bhéara« »präzise der Inbegriff für die Spannungen und Ambivalenzen, die ein entscheidender und wahrscheinlich unausweichlicher Bestandteil einer Gesellschaft waren, in der das formale Christentum oft nur eine Politur über einer Ethik war, die im Wesentlichen noch immer heidnisch war, wobei sensible Naturen oft von dem Dilemma gequält worden sein mussten, das durch die sich im Widerstreit befindlichen Kulturen und Moralvorstellungen hervorgerufen wurde«. Ich sehe darin ein Echo auf Pelagius.

Das »*Big House*« als »Fremde«

Fremde muss nicht unbedingt Entfernung bedeuten. Zwei wirkliche Welten können nebeneinander bestehen, bei gelegentlichen Interaktionen, wie es das Wort *Getto* impliziert. Dies wurde zu Beginn des 18. Jahrhunderts besonders augenscheinlich, als die gälische Ordnung, über die ich berichtete, nicht länger ihre Macht behielt. In dieser Zeit hatten die letzten gälischen Führer ihre von den Vorfahren übernommenen Ländereien verloren und damit auch ihren politischen Einfluss. Fortan würden sie, wie es Daniel Corkery nannte, zu einem »Verborgenen Irland«[36] gehören, d.h. »verborgen« vor den Augen und Ohren des englischen *Big House*, d.h. des Hauses ihres Landlords, und zwar wegen der Barrieren der Sprache, der Religion, des Vorurteils und wegen der wirtschaftlichen Umstände. Innerhalb dieser »Unterwelt« brachten enteignete Dichter und Anführer Erinnerungen an ruhmreichere Zeiten zu den ebenso verarmten Bauern, und bemühten sich darum, dass diese sich ihrer kulturellen Überlegenheit gegenüber den rüpelhaften Soldaten Cromwells, die sie unterdrückten, bewusst wurden. Die Genealogien der *Seanchaís* erinnerte sie alle an ihre edle Herkunft.

Die Göttin der Souveränität hatte kein Land mehr, das sie vergeben konnte. Sie erschien den aristokratischen Dichtern als die verzweifelte, aber schöne *Spéir Bhean*, die Himmelsfrau, die durch ihre Vermählung mit einem mächtigen ausländischen Ehemann die Hoffnung auf Befreiung aufrechterhielt. Andere fanden Trost, Bestätigung und Hoffnung in ihrer Verachtung für das *Big House*. In früherer Zeit war es ihr Brauch, als Ehefrau des regierenden Königs, über sein Hinscheiden zu klagen; jetzt, als *Bean Sídh* [Banshee], versäumt sie es niemals, über jeden Tod eines Angehörigen des alten Volkes (die früheren Erben des Landes) zu klagen, auch wenn es nur ein alter Landstreicher in einem Straßengraben war. Sie kannte ihre Leute.

Aber als eine vollblütige Frau sehnte sie sich nach einer Ehe. Es gibt zahlreiche Storys über ihre Versuche, einen hübschen Fischer in der Verkleidung einer riesigen »ertrinkenden Welle« zu entführen.[37] Er widersteht ihrer Zauberei, indem er ein »kaltes Eisen« in die Welle wirft, und damit zwingt er sie ihn in ihre Welt einzuladen um es zu entfernen. Sie bietet als Belohnung die Oberherrschaft in der Anderswelt an, aber in der Regel lehnt er ab. Die Annahme des Angebots würde ihn über die Grenzen des Todes führen, doch trotz all ihrer Fehler zieht er diese Welt vor. Wenn er ihre Liebe annimmt, siecht er zu Hause dahin und bricht auf, um sie zu treffen, wenn er zu »sterben« scheint.

Die Totenklagen, die bei den Totenfeiern traditionell gehalten wurden, wurden von der Kirche wegen ihrer hoffnungslosen Düsterheit, mit der sie den Tod betrachteten, abgelehnt. Diese Welt war das eigentlich Wichtige, und nichts anderes zählte. Aus diesem Grunde wurde die Totenwache für einen alten Menschen in Form einer Abschiedsparty ihm zu Ehren gehalten, in der Hoffnung, dass er es akzeptieren würde, diese Welt verlassen zu müssen. Er wurde auch nicht für längere Zeit betrauert, weil befürchtet wurde, er würde unruhig werden und zurückkommen, um jemanden zu holen, der ihm Gesellschaft leisten konnte.

Die Totenwache für einen alten Menschen war eine Zeit der Fröhlichkeit mit vielen Spielen, oftmals mit sexuellen Untertönen – denn Tod und Sex gehören zusammen. Der Tod eines jungen Menschen andererseits war eher Anlass für Tragödie als Spaß. Um den Kummer zu mildern nahm man an, der junge Mensch sei von *An Slua Sídh* – den Feen – entführt worden. Man erzählte, wie diese vorgeblich Toten wiedergesehen worden waren bei Besuchen in der Nebenwelt. Diese Besucher waren vielleicht eine Hebamme, die zu einer Feengeburt dort weilte, oder ein Fischer, der sein »kaltes Eisen« entfernte. Auf diese Art kamen die Alten in den christlichen Himmel und die Jungen lebten in großem Stil weiter in der Anderswelt, gemeinsam mit einem/ bzw. einer aufmerksamen Feen-Geliebten.

In einem wichtigen neuen Buch, der Titel lautet: »Der irische Geschichten-Erzähler«[38], skizziert Georges Zimmermann andere Facetten der Big-House/Verborgenes-Irland-Dichotomie. Er zitiert ausführlich aus der Sicht der Außenstehenden, aber auch anderer, z.B. Carleton und Goldsmith, die die Kluft zwischen diesen beiden Welten überbrückten. Er berichtet, dass Reisende, die Irland vor der großen Hungersnot besuchten, ähnlich wie die heutigen Afrikareisenden, ausnahmslos von der Lebenslust und liebevollen Art der

Leute berichteten, trotz der bitteren Armut und trotz der regelmäßig, besonders im Juli, wiederkehrenden Hungersnöte.

Zu dieser Zeit konnten Mädchen als Heimarbeiterinnen durch Spinnen den Lebensunterhalt verdienen und Jungen konnten eine Familie ernähren, wenn sie ein kleines Stück Ackerland für Kartoffeln bekommen konnten. Auf diese Art waren sie von ihren Eltern unabhängig, deren Leben als Pächter ohne Rechte ebenso unsicher war wie ihr eigenes. Sie heirateten jung und kümmerten sich nicht viel um das Morgen. Auf der anderen Seite haben moderne Untersuchungen gezeigt, dass das *Big House* vielfach auch wohltätig war und die irische Kultur unterstützte – sogar treuhänderisch Eigentum der katholischen Nachbarn verwaltete, denen es offiziell nicht erlaubt war, etwas zu besitzen. Zur selben Zeit wurde der Priester oft in einem irischen Kolleg auf dem Kontinent ausgebildet und zurückgeschmuggelt, damit er seinen Leuten dienen konnte. Sie beschützten ihn, wenn er sich verkleidet unter ihnen bewegte, verkleidet aus Angst vor *Seán a` tSagairt*, dem Priesterjäger.

Das Glücklichsein der Armen kam von ihrem Sinn für Dankbarkeit, denn für sie war alles ein Geschenk. Dieser Sinn für Geschenke wurde in ihren Geschichten bewahrt. In einer Geschichte wird ein heiliger Einsiedler jeden Tag unmittelbar von einem Engel ernährt. Eines Morgens ruft er beim Anblick des strömenden Regens aus: »Was für ein schrecklicher Tag!« Seine himmlische Nahrung kommt nicht mehr. Als er Gott nach dem Grund fragt, wird ihm gesagt, dass er den Zusatz »Gott sei Dank« vergessen habe. Um seine Beziehung zu Gott wieder herzustellen, muss er so lange mitten in einer Furt stehen, bis sein Stab Blätter treibt. Während er damit beschäftigt ist, kommt ein Viehdieb daher, und ruft ihm zu, er solle schleunigst den Rindern aus dem Weg gehen, die ihm auf den Fersen seien. Dieser erklärt ihm, warum er dies nicht könne, worauf der Dieb ausruft: »Wenn so eine geringe Sache eine so große Buße nach sich zieht, Mein Gott, was hast du für mich, einen unverbesserlichen Räuber, auf Lager.« Um die verlorene Zeit aufzuholen, gesellt er sich zum Einsiedler. Sofort sprießen grüne Blätter aus seinem Rinder-Stab.

Für alle war das gute Verhältnis zu den Nachbarn die höchste Tugend. Eine alte Dame ist damit einverstanden, jedes Mal, wenn sie zur Messe geht, einen Stein in einen Topf zu legen. Nach längerer Zeit findet man darin nur einen einzigen Stein. Er war dort für den einen Tag, an dem sie nicht zur Messe gehen konnte, weil sie eine Kuh aus dem Getreidefeld des Nachbarn trieb.

In ähnlicher Art beschwert sich ein Mönch beim Dorfpfarrer, dass ein Bauer ständig fluche und saufe. Beide müssen eine stürmische Nacht allein am Hang eines Hügels verbringen. Der einzige Schutz, den der Mönch finden kann, ist unter einer Kappe, die auf einem Stock hängt, während sich der Bauer eines gemütlichen Hauses erfreut. Die zerlumpte Kappe war das einzige Almosen, das der Mönch je gegeben hatte, während der Bauer insgeheim viele gute Taten vollbracht hatte.

Die Heimat als Fremde

Der Sittenkodex von Gesellschaften kann sich rapide ändern. England und Wales wurden durch Wesley zur Nüchternheit geführt, und in Schottland wurde viel durch den Presbyterianer Kirk verändert. Für Irland war die Große Hungersnot von 1845–49 der Wendepunkt. Die Bindungen an das Verborgene Irland begannen sich schon fünfzig Jahre früher zu lösen; der endgültige Wechsel wurde durch die *Land Acts* einige Jahrzehnte später vollzogen. Die Ersten, die Veränderungen hinnehmen mussten, waren die Priester, nachdem die britische Regierung sich politisch um 180 Grad gedreht hatte. Königstreue kirchliche Flüchtlinge der Französischen Revolution mit ihrer Unterwürfigkeit gegenüber allem Königlichen und ihren jansenistischen Ansichten führten dazu, dass der Katholizismus von denen, die an der Macht waren, mit anderen Augen angesehen wurde. Also erschien es als eine gute Strategie, aus diesen Flüchtlingen ein Seminar für irische Priester zu formieren, die dann nicht mehr länger den subversiven Gefahren der Ausbildung auf dem Kontinent ausgesetzt waren.

Als Nächste wurden die wohlgesonnenen Landadligen betroffen. Sie litten bei dem Aufstand von 1798; sie verließen Irland in Richtung London nach der Abschaffung des irischen Parlamentes im Jahre 1801, oder sie verarmten in der Zeit der Großen Hungersnot. Die Hungersnot selbst führte zum Verschwinden der Arbeitskräfte ohne Landbesitz und der Kleinbauern, wodurch viel von der gesellschaftlichen Radikalität aus der Zeit vor der Hungersnot verschwand. Das so entstandene gesellschaftliche Vakuum wurde vom dem sog. »starken Bauern« ausgefüllt, der sich darum bemühte, wie ein viktorianischer *Gentleman* zu werden, der die irische Kultur verachtete. Dies wurde noch deutlicher, als diese Leute durch die Land Acts zu Landbesitzern wurden. Ihre Ehepartner wurden danach ausgesucht, ob sie durch eine entsprechende Mitgift auf gleicher gesellschaftlicher Ebene mit ihnen standen. Berechnung ersetzte die spontane Lebensfreude und das Vertrauen auf die Vorsehung aus der Zeit vor der Hungersnot. Die Ehepartner waren auch bei der Heirat viel älter, weil sie erst auf den eigenen Besitz von Land warten mussten.

Innerhalb der Familien hatte sich das Kräfteverhältnis verändert. Eine Konsequenz der Hungersnot war, dass den jungen Männern der Erwerb kleinflächigen Landbesitzes verwehrt wurde. Andererseits wurden in den Textilfabriken keine weiblichen Heimarbeiterinnen mehr benötigt. Die mangelnde Bereitschaft der britischen Regierung, sich in den freien Handel einzumischen, führte dazu, dass im ländlichen Irland, außer Landwirtschaft, keine Arbeitsplätze mehr vorhanden waren. Kinder waren jetzt ganz von ihren Eltern abhängig. Nur einer der Söhne konnte in fortgeschrittenem Alter, wenn sein Vater starb, den Bauernhof übernehmen. Die Töchter brauchten eine Mitgift, um die Chance für eine Heirat oder Status in einem Frauenkloster zu erhalten. Selbst wer von zu Hause wegwollte, brauchte Reisegeld. Es wurde gefährlich, mit den Eltern über Kreuz zu sein. Selbst wenn sie das nicht waren, landeten viele als unverheiratete »verwandtschaftliche Hilfen« ohne gesellschaftliche Anerkennung auf Bauernhöfen, die selbst zu arm waren, um ihnen bessere Lebenschancen zu bieten. Irland hatte die höchste Quote von Unverheirateten und das höchste Durchschnittsalter bei Brautpaaren in den vergleichbaren Ländern weltweit. Aber viele hatten das Land verlassen – auf einem Auswanderer-Schiff, oder um sich der Kirche anzuschließen. Eine bedrückende Traurigkeit senkte sich über die leeren Landschaften, in denen nie mehr das sorglose Lachen glücklicher Familien zu hören sein würde.

Der Katholische Freiheits-Akt von 1829 ermöglichte es der Hierarchie, die lebhafte irische Kirche erstmals in ihrer Geschichte nach kontinentalen Richtlinien zu strukturieren. Praktisch alle neuen Priester waren Brüder starker Bauern und unterstützten deren Ambitionen und deren Autorität innerhalb der Familie. Sie selbst waren schwach innerhalb einer zentralisierten Struktur, und rühmten den Gehorsam als primäre Tugend, nach der Keuschheit. Ihre Religiosität wurde durch die Wertvorstellungen ihrer gesellschaftlichen Schicht stark eingefärbt und da die Besitzenden sexuelle Promiskuität verabscheuten, taten sie das auch. Um die sexuelle Enthaltsamkeit derer, die nie oder erst spät heiraten würden, zu kompensieren, warben sie für alle möglichen Sportarten und schauten bei übermäßigem Alkoholgenuss weg. Manche hörten die negative Kritik ihrer ebenfalls der Mittelschicht angehörigen protestantischen Gegenspieler, die sich über den heidnischen Aberglauben und die Unordentlichkeit der Katholiken im Allgemeinen äußerten. Also wurden sie angestachelt, bürgerliche Korrektkeit zu predigen. Importierte fromme Bräuche ersetzten die einst kraftvolle Volksreligion mit ihren Feiern und Pilgerfahrten.

Verwandte »bei der Kirche« zu haben, gab den einfachen Leuten eine Gelegenheit ihre Frustrationen zu sublimieren, indem sie auf das Anwachsen des Katholizismus weltweit, insbesondere im britischen Empire, stolz sein konnten. Viele sahen im Wachstum dieses neuen geistigen Weltreiches eine Wiederholung apostolischer Zeiten. Heute wie damals benutzte die Diaspora einer verachteten Nation ein mächtiges Imperium, um letztlich Gottes Königreich zu vergrößern. Der Witz ging auf Kosten der Briten! Denn hier wieder ging die Sonne niemals unter[39] über Iren aus kleinen Dörfern, die weltweit für dieses Abenteuer tätig waren. Irlands Goldenes Zeitalter der Pilger für Gott (*Peregrini pro Christo*) war zurückgekehrt.

Andere sahen ein anderes Bild des neueren Irland, man könnte es die Rache des Augustinus nennen: den Dorfpfarrer, der mit einem Weißdorn-Knüppel auf Büsche klopft, um Liebespaare herauszutreiben. Irland war von Pfarrern besetzt und besiegt. Nur wenige Stimmen erhoben sich für soziale Gerechtigkeit, und die Unabhängigkeitsbewegung wurde verurteilt. Irland war die große Sau, die ihre eigenen Nachkommen fraß.

Wie dem auch sei, die Leute bogen sich wie Schilfhalme wieder einmal nach dem vorherrschenden Wind und übernahmen, in meinem Umkreis, wie ich eingangs sagte, die *Proper Order* als ihren Maßstab. In der neuen Welt von heute hingegen verfügt der irische Genius über ein reiches Erbe, durch das er sich wie im siebten Jahrhundert neu definieren kann. Es bleibt zu hoffen, dass er das mit Witz und einer guten Portion Selbstironie schafft. Bis zum heutigen Tage kann als Erfolgsrezept dienen, was ein Jude vor langer Zeit formuliert hat: »Sei gerecht, liebe zärtlich und gehe bescheiden, wohin Gott Dich führt.« Daraus könnte eine gute Geschichte werden.

Anhang 1: Das Irland meiner Jugend

Das Irland in dem ich mich am meisten zu Hause fühle, ist das Irland meiner Jugend. Es wurde regiert von *Proper Order*, wie man es in meinem Pub nennt, der »rechten Ordnung«. Diese legte z.B. die Höflichkeiten fest, die man sich unter Nachbarn schuldete. Zum Beispiel lobten Eltern ihre Kinder niemals in der Öffentlichkeit, weil sie es vermeiden wollten, denjenigen Kummer zu bereiten, die mit ihren Sprösslingen nicht so viel Glück hatten. Kinder wurden auch zu Hause kaum gelobt, da eine »geschwellte Brust« sie später zu schlechten Nachbarn machen würde. Eine gute Tat für einen Nachbarn wurde vorzugsweise im Verborgenen getan oder zumindest so, das deren Annahme leicht gemacht wurde und so, dass vom Wohltäter abgelenkt werden konnte. Religion war eher eine kommunale Aktivität, die zum Alltagsleben gehörte, und so wusste ich nie, woran meine Eltern wirklich glaubten. Aber da sie beide scherzten, als sie starben, muss da etwas gewesen sein. Und wie hätte es auch anders sein können, wo doch das Übernatürliche um uns herum für jeden Realität war?

Die Leute fanden es leicht über sich selbst zu lachen und über Pech mit einem Scherz hinwegzugehen. Ironie war eine Angewohnheit, wenn nicht sogar eine geistige Tugend, und es wurde von jedermann erwartet, dass er sie zu interpretieren wusste. Ratschläge oder Kritik gegenüber Nachbarn wurden nur indirekt geäußert oder sorgsam verpackt in Form eines Spaßes, eines Sprichwortes oder einer Geschichte. Mit ernster Miene »Lügen« zu erzählen diente nicht zur Täuschung, sondern sollte den Realitätssinn des Hörers auf die Probe stellen; wehe dem, der darauf hereinfiel. Verheiratete Ehepaare benahmen sich in der Öffentlichkeit so, als würden sie sich kaum kennen, aus Mitgefühl für die vielen, die zu arm waren, um jemals heiraten. Sogar zu Hause habe ich nie gesehen, dass sich meine Eltern offen ihre Zuneigung vor uns Kindern gezeigt hätten. Umwerbende Paare bevorzugten »rückhändige« Komplimente, d.h. bewusst missverständliche Komplimente, die dadurch ein herrlich quälendes Gefühl der Unsicherheit darüber erzeugten, was wirklich gemeint war. Rührseligkeit und das Offensichtliche zu benennen waren ein Gräuel. Ein Heiratsantrag konnte etwa so lauten: »Wie würde es dir gefallen, bei meiner Familie begraben zu werden?«

Es war und ist ein bequemer Lebensstil, humorvoll, emotional nicht so anstrengend und vor allem ohne Konkurrenz. Aber zugleich verlangt er nach großer sprachlicher Gewandtheit und gewitzter Schlagfertigkeit. Jedermann war anerkannt, dass er irgendwie und irgendwo etwas beitragen konnte. Sei es eine Tasse Zucker zu verleihen, wenn ein unerwarteter »Besucher« kam, sei es ein Lied, oder sei es eine Schulter, an der man sich ausweinen konnte. Sogar das reisende Volk, die *Travellers*, brachten willkommene Neuigkeiten mit und Musik, wenn sie unsere Kessel flickten.

Zwischen drei Welten

Aber trotzdem, all das war natürlich auch nicht immer jedermanns Geschmack. »Privatheit« war fast unmöglich und Armut behielt auch so ihre Schattenseiten. Viele sehnten sich nach offenen Gefühlen und barscher Sprache. Viele suchten nach eigener Unabhängigkeit oder wurden von dem abgestoßen, was sie als kalte Hohlheit vieler weltlicher und kirchlicher Rituale ansahen.

Mit dem wachsenden Wohlstand ändern sich nun die Lebensumstände in Irland schnell. Der alte Gemeinsinn ist in den neuen Wohnsiedlungen schwächer und weniger dauerhaft.

Früher brachten die Eltern ihren Kindern durch eigenes Verhalten und Vorbild bei, wie man Leben und Arbeit meistert. Die Kinder konnten dabei die Bedeutung ihrer Eltern erkennen durch die Wertschätzung, die diese durch die Nachbarn erfuhren. Jetzt sehen sich die Familien weniger oft und die vormaligen familiären Interaktionen werden jetzt häufig durch das Gruppenverhalten mit Gleichaltrigen ersetzt, wobei die »Werte« durch die kommerzielle Unterhaltungsindustrie beigesteuert werden.

Weil sie selbst immer weniger Bestätigung durch die äußere Gemeinschaft bekommen, sind die Ehepartner in der Kernfamilie zunehmend auf gegenseitige Anerkennung angewiesen. Diese zusätzliche Erwartung belastet aber die eheliche Beziehung und ein Effekt ist, dass die kommerzielle Therapie blüht. Frauen und zurückhaltende Männer werden dazu ermutigt, Selbstverwirklichungskurse zu besuchen und Kinder, sich Gehör zu verschaffen. Gefühle sind »in« und sogar Priester und Nonnen küssen in der Öffentlichkeit.

Aber nicht alles ist schon verloren. Die irische Geschichte zeigt, dass dramatische Veränderungen nichts Neues sind. Die Iren haben im Verlauf der Geschichte nie ihren Humor verloren, und sie haben ihre besonderen Charaktereigenschaften immer wieder genutzt, um einen ganz neuen, eigenen Lebensstil zu prägen. Bis zur Gegenwart schöpften sie aus ihren eigenen Quellen, unabhängig von den Römern, der Renaissance, der Reformation, der Aufklärung und der Romantik. Im Gegensatz zu anderen Ländern gab es keine einheimische Aristokratie, die ihnen in die Quere kommen konnte. Aber wie auch immer, mit der »Great Famine«, der Großen Hungersnot von 1845–1849 ging ihnen doch das Glück aus. Die Große Hungersnot war für Irland das, was für andere Länder der schwarze Tod bewirkte. Der bis dahin gleichförmige Zug der irischen Geschichte entgleiste mit ihr und der Unfall bewirkte einen großen Gedächtnisverlust. Es dauerte mehr als ein Jahrhundert, bis die Lok wieder auf den Gleisen stand und bis die Erinnerung daran, wo unsere Reise hingehen sollte, langsam wieder zurückkam. Es bleibt abzuwarten, welche Vision die Reise von hier aus leiten wird.

Wir sind nicht allein. Wann immer in den alten Zeiten die Wolken am dunkelsten waren, linderten die Dichter die Sorgen von *Roisín Dubh*, oder »Schwarzes Röslein«, womit das jüngferlich wartende Irland gemeint war, mit der Hoffnung auf »Spanischen Wein«. Unter dem helleren Himmel von heute fließen Wein und Schnaps in der Tat reichlich.

Heute fordern ausländische Freunde uns aber eher auf, den Wert unseres heimischen Gebräus nicht zu vergessen – sei es die Entspannung durch ein Glas Guinness oder die Anregung durch einen Schluck Jameson. Dieses sind typischerweise Leute, die dem ›patriarchalischen‹ Intellektualismus, der institutionalisierten Religion und dem kapitalistischen Individualismus entfremdet sind.

Viele von ihnen denken wie Claude Lévi-Strauss, dass die inneren Spannungen des Westens auf eine unterlassene Osmose mit dem Buddhismus zurückzuführen seien. Er sagte: »Danach wären wir alle christlicher geworden, indem wir durch diese Osmose über die Grenzen der Christlichkeit hätten hinausgehen können. Damals geschah es, dass der Westen die Gelegenheit dazu verpasste, weiblich zu bleiben.«

Dieselbe Erkenntnis bringt andere dazu, sich heute nach Westen zu wenden, auf der Suche nach einer »Keltischen Spiritualität«. Einige suchen den tieferen Sinn in deren Heidentum, was auch immer dies für sie bedeuten mag. Sie werden durch die Vorstellung von der machtvollen Göttin Brigid in ihren vielen Manifestationen angezogen. Andere identifizieren sich mit den außergewöhnlich starken Frauen, die in irischen Epen beschrieben werden. Durch eine andere Brille betrachtet, erscheinen wir als intuitiv, poetisch, lebhaft und emotional, aber hoffnungslos unpraktisch, eher so wie Frauen sind. Vieles, was dazu geschrieben wurde, ist Unsinn, oder es spiegelt Wunschdenken und »Rosinenpicken« wider. Und dennoch, es könnte zumindest ein Körnchen Wahrheit in ihrer Intuition enthalten sein. Interpreten der »Reise des Bran« MacCana erkannten die Absicht des klösterlichen Dichters, oder mindestens sein Bemühen, die evokative Kraft und Resonanz der keltischen »Anderswelt« an das christliche Ideal anzubinden, was er mit einer gutwilligen Ökumene, die weder von Polemik noch von Propaganda getrübt ist, hinkriegte.

Anhang 2: Der Mann aus Lamhcán und die Monsterin

Die Legende, die ich aus dem Irischen übersetzt habe, stammt aus North Mayo und bezieht sich auf einen Versuch einer Meerfrau einen hübschen Fischer in ihr attraktives submarines Heim zu entführen. Normalerweise verwandelt sie sich in solchen Legenden in eine todbringende Welle und ihre Pläne werden durch ein Messer, das in den Wellenkamm geschleudert wird, verhindert. Dieser Erzähler macht sie zu einer schüchternen See-Monsterin und die gewählte Verkleidung ist schlecht dazu geeignet, ihrem Ziel, sein Herz zu gewinnen, zu nützen. Ich finde den Dialog komisch und verspielt zugleich – »Sie ist nicht das übliche See-Monster« –, auf eine Art, die die verschmitzte Annäherung mancher irischer Erzähler anschaulich macht.

In einer Nacht war einmal eine Gruppe aus Lamhcán zum Fischen hinaus aufs Meer gefahren. Sie waren zu fünft oder sechst im Boot. Wer auch immer mit an Bord war oder auch nicht, ein junger Mann war dabei, der nicht verheiratet war, ein Junggeselle. Der befand sich hinten am Heck.

Wie sie nun einige Zeit hier und dort fischten spürten sie nach einer Weile eine ungewöhnliche Wellenbewegung. Sie kam aus der Meerestiefe. Die Männer schauten hin und erblickten eine gewaltige Monsterin. Der Kopf dieser seltsamen, riesigen Meerungetüms war mit lauter Schuppen bedeckt. Sie schwamm vorbei und man konnte glauben, in der sanften Art und Weise wie sie an den Männern vorüberglitt, hatte sie offensichtlich nicht die Absicht, ihnen etwas anzutun. Sie streckte ihre Schnauze aus dem Wasser und es schien als wollte sie nur schnüffeln. Nun war sie hinten am Heck und schwamm hinter dem Platz, wo der junge Mann saß. Die Männer im Boot waren nicht ohne Grund erschrocken. Sie wussten, wenn dieses Ungeheuer mit einem Schwanzschlag das Boot streifen würde, dann würden die Männer an Bord alle ins Jenseits befördert, so groß war das Ungetüm. Sie wussten nicht, was sie machen sollten. Auch wenn das Wesen keine feindlichen Absichten haben sollte, sonderlich glücklich darüber, wie sie umherkreuzte, waren sie nicht. Nachdem das Ungeheuer eine Zeit lang so herumgeschwommen war, verschwand es plötzlich wieder.

»Ich wollt, sie wär besser nicht hier«, sagte einer der Männer.

»Ich auch nicht«, meinte ein anderer.

»Ich habe noch nie so ein Monster wie das hier gesehen«, sagte ein alter Mann, der ebenfalls in dem Boot saß.

»Warum sagst du das?«, fragte jemand.
»Ist dir nicht aufgefallen, wie sie am Heck herumgeschnuppert hat?«
»Es war hinter dem Junggesellen dort her«, sagte der erste Mann in einem Anflug von Witz.
»Da geht einiges vor sich«, murmelte der Alte.
Und schließlich begann die Crew, sich über den Jungen lustig zu machen.
Wie dem auch sei, die Männer begannen weiterzufischen und glaubten, das Ungheuer nie mehr zu sehen. Doch gerade als ein Mann das sagte, zeigte sich, dass diese Annahme falsch war. Denn es dauerte nicht lange, da vernahmen sie – ganz in ihrer Nähe – ein Rumoren im Meer.
»Oje, da kommt sie wieder«, sagte ein Mann.
»Wir sollten uns ins Zeug legen – und so schnell wie wir nur können – ans Land zurückkehren«, meinte ein anderer.
»Zum Teufel, es wird uns wenig bringen, uns ins Zeug zu legen. Die Monsterin wird uns schaden ... wenn sie will. Wie stark du auch immer ruderst, die Monsterin da im Meer würde dich nicht einmal 100 Meter weit kommen lassen ... wenn sie denn wollte. Sogar weniger als 100 Meter.«
»Ich glaube, du hast Recht«, sagte einer der Männer.
»Ich habe Recht«, brummte der Alte, »und sie ist genau so gut für uns, wenn wir bleiben, wo wir sind.«
Und so blieben sie alle, wo sie waren. Es dauerte nicht lange, da kam die Monsterin zurück. Sie schwamm gemächlich vorbei und diesmal, diesmal gab es kein männliches lebendes Wesen, das sie nicht erschreckt hätte; so nahe war sie am Boot.
Am Anfang war es nicht so schlimm, denn das Ungetüm sah nicht so aus, als wollte es ihnen etwas tun, aber vielleicht hatte sie was anderes vor. Aber zum Teufel, sie tat genau das Gleiche wie beim ersten Mal. Sie schwamm herum und wie zuvor, hielt sich hauptsächlich in der Nähe des Bootshecks auf. Sie verbrachte eine lange Zeit damit so herumzuschwimmen: die Schnauze weit aus dem Wasser streckend.
Die Männer im Boot rührten sich nicht. Sie waren in Sorge. Sie wussten nicht, wie die Monsterin reagieren würde, welche Reize sie antreiben würden. Aber nichts passierte. Sie fuhr fort, sich um die eigene Achse zu drehen und immer um sich selbst herumzuschwimmen. Auch wenn sie nichts tat, die Männer ahnten, dass irgendwas los war und sie konnten sich von ihrer Angst nicht befreien. Wen wundert das. Endlich, nachdem sie eine lange

Zeit da war, tauchte sie unter den Kiel des Bootes und sie sahen nichts mehr von ihr, sie war verschwunden.

»Ach, du meine Güte«, sagte ein Mann. »Ich habe noch nie etwas so Seltsames gesehen.«

»Seltsam, ja«, sagte ein anderer. »Sie ist das Merkwürdigste überhaupt, was ich je gesehen habe.«

»Was immer du sagst oder meinst«, sagte ein dritter Mann. »Ich glaube, wir sollten zusehen, dass wir nach Hause kommen.«

»Vielleicht kommt sie nicht wieder«, sagte ein anderer Mann.

»Wenn sie wiederkommt», sagte der Junggeselle im Heck, »wird sie mir nicht so einfach davonkommen.«

»Warum?«

»Darum«, sagte der junge Mann. »Wenn sie wiederkommt und das Gleiche macht, werde ich das große Messer nehmen und ihr einen Stich versetzen.«

Sie hatten ein großes Fischermesser bei sich.

»Warum willst du das tun?«, sagte der Rest der Mannschaft »und vor allem, was wird das Ungeheuer dann tun?«

»Wenn das Messer richtig trifft, wird sie für uns keine Gefahr mehr sein«, gab dieser zur Antwort.

»Das ist fraglich«, sage der alte Mann »Höre lieber auf mich. Mische dich besser nicht ein und das ist wirklich kein schlechter Rat.«

»Wahrlich, das ist es nicht«, sagte der Rest der Mannschaft.

»Was immer du auch rätst«, meinte der Junggeselle »wenn das ungeheuerliche Wesen ein drittes Mal auftaucht, dann ist es das, was ich vorschlage.«

Keiner erwiderte mehr etwas darauf, denn sie wussten, der junge Mann tat, was er sich den Kopf gesetzt hatte. Sie fischten einfach weiter und waren dabei so erfolgreich, dass sie die ganze Zeit draußen auf dem Meer blieben. Dabei unterhielten sie sich über das, was geschehen war. Sie sprachen über alles Mögliche, über die Monsterin, über das, was sie am meisten bewegte, da bemerkten sie auf einmal voller Entsetzen wieder ein Aufwühlen im Meer.

»Um Himmels willen«, sagte einer von ihnen, »da kommt sie wieder.«

»Gott schütze uns«, sagte ein anderer Mann. »Es wäre besser gewesen, wir wären rechtzeitig nach Hause gefahren.«

»Das wäre es, anstatt hier herumzuquatschen«, sagte ein anderer Mann.

»Es hat uns bisher noch nicht das Geringste getan«, sprach der Alte.

Dann waren sie mucksmäuschen still. Keiner sprach mehr.
Sie mussten nicht lange warten, da tauchte das Monsterweib wieder auf. Sie sah so aus, als hätte sie keine Eile, sie kam ganz langsam. Sie näherte sich dem Boot und schwamm genau so merkwürdig, wie die beiden Male zuvor. Es schien als käme sie diesmal noch näher an das Boot heran. In der Tat, sie kam ganz nahe an das Heck. Die Hälfte des Körpers ragte aus dem Wasser heraus. Sie blieb für eine Weile an einer Stelle, blickte in das Boot, sah den Junggesellen an, schwamm dann aber weiter. Und dann hielt sie wieder an!

Das war dem jungen Mann im Heck gerade recht. Jetzt würde er die Monsterin kriegen! Das Ungetüm war dem Heck so gefährlich nahe, jetzt oder nie musste er seinen Entschluss in die Tat umsetzen. – Er zog das Messer heraus und stieß es dem Ungetüm senkrecht in den Kopf. Und dort blieb es stecken. Sobald die Monsterin das Messer im Kopf spürte, tauchte sie unter die Wasseroberfläche und flüchtete in solch rasanter Geschwindigkeit, dass sie das Meer in turbulente Wogen versetzte. Die Männer starrten ihr nach.

»So wie es aussieht, wird die Monsterin nun nicht mehr wiederkommen«, sagte der junge Mann im Heck. »Es hat seine Medizin bekommen.«

»Ja, sie hat ihre Lektion erhalten«, meinte ein anderer.

»Ich habe nie einen besseren Wurf gesehen«, sagte ein dritter Mann.

»Sie wird die nächsten Tage einen fürchterlichen Schmerz im Kopf haben.«

»Was auch immer mit ihrem Kopf sei«, sprach der Alte. »Ich hätte es besser gefunden, wenn wir ihr nichts zu Leide getan hätten.«

»Ach, du siehst zu schwarz«, sagte der junge Mann. »Ist es jetzt nicht auch besser für dich, als dass sie das Boot irgendwie angreift?«

»Vielleicht«, sagte der Alte, »aber ich habe recht genau bemerkt, sie war keine richtige Monsterin. In Wahrheit hatte keiner jemals zuvor gesehen, was ein Monster je vollbracht hatte, weder hier noch sonstwo.«

»Wir haben sie nicht verstanden«, sagte ein anderer Mann.

»Sie hat etwas gesucht«, sagte ein anderer der Mannschaft, »und ist es nicht besser, sie hat sich davongemacht als zu bleiben? So wie ihre Erscheinung war, wusste man nicht, was sie wollte. Ich würde ihr nicht trauen.«

»Ihr seid gut beraten«, sprach der Alte, »wenn ihr euch daheim vorbereitet«.

»Warum?«, fragte der junge Mann im Heck.

»Darum!«, entgegnete der Alte. »Wir haben alles gut gemacht und ich möchte hier nicht bleiben.«

»Um Himmels willen, er hat Recht«, meinte der Rest der Mannschaft »und wir sollten nicht zu sicher sein. Es ist besser für uns, wir begeben uns nach Hause.«

Sie begannen ihren Aufbruch vorzubereiten. Und sie waren keine Minute zu früh, denn auf dem Weg nach Hause wurde das Meer immer unruhiger. Als sie den Strand erreichten, konnte sich kein Schiff mehr aufrecht im Meer halten.

»Nun«, sagte der Alte, »sind wir nicht gerade zur rechten Zeit zurückgekommen?«

»Das sind wir«, stimmten die anderen zu.

Sie legten das Boot trocken, verstauten die Ruder und alles andere und jeder begab sich nach Hause. Der Sturm wurde stärker und gefährlicher.

Der junge Mann – um den es ging – legte sich zum Schlafen ins Bett. Nicht lange darauf klopfte es an der Tür.

»Wer ist da?«, sagte die Mutter des Junggesellen.

»Ich bin es«, sagte eine Stimme.

»Wer bist du?«, fragt die Mutter.

»Wer auch immer ich bin, ist dein Sohn da?«, sagte die Stimme.

»Er schläft«, sagte sie.

»Weck ihn, schnell!«, sagte die Stimme.

Die Mutter weckte ihren Sohn: »Jemand ist draußen vor der Tür und will was von dir.«

Der Sohn stand auf und ging zur Tür. Als er die Türe öffnete, da sah er einen Reiter auf einem weißen Pferd.

»Was willst du von mir?«, sagte er.

»Warst du es nicht, der heute Abend das Messer in die Monsterin stach?«, sagte der Reiter.

»Ja, ich stach ein Messer in eine Monsterin«, sagte der andere Mann.

»Das ist es, was mich hier heute Nacht hergebracht hat«, sagte der Reiter.

»Wieso, warum?«, fragt der andere Mann überrascht.

»Weißt du denn nicht, wer die Monsterin ist?«, sagte der Reiter.

»Nein, weiß ich nicht. Ich habe keine Ahnung. Ich konnte sie nicht von anderen Ungeheuern unterscheiden«, sagte der junge Mann.

»Es ist die Königin der Meere und du hast ihr dein Messer heute Abend in den Kopf gerammt. Es steckt noch immer darin und keiner kann es herausziehen – außer du kommst und ziehst es heraus.«

»Und was brachte die Königin der Meere zu unserem Boot?«

»Sie war lange Zeit hinter dir her«, sagte der Reiter.

»Hinter mir her?«, fragte der andere Mann.

»Ja hinter dir her«, sagte der Mann auf dem Pferd »und ich wurde gesandt, um dich zu holen, damit du ihr das Messer aus dem Kopf ziehst.«

»Ich werde mit dir gehen«, sagte der andere Mann. »Nur habe ich Angst, dass ich nie mehr nach Hause zurückkommen werde.«

»Das ist das Problem« sagte der Reiter »aber ich bin auf deiner Seite und wenn du meinem Rat folgst, wirst du durchkommen und dann besteht auch keine Gefahr, dass du dort behalten wirst.«

»Ich werde dir folgen, ich will doch niemandem Schmerzen zufügen, schon gar nicht einer Meerkönigin. Doch was ist dein Rat?«

»Nun: Sobald du das Messer aus der Krone der Königin gezogen hast, wird sie wieder voll auf der Höhe sein. Sie wird noch immer hinter dir her sein, wie vorher. Sie wird zu deiner Ehre ein großes Festessen anordnen. Es wird Essen und Trinken geben, doch hüte dich beileibe davor, etwas zu probieren. Die Königin selbst wird sehr höflich dir gegenüber sein, sehr großzügig. Doch schenke ihr nicht mehr Aufmerksamkeit als jeder anderen Frau, die sich dort aufhält. Wenn sie merkt, dass sie keine Chance hat, dein Herz zu gewinnen, wird sie verwirrt sein und mir befehlen, dich nach Hause zu bringen. Nun, dies ist mein Rat und wenn du alles befolgst, was ich dir gesagt habe, wird dir nichts geschehen.«

»Ich werde alles so tun, wie du gesagt hast«, sprach der junge Mann.

Der Junggeselle bestieg das Pferd und das rannte wie der Wind, bis sie das Meer erreichten. Es schüttelte sich und sprang davon. Es ging durch das Meer wie ein großes Monster und es dauerte nicht lange, bis sie den Palast der Königin erreichten. Der junge Mann hatte noch nie zuvor solch einen großartigen Palast gesehen, und auch noch nie so viele Leute auf einem Haufen, wie sie da versammelt waren.

Endlich wurde er an den Platz geführt, wo die Königin war. Sie lag auf dem Rücken, mit dem Messer in ihrem Kopf. Er brauchte nicht lange um das Messer herauszuziehen. Ein Ruck, und es war geschehen.

Zwischen drei Welten

Sofort befahl die Königin, eine großes Fest vorzubereiten, und es wurde auch keine Zeit damit verloren. Frauen mit hellen Schürzen eilten hin und her und bereiteten die Feier vor. Es dauerte nicht lange, da stand alles auf einem großen, weiß gedeckten Tisch, alles war zubereitet, jede Delikatesse – was es auch sein mochte.

Während die Vorbereitungen noch liefen, unterhielt sich die Königin mit dem jungen Mann. Sie war ihm sehr zugetan. Sie versuchte alles um ihn zu umarmen, ihn zu umgarnen und zu betören. Nie zuvor war er je von einer Frau so begehrt worden, wie von der Meerkönigin. Doch so begeistert sie auch war, er gab ihr kein Zeichen der Ermunterung. Er gab vor, nicht mehr Gefallen an ihr zu haben, als an jeder anderen Frau, die anwesend war. Das gefiel der Meerkönigin nicht, doch überraschenderweise ließ sie sich nicht das Leiseste anmerken.

Als das Fest gerichtet war, ließ sich die Königin am Kopfende des Tisches auf ihrem Thron nieder. Sie sagte dem jungen Mann, er solle an ihrer Seite Platz nehmen. Er tat es. Und so taten es die Untergebenen auch, jeder bekam seinen Platz. Das Essen und Trinken begann. Der junge Mann jedoch aß weder was noch trank er irgendetwas.

»Ißt du nichts?«, fragte die Königin.

»Ich bin nicht hungrig«, sagte der Junggeselle.

»Es gibt viele«, sagte die Königin, »die keinen großen Appetit haben.«

»Mag sein«, sagte der junge Mann.

»Möchtest du nicht wenigstens das Brot probieren?«, sagte sie.

Doch was auch immer sie oder die anderen taten, er wollte das Brot nicht probieren. Er befolgte den Rat des Reiters. Schließlich, nachdem er nichts von dem Essen versucht hatte, wurde die Königin sehr wütend und sagte dem Reiter:

»Er will nichts taugen. Bring ihn nach Hause zurück.«

Der Reiter holte sein Pferd aus dem Stall und ritt mit dem jungen Mann hinter sich davon. Bald darauf wurde er an seinem Haus abgesetzt. Als der Reiter ihn absteigen ließ, sprach er:

»Du bist meinem Ratschlag gefolgt und hast keinen Krümel angerührt. Doch habe ich noch einen anderen Ratschlag für dich.«

»Was für einer ist es?«, fragte der junge Mann.

»Folgendes«, sagte der Reiter, »du hast die Königin der Meere verärgert, sehr verärgert, als du dich weigertest, sie zu beachten. Deshalb wird sie versuchen, sich an dir zu rächen. Solange du dem Meer nicht zu nahe kommst, wird sie dir nichts antun können.«

Der Reiter verschwand und ward nie wieder gesehen.
Die Jahre vergingen und der Mann hütete sich davor, sich in die
Nähe des Meeres zu wagen.
Eines Tages jedoch ging er mit anderen schwimmen und – er
ertrank.
Hätte er den Rat des Reiters befolgt, wäre ihm nichts passiert.

Anmerkungen:

1 In einem früheren Entwurf dieses Artikels führte ich dieses Thema an dieser Stelle weiter aus. Nun denke ich, dass das Thema besser für den Anhang geeignet ist, der die humorvolle Art des Irischen beschreibt, in dem ich selbst zu Hause bin. Es ist selbst ein Kompromiss zwischen zwei Welten, der Welt des ›Glaubens‹ vor der Großen Hungersnot von 1845 bis 1849, und der Welt der Religion danach.
2 Carey, John: »Did the Irish come from Spain? The Legend of the Milesians.« In: *History Ireland*. Band. 9, Nr.3 (2001) S. 11.
3 Dieser Teil des Artikels bezieht sich auf MacCana, Proinsias: »Mythology in early Irish Literature.« In: *The Celtic Consciousness* (hrsg. von Robert O'Driscoll). Toronto 1981.
4 Die nächsten Abschnitte beziehen sich auf Analysen von Lincoln, Bruce: *Death, War and Sacrifice*. Chicago 1991.
5 *De bello Gallico* (6.18).
6 Siehe *Lebor Gabála Érenn* 8.385: Donn in rí, Amargen in file – Donn the king Amargen the poet.
7 In mittelalterlichen Romanzen wird aus Ablach Avalon, wohin der sterbende Arthur in einem Boot von Frauen aus der Anderswelt befördert wird.
8 Von ›Geron‹, ein alter Mann. Lincoln (wie Anm. 4), S. 62.
9 Dieser Teil des Textes ist »The Semantics of ›Síd‹« von Tomás Ó Cathasaigh, in *Éigse* 17 (1978) verpflichtet.
10 Stokes, Whitley (Hrsg.): *Irische Texte* 3/1. Leipzig 1891.
11 Der Sitz der Hochkönige.
12 Thomson, R. L.: *Pwyll Pendeuic Dynet* (1957); übersetzt von Jones, Gwynn und Thomas: *The Mabinogion*, 1949.
13 Knott, Eleonor (Hrsg.): *Togail Bruidne Da Derga*. Dublin 1963.
14 »*Der Staat*« (621).
15 vgl. O'Rahilly, T(homas) F(rancis): *Early Irish History and Mythology*. Dublin 1946, S. 327.
16 Lincoln (wie Anm. 4), S. 58.
17 MacAlister, R(obert) A(lexander) S(tewart) (Hrsg. und Übers.): *Lebor Gabála Érenn*. Dublin 1938–1956.
18 ›Tuath‹ bedeutet ›das Volk‹ bzw. ›der Clan‹. Für die Iren definieren sich daneben aber häufig auch Orte und Landschaften nach den ›Tuath‹, die in ihnen – zumindest zeitweise – leben, deswegen hat ›tuath‹ bisweilen auch eine – indirekte – geographische Bedeutung. Zudem, als eine Beschreibung à la »Der Ort, wo ein bestimmter Clan lebte« war dieser Zusammenhang sehr fließend, eben abhängig davon, wie es dem Clan letztlich dort erging, und wohin er ggf. weiterzog.

Zwischen drei Welten

19 Plummer, C.: »Life of Brendan of Clonfert.« In: *Bethada Náem nÉrenn Lives of Irish Saints*. Oxford 1922, S. 49.
20 Kinsella, Thomas: *The Tain*. Oxford 1969.
21 Praef. in Jerem. *lib. I and III*.
22 Der Text ist zu finden in Codex Boernerianus von dem irischen Mönch Sedulius geschrieben; vgl. Bernard, J(ohn) H(enry)/ Atkinson, R(obert): *The Irish Liber Hymnorum*. London 1898, S. 191 f.
23 Findon, Joanne: »A Woman's Words: Emer versus Cú Chulainn in Aided Óenfir Aífe.« In: *Ulidia*, hrsg. von J.P. Mallory und G(erard) Stockman. Belfast 1994.
24 Dieser Teil bezieht sich auf MacCana (wie Anm. 3), S. 145 ff.
25 Ó Catháin, Séamas/ O'Flanagan, Patrick: *The Living Landscape*. Dublin 1975.
26 Almqvist, Bo: »The Mélusine Legend in Irish Folk Tradition.« In: Boivin, Jeanne-Marie / MacCana, Proinsias: *Mélusines Continentales et Insulaires*. Paris 1999.
27 Hull, Eleanor: *The Poem-Book of the Gael*. London 1912, S.125.
28 Bergin, Osborne (Hrsg.): *Stories from Keating's history of Ireland*. Dublin 1925, S. 35.
29 MacCana (wie Anm. 3).
30 In der gleichen Weise zwingt die Heldin Gráinne Diarmuid, mit ihr von Fionn MacCumhaill wegzulaufen.
31 Zitiert nach Flower, R(obin): *The Irish Tradition*. Oxford 1947, S. 24 f.
32 »The Fate of the Children of Tuirenn.« In: Cross, T(om) P(ete)/ Slover, C(lark) H(arris): *Ancient Irish Tales*. Dublin 1969, S. 79.
33 Band 1715 pp 256–263 *Manuscript Collection* Department of Irish Folklore University College Dublin (irisches Original).
34 Stokes (wie Anm. 10), Bd. 4.
35 Dieser Abschnitt bezieht sich auf MacCana (wie Anm. 3), S. 151ff.
36 Corkery, Daniel: *The Hidden Ireland*.
37 Ein Beispiel hierfür befindet sich im Anhang 2.
38 Zimmermann, Georges Denis: *The Irish Storyteller*. Dublin 2001.
39 Der Slogan hieß »The sun never sets on the British Empire«.

Franz Vonessen

Die Heimat am Ende der Welt

Vorüberlegungen

Das Wort Heimat ist mit Vorurteilen belastet, von denen ich die Sache vorweg befreien muss. Zwar sind sie größtenteils positiv, aber auch positive Vorurteile behindern den Blick. Gero von Wilperts »Sachwörterbuch der Literatur« stellt fest, dass die Heimatdichtung erst angesichts der Gefahren von Industrialisierung, Vergroßstäterung und Dekadenz zu Bedeutung gekommen sei, und nennt als früheste, natürlich hochrespektable Vertreter dieser Gattung Gotthelf und Hebel, nach ihnen Stifter, Otto Ludwig und andere; aber vorherrschend, so fügt er hinzu, sei eine Literatur mit der Tendenz zu einseitiger, idealischer Schönfärberei, die direkt in die Blut- und Bodenliteratur des Dritten Reichs einmündete und seither »weitgehend belanglos« geworden sei, »da sie zum Großteil auf den überkommenen Positionen stagniert«.

Dies geht natürlich das Märchen nicht an, wohl aber vielleicht die Erwartung, mit denen wir die Stellung des Märchens zur Heimat aufsuchen dürfen. Vom Märchen wissen wir, dass es älter ist als die Industrialisierung. Das heißt, der Heimatbegriff, so wie wir ihn heute benutzen, spielt im Märchen auf keinen Fall die Rolle, die wir fast unwillkürlich erwarten. Er hat erst später seine emotionale Färbung erhalten. Vielleicht hilft uns die Sprachgeschichte, das zu verstehen.

Die alten Sprachen kannten das Wort Heimat nicht wirklich. Das Deutsch-Griechische Wörterbuch gibt für Heimat lediglich »Patrís«: »Vaterland«, »Oikos«: »Haus«, »Chōra«: »Feld, Landschaft«; und ganz ähnlich kennt das Deutsch-Lateinische Handwörterbuch für Heimat nur die Worte »domus«: »Haus« und »patria«: »Vaterland«. Demgegenüber ist die Geschichte des deutschen Wortes überaus aufschlussreich. Althochdeutsch »heímōti« hat eine ziemlich farblose Nachsilbe, -ōti, die wir vergleichbar in lateinisch -tus – vgl. »senatus«, »magistratus« – finden. Wie farblos diese Nachsilbe ist, zeigt ein Wort wie »eínōti«: »Einsamkeit«, also eigentlich »Einzigkeit«, »Alleinheit«. Aber nun geschieht etwas Faszinierendes. Die Mitglieder der Sprachgemeinschaft, also die Sprechenden, haben alle Worte, denen diese farblose Nachsilbe eignete, umgestaltet und die einzelnen Worte angeglichen an ihre Bedeutung. Dabei entstanden sozusagen Begriffsreime, die überaus lebensvoll sind. So wurde aus »eínōti« Einöde, aus »armōti« Armut, aus »kleínōti« Kleinod – und aus »heímōti« Heimat. Das sind lauter kräftige Sachreime. In »kleínōti«/ Kleinod hörte man mhd. »ōt«: »Besitz«, also wörtlich »Kleinwertbesitz«, in »eínōti« gleich Einöde die Öde, in »armōti« Armut den Mut, den man braucht, wenn man arm ist; und »heímōti« Heimat reimt sich auf Heirat oder auch Rat, wobei zu bemerken ist, dass *Rat* ursprünglich schon allein für sich »Heirat« bedeuten konnte. Das sind unglaublich sinnvolle Reimangleichungen von Worten an andere Worte mit verwandter oder auch weiterführender Bedeutung. In der Heimat ist Rat, und erst recht hat, wie auch Margarete Möckel in ihrem Beitrag bemerkt hat, Heimat mit Heirat zu tun, also mit Familie und dem Schutz, den sie bietet. Das sind allein schon Geschichten im Keimzustand, Kurzmärchen. Wie entschieden die Sprachgemeinschaft diese Worte an ihre tiefere Bedeutung angereimt hat, ersieht man auch daraus, dass »eínōti«: »Alleinheit, Einsamkeit«, ursprünglich ein Neutrum war, das »eínōti«, und erst später, um der Reimangleichung an Öde willen, feminin wurde: die Einöde.

Dies also ist der Hintergrund, auf dem wir das Thema zu sehen haben. Insofern wird es niemanden überraschen zu hören, dass das Wort Heimat in Grimms Märchen nicht vorkommt – oder sage ich vorsichtiger: ich habe es dort nicht gefunden. Aber die Sache ist natürlich vorhanden; und wie sie im Märchen erscheint, das müssen wir prüfen. Gehen wir aus von dem Inhalt des Worts. Heimat ist uns das schlechthin Erfreuliche; das Wort erinnert an Sicherheit, Glück, Paradies, an alles, was durch und durch lieb ist. Also ist sie das unbedingt Wünschbare. Aber wie alles Wünschbare gehört sie zu den Dingen, die nicht zu versichern sind. Es gibt kein einklagbares Recht auf Heimat, nur das Glück, sie zu haben, oder den Mangel, sie entbehren zu müssen. Und so weit sie mit dem Paradies zu vergleichen ist, muss man hinzufügen: Das Paradies geht immer verloren. Heimat ist also ein ungewisser Begriff. Ein Kind glaubt wohl zu wissen, was Heimat ist, und die Ausländerbehörde ist erst recht davon überzeugt. Aber die Eindeutigkeit dessen, was Heimat heißen darf, bricht für den Nachdenkenden rasch zusammen. Man kann allerlei Heimat nennen, was gar keine ist oder plötzlich keine mehr ist. Wir wissen das alle, darum muss ich nicht viele Worte darüber machen. Josef von Eichendorff hat alles Wichtige in einem Gedicht ausgesprochen, das den Titel hat »In der Fremde«:

Franz Vonessen

> Aus der Heimat hinter den Blitzen rot
> Da kommen die Wolken her,
> Aber Vater und Mutter sind lange tot,
> Es kennt mich dort keiner mehr.
> Wie bald, wie bald kommt die stille Zeit,
> Da ruhe ich auch, und über mir
> Rauscht die schöne Waldeinsamkeit,
> Und keiner mehr kennt mich auch hier.

Was in diesen Zeilen als Heimat aufscheint, ist der Gedanke an Vater und Mutter. Die Eltern bleiben im Herzen lebendig; aber der Ort ist gleichgültig geworden. Man kennt ihn zwar noch, jedoch die Fäden, die den Menschen einmal mit ihm verknüpften, sind brüchig geworden oder zerrissen, alte Nachbarschaften und Freundschaften sind zerronnen, womöglich vergessen. Vielleicht erinnert man sich, nicht ohne Dankbarkeit, an den einen oder anderen Freund als Begleiter der Jugendjahre; ja, wie man wohl sagt, man »hängt« noch an ihm; trotzdem hat diese Erinnerung keine Kraft mehr. Man konnte die Verbindung nicht wach halten. Selbst wenn man vermutet, dass die alten Freunde noch leben und sich auch ihrerseits freundlich erinnern, fürchtet man, ihnen lästig zu fallen. Diese Freundschaften hatten ihren Ort in der Zeit; und dem bleibt man zeitlebens ein bisschen verbunden. Jedoch liegt alles in einer Art Traumschleier, nichts zum Erwecken.

Also die Heimat, auch das Heimatgefühl, verblasst mit den Jahren. Sie hat viel mit Leib und Gemüt, erst mit Muttermilch und dann mit Mutters Küche zu tun, mit dem behüteten Wachsen an jenem Ort, den die deutsche Sprache mit schöner Bildlichkeit »Schoß der Familie« nennt; aber was bleibt am Ende von der Heimat übrig? Das Grab der Eltern. Jedoch an deren Begräbnis, oder sagen wir richtiger: an der Wertminderung ihrer Rolle, nimmt der junge Mensch selber frühzeitig teil. Er beginnt schon zeitig, seine eigenen Wege zu gehen, mindestens sie zu suchen. Was lässt er seine Eltern von sich selbst, von seinen Gedanken, Wünschen, Träumen und tiefsten Bestrebungen wissen? So gut wie nichts. Zum Austausch über die innersten Regungen, Sehnsüchte und Pläne sucht man sich frühzeitig Freunde; schon die Sechsjährigen sind stolz, einen Freund zu haben, beginnen die Weichen zu stellen, die sie später dahin führen, Abschied von der Heimat zu nehmen und, wie das Märchen es ausdrückt, »auf Abenteuer zu gehen«; der Abschied von der Heimat trägt seinen Sinn in sich selbst. Im gelobten Lande der Heimat lebend, strebt der junge Mensch doch hinweg; er begehrt nach dem angelobten Lande der

Zukunft. Darum verlässt der Mann, wie es in der Bibel heißt, »Vater und Mutter und hängt seinem Weibe an« (1. Mos. 2,24). Somit gründet er neue Heimat, oder findet sie eben bei seiner Frau. Wie gesagt, Heimat reimt sich auf Heirat.

Jetzt zeigt sich, dass wir den Gedanken umdrehen müssen. Ich sagte, Heimat sei das Geliebte. Aber umgekehrt ist es richtig: Was wir lieben, ist Heimat: Zunächst ist es – ich darf verkürzen – die Mutter, dann die Geliebte; zuerst hält uns das Elternhaus, später lockt uns die Fremde, und wir versuchen, sie zur Heimat zu machen, sie Heimat werden zu lassen. Die Begriffe geraten also in Bewegung; die Tatsachen stoßen uns aus der naiven Selbstverständlichkeit, mit der wir von Heimat zu sprechen gewohnt sind, heraus und lassen den Begriff fragwürdig werden. Auf jeden Fall ist Heimat nicht mit Vergangenheit gleichzusetzen. Wer hinter Stacheldraht, in Lagern aufwachsen muss, kann ein Heimatgefühl unmöglich entwickeln, auch nicht jemand, der sich mit seiner Umwelt, seiner Zeit, nicht abfinden kann. Man denke nur an Tucholskys Wort: »Mich hamm' se falsch geboren!« Was er mit diesem schnoddrigen Satz sagen wollte, ist klar: Er weigerte sich, seine Zeit als die seine anzuerkennen. Seine Feinde, die Hitlerleute, haben ihn darum als »heimatlosen Intellektuellen« beschimpft. Und damit hatten sie in gewisser Weise ja Recht, nur anders als sie glaubten. Letztlich fehlt vielen Menschen die Heimat. Damit komme ich auf den springenden Punkt.

Das Gelobte Land

Naturkundliche Bücher nennen uns die Heimat der Nachtigall, die Heimat der Spottdrossel. Sie sagen uns, wo der Waschbär zu Hause ist, und wo die Riesenheuschrecke. Auch der Mensch hat in dieser Art Heimat gehabt. Früher meinte man wohl, das Neandertal, heute, Afrika sei die Heimat des Menschen. Nach einer solchen Art Heimat sehnen wir uns natürlich nicht mehr zurück; im Gegenteil, heute sind wir in der ganzen Welt zu Hause und bedauern das nicht. Trotzdem hat der landläufige Heimatbegriff, den wir unmittelbar verständlich finden, immer mit Herkunft zu tun. Aber das ist nur sehr bedingt richtig. Es gibt eine Heimat, die erst gesucht werden muss. Darüber hat unseren Vorfahren am meisten die Bibel gesagt. Wie der Mann, dem Schöpfungsauftrag zufolge, Heimat bei seinem Weib finden soll, so hat Gott den Kindern Israel durch die Propheten schon früh eine Heimat in der Zukunft versprochen. Der Ausdruck »das Gelobte Land« meinte ja nicht ein zu lobendes, obwohl es von vornherein für sehr lobenswert galt, sondern es meinte ein angelobtes, ein verheißenes, versprochenes Land: »Der Herr sprach: Ich habe das Elend meines Volkes in Ägypten wohl gesehen... darum bin ich herniedergestiegen, sie aus der Gewalt der Ägypter zu erretten, und sie aus jenem Land herauszuführen in ein schönes weites Land, in ein Land, wo Milch und Honig fließt...« (2. Mos. 3,8).

Hier also wird Heimat in die Zukunft verlegt. Nicht das Paradies ist die Heimat, sondern ein Land, zu dem man auf jahrzehntelangem Weg durch die Wüste hinstreben muss. Es wäre verkehrt, diesen Weg zur künftigen Heimat für einen einmaligen Einfall der Bibel zu halten. Auch in vielen Märchen wird Heimat in der Zukunft – oder umgekehrt: die Zukunft als neue Heimat, sogar als wahre Heimat gesucht. Sie suchen die Zukunft, heben weithin nicht auf Herkunft und Vergangenheit ab. Die Mehrzahl der Märchen setzt ja, nach Schilderung der Ausgangslage, überhaupt erst damit ein, dass der Held mit tiefer Überzeugung die Heimat verlässt: »Wir wollen uns auf unsere Rosse setzen und in die Welt ziehen«, teilen die Goldkinder ihrem Vater mit, und zahlreiche Märchengestalten reden und handeln ihnen gleich. Sogar der kleine Däumerling erklärt mit Bestimmtheit: »Vater, ich soll und muss in die Welt hinaus«, so als ob ein Schicksal ihn triebe.

Zu dieser Entschlossenheit, die Heimat zu verlassen, gehört auch ein zweiter Punkt. Einer romantischen Auffassung von Heimat läge es wohl nahe zu glauben, am Ende des Märchens müssten die Kinder wieder zu ihren Eltern zurückkehren, um Wiedersehen zu feiern, gewissermaßen als Happy End. Aber davon ist keine Rede. Wer Lust hätte, die Motive zu zählen, würde vermutlich herausfinden, dass die Märchenhelden, die gar nicht daran denken, die Heimat je wiedersehen zu wollen, denen, die zurückkehren, zum Beispiel um ihre Königsherrschaft anzutreten, ziemlich genau die Waage halten. Auf die Heimkehr also kommt es nicht an. Im Gegenteil, die Königskinder, die schnell noch einmal nach Hause wollen, um ausführlich auf Wiedersehen zu sagen, werden hart bestraft. Friedrich Georg Jüngers Weisung, man solle lernen, ohne Abschied wegzugehen, oder Rilkes Mahnung, »Sei allem Abschied voran«, hat eine lange Tradition, und fast scheint es, als denke das Märchen hier ähnlich wie die Bibel über Lots Weib, das den Blick zurückwirft und zur Salzsäule wird (1. Mos. 19,26).

Angesichts dieser Sachlage stellt sich die Frage, ob das Märchen überhaupt wesentlich mit Heimat zu tun hat. Aber die Frage ist falsch gestellt. Um sie zu erörtern, müssen einige Irrtümer zurechtgerückt werden. Ich sage: Die Märchen haben eine höhere Heimat im Blick

Die Heimat am Ende der Welt

als Elternhaus und Schwarzwaldtal; die biographische Heimat ist nur ein Symbol, vielleicht bloß ein Schattenbild für jene wahre Heimat des Menschen, die das Märchen im Blick hat. Es lehrt uns, und zwar besser und unzweideutiger als die meisten anderen Lehrer, zu verstehen, wo wir in Wahrheit daheim sind. Wäre die Geburtsheimat wirklich die Heimat, dann wäre es ein Zufall, ob einer Heimat hat, oder ob sie ihm fehlt. Dagegen die Heimat, von der das Märchen spricht, hat jeder. Wie gesagt, ist für viele Menschen der Begriff Heimat, biographisch verstanden, ein leeres Wort, ein standesamtlicher Zufall. An dem und dem Ort, zu dem und dem Zeitpunkt, von der und der Mutter geboren zu sein, ist für manchen bloß ein Datum, ihn verbindet damit kein Heimatgefühl. Aber auch wer Heimat hatte oder immer noch hat, möchte nicht darauf verzichten, von der wahren Heimat zu träumen. Und eben das tun wir auch alle; wir träumen von ihr; bloß machen wir uns nicht klar, dass wir von Heimat träumen.

Unser Leben ist kein Haag, keine Hege. Der Rosenhaag, diese märchenhafte Verklärung der Heimat, gebührt nur der Jungfrau mit ihrem Kind. Dagegen die Welt, in der wir leben, hat nicht den Charakter der Heimat. Wohl mag die Schöpfung als Heimat gedacht sein, aber die Welt der Menschen ist kein Heim, sondern un-heimlich; und die relativ wenigen Menschen, denen es gut geht, sollten nie die Unheimlichkeit vergessen, die ihnen seit der Globalisierung des Erdballs noch viel näher gerückt ist, die sozusagen Wand an Wand wohnt mit ihnen. Für die zahllosen Stiefkinder des Lebens, die die Erde bevölkern, hat »Heimat« nichts Heimatliches: Sie leben unter der Herrschaft des Unrechts. Gewalt, Unterdrückung, Betrug, Vergewaltigung, sogar Sklaverei im wörtlichen und übertragenen Sinne, herrschen überall auf unserem Erdball; und wenn unsereiner es auch recht gut und behaglich, be-hag-lich hat, so müssen gerade für dieses Wohlsein an anderen Stellen der Erde viele Millionen Kinder Schwerarbeit leisten, und Abermillionen verhungern. Von Heimat im romantischen Sinn ist nur in relativ wenigen Fällen die Rede. Wer das verstanden hat, kann das Wort nicht mehr mit der Naivität des Volksliedes aussprechen.

Aber selbst diese Zahl reduziert sich, wenn wir bedenken, in wie vielen Familien nicht die Liebe, sondern wenigstens zum Teil auch der Neid, also die Stiefgesinnung zwischen einzelnen Mitgliedern herrscht. Ob es die Mutter ist, die ein anderes Kind mehr liebt als uns, ob der Vater oder irgendein Geschwister, das sich schädlich verhält – fast immer sitzt ein Wurm im Apfel der Jugend. Das Märchen erzählt uns tausendfältig davon. Aber wir sollten uns klar machen, dass Stiefgesinnung nicht nur im Märchen vorkommt, sondern eine beinahe allgegenwärtige Realität ist. Dass die Stiefmutter selbst nur das berühmte Symbol jener Stiefgesinnung ist, die auf Erden herrscht, habe ich in einer früheren Arbeit gezeigt und sage jetzt nur: Der Neid ist eine Lebensmacht – ja, die herrschende Weltmacht; und überall wo Neid herrscht, ist Heimat nicht möglich. Die Stiefmuttergeschichten berichten fast alle von der Unmöglichkeit einer Heimat am Orte der Herkunft. Aber das soll keine Entmutigung sein. Im Gegenteil: sie versprechen uns, dass eine Heimat in der Zukunft erhofft werden darf.

Die Insel Utopia

Die Frage ist nur: wo ist diese Heimat? Für Rose Ausländer, wie Linde Knoch sie schildert, liegt sie im Wort (siehe ihren Aufsatz in diesem Band). Die Dichterin blieb auch in der Fremde, als Vertriebene, das dankbare Kind unserer Muttersprache, der Mutter Sprache. Das ist eine beglückende Einsicht für viele. Aber sie scheint mir doch nur für solche Menschen, die wirklich, wie man sagt, »aus der Sprache leben«, zu gelten. Es ist sozusagen eine aristokratische Weise, Heimat zu haben. Dagegen unsere Jugendlichen mit ihrem Neusprech haben diese Heimat längst verlassen. Auf einen Menschen, der sie liebt, kommen Tausendschaften von fröhlichen Auswanderern, die solcherart Heimat nicht brauchen.

Ich könnte mir denken, dass es möglich ist, noch mehrere derartige, für besondere Menschengruppen gültige Formen von Heimat zu nennen. Aber es muss eine Heimat geben, die allen Menschen gleichermaßen und unverlierbar gemein ist. Und ich sage, sie muss dort sein, wo die unversieglichen Quellen der menschlichen Hoffnung daheim sind. Gewiss mag es vielerlei geben, worauf sich menschliche Hoffnungen richten; aber zuerst und zuletzt gibt es nur einen einzigen Ausdruck dafür, der alles zusammenfaßt – ein Wort, in dem sich die Sehnsucht der Menschen wie in einem Brennglas versammelt. Und dieses Wort heißt: Gerechtigkeit. In der Sehnsucht nach Gerechtigkeit sind wir daheim. Der allgegenwärtige Neid, die Stiefgesinnung der Menschen untereinander, ist der weltbeherrschende Zustand, den wir fliehen und fürchten; aber das was wir suchen, wovon wir träumen, ist eine Welt der Gerechtigkeit, eine Welt ohne Neid. Und von dieser erzählt uns die große Menge der Märchen. Sie loben die Gerechtigkeit und sprechen in tausend Zungen davon. Das heißt: Sie glauben an die Gerechtigkeit, sogar an eine, die so überschwänglich ist, dass auf Erden keine Stätte für sie gedacht werden kann. Diese Märchen sind es, die dem Kind das Wissen um die Gerechtigkeit nahe bringen, mehr noch: die Sicherheit, dass es Gerechtigkeit gibt. Sie lehren das Kind, was viele Eltern nicht lehren, und was die Eltern, die es lehren, das Kind kaum besser lehren können als durch das Erzählen von Märchen.

Indem wir Märchen erzählen, lehren wir das Kind auf Gerechtigkeit achten, an Gerechtigkeit glauben, lehren es die Freude an der Idee der Gerechtigkeit und die Zuversicht, dass die Gerechtigkeit siegt, sei es auch erst nach dem Tod; denn vergessen wir nicht, wie viele Märchengestalten, die gerade nicht im Mittelpunkt der Erzählung stehen, sterben müssen, ehe die Gerechtigkeit hergestellt ist. Auch der »lütje Jung«, dessen Knochen unter den Machandelboom gelegt werden: er erlebt die Gerechtigkeit in Wahrheit ja nicht mehr (es sei denn, dass man die symbolische Rede der Märchen so wörtlich nimmt, wie man keinesfalls darf). Dass der tote Junge erst zum Vogel und erst dann völlig wiederhergestellt wird, ergibt nur als Gerechtigkeit nach dem Tod einen Sinn! Der Vogel ist ja nach alter Lehre die Seele, und aus der Seelenwelt kommt auch die Strafe über die Stiefmutter. Die anderen aber werden am Ende wieder fröhlich vereint. Wie der kindlich fromme Runge, der beim Singen gewisser Kirchenlieder die Tränen nicht zurückhalten konnte, über sein Märchen dachte, können wir ahnen: Das Wiedersehen im Himmel, für ihn die wahre Heimat des Menschen, war ihm feste Gewissheit.

Auf jeden Fall fühlt der Mensch sich nirgendwo anders als dort zu Hause, wo die Gerechtigkeit herrscht. Aber auf Erden herrscht sie niemals unumschränkt, immer nur teilweise – bestenfalls teilweise. Nur im Märchen findet der Mensch die Gerechtigkeit ganz so, wie er sie aus tiefstem Herzen erträumt. Darum könnte man sagen, dass für nicht wenige Kinder die wahre Heimat – das Märchen ist. Freilich die einzelnen Märchen mögen wir später vergessen. Aber die Sehnsucht nach der Gerechtigkeit, die sie gelehrt haben, bleibt uns. Im Übrigen haben wir erst ganz wenig verstanden, wenn wir sagen, der Mensch sehne sich nach Gerechtigkeit. Vielmehr müssen wir begreifen, was das bedeutet, dass er sich sehnt. Der Hunger nach Gerechtigkeit liegt in seiner Natur; er kommt damit auf die Welt, das Gerechtigkeitsgefühl muss er so wenig wie die Liebesgefühle erlernen. Was er zu lernen hat, ist nur, jene Gerechtigkeit, die er jederzeit für sich selber wünscht und erwartet und oft genug sogar fordert, auch allen anderen zu gewähren. Und das ist, wie wir wissen, sehr schwer; von keinem wird es völlig erreicht.

Der Neid unter den Menschen ist groß. Jedoch das Ideal bleibt; denn die Gerechtigkeit ist, platonisch gesprochen, eine Idee, die zugleich mit den Menschen, mit jedem Menschen, auf die Welt kommt. Insofern hat Leibniz von eingeborenen Ideen gesprochen. In der Tat, die Idee der Gerechtigkeit – und damit auch die Sehnsucht nach ihr – liegt zutiefst in unserem Wesen. Aber wo finden wir sie auf Erden? Dass die Idee in uns steckt, unverlierbar, beweist, dass sie mindestens im menschlichen Herzen eine verlässliche Wohnstatt, eine »Heimat«, besitzt. Aber ein nie ganz zerstörbarer Glaube, der durch das Märchen gestützt wird, geht dahin, dass die Gerechtigkeit nicht nur in unseren Hoffnungen, Wünschen und Träumen existiert, sondern tatsächlich irgendwo in der Wirklichkeit, irgendwo in der Welt. Eine Wirklichkeit aber, die er nicht kennt, und die es doch geben muss, sucht der Mensch, und zwar seit Menschengedenken, an den letzten Grenzen der Erde. Schon seit ältesten Zeiten, im Mythos, wird als Ort aller Dinge, die man, wie Thomas Morus sagt, »mehr wünschen als erhoffen« kann, das Ende der Welt angesehen.

Insofern sind für unser Thema alle Geschichten wichtig, die vom Ende der Welt handeln, oder in denen der Märchenheld bis ans Ende der Welt gehen muss, um sein selbst gesetztes Ziel zu erreichen. Ja, schon die Bereitschaft, bis zur allerletzten Grenze zu gehen, auch wenn diese Bewährung dann glücklicherweise gar nicht verlangt wird, muss man hier zurechnen. Zum Beispiel in dem Märchen »Die zwölf Brüder« ist die Königstochter, die einen Stern auf der Stirn trägt, entschlossen, das Äußerste, was möglich ist, zu tun, um ihre Brüder zu erlösen: »Ich will gehen, so weit der Himmel blau ist, bis ich sie finde.« Das heißt, ihr Vertrauen ist unumstößlich, dass es spätestens am Ende der Welt gelingen muss, all-alles in Ordnung zu bringen. Dasselbe Versprechen finden wir in dem Märchen »Das Mädchen ohne Hände«. Der Teufel verfolgt sein Opfer mit der finsteren Rache des Überlisteten; zwar kann er die Unschuld des Mädchens nicht überwinden, wohl aber kann er der jungen Frau unsägliches Leid zufügen. Am Ende fällt auch ihr Ehemann, der König, auf die Täuschung, mit der der Teufel ihm zusetzt, herein. Als er das endlich begreift und seine Schuld, seinen Anteil am Elend seiner schuldlosen Gemahlin erkennt, ist seine Reue unermesslich: »Ich will gehen, so weit der Himmel blau ist, und nicht essen und nicht trinken, bis ich sie wiedergefunden habe.« Natürlich würde der König, ohne mindestens Wasser und Brot zu haben, im Ernst nicht weit kommen; daran Mangel leiden zu sollen, kann nicht gemeint sein, und die Kinder, denen man die Geschichte derart erzählt, verstehen das auch. Darum deute ich diesen Satz so, dass der König schwört, seinen Hunger und Durst nach Gerechtigkeit auf keine andere Weise zu stillen und keinen Ausgleich anzunehmen, bis er seiner armen, schuldlosen Frau die Gerechtigkeit verschafft haben würde, die ihr gebührt.

Zu meiner Überraschung habe ich die Wendung »bis ans Ende der Welt« in den Märchen der Brüder Grimm nur zweimal gefunden.[1] Wohl gibt es Andeutungen wie die, dass nach endlosen Wanderungen einzig Sonne, Mond und Nachtwind es sind, die den hilfreichen Rat geben und die Rettung einleiten können. Aber wie immer zeigt sich, dass die Märchen von den alten Wahrheiten weiter entfernt sind als die Geschichten der Alten. In der Antike ist das Ende der Welt in vielen Mythen, Märchen und Legenden dargestellt worden. Am Ende der Welt liegt das Paradies; am Ende der Welt lag für die alten Juden der Garten Eden; am Ende der Welt ist die Insel der Seligen. Am Ende der Welt, nämlich über den Boreas, den Nordwind hinaus, wohnen die Hyperboreer; und das waren die glücklichsten aller Menschen. Am Ende der Welt wohnen auch die Gabier, das gerechteste und gastfreundlichste aller Völker, die ihre Felder nicht bearbeiten müssen, da sie die Erde nicht entweiht haben und der Boden ihnen darum alles freiwillig trägt.[2] Am Ende der Welt wohnen auch die Hesperiden, die den Baum mit goldenen Früchten, also den Sternenhimmel, bewachen. Kurzum, an allen Enden der Welt wohnen friedliche Völker, die Streit und Krieg gar nicht kennen; am Ende der Welt ist die Gerechtigkeit, die vielgesuchte, daheim. Dort ist die Heimat, von der wir träumen.

Im Zusammenhang mit Alexander dem Großen wurden viele Geschichten, die hierher gehören, erzählt. Dessen Kriegszüge gingen ja bis in Länder, so weit entfernt, dass sie für die Zeitgenossen kaum noch vorstellbar waren, also sozusagen am Ende der Welt lagen. So erklärt sich, dass etliche Geschichten von Alexanders Reisen zu den Grenzen des Weltalls erzählt wurden. Es hieß sogar, er sei bis zu den Toren des Paradieses gelangt; aber da an den Grenzen der Welt die Kraft aller Weltherrscher endet, kam auch er nicht hinein; sie schenkten ihm nur einen Totenschädel, als Symbol der Vergänglichkeit jener Welt, über die sich seine Herrschaft erstreckt, und wohl auch als Symbol der Vergänglichkeit seiner Herrschaft selbst.[3]

Ich erzähle eine andere Geschichte dieser Art[4], die berichtet, wie Alexander am Ende der Welt auf ein Volk traf, das ganz und gar in Gerechtigkeit lebte. Er kam zu dem König Kazja, »Grenzherr«, der so hieß, weil er am äußersten Ende der Welt wohnte. Dieser König empfing Alexander mit einem goldenen Brei auf einer goldenen Schüssel. Brauche ich denn dein Gold?, sprach Alexander. Wenn du in deinem Land zu essen gehabt hättest, erwiderte der König, so würdest du nicht hierher gekommen sein. Es lässt sich verstehen, was das

Franz Vonessen

Märchen mit dieser Bemerkung sagen will: Ein gerechter Herrscher kann sich gar nicht vorstellen, dass ein anderer sich ohne Not zu Kriegszügen aufmacht. Alexander, der die gute Meinung seines Gastgebers offenbar nicht verderben wollte, wich zurück und erklärte: Ich bin gekommen, um euer Gerichtsverfahren kennen zu lernen. Also wohnte er einer Sitzung bei. Da kamen zwei Männer, von denen der eine gegen den anderen folgende Klage vorbrachte. Ich habe, sprach der Kläger, von diesem Manne ein Feld gekauft und einen Schatz darin gefunden; der ist nicht mein, denn ich habe nur das Feld gekauft, nicht aber den Schatz. Der Beklagte dagegen erwiderte: Mit dem Felde habe ich zugleich alles, was es enthält, verkauft. Da fragte der Richter den einen: Hast du einen Sohn? Ja! Und den anderen: Hast du eine Tochter? Ja! Wohlan, so mag dieser dein Sohn die Tochter jenes Mannes heiraten und das Geld den beiden gehören! Der Richter sah, dass Alexander über das Urteil betroffen war, weshalb er an ihn die Frage stellte: Warum bist du betroffen, habe ich nicht recht entschieden? Oh gewiss!, erwiderte Alexander ausweichend. Und der Richter fuhr fort: Wenn der Fall bei euch vorgekommen wäre, wie würdet ihr entschieden haben? Wir würden beide hinrichten und den Schatz für den König beanspruchen. Darauf fragte der Richter: »Scheint auch bei euch die Sonne? Ja! Regnet es auch bei euch? Ja! Gibt es bei euch auch Tiere? Ja! Verwünscht sei der Mann, sprach der Richter, so scheint nicht euretwegen über euch die Sonne, und es regnet nicht euretwegen, sondern nur wegen der Tiere.«

Heimat der Seele

Dieser Geschichte ist nichts hinzuzufügen. Lediglich eine Frage möchte man stellen: Ist Gerechtigkeit also »bloß ein Märchen«? Ich glaube das umso weniger, als ja auch das Märchen »kein Märchen« ist, sondern verschlüsselte Wahrheiten mitteilt. Gerechtigkeit mag in der Tat ein Schatz sein, den man unverfälscht nur auf der Insel Utopia findet, wie Thomas Morus sie nannte: an jenem Orte, den es nicht gibt. Aber ortlos sieht die Sache nur aus, wenn man sie von unten betrachtet, aus dem Aspekt der Ungerechtigkeiten des irdischen Lebens. An eine »richtige Heimat« möchte man auch in diesem Fall glauben. Die aber müsste heißen: die Heimat der Seele! Jedoch – wo hat die Seele Heimat, wo ist sie zu suchen?

Bekanntlich hat Gagarin den Weltraum abgesucht und dort weder einen Himmel noch sonst etwas Heimatliches gefunden. Ihm vergleichbar suchen die aufgeklärten Naturwissenschaftler die Seele im

Gehirn, wo sie, offenbar gut versteckt im innersten Winkel irgendeiner Gehirnwindung, zu finden sein müsse. Aber wenn das wirklich so wäre, hätte die Seele überhaupt keine Heimat; denn das Gehirn ist ein, wenn auch wundervoll organisiertes, Labyrinth; und wer schon einmal Gehirn von Tieren in Händen gehabt hat, weiß, es ist wie Matsch, also in Bachofens Sinne ein Urschlamm. Aber weder nach einem Labyrinth noch nach Schlamm, engl.»slum«, kann einer sich sehnen; von dort flieht man nur weg (wenn man kann). Jedoch immer, zu allen Zeiten und in allen Ländern der Erde, hat die Menschheit an einen besseren Ursprung der Seele geglaubt. Wie die alten Chinesen vom Verstorbenen sagten: Er ist aufgestiegen und niedergefahren, niedergefahren ist der tote Körper, aufgestiegen die Seele.[5] Wohin? Wir wissen es nicht. Jede Religion, jeder Glaube, hat andere Erklärungen vorrätig; aber immerhin – aufwärts denken sie alle, und das gibt zu denken. Alle sind sich in dem einen Punkt einig, die Heimat der Seele sei höher gelegen als die des Leibes; zwar wird auch sie gedacht am Ende der irdischen Welt, aber irgendwie oberhalb, ohne dass dabei eine Wolken- und Himmelsmythologie ins Spiel kommen müsste.

In diesem Zusammenhang ist eine Beobachtung der Jugendpsychologie wichtig. Es hat sich herausgestellt, dass erstaunlich viele Halbwüchsige mit dem Traum spielen, vertauschte Kinder zu sein – in der Klinik verwechselt oder sonst wie untergeschoben. Nun mögen das unreife Phantasien sein, die meist ja auch ganz geheim bleiben. Aber die Ursache ist essentiell: Man denke nur an die vielen Märchen, wo Königskinder im Walde ausgesetzt und von Fremden, die sie für ihre Eltern halten, aufgezogen werden. Genau dazu gehören dieser Art Phantasien. Wirklich träumt mancher davon, zwar – nicht gerade ein Königskind, aber jedenfalls hochgeboren, von edler Herkunft zu sein. Solche Träume, wie gesagt, mögen ganz kindische Züge haben, aber sie sind nicht sinnlos. Es sind letzte Reminiszenzen der uralten Überzeugung, dass unsere Seele nicht einfach »zu Hause« daheim ist, dass jeder Mensch von vornehmster Abstammung, nämlich – ein Gotteskind sei.

Bei dem altgriechischen Philosophen Empedokles steht der verblüffende Satz: »Ach, wie weinte und jammerte ich, als ich den ungewohnten Ort erblickte« (B 118). Gemeint ist der Geburtsort. Nach dieser jahrhundertelang wirksamen Vorstellung wird der Mensch nicht in eine Heimat, sondern in die Fremde hineingeboren; und dass alle Kinder bei der Geburt weinen, ist für diese Anschauung ein berühmter Beleg. Natürlich gewöhnen sich die Kinder ans Fremde und lernen bald, es Heimat zu nennen. Aber es ist wirklich nur eine »angelernte Heimat«, nicht die Heimat schlechthin. Und indem sie diese Urfremde Heimat zu nennen, als Heimat zu empfinden lernen, vergessen sie die wahre Heimat, die der Seele.

Davon spricht eine berühmte spätantike Geschichte, »das Lied von der Perle«; Hans Jonas hat sie als »Märchendichtung von einzigartigem Zauber« bezeichnet. Von diesem Gedicht konnte übrigens glaubhaft gemacht werden, dass es über mehrere Zwischenglieder hinweg zu der mittelalterlichen Sage vom Gral entfaltet worden ist. Den Inhalt kann ich nur andeuten. Der Sohn wird von den königlichen Eltern auf die Erde gesandt, um dort die wertvolle Perle zu finden. Mit dem Sohn ist die Seele gemeint, weshalb das Gedicht meistens auch »Seelenhymnus« genannt wird.[6] Er kommt auf die Erde und weiß um seinen Auftrag; aber indem er die Speise der Irdischen zu sich nimmt, schläft er, wie wir es ähnlich aus vielen Märchen kennen, ein und vergisst alles. Erst als ihm die Eltern einen Brief schicken, um ihn zu erinnern, wird er wach. Nun werden aufgeklärte Kritiker fragen: Wie kann ein Schlafender Briefe lesen? Darauf lässt sich antworten. Nur der Schlafende bekommt solche Briefe, denn mit dem Schlaf ist ja das irdische Leben gemeint, welches die Menschen in der Art verbringen, dass sie zwar überaus wach ihre irdischen Ziele verfolgen, aber über ihre innersten Bedürfnisse wegschnarchen. Und zweitens ist der Brief ein besonderer Brief. Im Talmud lesen wir: »Jeder ungedeutete Traum ist wie ein ungelesener Brief.«[7] Also der Traum weckt den Schläfer, weil er begreift, er hat eine Botschaft erhalten. Und damit setzt dann – ich kann es nicht genauer referieren – das Rettungswerk ein, durch das die Seele nach erfülltem Auftrag zu ihrem Vater, dem König, zurückfindet.

Nur nebenbei kann ich bemerken, dass diese Geschichte nicht bloß eine gewisse Ähnlichkeit mit der vom Gral hat. Viel näher noch liegt die Erinnerung an das biblische Gleichnis vom verlorenen Sohn, der, erst nachdem er so weit gesunken ist, mit den Schweinen die Nahrung teilen zu müssen, wach wird und den Heimweg einschlägt. Aus diesem Gleichnis ist eine unvergleichliche Vielzahl von Varianten hervorgegangen; neben das wundervolle »Lied von der Perle« stellt sich zum Beispiel auch das einzigartige Gemälde, das Hieronymus Bosch dem Thema gewidmet hat.

Dieser Art von Geschichten wollen alle eine Deutung des menschlichen Lebens geben. Der Mensch ist höherer Herkunft, als er selber weiß; aber ich glaube, es gibt genug Möglichkeiten, darüber unterrichtet zu werden. Zum Beispiel durch die Märchen. Viele Märchen,

Die Heimat am Ende der Welt

die von einem König handeln, umspielen dieses selbe Motiv; dazu habe ich in meiner Arbeit über den wahren König vieles gesagt. Aber ich gebe jetzt einem Manne das Wort, dem viele, die sich ernsthaft mit dem Märchen beschäftigen, Großes zu danken haben. Ich meine meinen hochgeschätzten Nachbarn und Freund Rudolf Geiger, der vor drei Jahren neunzigjährig verstorben ist, und der in diesem Jahr mit seinem »Rückblick in mein Leben« noch einmal zu uns spricht. Geiger hat die »Chinesischen Geister- und Liebesgeschichten«, von Martin Buber herausgegeben, mit einem Bildtypus in Verbindung gebracht, der vor ca. tausend Jahren in China eine große Bedeutung gehabt hat – Rollbilder der Sung-Periode: Darstellungen, die ganz schmal sind, etwa drei- oder viermal so hoch wie breit, aber die Höhe der Wand füllend und immer dasselbe Motiv umkreisend. Vor unseren Augen erhebt sich eine beinahe senkrechte Landschaft, ein Gebirgsstock, so steil, dass man ihn nur mit dem Glasberg unserer Märchen vergleichen kann, zwar nicht glatt, aber unerhört schroff und wuchtig[8]; Felsen türmen sich mit tödlichen Abstürzen, teils nackt, teils auf den Klippen mit Bäumen bewachsen; einige Partien sind durch Nebelschwaden verhüllt. Unten tritt ein reißender Wildbach zutage, über den ein einfacher Steg führt; und ein Wanderer, gebeugt unter seinem Gepäck, betritt ihn gerade. Er eilt auf einem Weg, der mählich bergauf führt; doch ein paar bescheidene Hütten sind nahe erreichbar. Aber dann wird der Weg steil und verliert sich für das Auge, aber es gibt ihn; denn ganz oben über einem Nebelstreifen, und zwischen Bäumen, ist ein First zu erkennen: Dachlinien, die auf manchen Bildern eine Klause, auf anderen ein größeres Gebäude anzudeuten scheinen. Diese großartige Darstellung, ein Bild mit Märchenaussage, habe ich in manchem Museum bestaunt, aber nie zu verstehen versucht. Jetzt, bei Geiger, fand ich eine Deutung, die befriedigen könnte: »Der da über die schmale Brücke stapft, dieser [in der sich riesig türmenden Landschaft] verschwindend unscheinbare Mensch Wanderer ist auf dem Heimweg, er will nach Hause. Diese Bilder sind Signaturen eines Verlangens nach Heimkehr, der Heimkehr aus dem Unterwegs ins Geborgene, Umfangende, sei es in eines der bescheidenen Hüttengemächer der unteren Region, sei es für den, der Kraft hat, weiter zu wandern und zu steigen, in die oberen Gefilde.«[9]

Mit diesen Worten deutet Rudolf Geiger auf die Heimat der Seele. Er sieht sie zweistufig, teils im Schattental, teils auf einer lichten, offenbar schwer zu erreichenden Höhe. Natürlich – die Wahrheit kennen wir nicht. So wenig Genaues die Christen über den Himmel wissen, so wenig teilen auch diese »heidnischen« Bilder uns mit. Insofern behält ein alter Spruch, der genau dies zu Wort bringt, noch immer sein Recht:

> Ich komm' – weiß nit woher,
> ich geh' – weiß nit wohin,
> ich bin – ich weiß nit wer.
> Wie kommt es, dass ich fröhlich bin?

Wenigstens auf diese Frage lässt sich Antwort geben. Fröhlich sind wir, weil wir zuversichtlich sind, dass wir nicht in jenen Slums zu Hause sind, in denen uns die Gehirnforscher suchen, sondern dass wir eine Heimat haben, die unendlich viel besser ist – ja, die den Namen Heimat sogar im höchsten aller Sinne verdient.[10]

Anmerkungen:

1 KHM 25, ähnl. KHM 17.
2 Kerényi, Karl: *Die Heroen der Griechen*. Zürich 1958, S. 190 u.ö.
3 *Babylonischer Talmud*, Traktat Tamid 32 b.
4 *Midrasch Bereschit Rabba*, dt. v. August Wünsche. Leipzig 1881, S. 143.
5 Leibniz, Sendschreiben über die chinesische Philosophie an M. de Remond, c. 59.
6 Thomasakten c. 108 ff (Hennecke).
7 *Babylonischer Talmud*, Traktat Berakoth IX 55 a.
8 Zum Vergleich mit dem Glasberg ist zu bemerken, dass die Glätte des Berges nichts Zwingendes hat. Selbst die Brüder Grimm, die Sammler der Märchen, führen im Deutschen Wörterbuch das Stichwort nicht auf; das Alphabet geht von Glas gleich weiter zu Glaseis. In diesem Zusammenhang ist der Hinweis auf eine Abbildung von Interesse, die vollständig den erwähnten chinesischen Darstellungen entspricht. Im Cod. Phil. Graec. 4 der Wiener Nationalbibliothek, einer frühen neuzeitlichen Abschrift der Nikomachischen Ethik des Aristoteles, ist als Titelbild zum 2. Buch von der Hand des Reginaldo Pirano da Monopoli (um 1500) ein steiler Felsberg dargestellt, auf dessen Spitze die Tugend thront, die von teils bekleideten, teils nackten Gestalten unter Mühen und Gefahren erstrebt wird. – Nutzliches zum Thema ist auch zu lernen aus dem Aufsatz von Otto Huth: »Der Glasberg«. In: *Symbolon* II (1961), S. 15 ff.
9 Geiger, Rudolf: *Rückblick in mein Leben*. Hamborn 2002, S. 120 f.
10 Eine besonders naive, aber liebenswerte Form hat diese Gewissheit in jenem Vers gefunden, den, wie Thornton Wilder berichtet, die puritanischen Kinder Amerikas in ihre Schulhefte schrieben, und den er seinem Helden Brush in den Mund gelegt hat:

> George Brush is my name;
> America's my nation;
> Ludington's my dwelling-place
> and Heaven's my destination.

Abkürzungen von Literaturangaben

AaTh   Aarne, Antti/ Thompson, Stith: *The Types of the Folktale. A Classification and Bibliography.* Helsinki 3. Aufl. 1973.
BP   Bolte, Johannes/ Polívka, Georg: *Anmerkungen zu den Kinder- und Hausmärchen der Brüder Grimm.* Bd. I–V. Leipzig 1913–1932, Nachdruck Hildesheim 1963.
EM   *Enzyklopädie des Märchens.* Handwörterbuch zur historischen und vergleichenden Erzählforschung. Herausgegeben von Kurt Ranke u.a. Berlin–New York 1977 ff.
FFC   *Folklore Fellows Communications* (Schriftenreihe). Helsinki 1907 ff.
HDA   Hoffmann-Krayer, Eduard/ Stäubli Hanns: *Handwörterbuch des deutschen Aberglaubens.* Bd. 1–10. Berlin/ Leipzig 1927-1942, Nachdruck Berlin 1986.
HDM   *Handwörterbuch des deutschen Märchens.* Bd. 1-2. Herausgegeben von Lutz Mackensen. Berlin–Leipzig 1930–1940.
KHM   Brüder Grimm: *Kinder- und Hausmärchen.* Zitiert nach der Großen Ausgabe von 1857; verschiedene Ausgaben sind genannt.
Mot.   Thompson, Stith: *Motif-Index of Folk-Literature. A Classification of Narrative Elements in Folktales, Ballads, Myths, Fables, Mediaeval Romances, Exempla, Fabliaux, Jest-Books and Local Legends.* Copenhagen 1955.
MSP   *Märchenspiegel. Zeitschrift für internationale Märchenforschung und Märchenpflege.* Herausgegeben von der Märchen-Stiftung Walter Kahn. Bayersoien 1990 ff.
VEMG   *Veröffentlichungen der Europäischen Märchengesellschaft.* Kassel 1980 ff., seit 1998 München (Diederichs).

Zu den Autoren und Herausgebern

LIC. PHIL. CHRISTINE ALTMANN-GLASER, * 1933 in Langenthal / Schweiz
Psychologin, Märchenforscherin – Studium der Psychologie, Psychopathologie und Volkskunde in Zürich – Psychotherapeutin in eigener Praxis (pensioniert)
Wichtige Publikationen und aktuelle Forschungsschwerpunkte: »Die Bedeutung des Märchens in der Psychologie C. G. Jungs« (in »Märchenspiegel« 3/1998); »Antoine de Saint-Exupérys ›Kleiner Prinz‹ aus psychologischer Sicht« (in »Kunstmärchen – Volksmärchen«, Publikation der Schweizerischen Märchengesellschaft 2000); »Kleider und ihre Farben im Märchen« (in »Kleider und Textilien im Märchen«, Publikation der Schweizerischen Märchengesellschaft 2002) – psychologische Märchendeutungen

PROF. DR. BRIGITTE BOOTHE, * 1948 in Karlsruhe
Psychologin, Psychoanalytikerin – Studium der Philosophie, Germanistik, Romanistik in Mannheim, der Psychologie in Bonn, der Psychoanalyse in Düsseldorf – Professorin für Klinische Psychologie an der Universität Zürich
Wichtige Publikationen und aktuelle Forschungsschwerpunkte: »Psychoanalyse der frühen weiblichen Entwicklung« (München 1996, mit Annelise Heigl-Evers); »Der Traum – hundert Jahre nach Freuds Traumdeutung« (Zürich 2000); »Wie kommt man ans Ziel seiner Wünsche? Modelle des Glücks in Märchentexten« (Gießen 2002) – Plotstrukturen, Wunsch und Konflikt
Herausgebertätigkeiten und Kongressausrichtungen: Mitherausgeberin der Zeitschrift »Psychotherapie und Sozialwissenschaft« und der Reihe »Psychoanalyse im Dialog« – 1997 Ausrichtung einer interdisziplinären Tagung über das Wünschen

THOMAS BÜCKSTEEG, *1962 in Gelsenkirchen
Theologe – Studium der katholischen Theologie mit Abschluss des Diploms in Bochum. Seit 1990 bei der Europäischen Märchengesellschaft im Schloss Bentlage in Rheine tätig. Vortragstätigkeiten in verschiedenen Bildungseinrichtungen
Herausgebertätigkeiten und Kongressausrichtungen: Mitherausgeber von »Märchenkinder – Kindermärchen« und »Der Wunsch im Märchen – Heimat und Fremde im Märchen« im Rahmen der VEMG. Mitausrichter der EMG-Kongresse »Kindermärchen – Märchenkinder« in Troisdorf (1998) und »Heimat und Fremde im Märchen« in Bad Karlshafen (2002)

Zu den Autoren und Herausgebern

HILDEGARD VON CAMPE, *1960 in Bad Karlshafen
Ausbildung zur Haupt- und Realschullehrerin für Deutsch und Kunsterziehung in Frankfurt a. Main, zunächst Tätigkeit als Lehrerin, seit einigen Jahren Märchenseminare für Erwachsene, Veranstaltungen für Kindergruppen, Anlage eines »Märchenpflanzen«-Gartens und Leitung eines Hotels mit entsprechenden inhaltlichen Angeboten.
  Mitausrichterin beim Kongress »Heimat und Fremde im Märchen« in Bad Karlshafen (2002).

PROF. DR. CHRISTOPH DAXELMÜLLER, *1948 in Bamberg
Volkskundler – Professor für Volkskunde an der Universität Würzburg. Studium der Keilschriftforschung, Islamwissenschaft, Semitistik, Kunstgeschichte, Vorderasiatischen Archäologie und Vor- und Frühgeschichte an den Universitäten Würzburg, Rom und München (M.A.) und der Volkskunde an der Universität Würzburg (Dr. phil.). Professor für Volkskunde an den Universitäten Freiburg i.Br. (seit 1985), Regensburg (seit 1990) und Würzburg (seit 1999)
  Wichtige Publikationen und aktuelle Forschungsschwerpunkte: Jüdische Kultur in Franken (1988), Zauberpraktiken. Eine Ideengeschichte der Magie (1993, mehrere Auflagen) und »Süße Nägel der Passion.« Die Geschichte der Selbstkreuzigung von Franz von Assisi bis heute (2001). Zahlreiche Studien zur Erzähl- und Exemplumforschung sowie zur jüdischen Popularliteratur, u.a. in der »Enzyklopädie des Märchens«
  Herausgebertätigkeiten und Kongressausrichtungen: Magie des Wissens. Athanasius Kircher 1602–1680. Universalgelehrter, Sammler, Visionär (2002). Organisation des internationalen Symposions »Rabbi Jehuda he-chasid von Regensburg – Seine Zeit, seine Welt, seine Bedeutung (1995)

DR. HEINRICH DICKERHOFF, *1953 in Essen/ Ruhr
Theologe, Philologe, Märchenerzähler und Autor – Studium: Theologie, Geschichte und Judaistik. Seit 1978 Dozent und stellvertretender Leiter der kath. Akademie Kardinal von Galen in Stapelfeld bei Cloppenburg. Märchenerzähler mit den Erzähl- und Interessensschwerpunkten nordische und keltische Märchen
  1985–2001 Vizepräsident, seit 2001 Präsident der Europäischen Märchengesellschaft
  Wichtige Publikationen und aktuelle Forschungsschwerpunkte: zahlreiche Veröffentlichungen im Bereich Theologie und Märchen, z.B. »Trau deiner Sehnsucht mehr als deiner Verzweiflung« (Mainz 2001), vorrationales Welt-Innewerden im Märchen, die religiöse Dimension der Märchen. Veröffentlichung zahlreicher Beiträge im Bereich Theologie und Märchen
  Herausgebertätigkeiten und Kongressausrichtungen: Mitausrichter der Kongresse »Kindermärchen – Märchenkinder« (1998) und »Heimat und Fremde im Märchen« (2002) der Europäischen Märchengesellschaft, sowie der Tagung »Märchen und Mittelalter« (2000)

Zu den Autoren und Herausgebern

DR. BARBARA GOBRECHT, * 1953 in Berlin
Erzählforscherin – Studium der Romanistik und Slavistik in Berlin und
Zürich –Autorin und Lehrbeauftragte an der Universität St. Gallen
Wichtige Publikationen und aktuelle Forschungsschwerpunkte: »Märchenfrauen« (Freiburg – Basel – Wien 1996); »Hexen im Märchen« (in »Jahrbuch der Brüder Grimm-Gesellschaft« VIII); »Kleid und Schuh im Aschenputtel-Märchen« (in »Kleider und Textilien im Märchen«, Publikation der Schweizerischen Märchengesellschaft 2002) – Mann und Frau im Märchen; Märchen und Musik
Herausgebertätigkeiten und Kongressausrichtungen: Herausgeberin von Publikationen der Schweizerischen Märchengesellschaft – 2002 in Baden / Schweiz Ausrichtung des Kongresses »Der Wunsch im Märchen« für die Europäische Märchengesellschaft

DR. URSULA HEINDRICHS, * 1928 in Gelsenkirchen
Germanistin, Märchenforscherin – Studium Deutsch, Geschichte, Philosophie und Pädagogik in Freiburg i. B., Innsbruck und Bonn – Studiendirektorin i. R.
Wichtige Publikationen und aktuelle Forschungsschwerpunkte: »Der Brunnen in der deutschen Dichtung« (Bonn 1957); »Es war einmal – es wird eines Tages sein« (Baltmannsweiler 2001) – die Anwesenheit des Märchens in der neueren Literatur
Herausgebertätigkeiten und Kongressausrichtungen: Herausgeberin von sechs Kongressbänden der Europäischen Märchengesellschaft (mit Heinz-Albert Heindrichs) – zwischen 1987 und 1998 Ausrichtung von zehn Kongressen der Europäischen Märchengesellschaft in Gelsenkirchen, Trier, Witzenhausen, Cloppenburg, Montecatini / Italien, Lillehammer / Norwegen

DR. ANGELIKA-BENEDICTA HIRSCH, *1955 in Anklam
Religionswissenschaftlerin – Studium: Religionsgeschichte/Judaistik – Abschluss mit Promotion, FU-Berlin – Beraterin in einer Krisen- und Lebensberatungsstelle/ freiberufl. Lehr- und Weiterbildungstätigkeit
Wichtige Publikationen und aktuelle Forschungsschwerpunkte: Märchen als Quellen für die Religionsgeschichte? (Diss.); Berlin, Bern, NY, Paris, Wien 1998. Schwerpunkt: Strukturen von Märchen und Übergangsritualen.

KATALIN HORN, * 1934 in Budapest
Erzählforscherin – Studium der Bibliothekswissenschaft in Budapest und London – Bibliothekarin i. R.
Wichtige Publikationen und aktuelle Forschungsschwerpunkte: »Das Kleid als Ausdruck der Persönlichkeit: Ein Beitrag zum Identitätsproblem im Volksmärchen« (in »Fabula« 19/1977); »Der aktive und der passive Märchenheld« (Basel 1983); »Über das Weiterleben der Märchen in unserer Zeit« (in »Die Volksmärchen in unserer Kultur«, Frankfurt a. M. 1993) – Motiv- und Themenforschung; Märchenmotive in der Hochliteratur

Zu den Autoren und Herausgebern

LINDE KNOCH, * 1940 in Richtenberg
Bibliothekarin, Märchenerzählerin und Seminarleiterin. Seminartätigkeiten in verschiedenen Bildungseinrichtungen. 1995–2001 Vizepräsidentin der EMG.
Wichtige Publikationen und aktuelle Forschungsschwerpunkte: Aufsätze zur Märchenkunde und zum Erzählen im MSP und der Reihe VEMG.

DR. INES KÖHLER-ZÜLCH, * 1941 in Magdeburg
Erzählforscherin – Studium der Slavistik, Germanistik und Romanistik in Marburg und Hamburg – wissenschaftliche Mitarbeiterin an der »Enzyklopädie des Märchens«
Wichtige Publikationen und aktuelle Forschungsschwerpunkte: »Ostholsteins Erzählerinnen in der Sammlung Wilhelm Wisser: ihre Texte – seine Berichte« (in »Fabula« 32/1991); »Schneewittchen hat viele Schwestern. Frauengestalten in europäischen Märchen« (Gütersloh 1991, mit Christine Shojaei Kawan); »Die heilige Familie in Ägypten, die verweigerte Herberge und andere Geschichten von ›Zigeunern‹: Selbstäußerungen oder Außenbilder?« (in »Die Sinti/Roma-Erzählkunst im Kontext europäischer Märchenkultur«, Heidelberg 1992) – vergleichende und historische Erzählforschung mit Schwerpunkt Südosteuropa; Gender- und Minderheitenspezifik

DR. HARLINDA LOX, *1963 in Gent
Germanistin, Erzählforscherin wissenschaftliche Autorin – Forschungstätigkeit an der Universität Gent;
Vortragstätigkeit in der Universiteit – Vrije Tijd. Seit 2001 Vizepräsidentin der Europäischen Märchengesellschaft.
Wichtige Publikationen und aktuelle Forschungsschwerpunkte: »Flämische Märchen« (München 1999); »Van stropdragers en de pot van Olen. Verhale over Keizer Karel« (Leuven 1999) – Das Motiv des Todes in der europäischen Erzählkultur; populäre Kristallisationsgestalten in der europäischen Erzählkultur; ätiologische Geschichen in der flämischen Erzählkultur; Motiv- und Erzähltypenanalysen für die Enzyklopädie des Märchens
Herausgebertätigkeiten und Kongressausrichtungen: Mitherausgeberin von »Als es noch Könige gab«; »Mann und Frau im Märchen«; »Der Wunsch im Märchen – Heimat und Fremde im Märchen« im Rahmen der VEMG. Ausrichterin des EMG-Kongresses in Kooperation mit der Universität Gent »Von Königen und Kaisern im Märchen« (Gent 2000)

MARGARETE MÖCKEL, *1928 in München
Märchenerzählerin – Seminarleiterin bei der Europäischen Märchengesellschaft, beim Bayerischen Lehrerinnen- und Lehrerverband (Erlangen), an Fachakademien für Sozialpädagogik u.a.
Wichtige Publikationen und aktuelle Forschungsschwerpunkte: Aufsätze in Veröffentlichungen der EMG (Band 20, Band 24).
Herausgebertätigkeiten und Kongressausrichtungen: Herausgeberin des Bandes 20 der VEMG (zusammen mit Helga Volkmann), Ausrichterin des Märchenkongresses der EMG 1993 in Erlangen (zusammen mit Dieter Möckel und Helga Volkmann)

Zu den Autoren und Herausgebern

PROF. DR. MAJAN MULLA, * 1950 in Dharwad / Indien
Germanistin – Studium der Germanistik in Dharwad – Leiterin der Fremdsprachenabteilung Karnatak Universität
Wichtige Publikationen und aktuelle Forschungsschwerpunkte: »Kinderlosigkeit in Kannada Märchen« (in »Märchenspiegel« 2/1992); »The Concept of Family in German Literature with Special Reference to Grimm's Märchen« (in »Foreign Language Studies«, Koch 1996); »Professionelle Märchenerzähler im südindischen Karnataka« (in »Fabula« 38/1997) – vergleichende Studien der Erzählformen aus verschiedenen Kulturen

DR. PIA TODOROVIĆ REDAELLI, * 1951 in Oekingen / Schweiz
Übersetzerin, Russischlehrerin – Studium der Romanistik und Slavistik in Basel, St. Petersburg und Perugia – Autorin
Wichtige Publikationen und aktuelle Forschungsschwerpunkte: »Märchen aus dem Tessin« (München 1984); »Parole in ritmo. Testi formalizzati della Svizzera italiana« (Basel 1987) – Forschungstätigkeit über Tessiner Emigration nach St. Petersburg

PROF. DR. LUTZ RÖHRICH, * 1922 in Tübingen
Germanist, Volkskundler – Studium in Tübingen – Autor, emeritierter Professor für Volkskunde und Germanische Philologie an der Universität Freiburg i. B.
Wichtige Publikationen und aktuelle Forschungsschwerpunkte: »Märchen und Wirklichkeit« (5. Auflage 2001); »Lexikon der sprichwörtlichen Redensarten« (6. Auflage 2001); »und wenn sie nicht gestorben sind ...«. Anthropologie, Kulturgeschichte und Deutung von Märchen« (Köln–Weimar–Wien 2002) – niedere Mythologie; biblische Motive; Witz
Herausgebertätigkeiten und Kongressausrichtungen: Mitherausgeber der »Enzyklopädie des Märchens« 1/1977 bis 10/2002 und von »Artes Populares« (23 Bände) – 1990 in Freiburg i. B. Mitausrichter des Kongresses »Witz, Humor und Komik im Volksmärchen« für die Europäische Märchengesellschaft

DR. MICEAL ROSS, *1933 in Cill Cúil /Irland
Volkskundler und Volkswirtschaftler – Ph.D (Doktorat) in Volkswirtschaft. Studium in Norwegen und Österreich. Akad. Grad in Volkskunde.
Versuchsökonom (Ortsentwickelung) – Associate Professor Harvard (1966) – METU Ankara (1971); Forschungsarbeiten in Polen und den Philippinen. Dozent in Volkskunde in Saor Ollscoil na Éireann (Freie Universität) Dublin seit 1991.
Herausgebertätigkeiten und Kongressausrichtungen: 1995 Gründer und bis heute Veranstalter des »Dublin Yarnspinners«-Festivals. (Dublin-Erzähler-Festival).

PROF. DR. WILHELM SOLMS, * 1937 in Lich
Literaturwissenschaftler – Studium der Germanistik und Musikwissenschaft in München und Wien – Hochschullehrer an der Universität Marburg (bis 2000)

Zu den Autoren und Herausgebern

Wichtige Publikationen und aktuelle Forschungsschwerpunkte: »Die Moral von Grimms Märchen« (Darmstadt 1999); »Märchenhafte Väter« (in »Alter und Weisheit im Märchen«, München 2000); »Ehezank im Schwank« (in »Mann und Frau im Märchen«, München 2002) – Erzählgattungen, Märchenmoral, Antiziganismus

Herausgebertätigkeiten und Kongressausrichtungen: Mitherausgeber von Kongressbänden der Europäischen Märchengesellschaft und der Gesellschaft für Antiziganismusforschung – 1991 und 1994 in Wetzlar und Marburg Mitausrichter der Kongresse »Phantastische Welten« und »Märchen der Sinti und Roma« für die Europäische Märchengesellschaft

PROF. DR. FRANZ VONESSEN, *1923 in Köln
Philosoph und Mythenforscher. Studium in Philosophie und Psychologie in Köln. Em. Professor für Philosphie der Universität Freiburg. Zahlreiche Veröffentlichungen im Bereich Philosophie, Mythos und Märchen. Mitgründer der Vierteljahreszeitschrift »Scheidewege«

Mann und Frau im Märchen
Forschungsberichte aus der Welt der Märchen

Herausgegeben von
Harlinda Lox, Sigrid Früh und Wolfgang Schultze

*Gebunden mit Schutzumschlag, 296 Seiten
ISBN 3-7205-2369-1*

Mann und Frau im Märchen – dahinter verbergen sich altbekannte Rollenschemata sowie klassische Paarbeziehungen zweier Liebender oder Familienbeziehungen.
Männliches und weibliches Prinzip zeigen sich außerdem an Gottheiten beiderlei Geschlechts und in mythischen Symbolen wie der Schlange und dem Drachen.

18 spannende wie informative Forschungsbeiträge berichten vom Männlichen und vom Weiblichen in der Welt der Märchen.

Die schönsten Märchen aus 1001 Nacht

Herausgegeben von Hans-Jörg-Uther

Pappband, 592 Seiten
ISBN 3-7205-2319-5

Seit Jahrhunderten verführen die Märchen aus »1001 Nacht«
ihre Leser in eine exotische und geheimnisvolle Welt.
In diesem Band sind die schönsten und berühmtesten
Erzählungen Scheherazades zusammengetragen:
von Aladin und seiner Wunderlampe über den dienstbaren
Geist aus der Flasche, Sindbad den Seefahrer bis hin zu
Ali Baba und den vierzig Räubern.